高等院校体育学类重点教材

运动训练学

YUNDONG XUNLIANXUE

田麦久　刘大庆　徐　刚　主编

北京体育大学出版社

策划编辑： 赵海宁
责任编辑： 赵海宁
责任校对： 孙麟龙
版式设计： 沐凡文化

图书在版编目（CIP）数据

运动训练学 / 田麦久，刘大庆，徐刚主编. -- 北京：北京体育大学出版社，2025.6（2026.1重印）.
-- ISBN 978-7-5644-4286-6

Ⅰ. G808.1

中国国家版本馆CIP数据核字第20257Y4Y83号

运动训练学
YUNDONG XUNLIANXUE

田麦久　刘大庆　徐　刚　主编

出版发行：北京体育大学出版社
地　　址：北京海淀区农大南路1号院2号楼2层办公B-212
邮　　编：100084
网　　址：http://cbs.bsu.edu.cn
发 行 部：010-62989320
邮 购 部：北京体育大学出版社读者服务部 010-62989432
印　　刷：北京科信印刷有限公司
开　　本：787mm × 1092mm　1/16
成品尺寸：185mm × 260mm
印　　张：26
字　　数：633千字
版　　次：2025年6月第1版
印　　次：2026年1月第2次印刷
定　　价：68.00元

编委会

前言

运动训练学是研究运动训练规律以及有效组织训练活动行为的科学，是发轫于运动训练实践的本源性学科，是体育学理论体系的核心学科之一。《运动训练学》在高校体育专业的教学中有着重要的学科价值。这本《运动训练学》教材作为北京体育大学出版社组织编写的体育学类系列教材之一，适用于体育类专业本科教学，以及相应学历的教练员培训。

运动训练活动的直接任务是培养和发展运动员的竞技能力，进而在比赛中将其转化为运动成绩。在各种阶段的运动训练活动中，确定什么样的训练内容，安排什么样的训练负荷，选择什么样的训练方法，制订什么样的训练计划，都对培养和发展运动员竞技能力的效果有着重要的影响。运动训练学理论就是对上述问题给予的科学回答，就是指导运动训练从业者有效提高运动员竞技能力的科学理论。

守正创新、继承与发展的有机协同是编写《运动训练学》新教材的重要理念。作为体育学领域中一个较为成熟的理论学科，运动训练学的理论构架和基本论点是相对稳定的。与此同时，这一学科也必须随着竞技运动训练实践的发展，不断吸纳新的营养，促进理论的创新。半个多世纪以来，我国运动训练学学者创立了运动训练学理论的中国学派，构建了比较完善的理论体系，在运动训练的众多领域提出了富有特色的创造性理论研究成果。在本教材中，关于辩证协同训练原则的丰富与完善、关于运动训练目标的完整论述、关于运动训练负荷问题的理论架构、关于教练员职责与教练行为的系统概括等等，都展示了当代运动训练理论研究的新成果、新进展。

运动训练是现代社会体育生活中充满活力的组成部分，运动训练理论有着广泛的社会应用空间。体育是内容丰富的社会活动，无论是竞技、健身还是休闲、康复，都需要进行身体练习。在大众健身、体育教学、军警安保、康复休闲等各个领域，运动训练的理论都有重要的指导意义，运动训练的方法都有现实的应用价值。对体育类相关专业的学生来说，学习和掌握运动训练的基本常识，都会对他们整个职业生涯产生积极的影响。

《运动训练学》教材由田麦久、刘大庆、徐刚三位教授主编，编写组成员也都是各体育院校的知名学者。本教材共分为13章，各章章目及编写人员如下：

第一章　运动训练学概论（田麦久、徐刚、石岩）

第二章　运动训练目标（田麦久、李赞）

第三章　教练员的职责与执教（钟秉枢）

第四章　运动训练的辩证协同原则（田麦久）

第五章　运动体能及其训练（刘大庆、周爱国）

第六章　运动技战术能力及其训练（刘建和）

第七章　运动心理能力、运动智能及其训练（姚家新、许小冬）

第八章　运动训练负荷（熊焰）

第九章　运动训练方法及其应用（胡亦海、余银）

第十章　多年运动训练计划的制订与实施（徐刚）

第十一章　年度运动训练计划的制订与实施（马海峰、吴瑛）

第十二章　周课运动训练计划的制订与实施（刘大庆）

第十三章　运动训练组织的项群与专项特点（陈亮）

在《运动训练学》教材付梓之际，我们还要向为本书的编写、出版付出宝贵心血的各位同仁表示真诚的谢意！

编委会

2025年5月

目录

第一章

运动训练学概论

本章导读

本章从运动训练释义与竞技价值谈起，论及运动训练学的释义、研究任务与学科的基本特征，进而从研究内容和理论覆盖领域两个维度阐述了运动训练学的理论体系：依据运动训练理论研究范畴的不同，运动训练学理论包括运动训练原则、运动训练内容、运动训练负荷、运动训练方法和运动训练计划5个板块；依据理论覆盖领域大小的不同，运动训练学理论分为一般训练理论、项群训练理论和专项训练理论3个层面。

本章简要地概括了国际运动训练理论100余年的发展历程，以及苏联、德国、美国等主要流派的形成与学术特点；介绍了中国运动训练理论从学习借鉴到自主建构的发展历程。特别是改革开放40多年来，伴随着我国竞技体育事业的崛起与腾飞，中国运动训练领域在运动训练基本理论的阐述、运动训练理论体系的完善、项群训练理论的创立、竞技能力结构的解析、优势项目制胜规律的揭示、运动员选材和训练过程的组织、竞技参赛理论的分野等方面，推出一系列标志性创新研究成果，逐步形成了有中国特色的运动训练理论体系，已然构建起运动训练学理论的中国学派。

本章学习目标

1. 能够对运动训练学理论有框架性的全面认识，明确运动训练学的研究任务和基本学科特征，认识运动训练学在体育学中的重要地位，了解运动训练学对运动训练实践的指导意义。

2. 全面把握运动训练学在覆盖领域和研究范畴两个维度上的理论架构，了解这门课程所要讲授的内容、所要思考的问题，激发学习兴趣。

3. 能够概括地了解国际运动训练理论的发展历程以及中国运动训练理论的创新成果，坚定中国运动训练的理论自信，努力建设好运动训练理论的中国学派。

第一节　运动训练与运动训练学概述

一、运动训练释义与竞技价值

（一）运动训练释义

竞技体育是具有高度实践性的社会活动，包含运动员选材、运动训练、运动竞赛和竞技体育管理4个组成部分。其中，运动训练是竞技体育活动中重要的组成部分，是为了提高运动员的竞技能力和运动成绩，在教练员的指导下，专门组织的、有计划的身心练习体育活动。

运动训练的最终目标是培养优秀的运动员并创造优异的成绩。但是在投入大量时间和精力的日常训练过程中，教练员和运动员关注的具体目标则是运动员竞技能力的提高。运动员的竞技能力是决定其比赛成绩的首要基础，因此，这里把提高运动员的竞技能力和比赛成绩一同列为运动训练活动的核心目标。

运动训练可以划分为职业训练、专业训练与业余训练。运动员也相应地称为职业选手、专业选手与业余选手。职业选手将参加训练与比赛作为职业，通常由体育运动俱乐部管理，按照市场规律和竞技水平的高低获取报酬；专业选手也将参加训练与比赛作为职业，在我国通常由体育行政部门下属的事业单位管理，如体育运动技术学院、体育运动学校、体育工作大队、运动项目管理中心等，以工资和奖金的形式获取报酬；业余选手在完成自己的本职工作或学校学习任务之外，参加训练和比赛，不以其为职业，也不依靠其获取基本的生活保障。

运动训练活动是有计划、有组织的社会行为。在运动训练活动中，教练员和运动员应该根据运动员的具体情况和专项竞技的需要，认真考虑选择什么样的练习内容、采用什么样的训练方法、承受什么样的训练负荷、怎样安排训练的节奏等问题，制订训练计划，并予以组织实施。运动训练活动与休闲游乐活动的目的不同，与之对应的练习内容、训练方法、训练负荷及训练安排也都有明显的区别。

运动训练不仅仅是个体行为，更多的是团队行为及社会行为。现代竞技体育活动普遍组织运动训练团队从事训练工作，以取得更好的行为效果。

（二）运动训练是竞技体育重要的基本活动

竞技体育的终极产品是运动成绩，而运动训练则是竞技体育最主要的组成构件。运动员选材为运动训练提供优秀人才，运动训练提高运动员的竞技能力，运动竞赛则是对训练成效的全面检验。

竞技体育具有诸多社会功能，创造运动成绩是其基本功能，而激励人类奋斗精神、满足民众观赏需求、推动经济发展、适应政治需要等都是其派生功能。为了不断创造优异的运动成绩，运动员的竞技能力必须不断得到新的发展。运动员的竞技能力受遗传效应、生活效应及训练效应的影响。其中，训练效应是提高运动员竞技能力最重要、最有效的途径。只有经过长期、系统、科学的训练，运动员的竞技能力才能达到较高的水平，才能在复杂多变的竞技比赛中创造出优异的运动成绩，这正是运动训练活动的任务与责任。

运动训练的成果必须在运动竞赛中表现出来才能够转化为运动成绩，从这个意义上来说，运动竞赛是竞技体育的核心构成要素。但在竞技体育活动的大部分时间里，竞技体育活动的主角——教练员和运动员，都是在训练场上度过的。通过一堂堂训练课，通过一次次训练负荷，通过一项项练习，运动员的机体得到改造，其竞技能力一步步得到提高。所以说，运动训练是运动员参赛的基础，是竞技体育最基本的活动。无论从活动的时间、活动的容量，还是从投入的力度来看，运动训练都是竞技体育最主要的构件。

二、运动训练学释义与学科特征

（一）运动训练学释义

运动训练学是研究运动训练规律以及有效组织运动训练活动的科学。运动训练活动有着自身特有的属性，也有着自身运动的规律。人们认识到这些规律，并且认真地遵循这些规律去设计和组织自己的行为，训练活动就会取得好的效果；而如果违反了这些规律，训练活动就不会取得好的效果，甚至会受到规律的惩罚。综上，运动训练学就是研究和揭示训练活动规律的科学。

人们研究和揭示训练活动规律的目的在于指导实践活动。运动训练学是高应用性的学科，研究如何遵循这些规律去指导运动员科学地组织好自己的训练活动，成功实现提高运动员竞技能力的训练目标，进而创造出理想的运动成绩。

因此，作为一门科学学科的运动训练学，其相关研究的主要任务在于：揭示运动训练活动的普遍规律，指导各专项运动训练实践，使各专项训练活动建立在科学的训练理论基础之上，努力提高训练的科学化水平。

（二）运动训练学的学科特征

运动训练学的学科特征主要包括本源性、综合性、实践性。

1. 本源性

运动训练学理论源于运动训练实践。它没有去承接和移植其他领域的成熟学科来构建本学科，而是伴随运动训练实践活动的产生和发展逐渐形成和发展起来的（图1–1）。

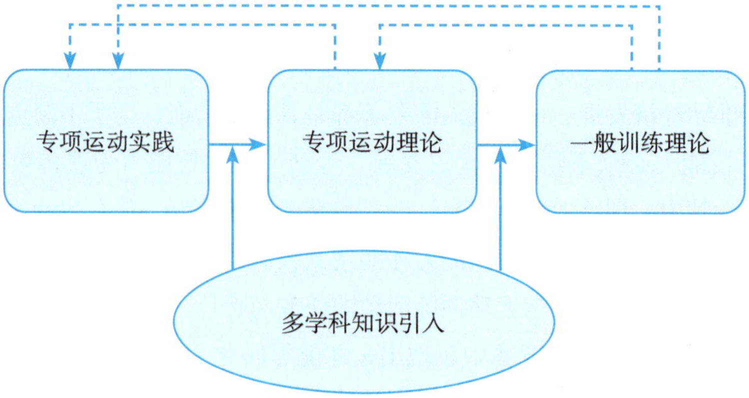

图1-1　运动训练学理论体系的形成

运动训练实践的活动是从一个个具体运动项目开始的，随着实践活动的重复与深入，人们的理性认识逐渐丰富。在思考和总结合理的技术动作、有效的训练方法、比赛获胜及失利的原因等问题的过程中，逐渐形成了关于田径运动、篮球运动、摔跤运动、体操运动等不同项目的理论知识。

从20世纪中叶开始，一些从事体育管理和体育教育工作的学者注意到不同运动项目的训练活动有着许多共同的特点和规律，于是从覆盖所有运动项目的角度，进行了关于训练内容、训练负荷、训练方法、训练安排等方面的专题研究。与此同时，他们也从人体科学、社会科学、教育科学等多个领域吸收了大量的相关研究成果，逐渐构建了一般运动训练学的基本理论体系。追本溯源，运动训练理论是直接源于运动训练实践的理论。与体育学理论体系中的许多学科相比较，本源性是运动训练学最具特色的学科特征。

2. 综合性

运动训练的终极目的是创造理想的运动成绩，而运动员的比赛结果却受到众多因素的影响。为了更好地回答和解决运动训练实践中遇到的各种问题，运动训练学理论需要从众多理论学科，包括运动人体科学、体育人文社会科学、体育教育科学体系中汲取营养，丰富完善自己的理论体系，表现出鲜明的综合性特征。

运动训练负荷的承载者和运动训练成果的展现者是运动员。运动员需要通过自己的身体活动，或奔跑，或跳跃，或翻转，或传接，实现上述职责。这就要求优秀的运动员有健康的体魄和清醒的头脑，有坚实有力的运动系统和坚强灵活的神经系统，有准确协调的运动技能和动力充盈的代谢功能。因此，运动训练的理论必须吸取运动解剖学、运动生理学、运动生物化学、运动生物力学等运动人体科学的基本知识，并及时补充新的研究成果。

竞技体育深受社会不同层面各类成员的关注，经济、政治、文化等多元的社会生活都对竞技体育活动产生着积极的或消极的影响。作为竞技体育系统构成要素的运动训练，也在同样的社会环境中存在和运行，国家制度、经济政策、文化传统等诸多社会学因素对于运动训练活动的组织和运动训练活动的成果有着重要的影响。因此，运动训练理论也应该吸取体育哲学、体育史学、体育社会学、体育美学、体育管理学等社会人文学科的基本知识和研究成果，丰富和完善运动训练的理论体系，以更好地指导运动训练活动。

教练员与运动员构成了运动训练活动中最为重要的双边组合，即“教”与“练”的组合。教练员既要把自己的知识传授给运动员，又要让运动员把这些知识转化为支配身体运动的理念，运用各种各样的身体动作表现出运动专项的技艺与力度。怎样“教”，怎样“练”，便涉及体育教育学、运动心理学、运动技能学等众多学科的知识。因此，运动训练理论有必要从上述学科中汲取营养，更好地完成运动训练理论指导实践的任务。

3. 实践性

运动训练活动是以最终产出的运动成绩的水平来做效益评价的。运动训练学理论的主要价值在于应用。因此，我们把实践性列为运动训练学的另一个重要的学科特征。无论是专项训练理论、项群训练理论，还是一般训练理论，它们都把指导运动训练实践作为自己重要的学科任务。

在运动训练学的理论体系中，专项训练理论紧密联系着特定运动专项的训练和参赛活动。它直接产生于专项的训练与比赛实践，也直接服务专项的训练与比赛实践，是教练员和运动员接触最多、应用最直接的训练理论。

项群训练理论是一组运动项目的各个专项训练理论的集合。它能够帮助特定运动专项的教练员和运动员，从同项群项目的共同特征与区别中，加深对自己专项的认识，还能够从同群异项的训练理论、训练方法中汲取有益的营养，提高自己的专项竞技水平。

一般训练理论是普适性的训练理论，研究与阐释适用于所有运动项目的共同规律以及训练活动的操作行为，为运动训练活动的参与者提供基本的原理性的理论知识，既能为从事专项训练工作的教练员、运动员提供丰富的理论知识，又能引导教练员和运动员以更开阔的视野，从更广阔的层面去观察和思考特定运动专项的训练工作。一般训练理论所阐述的基本原理，通过项群训练理论和专项训练理论转化为具体的内容，指导专项运动员的训练活动。

运动训练学的综合性、实践性学科特征如图1–2所示。

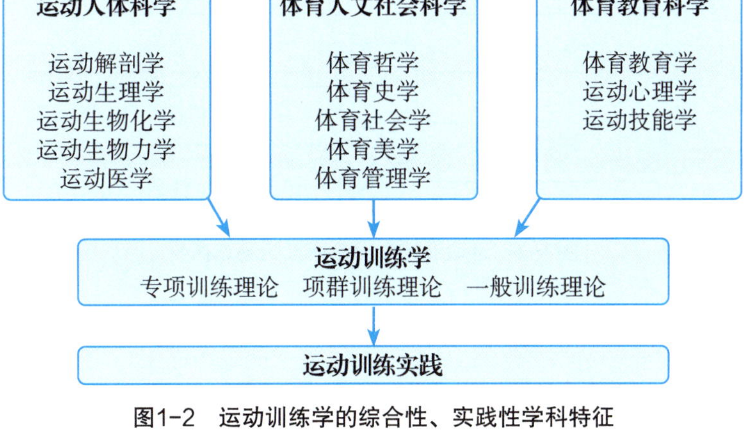

图1–2　运动训练学的综合性、实践性学科特征

第二节 运动训练学的理论体系

运动训练学的研究对象是运动训练活动的规律，以及运动训练活动的组织行为。运动训练活动的规律存在于运动训练活动的各个构成要素及运动训练的过程之中。在运动训练活动的各个环节、各个方面，都需要人们遵循运动训练活动的客观规律，去组织、实施训练。运动训练学主要围绕这些内容构建起自己的学科理论体系。同时，运动训练活动是通过组织一个个不同的运动项目进行的，其理论的建设应从不同的层面展开。单个运动项目的训练理论，一群项目的训练理论，以及适用于所有竞技运动项目的训练理论，它们既有许多共同之处，也各有其不同的特点，这就构架了运动训练理论的另一个维度。因此，运动训练学的理论体系既需要从“研究内容”的维度上予以阐述，也需要从“理论覆盖领域”的维度上进行构建。

一、运动训练学主要研究内容的理论体系

运动训练活动是为培养优秀运动员和取得优异的比赛成绩服务的。由此人们需要思考：运动员怎样才能够在比赛中获取胜利？为此需要运动员拥有什么样的竞技能力？这些竞技能力之中哪些是需要在训练中予以提高的？在训练中应该怎样提高这些竞技能力，又怎样将通过训练获得的竞技能力在比赛中充分发挥出来？

上述这些问题涉及运动训练内容、运动训练方法、运动训练负荷、运动训练计划等诸多方面[1]，运动训练学的学科理论体系就包括这些内容。在此基础上，人们又研究了相应的基本的行为准则，即“运动训练原则”，以对训练活动的组织实施做出原则性的规范。综上所述，运动训练学研究的基本内容主要包含运动训练原则、运动训练内容、运动训练负荷、运动训练方法及运动训练计划5个板块（图1-3）。

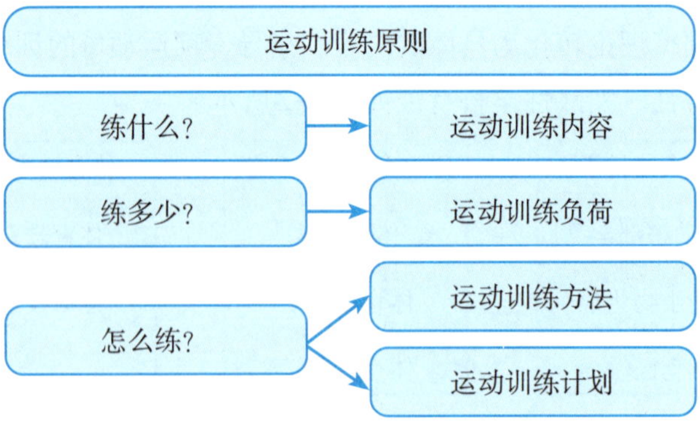

图1-3 运动训练学理论研究的基本内容

[1] 由于全书的研讨均在运动训练范畴内，如运动训练原则、运动训练内容、运动训练负荷、运动训练方法、运动训练计划、运动训练目标等，为了表达得更为简洁，后文将酌情使用训练原则、训练内容、训练负荷、训练方法、训练计划、训练目标等简化表述。

（一）运动训练原则

人们在运动训练活动中所遵循的基本准则称为运动训练原则。运动训练原则对于运动训练活动的方式方法予以指导和规范，告诉人们在运动训练活动中如何思考、如何操作能够取得理想的训练效果。科学正确的运动训练原则应该是运动训练活动客观规律的反映，应该是运动训练普遍经验的概括和科学研究成果的结晶。

运动训练原则是人们在运动训练实践活动中感受领悟、提炼概括出来的。在现代竞技体育100多年的发展历程中，人们对运动训练原则的认识也在不断发生变化。在我国竞技体育发展的不同时期，人们根据对运动训练规律和训练工作要求的不同认识，构建了3个运动训练原则的理论体系。这3个理论体系分别构建于不同的理论或实践基础之上，相互之间有着密切的联系，又各自有着鲜明的特性。它们是基于教育学理论的运动训练原则体系、基于“大跃进”思维和军队练兵实践的运动训练原则体系以及基于辩证协同思想的运动训练原则体系。

1. 基于教育学理论的运动训练原则体系

该体系包括竞技需要原则、动机激励原则、有效控制原则、系统训练原则、周期安排原则、适宜负荷原则、区别对待原则、直观教练原则、适时恢复原则等。基于教育学理论的运动训练原则体系虽然比较全面地考虑了运动训练活动的不同方面，有针对性地提出了不同的训练原则，注重解析各项原则的理论依据及准确地表述，但涉及的内容比较分散，对运动训练的特殊性关注不够，而且没有考虑到不同原则之间的有机联系。

2. 基于“大跃进”思维和军队练兵实践的运动训练原则体系

该体系即“三从一大”训练原则——“从严、从难、从实战出发，大运动量训练”。随着“三从一大”训练原则的推行，我国竞技体育队伍中树立了苦练严管的作风和传统，促进了一部分选手竞技运动水平的提高。但是，“三从一大”训练原则也不可避免地有着时代的局限性，以及执行上的曲解，致使一大批运动员在超越其机体可承受的训练负荷下，产生严重的训练疲劳和运动损伤。

3. 基于辩证协同思想的运动训练原则体系

在多年的运动训练实践中，人们越来越深刻地认识到，运动训练活动的多个影响因素之间是紧密联系、彼此促进的，是相互制约、相生相克的。竞技体育活动中运动员健康安全的高风险性，运动训练中运动员机体负荷的高挑战性等特点提示我们，应特别细致准确地把握好各种相互矛盾的影响因素之间的联系。

辩证地认识和解决训练实践中遇到的诸多矛盾，有效地组织和推进矛盾双方的协同效应，对于人们成功地组织运动训练过程有着重要的指导意义。我们在吸取衍生于教育学理论的训练原则和孕发于“大跃进”思维与军队练兵实践的“三从一大”训练原则体系中的有益部分的基础上，以运动员竞技能力的运化规律为基本依据，进行了辩证思考，着力强调协同效应，建立了新的训练原则理论体系，包括由12个范畴两两组合的6项训练原则，即导向激励与健康保障协同训练原则、专项竞技需要与基础运动能力协同训练原则、扬长促优与补短求衡协同训练原则、适宜负荷与适时恢复协同训练原则、系统持续与周期安排协同训练原则、团队组训与区别对待协同训练原则。

这12个范畴的6项训练原则，对应运动训练实践对理论指导的要求，全面地涉及运动训练的动机、内容、方法、负荷、安排等主要方面，辩证地回答了为什么练、练什么、练多少、怎样练等运动训练实践提出的各个基本问题，每对范畴组合强调了两个对应范畴的有机协同，构成了一个指导运动训练活动的完整的理论体系。

有关此体系的详细内容将在第四章进行详细论述。

（二）运动训练内容

作为竞技体育活动的主体组成部分，运动训练活动的基本职责就是发展和提高运动员的竞技能力。因此，运动训练的内容也就是运动员竞技能力的组成内容。竞技能力指运动员参加比赛的能力，是运动员参加比赛的主观条件或自身才能，由具有不同表现形式和不同作用的运动体能、运动技术能力、运动战术能力、运动心理能力和运动智能构成，并综合地表现于专项竞技的过程之中（表1–1）。任何运动项目、任何运动员的竞技能力都是由这5个要素，或称5种子能力构成的。运动员应从这5个方面去认识、评价和发展自己的竞技能力。

表1–1　运动员竞技能力的构成要素及主要竞技表现

竞技能力构成要素	主要竞技表现
运动体能	力量、速度、耐力、灵敏、柔韧性、协调
运动技术能力	动作质量、动作稳定性
运动战术能力	自身发挥、干扰对手、影响判定
运动心理能力	参赛情绪动员、比赛情绪控制、竞技意志保持
运动智能	运动智力发展、竞技知识的掌握与运用

运动体能[1]是通过力量、速度、耐力、灵敏、柔韧性、协调等运动素质表现出来的人体基本的运动能力，是运动员竞技能力的重要构成因素，是所有项目运动员进行专项训练和参加专项竞技必要的自身物质条件。在竞技活动中，运动员的体能水平集中表现于各基本运动素质及这些素质之间的各种组合性运动素质的发展水平。人体的形态学特征是其体能的质构性基础，人体的机能特征是其体能的生物功能性基础。

运动技术能力是运动员掌握和运用运动技术的能力。合理、有效的动作技术有助于运动员在技能竞优中获胜，还能让运动员更经济、更有效地使用和发挥其体能，更合理、更积极地参

[1]　鉴于运动训练语境，在本书中，体能是运动体能的简称；后文中技能是技术能力的简称。出于表述便利性的考虑，后文将酌情使用前述几种表达形式。同样，运动技术能力、运动战术能力、运动心理能力、运动智能也将酌情使用技能、战术能力、心理能力、智能等简化表述。

与竞技战术的组合与实施。运动员的技能水平可从技术的合理性及稳定性即动作质量、动作稳定性两方面予以判定，高度发展的协调能力是运动员正确掌握运动技术的重要先决条件之一。

运动战术能力是运动员掌握和运用比赛战术的能力，表现为力求出色地发挥自身的体能、技能、心理能力及运动智能，在规则允许的范围内干扰对手竞技能力的发挥，以及对于竞赛结果的评定行为施加合法的影响3个部分。在直接对抗项目的比赛中，战术能力及其发挥水平是决定比赛胜负的重要因素之一。

运动心理能力包括运动员心理特征和心理过程，主要表现在参赛情绪动员、比赛情绪控制、竞技意志保持等方面，是所有项目运动员进行专项训练和参加专项竞技必要的自身精神条件。为了更好地参加比赛，首先必须以积极的手段激励运动员，有效地动员其生理、心理系统积极地参与竞技活动，同时要把运动员的情绪激励水平控制在适度的范围之内。良好的意志品质包括运动员自觉主动、充满信心地参与竞赛，以及在竞赛中遇到困难时能够坚持不懈并顽强、灵活地寻找竞赛取胜的途径。运动员保持高昂而适度的参赛情绪和坚强意志的重要基础条件是强烈的参赛动机和良好的性格特征。

运动智能包括运动员的运动智力发展，以及对科学知识，特别是专项竞赛知识的掌握和运用。运动智能对于提高训练效益和取得竞赛胜利有着重要的影响，在高水平竞赛活动中常常发挥着更加突出的作用。

（三）运动训练负荷

运动训练负荷是指在运动训练活动中，各种施加于运动员机体生理和心理的训练刺激。

在生活、劳动、工作、运动训练等各种活动中，人体都要承接这些活动所施加的不同刺激。其中，在运动训练活动中，以发展运动员竞技能力、提高运动员运动成绩为目的所施加的刺激称为运动训练负荷。在没有训练刺激的情况下，人体的生长、发育、衰老、死亡过程是按照其固有规律进行的，而训练刺激可以影响人体自然的发展过程，导致人体的机能发生定向的变化。

运动训练负荷既影响着人体的生理活动，也影响着人体的心理活动，会引起运动员生理状态和心理状态的变化。运动训练活动通过施加训练负荷改造运动员的机体，提高和发展他们的竞技能力，而运动员机体适应于竞技需要的定向改造，也必须在训练负荷的影响下才有可能实现。所以说，运动训练负荷是运动训练活动必不可少的重要构成因素之一。

运动训练负荷蕴含于不同目的、不同形式的体育练习之中。练习的内容不同，练习的量度不同，练习的方法不同，会对运动员机体产生不同的刺激。这些刺激既可能使运动员的机体产生有利于竞技能力发展和提高的变化，也可能使运动员的机体产生不利于竞技能力发展和提高的变化。因此，人们就要研究什么样的运动训练负荷能够有效地实现对运动员机体的良性改造，什么样的负荷内容能够使运动员准确地发展专项比赛所需要的竞技能力，什么样的负荷量度和负荷方法能够使运动员有效地发展专项比赛所需要的竞技能力，怎样的负荷安排能够使运动员适时地提高和表现出专项比赛所需要的竞技能力。

运动训练负荷由负荷强度与负荷量构成。负荷强度是指负荷对于运动员机体刺激的深度；负荷量则是指负荷对于运动员机体刺激的量度。负荷强度反映训练负荷的质的特征，是运动负荷的核心要素；负荷量反映训练负荷的数量特征，其施加与变化是负荷强度变化的基础。

运动训练负荷有着双向的效应，即适应与劣变。在适宜的运动训练负荷后，经过适时的休息与恢复，运动员机体会产生适应性变化，竞技能力得到改善和提高。如果运动训练负荷过小，不能动员运动员机体的适应机制，就不会引发运动员竞技能力的提高；如果运动训练负荷过大，超过了运动员所能够承受的限度，或负荷后机体在生理、心理诸方面没有得到适时、必要的恢复的情况下又再次承受训练负荷时，运动员机体就会发生劣变，出现机能恶化、运动能力明显下降的现象。因此，要想使训练得到理想的结果，就必须对运动训练负荷实施科学有效的控制。把训练负荷控制在适宜的范围内，并在负荷之后科学地做出恢复安排，及时、有效地消除运动员承受训练负荷带来的疲劳，积极地促进超量恢复机制的运行，才能更好地实现提高运动员竞技能力的目标。

（四）运动训练方法

方法是指为达到某种目的而采取的途径、步骤、手段等。运动训练方法即指运动训练活动中，发展运动员竞技能力、完成训练任务的途径与办法。

在现代竞技体育100多年的发展进程中，科学家、教练员、运动员们创造了许许多多不同的训练方法，每种训练方法都有着各自的练习功能和操作要求，正确地掌握和运用不同训练方法的功能和特点，有助于运动员顺利地完成运动训练过程中不同的训练任务，有效地发展成功参与比赛所需要的竞技能力。

现代运动训练方法的发展经历了由简单到复杂、由单一到完整、由局部到综合的过程。现代运动训练方法与现代科技的发展紧密结合，更加适应专项训练和比赛的需要，更加适应运动员个体竞技能力发展的需要。

依据运动训练的不同特征可建立多个运动训练方法的分类体系。比较常用的有依据发展竞技能力的不同建立的训练方法体系，依据训练负荷内容特征的不同建立的训练方法体系，依据训练负荷时机体能量代谢特点的不同建立的训练方法体系，依据训练负荷与间歇的不同关系建立的训练方法体系，依据训练时外部条件的不同建立的训练方法体系等。

依据运动训练方法的基本作用和使用范围，运动训练方法可分为系统控制性训练方法和具体操作性训练方法两大类别（表1–2）。

系统控制性训练方法是一种总体把握的训练方法，它为人们提供一种思维方式和一种训练的整体设计，并在一个训练阶段中运用于训练实践。系统控制性训练方法包括模式训练法和程序训练法。

具体操作性训练方法具有现实的可操作性，为完成特定的训练任务，可在一次训练课中采用，也可在一个阶段中，甚至多年训练过程中系统采用。常用的具体操作性训练方法包括完整训练法、分解训练法、持续训练法、间歇训练法、重复训练法、比赛训练法、变换训练法和循环训练法等。

表1-2　常用运动训练方法的分类

类别	运动训练方法
系统控制性训练方法	模式训练法
	程序训练法
具体操作性训练方法	完整训练法
	分解训练法
	持续训练法
	间歇训练法
	重复训练法
	比赛训练法
	变换训练法
	循环训练法

（五）运动训练计划

运动训练计划是在运动训练过程开始之前，对训练活动预先做出的一种理论设计，是建立在运动员状态诊断的基础之上，为实现训练目标而选择的状态转移通路。训练计划把训练目标具体细化为若干个紧密联系的训练任务，可以使得训练活动的全体参加者统一认识和行动，从而可以有效地控制运动训练过程。运动训练计划的制订与实施是运动训练过程的中心环节，贯穿于训练实践活动的始终。

制订运动训练计划应以运动员的起始状态、训练目标、运动训练的普遍规律、专项训练的特殊规律以及训练活动所具有的客观条件等因素为依据，以保证训练计划的科学性与可操作性。

按照运动训练计划时间跨度的长短，运动训练计划可分为多年训练计划、年度训练计划、大周期训练计划、周训练计划和课训练计划等（表1-3）。

表1-3　运动训练计划的类型及基本任务

运动训练计划类型		时间跨度	基本任务
多年训练计划	全程性	10 ~ 20年	系统培养高水平运动员
	区间性	2 ~ 6年	完成阶段性训练任务或准备并参加1轮比赛
年度训练计划	单周期	6 ~ 12个月	准备并参加1次或1组重要比赛
	双周期	4 ~ 8个月/周期	准备并参加2次或2组重要比赛
	多周期	2.5 ~ 5个月/周期	准备并参加3次或3组以上重要比赛
大周期训练计划	准备期	5 ~ 20周	提高运动员竞技能力
	比赛期	3 ~ 20周	参加比赛创造理想成绩
	恢复期	1 ~ 4周	促进心理/生理恢复

续表

运动训练计划类型		时间跨度	基本任务
周训练计划	训练期	4 ~ 10天或 3 ~ 20次课	提高运动员竞技能力
	比赛期		参加比赛创造理想成绩
	恢复期		促进心理/生理恢复
课训练计划	综合训练课	0.5 ~ 4h	综合完成多项训练任务
	单一训练课	0.5 ~ 4h	集中完成一项训练任务

资料来源：田麦久.论运动训练计划[M].北京：北京体育大学出版社，1999.

不同类型的训练计划有各自特定的要求，在内容上也各有侧重，但不同时间跨度的运动训练过程的基本结构是一样的。训练计划的基本内容方面包括10个要点，即起始状态的诊断，确定训练目标，划分训练周期与训练阶段，确定实现目标的基本策略，安排比赛序列，规划训练负荷的动态变化趋势，选择训练方法和手段，确定各手段、练习的负荷要求，制订恢复措施，规划检查评定的内容、时间和标准。在各种训练计划中，除了在实施性的周、课计划中不一定安排比赛之外，任何一个训练计划都应该包括这10个要点。

根据这10个要点在运动训练过程中的意义，可以将其划分为准备性部分、指导性部分、实施性部分和控制性部分4个部分。通常，在制订多年训练计划和年度训练计划时，应特别重视指导性部分；在制订具体的周、课计划时，则应认真思考实施性部分。

训练计划的准备性部分主要包括对运动员起始状态的诊断和确立训练目标。这两项工作在流程方面是与训练计划的制订并列的重要环节，在内容方面是训练计划不可缺少的重要组成部分，为训练计划的制订提供了必需的信息和依据。

训练计划的指导性部分属于全局性的整体决策，首先包括训练阶段的划分及确定实现目标的基本策略的确定，这一工作勾画出了训练过程的基本轮廓。由于比赛既是检验训练效果的有效途径，又是组织训练活动的重要杠杆，故接下来的工作就是安排比赛的序列。继而根据不同阶段的训练任务和比赛安排的特点，规划训练负荷动态变化的基本趋势，完成对整个训练活动的整体配置。

实施性部分涉及训练的具体手段和各种手段负荷量度的大小，用于训练活动的具体组织，需要更多地考虑运动项目的竞技特性和运动员的个人特点。

控制性部分是指对运动训练过程实施有效的控制。具体包括有计划地检查评定、客观地诊断训练效果，及时、准确、全面地收集运动训练进行情况的有关信息，以对训练计划制订的科学性和执行的效果作出评价，并且参考训练工作不同阶段的反馈进行必要的调节和改进，以保证运动训练目标的顺利实现。

二、不同覆盖领域的运动训练理论体系

按照理论研究及其应用所覆盖的运动项目领域，可把运动训练理论分为一般训练理论、项

群训练理论和专项训练理论3个层次。其中，一般训练理论研究各个运动项目的共同特性，覆盖所有的运动项目；项群训练理论研究高度相关的一组运动项目的共同特性，覆盖同一项群的运动项目；专项训练理论研究一个专项的独有特性，只涉及所研究的某个专项。3个层次的理论是对运动训练学理论体系的纵向描述。在任何一个层次上，都可以展开关于运动训练原则、运动训练内容、运动训练负荷、运动训练方法以及运动训练计划5个方面的研究。

（一）一般训练理论

一般训练理论是普适性的训练理论，研究与阐释适用于所有运动项目的共同规律以及运动训练活动的操作行为，为运动训练活动的参与者提供基本的原理性的理论知识。这一层面包含着大量的应用基础理论研究的重要成果，概括了众多运动专项训练实践与理论研究的精华。

对运动训练学这一学科可作广义与狭义两种理解。其中，广义的运动训练学应该包括一般训练理论、项群训练理论和专项训练理论3个层次；狭义的运动训练学则专指一般训练理论。在我国高等体育教育体系中，作为核心课程之一的“运动训练学”的教学内容即为一般训练理论，主要包括运动训练学及其理论体系、运动训练学主要研究内容、运动训练的基本原则、运动员竞技能力的训练、运动训练计划的制订与实施。

（二）项群训练理论

将一组具有相似竞技特征及训练要求的竞技项目称为一个项群，将揭示不同项群竞技规律与训练规律的理论称为项群训练理论。项群训练理论是位于一般训练理论与专项训练理论之间的一个理论层次，20世纪80年代由我国学者田麦久等提出并创立，进而推动了3个层次的运动训练理论体系的构建。40多年来，项群训练理论受到体育界的普遍重视，并得到不断的发展和完善。

1. 竞技运动项目的分类及项群体系的构成

从理论上讲，竞技运动项目分类所依据的标准是非常多的，从而可以构建出许许多多个分类体系。田麦久等根据竞技体育与运动训练的主要任务和基本特点，从中选择了运动员竞技能力的主导决定因素、运动项目的动作结构、运动成绩的评定方法作为主要的分类标准，建立了竞技运动项目常用的3个分类体系。

(1) 依据运动员竞技能力的主导决定因素分类

依据运动员竞技能力的主导决定因素，奥运会主要竞技项目可以分为体能主导类、技能主导类、技心能主导类、技战能主导类4大类。继而以各项目体能或技战能的主要表现形式或特征作为二级分类标准，将体能主导类项目分为快速力量性、速度性及耐力性3个亚类；将技能主导类项目集中于表现难美性亚类；将技心能主导类项目集中于表现准确性亚类；将技战能主导类分成隔网对抗性、同场对抗性、格斗对抗性及轮换攻防对抗性4个亚类（表1–4）。在亚类层级上，共9个项群（田麦久、刘筱英、麻雪田等，1983、1990、2003），由于一切运动训练活动都必须围绕着运动员竞技能力的发展予以科学的规划和组织实施，因此，依据决定竞技能力的主导因素所划分的项群体系被人们普遍采用。

表1-4　按竞技能力的主导因素对竞技运动项目进行分类

项群大类	项群亚类	项目
体能主导类	快速力量性	跳跃、投掷、举重
	速度性	短距离跑（100 m、200 m、400 m），短游（100 m），短距离速度滑冰（500 m），短距离赛场自行车
	耐力性	中长距离走、跑、速滑，中长距离游泳，越野滑雪，长距离自行车，划船
技能主导类	表现难美性	体操、艺术体操、技巧、蹦床、跳水、花样游泳、花样滑冰、武术（套路）、雪上技巧、街舞
技心能主导类	表现准确性	射击、射箭、弓弩
技战能主导类	隔网对抗性	乒乓球、羽毛球、网球、排球
	同场对抗性	足球、手球、篮球、冰球、水球、曲棍球、橄榄球
	格斗对抗性	摔跤、柔道、拳击、击剑、武术（散打）
	轮换攻防对抗性	棒球、垒球、板球、冰壶、台球

（2）依据运动项目的动作结构分类

依据运动项目的动作结构，所有的竞技项目可以划分为单一动作结构、多元动作结构及多元组合结构3大类。各类动作的组合形式又形成二级分类标准，其中单一动作结构类可以再分为非周期性、周期性及混合性3个亚类；多元动作结构类可以再分为固定组合和变异组合2个亚类；多元组合结构类可以再分为同属多项组合和异属多项组合2个亚类（表1-5）。

表1-5　按动作结构对竞技运动项目进行分类

大类	亚类	项目举例
单一动作结构	非周期性	铁饼、铅球、链球、举重、跳台滑雪
	周期性	跑、竞走、游泳、自行车、射击、射箭、长距离滑雪、速度滑冰、划船
	混合性	跳高、跳远、标枪、三级跳远、撑竿跳高
多元动作结构	固定组合	体操单项、武术单项、艺术体操单项、技巧、花样滑冰、马术、回旋滑雪、自由式滑雪、U型槽滑雪、单板滑雪
	变异组合	篮球、手球、足球、水球、曲棍球、冰球、乒乓球、羽毛球、网球、排球、拳击、摔跤、柔道、棒球、垒球
多元组合结构	同属多项组合	田径男子十项和女子七项全能、速滑全能、体操全能、艺术体操全能、武术全能
	异属多项组合	现代五项、冬季两项、铁人三项

单一动作结构类的混合性亚类兼有周期性与非周期性的特点。各种跳跃及标枪的助跑为周期性动作，而最后的跳跃及掷枪则为非周期性动作。

多元动作结构类中，固定组合亚类项目要求运动员在比赛中完整地再现训练中千百次重复练习的动作组合；而变异组合亚类项目则要求运动员在比赛中根据对手所采取的技战术情况，将平素训练中所掌握的技战术“元件”即时地组合成相应的技术动作或战术配合。

多元组合结构类中，有些多项比赛的各个单项属同一个运动大项，如体操男子六项全能、田径女子七项全能等，称为同属多项组合；而有些多项比赛的单项分属不同的运动大项，则称为异属多项组合，如现代五项、冬季两项等。

（3）依据运动成绩的评定方法分类

依据各项比赛成绩的评定方法，竞技项目可以分为测量类、评分类、命中类、得分类和制胜类5大类。其中，测量类项目的运动成绩由对高度、远度、重量或通过一定距离所需时间的测量予以确定。评分类项目比赛中，裁判员按特定的规则和评分办法，对运动员所完成的动作质量给予评分。命中类中的无防型项目由在没有防守的情况下命中某一目标的准确度或次数多少来决定比赛的成绩；设防型项目运动员则必须突破对方的防守命中特定目标而力求取胜。得分类项目均按局（盘）进行比赛，一方得分先达到规定数目时即为获胜，得分的途径既有本方运动员进攻命中，也包括对方的失误送分。制胜类项目比赛中，运动员可以通过取得绝对胜利而结束比赛，而在没有出现绝对胜利的情况时，则仍需按命中得分的情况判定胜负（表1–6）。

表1–6 按运动成绩评定方法对竞技运动项目进行分类

类别	项目
测量类	田径、游泳、速度滑冰、滑雪、自行车、划船、举重、射击、射箭
评分类	艺术体操、体操、技巧、跳水、花样滑冰、花样游泳、武术、马术
命中类	篮球、足球、手球、水球、曲棍球、冰球
得分类	乒乓球、羽毛球、网球、排球、棒球、垒球
制胜类	摔跤、拳击、柔道

3个分类体系从不同的角度描绘了竞技运动项目总体的内部结构。由于3个体系的分类标准之间有着密切的联系，因此，各个体系中所划分的项群之间也自然存在着一定的对应关系。例如，技心能类表现难美性项目都属固定组合多元动作结构，又都是通过由裁判员给分的方式评定其运动成绩的。体能类耐力性项目都属周期性单一动作结构，又都通过准确的计时判定其运动成绩。在组织训练活动或专题研究的过程中，我们可以其中一个体系为主，划分不同的项群，进行相应的研究。

考虑到一切运动训练活动都必须围绕着运动员竞技能力的发展予以科学的规划和组织实施，我们选择了决定竞技能力的主导因素为主要的分类标准，将以奥运会竞赛项目为主的众多竞技项目分为9个项群，进而对各项群的训练理论进行专门的研究。

2. 项群训练理论的研究内容及应用

项群训练理论是在项群层面上进行研究的运动训练理论。各个项群都应该在一般训练理论的基础上研究本项群在运动训练原则、运动训练内容、运动训练负荷、运动训练方法、运动训练计划等方面的不同特点。在项群训练理论体系中则要研究各个项群的起源、竞技能力构成特点、运动成绩影响因素的结构特点及训练特点。

项群训练理论自创立以来便得到了体育界的普遍认同。而且，“项群”这一概念的应用，已逐渐超越运动训练的范畴，正日益广泛地被应用于体育教学、体育健身、体育产业、体育管理及多学科教学研究等领域。项群训练理论的应用具体体现在如下方面。

（1）项群训练理论与竞技体育发展战略的制定

无论是一个国家，还是一个地区，在制定其竞技体育的发展战略时，都对正确地选择重点竞技项目给予高度的重视。项群训练理论可给战略制定者以有益的帮助。首先，对现有不同水平级的运动项目进行对应的项群分析，能够帮助我们从宏观上把握众多运动项目发展的状况，便于我们从社会学、地域学、遗传学、训练学等不同角度科学地分析造成各类项目发展水平高低不一的原因，继而可以确定与现有优势项目隶属于同一项群但暂时落后的项目。由于这些项目的教练员和运动员可以极为方便地借鉴同项群中先进项目的训练经验，因此可以期待，在一定的条件下，这些暂时落后的项目有可能比其他项群的落后项目更快地得到发展和提高，向优势项目的行列转移。

（2）项群训练理论与竞技运动项目的宏观管理

有序性是系统的重要特性之一。项群的划分和项群体系的建立使得竞技项目这一巨大群体的内部结构更加有序，进而为运动训练组织机构的领导者和管理人员实施更为有效的宏观管理提供了新的可能。例如，各级体育主管部门大都对运动项目实施分组管理，如果各司、处分管的运动项目尽可能与项群的划分保持一致，则显然有利于管理工作与训练组织的协调一致。

（3）同群项目训练规律的探讨和揭示

与原有两层次训练理论体系相比，运动训练理论体系中这一中间层次的建立，为我们研究、揭示具有共同特点的项目群体内部的训练规律提供了极为重要的先决条件。

（4）项群训练理论与竞技人才的流动

运动选材对运动训练结果有着重要的影响，已受到教练员和体育科学家的高度重视。在运动训练中，为数不少的运动员是从同一个项群中的邻项转移过来的。特别是当一个新兴运动项目开始建立时，这种现象更为突出。在运动训练界许多人的思维中，本已潜存着一种朦胧的“项群意识”。项群训练理论的研究和应用将会使人们这种朦胧的潜意识转化为科学理论指导下的主动积极的思维和行动，从而促进竞技人才的合理流动。

（5）项群训练理论与运动训练方法的移植、创新与发展

任何一个竞技运动项目的发展过程都不可能处于完全闭锁式的状态。它们在与外界的信息

交流中，很自然地会从其他项目吸收那些对自己适用的理论、技术与方法，同时不断地把自己科学的理论、精湛的技巧及有效的方法传输给其他项目。经验表明，这种信息的交流主要发生在同项群内不同的项目之间。

（三）专项训练理论

人们在体育活动实践中逐渐形成了一些规范的活动方式，每个运动项目都是人们从事体育活动的一种特定方式。专项训练理论是指研究运动专项训练活动规律及组织操作行为的训练理论。专项是指特定的运动项目。这里首先要对运动专项做出明确的释义。

1. “运动项目”与“专项训练理论”的分层释义

运动竞赛是以运动项目为单位来组织进行的。在竞技体育的实践活动中，运动项目有着多元含义。例如，田径运动是一个“运动项目”，田径运动中的男子跳远也是一个“运动项目”；以2024年巴黎奥运会为例，田径运动这个“运动项目”就包含着共48个诸如男子跳远这样的“运动项目”；举重是一个“运动项目”，女子49 kg级举重也是一个“运动项目”，举重这个“运动项目”中就包含着男子5个级别、女子5个级别共10个具体级别的“运动项目”。这两个例子告诉我们，人们通常习惯所说的“运动项目”，实际上在不同层面上具有不同的含义。所以，我们需要对“运动项目”做出分层释义。

为了对不同层面的运动项目加以区分，在我国体育界的语境中，“大项”“分项”“小项”3个概念分别包含不同的运动内容。以奥运会为例，2024年巴黎奥运会共设田径、游泳、举重、体操、篮球、足球、排球、乒乓球、羽毛球、网球、柔道、跆拳道、摔跤、拳击、击剑、射击、射箭、自行车、马术、赛艇、皮划艇、帆船、现代五项、铁人三项、高尔夫球、橄榄球、手球、曲棍球、滑板、冲浪、攀岩、霹雳舞共32个大项。这32个大项分别由对应的一个或多个单项运动协会管理，有些大项之下又包括几个分项，每个分项又包括若干小项。32个大项总计包括329个小项。例如，体操大项包括竞技体操、艺术体操、蹦床3个分项，在巴黎奥运会上分别对应设立了14个、2个、2个小项；水上运动项目包括游泳、跳水、水球、花样游泳、马拉松游泳5个分项，在巴黎奥运会上分别对应设立了35个、8个、2个、2个、2个小项。每个小项都是独立的比赛单位，各设一套奖项。奖项包含个人项目和集体项目，如男子体操单杠（个人项目）、女子排球（集体项目）。

与运动项目的分层设立相对应，在运动训练理论体系中同样可建立不同层次的专项训练理论，如既可以有田径训练理论，又可以有跳跃训练理论，也可以有跳高训练理论、跳远训练理论、撑竿跳高训练理论和三级跳远训练理论。

还有许多运动项目没有被列入奥运会，统称非奥运项目，如潜泳、武术、保龄球、台球等。国际上都以体育大会的形式组织这些项目的运动竞赛。这些项目同样需要发展和完善自己的专项训练理论。

2. 专项训练理论的主要特点

（1）与训练和比赛实践联系最为密切

专项训练理论直接产生于专项的训练与比赛实践，也直接服务于专项的训练与比赛实践，与专项的训练和参赛活动联系得最为紧密，是教练员和运动员接触最多、应用最直接的训练理论。

（2）项目特点最为鲜明

不同的运动项目有着不同的竞赛形式和不同的竞赛规则，从而导致了不同的竞技特征和不同的训练要求，相应的专项训练理论必须反映这些不同的特征和要求。由此，不同运动项目的专项训练理论就表现出各自鲜明的项目特点，包括专项运动员竞技能力的结构特点、比赛结果影响因素的构成特点、训练方法与负荷安排的特点、比赛准备与比赛战术的特点等。

（3）发展创新速度最快

运动训练实践具有巨大的生命活力，不断地向运动员的竞技能力提出新的挑战，如运动项目的纪录不断刷新，运动技巧的难度不断加大。专项训练理论应该紧紧跟随训练实践前进的步伐，不断创新，持续发展。

第三节　运动训练理论的国际发展与中国学派的建立

一、国际运动训练理论的初始发展及主要流派的形成

运动训练理论的研究总是与运动训练的实践相伴而生的，有关运动训练理论的产生可追溯至19世纪中叶。20世纪30年代之前，英国、美国、德国等早期竞技体育发达国家的相关学者对运动训练理论的认知逐渐加深。第二次世界大战之后，这些国家以及迅速崛起的苏联和东欧国家的运动训练学领域的学者经过研究，逐渐形成了具有不同学术特点的多个理论学派。

（一）关于运动训练理论的初始认知

1. 广泛聚合训练影响因素的早期英国训练理论探求

英国是多个现代竞技运动项目的发源地。英国学者早期的论著反映出那个时期人们对于运动训练问题的认知与探求。据查，论及运动训练问题的出版时间最早的著作，是英国学者麦克拉伦（Maclaren）于1866年著述的《训练理论与实践》（*Training in Theory and Practice*）。该书在西方被认为是第一本通过科学研究探讨运动训练理论的专著。这部专著以及其他英国著作，如罗伯特·詹姆斯·李（R. J. Lee）于1873年出版的《锻炼与训练对健康的影响》（*Exercise and Training: Their Effects upon Health*），在论述训练活动的同时，均有相当篇幅涉及饮食、睡眠、

沐浴、气候和穿着等因素。美国的教练员也在关注这一问题。1904年，时任哈佛大学田径教练的约翰·格林汉姆（John Graham）在《田径训练实践》（*Practical Track and Field Athletics*）一书中也提出了训练的3个核心要素：训练量、营养和睡眠。

显然，广泛聚合影响训练结果的多种因素，乃是在现代竞技体育的起始阶段，也是以英国运动训练界领衔的早期学者思考的焦点问题之一。

2. 致力于单项求胜的美国训练理论认知

美国在1896年第1届夏季奥运会上，即以11枚金牌名列榜首，且在前10届奥运会中多次居金牌榜首位。美国运动训练理论研究的成果多聚焦于单项运动训练的求胜之道，尤其是田径、游泳、拳击等项目，如詹姆斯（James）于1877年出版的《拳击、跳高等项目的运动特征》（*Boxing*，*Jumping*，*and All Kinds of Athletic Feats*），比利·爱德华兹（Billy Edwards）于1888年出版的《男性运动与拳击》（*Art of Boxing and Manual of Training*）等。

当然，在以英美为代表的早期有关运动训练的理论探求中，也会涉及运动训练的某些基本理论问题，包括训练计划的制订、训练与休息的交替、对过度训练危害的反思等问题的探讨等。例如，被誉为“美国田径运动之父”，1900年、1908年和1912年3届奥运会美国田径队教练迈克·墨菲（Michael Murphy）的《运动训练》（*Athletic Training*，1913），以及被称为“美国橄榄球之父”的沃尔特·坎普（Walter Camp）的《运动员全书：训练、组织与竞赛》（*Athletes All: Training*，*Organization and Play*，1919）等。同时，这些著作中单独设置章节论述了竞技比赛中运动员的勇气和信心对于获得优异成绩的重要性，强调了公平竞赛精神与体育伦理。

上述著作中虽涉及运动训练理论的某些基本内容，但多为零散的论述，相关认知仅处于相对初级和萌芽的阶段。不过，人们从中已经可以看到与现今运动训练理论中的某些章节大致相似的内容。可以说，20世纪初期的某些运动训练认知已经具备了现代运动训练学理论的雏形。

（二）运动训练理论国际流派的应时而生

第二次世界大战后，以1948年伦敦奥运会为标志，竞技体育的强力复兴也促使学者们更热情地致力于运动训练问题的研究。有关探讨更加专注于把运动训练活动作为一个独立的行为领域进行专门的研究。学者们的研究也更多地从聚焦与训练活动有关的医学、生理学、营养学知识，逐渐转向了训练实践本身；从对于田径、赛艇、体操、足球等单项训练活动的认知，逐渐拓展为对涵盖大量不同运动项目的训练认知的普适性理论研究。苏俄学派和德国学派的理论建树尤为突出。其中，从国家整体发展战略思考，苏联与东欧国家对竞技体育发展的需求更为迫切，对运动训练基本理论的研究也在不断强化。

1. 激烈的赛场竞争催生的苏联学派及俄罗斯学派

苏联高度重视竞技体育的社会功能。早在20世纪20—30年代，已有苏联学者探讨运动训练的某些原理性问题。1918年苏联率先建立了国立中央体育学院，1925年创办了科学理论期刊《体育理论与实践》，1930年成立了中央体育科学研究所，开展了一系列理论研究。例如，克利缅科（Klymenko）的《跑步者的体操练习》《体育理论与实践》（1939），瓦西里耶夫（Vasilyev）的《高水平选手训练的某些问题》《体育理论与实践》（1948），吉彭雷特（Gippenreiter）等的《巴甫洛夫的高等神经活动学说是体育教育和运动训练的科学基础》《运动与体育》（1952）等。

苏联为首次参加1952年赫尔辛基奥运会做了精心的准备，取得了奖牌数与美国队持平的巨大成就。1956年墨尔本奥运会上，苏联队金牌、奖牌数均居首位，由此更加强了运动训练科学的研究力度。1962年，我国引进了苏联卡列金（Kaledin）主编的《运动员的身体训练》一书。同年，莫斯科举办了社会主义国家“运动训练问题国际科学方法讨论会”，更是集中地展现了苏联体育学者为发展竞技体育作出的巨大贡献。

苏联学者在讨论会上做了“现代运动训练制度”“运动训练的生理学问题”“运动训练的生物化学基础”“运动员心理训练的概念、内容和分类”“运动训练的远景规划”“发展运动员的主要身体素质问题”“运动训练的分期问题”“体育运动中的教育学研究方法”“运动训练方法的研究”等报告。上述大会报告的诸多论题，包括运动训练的管理体制、多年规划、生理学与生物化学基础、身体素质训练、心理训练、意志品质培养、训练计划制订、训练方法等多个领域，涉及了现代运动训练的众多重要理论问题，已然为构建系统的运动训练理论体系做了内容丰富的理论准备。

但是，在运动训练学学科理论的整体建构方面，苏联学者并没有走在国际学界的最前列。结构完整的运动训练理论专著最早见诸1969年民主德国迪特里希·哈雷（Dietrich Harre）的《运动训练学》（*Trainingslehre*）。尽管如此，以丰厚的理论研究成果为基础，苏联学者陆续出版的一系列运动训练理论专著仍然有着重要的影响。其中，马特维也夫（Matveyev）的《竞技运动理论》（1980）和普拉托诺夫（Platonov）的《运动训练的理论与方法》（1984）是极具代表性的运动训练学专著。马特维也夫的训练分期理论围绕着力求使运动员在最重要的赛事中表现出最高的竞技水平，得到了人们普遍的重视，构成了苏联运动训练学派的理论核心。

1991年苏联解体以后，俄罗斯学者作为主导，继续开展并进一步丰富了运动训练理论的研究。其中最具代表性的有马特维也夫的《竞技运动一般理论及其实用观点》（2001）、普拉托诺夫的《奥林匹克运动员训练的理论与方法》（2014）等。

知识窗

苏联学派及俄罗斯学派的主要学术特点

一是紧密围绕着力求使运动员在最重要的比赛中表现出最高的竞技运动水平的核心追求，安排训练计划，构建了运动训练分期组织的理论体系。

二是高度重视运动训练内容的渐进性和训练安排的程序性，强调在一个训练周期中，首先要打好一般身体素质的训练基础，然后逐步加大专项身体素质训练比重，进而转向更加适应参赛需要的专项训练。

2. 范式化、模式化的德国运动训练理论学派

在不同科学领域，德国人素来秉承规范、严谨的学术传统，其竞技体育科学研究也充分体现了这一学术风格。德国运动训练学的理论发展一直按照学科知识形态进行构建，力求建构一种逻辑自洽的完整的知识体系。学者克鲁梅尔（Krämer）在1930年出版了德国第一本系统论述运动训练基本理论的专著《运动员基础身体锻炼手册》（*Athletics-Handbook of Physical Exercises Essential forlife*）。20世纪40年代，田径教练格施勒（Gerschler）和医生赖因德尔（Reindell）创建的间歇训练法影响深远，被广泛采用。

民主德国的体育科学家多年来与苏联、东欧学者频繁交流，莱比锡体育学院的哈雷博士1969年主编了《运动训练学》专著，奠定了民主德国在运动训练学发展的世界版图中的重要地位。同期，联邦德国的运动训练专家也出版了大量运动训练学专著，如马丁（Martin）所著的《运动训练学原理之一：运动训练过程的内容结构》（1977）、《运动训练学原理之二：运动训练的计划、结构与控制与少年儿童训练》（1980），并组织众多学者编写了《运动训练科学词典》（1983），以及葛欧瑟（Thieß）等所著的《运动训练和比赛中的成绩控制》（1986）等。

之后，运动训练理论的研究进一步开展，如莱策特（Letzelter）所著的《运动训练原理》（1991），马丁、维格特（Vogt）所著的《运动训练科学》，施纳伯（Scharnweber）、哈雷、克鲁格（Krüger）、伯德（Weineck）主编的《运动训练科学》（*Trainingswissenschaft*，2003）等。德国国力雄厚，科学发达，其竞技运动水平长期位列国际前茅，以科隆体育大学、德国体育科学研究所、莱比锡大学体育学院为代表，其竞技运动科学在欧洲有着广泛的影响，其运动训练学理论在西欧有相当大的代表性。

知识窗

德国学派的主要学术特点

一是高度重视运动训练理论的模式化建构和范式化表达。在德国学者的多部专著中，在哈雷、莱策特、马丁、葛欧瑟、霍曼（Harrman）等的研究成果中，都可见到大量模式化思维的研究成果表述，包括运动训练模型、运动成绩模型、竞技能力模型、运动训练过程模型、运动竞赛流程模型等。

二是多年来不断地在既定理论框架内进行多维度、多方位的深入研究。在众多专业文献中，有发展力量、速度、耐力等素质以及提高协调能力和运动技能的专题论文，有运动员状态诊断、训练计划安排、战略战术设计等领域的研究成果，也有结合运动人体科学、心理学、社会学、自动化技术知识的训练学解析。研究的内容

涉及划船、田径、游泳、手球、击剑、滑雪等单项，也在项群层面对速度力量性项目、耐力性项目、双人对抗性项目的群体特征进行了论述。

3. 实用性、单项化的美国运动训练理论学派

第二次世界大战之后，随着竞技体育在世界范围的复兴，美国建立了教练员培养和认证制度。在训练实践活动中，各个单项运动协会具有高度的独立性，相关的理论研究主要是围绕着提高单项竞技水平的需要进行的，并没有更多地关注运动训练活动中具有普适性的基本理论。

美国科技人员针对不同专项（篮球、短跑、游泳等）运动员竞技水平的提高和力量、速度、耐力等素质的发展进行了大量研究，并取得了一定的成果。例如，培养了多位奥运冠军的游泳教练詹姆斯·康西尔曼（James Counsilman）所著的《竞技游泳》（*The Science of Swimming*，1977）、美国EXOS运动训练服务机构创始人马克·沃斯特根（Mark Verstegen）所著的《核心训练精要》（*Core Performance*，2006）、迈克·鲍伊尔（Mike Boyle）所著的《竞技运动中的功能性训练》（*Functional Training for Sports*，2003）等，均深受教练员欢迎。

罗马尼亚学者图多·博姆帕[1]（Tudor O. Bompa）移居加拿大和美国后，以马特维也夫的理论为基础，出版了英文版的《运动训练理论与方法》（*Theory and Methodology of Training*，1983），引起了北美竞技体育界的重视和关注。美国学者戈登的专著《教练科学》（*Coaching Science*，1988）涉及运动训练多方面的内容，包括训练的理论和模型、目标与目标设立、技能获取与学习、训练计划与结构、耐力训练、力量训练、灵敏训练、速度训练、运动员选材、运动员长期发展等内容，是具有一般训练理论意义的专著。

知识窗

美国学派的主要学术特点

一是与美国竞技体育项目发展的脉络相一致。美国运动训练理论界高度重视单项训练理论的研究，田径、游泳、篮球等项目是美国在国际比赛中争金夺银的主要项目，也是其运动训练理论研究的重点内容。

二是得益于高度发展的市场化和商业化。美国许多公司的器材研发都紧密结合市场需求，致力于运动训练方法和手段的创新与训练器材的研制，如Life Fitness，Power Lift，Star Traker等品牌的训练器材，并广泛组织其训练器材的应用培训，出售训练器材。

英国、澳大利亚、日本、法国等国的运动训练理论研究深受美国、德国等国训练理论的影

[1] 由于不同图书译法差异，另有图德·O. 邦帕与图多·博姆帕系同一人。本书将根据资料来源引用相应译名，特此说明。

响，在其国内的运动训练学或教练学著作中，如澳大利亚布鲁斯·艾利奥特（Bruce Elliott）的《运动训练：应用体育科学》（*Training in Sport*：*Applying Sport Science*，2006）、英国迈克·莫里斯（Mike Morris）的《教练理论与实践》（*Coaching Science*：*Theory into Practice*，2006）、英国弗兰克·迪克（Frank Dick）的《运动训练原理》（*Sports Training Principles*，2007）等，其理论研究成果均未能形成自身的特色流派。

二、中国运动训练学学者的探求与选择

1949年后，中国运动训练理论从学习借鉴到自主建构，逐步形成了独具中国特色的运动训练理论体系。特别是改革开放40多年来，伴随着我国竞技体育事业的崛起与腾飞，在运动训练的基本理论、运动训练理论体系、项群训练理论、竞技项目制胜规律、运动员选材、竞技能力结构、竞技参赛理论等方面都取得了一系列标志性的创新研究成果。

（一）从运动训练理论的“中国流”到“中国学派”

1. 运动训练理论“中国流”的提出与发展

我国竞技体育界对于现代运动训练的理论认知，是从学习国外训练理论起始的。20世纪三四十年代，赴美、日等国的体育留学生带回来一些初级的训练知识。20世纪50年代起，我国全面学习苏联的运动训练理论，曾邀请了多名苏联教授和教练员来华任教。

20世纪60年代前后，运动训练的科学性出现偏差，虽有个别运动员的成绩得到提高，但同时一大批很有天赋的运动员屡屡发生过度疲劳、严重伤病等问题。1976年后重新组建起来的中国竞技体育队伍，总结经验，吸取教训，改革开放，面向世界，广泛汲取了美、德、苏联、英、日、加、澳等世界竞技体育发达国家训练理论中的科学营养，认真探索运动训练科学化的规律，推出了多项有意义的理论研究成果，有力地推动着中国竞技运动水平的提高。

20世纪80年代中期，以我国学者创立的项群训练理论为重要理论依据之一制定的竞技体育发展战略取得了巨大的成功。1988年，田麦久、武福全主编的《运动训练科学化探索》一书的出版，标志着我国运动训练的科学化追求步入正轨。这本全面论述运动训练原理的专著为广大教练员和体育工作者提供了科学的理论指导，在我国由传统经验训练向现代科学训练转变的过程中发挥了重要的作用。上述两项研究成果都获得了国家体委体育科技进步奖一等奖。

进入21世纪以来，国际竞技体育界的格局发生了剧烈的演变，中国竞技运动水平的快速提高是其中最引人注目的现象之一。凭借中国运动员在跳水、体操、举重、射击、乒乓球、羽毛球等个人优势项目中的杰出表现，中国闯入了奥运会金牌榜第一档次的行列。从2000年悉尼奥运会起始，继而在雅典、北京、伦敦、里约、东京、巴黎共7届夏季奥运会上，中国始终位于金牌榜的前三位，在2008年北京奥运会上更是以48枚金牌雄踞榜首。这些成绩的取得，毫无疑问得到了中国运动训练理论学者的有力支持。

中国运动训练理论的探索与创新成果的科学价值清晰地反映在中国竞技体育界的明显变化之中。几十年来，中国各个层次的教练员得到了普遍的培训和进修，总体上发生了质的变化。创新的训练理论认知与中国的教练员和运动员刻苦训练、勇毅参赛的实践探索，取得了辉煌的成绩，涌现出了跳水队的冠军“垄断”，乒乓球队的长胜不衰，举重运动员的中国力量，体操、蹦床、花样滑冰的强力展示，以及女排在世界赛场上的10次夺冠，曹缘等优秀运动员的竞技表现在国际竞技体育界产生了巨大影响。在这些世界顶尖水平运动员的背后，中国运动训练理论学者的研究成果也日益引起业界的关注。

曹景伟等敏锐地觉察到了中国运动训练理论创新的科学价值，遂于2004年提出了“运动训练理论中国流”的观念，指出“中国运动训练学理论在横向拓展和纵向延伸过程中，进行了大量创新，涌现出一些在理论上价值巨大、在实践中影响深远的本土化研究成果，包括项群训练理论、运动员科学选材、中国优势竞技项目的制胜规律和竞技能力结构理论等领域的研究成果，是中国运动训练学理论对世界的重要贡献，也是运动训练学理论研究中中国流形成的重要标志”。在上述理论成果的基础上，中国的运动训练学学者继续推出了大量创新性的研究成果。同时，我国高等体育教育培养了一大批掌握先进理论知识的新的竞技体育从业者。中国运动训练科学化的整体水平得到了不断提升。

中国竞技体育的发展得到了国际体育界的高度重视。2005年在北京举办的“中德竞技体育科学论坛（China-Germany Sports Science Symposium）”即是一个典型的例证。来自中国、德国的各15位一流体育学者在此论坛上，围绕运动训练科学化问题进行了广泛、深入的交流，德国体育科学学会会长贝恩德·施特劳斯（Bernd Strauss）在致辞中高度赞扬了中国学者在运动训练理论创新与应用方面所取得的进展与贡献。2006年，德国体育科学学会把德国体育科学最高荣誉的奖项——“金别针荣誉奖”，首次授予了一位外国学者，即中国运动训练学家田麦久教授。2008年，德国科隆体育大学也将学校的大奖授予了田麦久教授，反映出中国运动训练理论的创新性成果在世界运动科学界引起了广泛关注，赢得了国际众多同行的赞许与肯定。

2. “竞技体育学中国学派”命题的问世与理论自信

基于多年来密切关注我国竞技体育理论及我国运动训练理论的不断发展与创新，石岩等学者于2011年明确地提出了“竞技体育学中国学派”的命题，此后多次呼吁应强化运动训练理论中国学派的建设。石岩等认为，近40年来，中国运动训练学的理论研究，依靠共同的研究信念和方向，在田麦久教授等领军学者的带领下组成多个学术共同体，有着完整的研究体系、研究内容，在科学道路上不断取得新的成果。中国的运动训练学界有着国际站位的学术水平，有着巨大凝聚力的学者群体，有着高度学术声望的领军学者，有着丰富的创新研究成果，有着鲜明的中国特色的学术风格。中国运动训练学者的理论创新已然有力地指导着中国优秀运动员的训练实践，明显地提高了国家竞技运动水平，取得了显著的效果。从“运动训练学理论研究中的中国流”发展到“竞技体育学中国学派”，包括“运动训练学的中国学派”，具有更加明确的理论意义和更加充实的现实价值。

21世纪的前20年，我国运动训练学者在运动训练理论体系结构、运动训练学科核心概念、运动训练原则、竞技能力的培养与表现、训练计划的制订与实施、竞技专项的制胜要素与训练特点等领域的研究都不断取得新的进展。这些进展有力支持了石岩等学者的观点。

近年来，田麦久教授陆续发表了《先进训练理念的认知与导行——兼论东京奥运会备战与参赛的首选策略》《运动训练理论核心概念的界定及认知的深化》和《我国运动训练科学化进程的审视与评析》3篇论文，从不同维度系统地论述了半个世纪以来，中国运动训练学理论发展的历程，回顾了改革开放40多年来我国运动训练界在核心概念的科学界定、运动训练理论体系的结构性调整、竞技能力理论发展、训练计划的科学制订等领域多层面、多维度的重要理论创新成果。这些研究成果有力地表明，中国的运动训练理论学者在广泛借鉴、积极吸纳国际运动训练理论研究成果的基础上，创造了既为自主原创又能进行国际对话、既具有自身特色又具有普遍性的运动训练中国理论和中国话语体系，已然明确地构建起了运动训练理论的中国学派。我们应有高度的理论自信，大力发展、弘扬和推广孕于中国本土的先进训练理念，坚持我国运动训练理论与竞技实践的成功之路。

（二）运动训练理论中国学派的主要研究成果

改革开放40多年来，我国运动训练理论得以快速发展，涌现了一批勇于探索的运动训练学者，推出了丰硕的研究成果。这里我们仅列举其中部分研究成果，借以代表性地反映我国运动训练学学者理论建设的巨大进展。

1.运动训练学基本理论研究

运动训练学基本理论的研究成果集中地反映在高等学校《运动训练学》教材的内容之中。过家兴于1990年主编了我国第一部体育院校全国通用教材《运动训练学》。田麦久于2000年主持编写了通用教材《运动训练学》，与徐本力、董国珍、刘建和、延烽、胡亦海等教授一起，总结了我国运动训练理论成果与实践经验，得到了许多具有规范意义的成果。这部教材被定为普通高等教育“九五”国家级重点教材，并获2002年全国普通高等学校优秀教材一等奖，至今已发行几十万册。田麦久尔后继续主编了2006年版、2011年版（与刘大庆共同主编）、2017年版的高等体育院校通用教材《运动训练学》。余银、胡亦海教授主编了2019年版高等体育院校运动训练学专业通用教材《运动训练学》。杨桦、李宗浩、池建教授于2007年主编了全国体育院校研究生系列通识教材《运动训练学导论》。参与这些教材编写的还有李少丹、钟秉枢、熊焰、徐刚、郑晓鸿、高平、谢云、陈亮、许志娟等学者，他们提出了许多创新的研究成果，如辩证协同训练原则的认知与应用，运动成绩的决定因素的系统性构建，多年、年度与周课训练计划的多元安排，运动员重大比赛前峰前状态的把握，赛间训练的组织等等。这些教材集我国运动训练理论研究成果之大成，以丰富的创新研究成果，不断完善运动训练基本理论的系统性和创新性，多年来，用完整的运动训练理论培养了大量的高等体育院校学生。

我国运动训练学者指导的许多研究生的选题，都是密切围绕着运动训练学的基本理论展开的。例如，田麦久以其指导的89篇博士、硕士学位论文为主，围绕运动训练理论中的核心专题，分别编著出版了《运动员竞技能力研究文集》《运动员多年训练研究文集》《竞技参赛理论研究文集》《竞技体育发展战略与管理研究文集》《运动训练计划与方法研究文集》《难美项群训练理论研究文集》6册专著，组成了“竞技体育科学文选”系列丛书，丰富了运动训练基本理论的知识储藏。

2. 系统的教练员指导理论研究

教练员的培训是促进运动训练科学化的关键环节之一，我国运动训练学学者高度重视教练员培训理论体系的建设，完成了多项国家体委（国家体育总局）的重点课题研究工作。

1988年，受国家体委科教司委托，田麦久与武福全主编出版了《运动训练科学化探索》，包括俞继英、高大安、谈太钰、步润生、曾凡辉、陈吉棣、刘淑慧、史康成、杨锡让、邱宜均、邢文华等44名多学科的知名学者共同参与，是一项从多学科视角探索运动训练特征与规律的综合性研究成果。这部专著系统论述了运动训练科学化的内涵与外延，科学总结了提高运动训练科学化水平的方法与手段，内设39个专题涉及运动训练全过程、全方位，是竞技体育从业者，特别是教练员必备的科学指导用书。在1990年亚运会备战期间，这部专著被赠送给中国代表团各项目运动队，受到教练员、运动员的普遍欢迎。这部专著先后获得国家体委体育科技进步奖一等奖和全国奋进文明图书奖一等奖。

由李诚志等主编的《教练员训练指南》一书，汇集了多位专家的理论成果，分为“运动训练的科学基础”“运动训练原理”“专项运动训练”及“常见运动伤病的预防和处理”4篇，为教练员提供了理论和实践的指导。

中国运动训练专业委员会高度重视运动训练理论研究，由李富荣任主编，过家兴、俞樟炎任副主编，于1996年出版了《中国运动训练理论与实践研究》一书，对运动项目性质、训练内容与方法、运动负荷、训练安排等问题做了规范论述。本书以教练员为主要读者群。

为了给备战伦敦奥运会和里约奥运会的中国运动员提供科技支持，国家体育总局科教司委托田麦久组织编写了《高水平竞技选手的科学训练与成功参赛》理论专著。该专著的第一篇“运动训练与竞技参赛的科学指导”，把运动训练和竞技参赛这两个环节契合在一起，既阐述了如何组织实施科学训练，有效地提高运动员的竞技能力，又论述了如何组织成功参赛，将已经获得的竞技能力顺利地转化为运动成绩等基本理论。刘大庆、徐刚、周爱国、熊焰、王宏等运动训练学教授参与了此篇的编写。专著的第二篇“科学训练与成功参赛的多学科支持”，由运动生理生化学、运动生物力学、运动心理学、运动营养学、竞技信息学、体育社会学、运动创伤医学等学科的国内一流学者冯连世、王清、张力为、李桂华、钟秉枢、杨则宜、田得祥等编写，为教练员、运动员及训练参赛团队提供了最前沿的多学科科学知识。

由国家体育总局科教司组织，钟秉枢主持编写，相关学科的知名专家李春雷、陈小平、胡亦海、袁守龙、徐刚、冯连世、冯美云、张力为、邱俊强等协力编写，于2015年出版的《现代教练员科学训练理论与实践》一书，是对全国教练员进行岗位培训的通识性教材。全书开篇即明确地指出教材的使用者为教练员，阐述了教练员职业素养与管理，并就运动训练计划、训练过程监控、运动员选材、运动员营养及伤病防治、兴奋剂防范、参赛准备和组织等教练员在工作实践中面对的多方面问题进行了理论阐述。多年来，这一教材对提高我国各级教练员科学训练水平发挥了重要作用。

在备战东京奥运会期间，应广大教练员学习提高的迫切要求，在国家体育总局科教司的主持下，由田麦久、吴瑛、胡亦海联袂组织编写了《我国运动训练的理论创新与竞技实践》。该专著的第一篇为我国运动训练的基本理论创新，田麦久与李赞、陈亮、郑晓鸿、徐刚等学者一起，分别就训练观念、训练原则、竞技能力、竞技状态、训练计划、竞技参赛、项群理论等专题介绍了我国学者的创新理论。第二篇为我国优势项目训练的理论创新与竞技实践，张忠秋、赵霞、石岩、程勇民、郭秀文、谢勇、郭权等学者分别论述了我国跳水、乒乓球、射击、羽毛球、体操、举重、女排等项目高水平训练的创新理论与成功的参赛经验。这本专著被赠送给了备战东京奥运会的体操、乒乓球、羽毛球、举重、射击等多个项目国家队教练员，为中国选手成功准备和参加东京奥运会提供了科学的理论支持。

上述教练员指导用书中均明确提出，教练员的专业知识结构应该在运动训练理论、人体运动科学理论和体育社会人文科学理论的基础上，增加竞技参赛理论这一个新的板块，以丰富教练员理论培训和知识运用的完整构架。

3.运动训练学理论体系建设研究

半个世纪以来，国际运动训练理论界大多尊崇民主德国哈雷主编的《运动训练学》以及苏联马特维也夫等的《竞技运动理论》中建构的理论体系。我国运动训练学学者在多个领域对这一传统的理论体系进行了结构性的调整。其中最为突出的是以下两个方面：其一，创立了项群训练理论，拓展了运动训练的理论空间，组构了3个层次的运动训练理论体系；其二，独立组建系统的竞技参赛理论，将有关理论阐述从运动训练理论体系中分离出去，为运动训练理论体系"减负"。

项群训练理论是田麦久于1983年提出并组织创立的，该理论首先以主导竞技能力为首要标准，将竞技项目分为4大类9个项群，继而揭示各个项群的竞技特点与训练要求，在一般训练理论和专项训练理论之间嵌入一个中间层次。在田麦久、麻雪田、李富荣、黄新河、赵国瑞、贺子文、李安格、张英波、张保罗、熊焰、陈亮等学者的共同努力下，项群训练理论学术共同体经过40多年的不懈努力，继1987年在《广东高校体育》杂志上发表《项群训练理论的构思与研究》，1990年在《体育科学》杂志上发表《项群训练理论及其应用》之后，相继出版了《项群训练理论》《项群训练理论的创立与发展》《项群训练理论研究的深化与拓展》等共计百万余字的专著，理论体系日趋完善，得到了国内外业界普遍的认同与广泛的应用，持续为我国竞技运动训练、竞赛和管理等方面提供科学指导。项群训练理论的创立使人们对运动训练理论的认知拓展为包含一般训练理论、项群训练理论和专项训练理论3个层次的理论架构，并与运动训练原则、运动训练内容、运动训练负荷、运动训练方法、运动训练安排5个维度的训练要素一起构建起了具有鲜明中国特色的运动训练学理论体系。

竞赛是竞技体育活动链的重要组成部分，而涉及竞技参赛的理论研究多年来仅仅是作为附属内容，在运动训练学著作中略有提及。田麦久提出，应该为竞技参赛这一重要环节建立独立完整的理论体系，并从《运动训练学》教材中独立出来。从2002年提出建立系统的竞技参赛学理论构想，到正式出版《竞技参赛学》，历经9年时间。田麦久与熊焰、石岩、吴瑛、胡亦海等学者合作，以参赛原则、赛前准备、赛中的参赛指导、参赛表现、赛程控制、信息收集与反馈、赛后恢复与调整训练等板块初步构建了一个竞技参赛理论体系，这是具有高度应用性的科学理论，也是指导运动员针对特定比赛进行直接的准备、参加比赛以及赛后总结与调训行为的科学理论。这是国际上第一部关于竞技参赛学的理论专著，是竞技体育理论一项重要的开创性研究成果。

20 世纪80年代以来，我国运动训练理论研究空前活跃，多位运动训练学学者进行了多维度的理论探索。其中，徐本力的《体育控制论》，茅鹏的“一元训练理论”，李益群的《体育博弈论》，王清的《我国优秀运动员竞技能力状态诊断和监测系统的研究与建立》，王清、冯连世、翁庆章的《高原训练》，胡亦海的《竞技运动特征研究》《竞技运动训练理论与方法》，杨国庆的《中国奥运冠军成长规律研究》，以及姚颂平对马特维也夫经典训练分期理论的解读与推介，温宇红、邓运龙关于优秀运动员个性化训练的研究，李少丹倡导的以复杂性范式研究训练问题，刘大庆等对我国潜优势项目发展方略的研究，陈小平关于运动训练科学化途径的多项设计等，也都引起了人们的关注，推动着我国运动训练理论研究的进展。

（三）运动训练理论中国学派的主要学术特点与前景展望

1. 运动训练理论中国学派的主要学术特点

运动训练理论中国学派的主要学术特点可以概括为以下3点。

其一，高度重视运用系统思想和辩证的逻辑思维，在运动训练活动的不同范畴系统地构建相应的理论体系。对运动训练学的理论框架、运动训练活动的基本内容、竞技运动项目的分类、运动员竞技能力的子项构成、不同时间跨度运动训练计划的特点与结构等问题，都进行了系统解析、系统认知与系统组构，遵照逻辑学原理，缜密地审视训练理论各个组成部分的基本概念、构成要素、要素之间的相互联系，构建了具有鲜明中国特色的三层次五维度运动训练学理论体系，明显地提高了运动训练理论整体的学术质量。

其二，对多层面、多维度运动训练理论创新的不倦追求，以及善于发现已有理论中的空白，客观地指出前人研究中的不足，准确地发现存在的问题，敏锐地提出新的研究命题，从而不断地有所发展，有所前进。无论是对运动训练学核心概念释义的勘正、竞技能力结构的认知、优势项目制胜规律的探求，还是项群训练理论的创立、竞技参赛理论的分离，都是勇于质疑已有认知，敢于提出新的理念，善于做出新的诠释的成果。

其三，学术共同体的组建是中国学者不断取得理论创新成果的重要途径。中国各地各校的运动训练学学者，以及与运动训练活动密切关联的不同学科的领军专家，为了共同的研究目标，统一组构，密切配合，精诚协作，不断地推动运动训练学术研究取得新进展、新成果。

2.运动训练理论中国学派发展前景的展望

运动训练理论的科学探索没有终点，中国运动训练科学化的持续发展没有终点，还有许多问题有待继续深入探讨。运动训练理论中国学派的持续发展，应保持坚定的道路自信和理论自信，守正创新，继续前进，发扬光大我国运动训练理论与竞技实践的成功之路。

①坚持运用辩证统一观点，运用系统思想和辩证的逻辑思维，继续加强对运动训练基本理论的深化研究，包括竞技能力的子项结构特点、竞技能力的发展规律、竞技状态的演化规律、运动训练过程的优化组织、竞技表现系统内外多个因素之间的关联等。

②广泛引入和应用社会科学、教育科学、生命科学、数字科学、人工智能等多学科的科技成果，不断推进运动训练理论和实践的科学化、现代化。

③继续扩大改革开放，认真学习、吸纳国际优秀的运动训练理论与竞技实践成果，认真吸取百家之长，推陈出新，使我们的运动训练理论始终具有鲜明的国际性和时代性特色。

④不断完善运动训练学的三层次理论体系。用一般训练理论的研究成果指导专项训练理论的发展，用专项训练理论的研究成果丰富一般训练学的普适性理论，以多维度的项群训练理论研究构建完整的运动训练理论体系。

⑤形成相对稳定的研究群体和学术共同体，有计划地持续开展运动训练学理论研究，建设好具有一流学术水平、一流创新精神、一流理论联系实际的具有国际影响力的运动训练理论中国学派。

在竞技体育发展举国体制坚定有力的保障下，我们有充分的信心，建成拥有世界一流学术水平、理论体系更加完整的运动训练理论中国学派，并更紧密地结合训练实践的需求，促进我国运动训练科学化水平的不断提高。

◎ 思考题

1. 试述运动训练学的定义及主要学科特征。
2. 试述依研究内容组构的运动训练理论体系。
3. 试述运动训练学理论的三层次结构及各层次理论研究的主要内容。
4. 国际运动训练学理论主要有哪些学派？各有什么学术特点？
5. 试述运动训练学中国学派构建的简要历程及其学术特点。

第一章
主要参考文献

第二章

运动训练目标

本章导读

本章内容主要涉及运动训练目标及其构成、运动训练目标设立依据与分类体现、运动训练的目标模型与成绩预测。

在运动训练过程中，训练目标发挥着训练引领和效果评价的至关重要作用。一切训练活动的组织实施，都是围绕着合理训练目标的实现而展开的。运动训练的直接目标，是充分挖掘运动员的竞技潜力和强化提高运动员的竞技能力。

一个完整的训练目标（而非局部的小目标）通常涉及3个层次，即运动成绩指标、竞技能力指标和训练负荷指标。训练目标呈现出阶段性、层次性、专项性、个体性和协同性的特征。科学合理的训练目标对于运动训练活动的组织及运动训练过程的进行会产生有效的激励作用、明确的导向作用和具体的标尺作用。

训练目标的设立，主要是基于对运动员（队）起始状态的诊断和比赛对手竞技特点的掌控。基于时间、空间、项目/（项群）和运动员这4个维度，训练目标可以分为不同的类别。

训练目标模型主要分为单因素特征的目标模型、多因素组合特征的目标模型、总体特征的目标模型。训练目标的建立都必然带有预测的性质。运动成绩的预测在训练目标的建立中占有重要的位置。在对训练成绩进行科学预测时，必须考虑运动员竞技能力的现实状态、运动员的竞技潜力、现有的训练条件、未来比赛的目的和比赛的条件5个方面的因素。

本章学习目标

1. 了解运动训练目标的内涵界定、多维特征、重要作用及构成的3个层次。
2. 掌握运动训练目标的设立依据和运动训练目标设立的多维分类体现。

3. 了解运动训练的单因素特征的目标模型、多因素组合特征的目标模型、总体特征的目标模型。

4. 了解运动成绩预测需要考虑的因素和基本方法。

第一节　运动训练目标及其构成

运动训练的基本任务和直接目标是充分地挖掘运动员的竞技潜力和强化提高运动员的竞技能力。

一个完整的运动训练过程应该包括运动员起始状态的诊断、训练目标的设立、训练计划的制订、训练活动的实施、训练过程中的检查评定及训练目标的实现6个基本环节。一切训练活动的组织实施都是围绕着合理训练目标的实现而展开的。在此过程中，运动训练目标发挥着训练引领和效果评价的至关重要作用。

一、运动训练目标的界定、特征与作用

（一）训练目标的界定

目标，本意指的是射击、攻击或寻求的对象，也指想要达到的境地或标准。《现代汉语词典》对“目标”的定义为：想要达到的境地或标准。目标，具有预测性、可计量性和激励性等特点。

基于运动训练安排的目的性、阶段性和内容指向性，运动训练目标是指通过设定时间和内容的训练组织安排，在提高或保持运动员竞技能力的不同层次上预期达到的目的或结果。它对训练过程的安排具有指导意义和检查评定作用，主要包含3个方面的含义。

第一，运动训练目标体现在提高或保持运动员竞技能力的不同层次上，如具体的比赛名次或成绩，或者达到的技术标准，或者掌握某种战术配合，抑或所承受的具体负荷等。它需要通过设定的训练组织安排，才能达到预期目的。

第二，运动训练目标受训练内容因素和时间因素的制约。任何训练目标的达成，都需要设定具体的训练内容和特定的时间范围。

第三，运动训练目标对于训练过程不仅具有指导性意义，还具有检查和评价的作用。它既是训练过程的出发点，也是训练过程的最终落脚点和归宿。

（二）运动训练目标的多维特征

基于时间维度、空间维度的不同，竞技项目及其比赛特点的不同，运动员个体化特点的差

异，以及不同比赛对手竞技特点的差异，运动训练目标呈现出阶段性、层次性、专项性、个体性和协同性的特征。

1. 阶段性

运动员整个运动生涯可以分为多个不同的阶段。例如，运动员全程性多年训练过程通常可以分为基础训练阶段、专项提高阶段、最佳竞技阶段和高水平竞技保持阶段；按照运动员的年龄可以划分为儿童运动员阶段、青少年运动员阶段、成人运动员阶段；一旦运动员受到损伤要进行康复性训练，其治疗过程也可以分为不同的康复训练阶段。此外，还有运动员退役后复出的不同训练阶段，不同赛事的各个阶段的赛间训练阶段等。显然，从时间维度来看，运动员不同的训练阶段都有不同的训练目标来引领各个阶段训练计划的制订、训练内容的安排、训练负荷的调控、训练方法的选择及负荷后的恢复等。

2. 层次性

运动员的训练目标在时间维度上呈现阶段性特征，在空间维度上则呈现出不同竞技水平目标从低到高的层次性特征：总的竞技能力目标和不同的竞技子能力目标的层次性；团队性项目整体竞技能力目标和团队成员个体竞技能力目标的层次性；基于竞技能力的非衡结构特征，构成竞技能力的不同子能力及其构成要素的层次性；运动员承受不同难度进阶的训练负荷量与负荷强度的层次性等。显然，不同层次的训练目标的依次达成促进了总体训练目标的实现。

3. 专项性

从竞技专项的维度来看，训练目标的专项性通常侧重于解决或指向训练的专项化问题。若训练目标的设立指向专项技术及其细节的改进完善，指向专项战术的熟练程序和随机应变，指向专项心理的应激调控和适宜动机，指向专项竞技知识的掌握和行动表现，那么该训练目标的设立相对于非专项能力提升的目标设定（如基础体能的平衡发展、一般耐力的提升等），必定呈现出专项性特征。

4. 个体性

从运动员个体的维度来看，训练目标的设立指向运动员个体的特定诉求，侧重于解决或指向训练的个性化问题。由于每个运动员都有自身个性化的竞技特点、风格、特长和短板，再加上不同训练阶段起始状态的差异，需要解决的问题和训练目标的设立必将呈现出个体化的特征。运动员个体化的训练目标既可以涉及运动员自身整体竞技能力的提升，也可以涉及运动员技战术细节的改进或心理适应能力的提升；既可以涉及自身短板的平衡补短，也可以涉及自身优势的发掘扬长。同时，可以涉及针对对手的技战术特点或对手的变更，设立有针对性的适应、遏制或反制对手的训练目标。

5. 协同性

正是训练目标的阶段性、层次性、专项性和个体性等多维特征，带来了在训练过程中不同的训练目标的协同性问题。训练目标的协同性旨在体现运动员整体竞技能力的最大化或最优化方面。对于个体类项目运动员，其不同阶段或层次的训练目标的设立与达成，要能够促进整体竞技能力的最大化，避免出现不同训练目标达成之后的相互制约或弱化，进而导致整体竞技能力的发展停滞甚至下滑。同时，对于集体类项目，不同运动员的训练目标的设立与达成要能够体现出理想化的协同性，以及不同运动员之间的角色功能定位相互补充，使得不同运动员的竞技状态水平在整体组合上达到整体效益最大化。

（三）训练目标在训练过程中的重要作用

训练目标的设立是运动训练过程行为链上的一个重要环节。科学合理的训练目标对于运动训练活动的组织及运动训练过程的进行会产生有效的激励作用、明确的导向作用和具体的标尺作用。

1. 激励作用

竞技体育不断挑战运动员的极限，要求运动员刻苦训练。运动员在多年艰苦训练中需要不断地与生理和心理的疲劳和伤病斗争，需要有巨大的动力支撑。科学的、适宜的训练目标为运动员提出了奋斗的要求，从而产生了巨大的动力促使运动员为实现既定的目标而不懈努力。人们受到激励，也会在所从事的事业中付出更加艰辛的努力，去实现预定的目标。运动员会把日复一日的、艰苦的训练活动与训练目标的实现联系在一起。每一次完成翻转，每一次举起杠铃，每一次瞄准射击，每一次抬脚射门都使运动员向着那个无限向往的目标接近了一步。目标可产生巨大的动力，使运动员能够克服困难，坚持训练。

从20世纪60年代就立志要夺取世界冠军的中国女排，经历几代人坚持不懈的奋斗，终于在20世纪80年代初实现了这一夙愿。许多运动员为了达成自己的终极目标，都在日复一日、年复一年地进行着艰苦训练。尽管她们中只有极少数人可能获得世界冠军称号，但是她们仍然在每一次训练中尽最大努力提高自己的竞技水平。女排姑娘们的训练目标正是这种高度的训练责任感和进取精神的力量源泉之一。

2. 导向作用

训练目标向训练参与者描绘出了运动训练过程中不同阶段的目标状态，设置了期待的比赛成绩，提出了竞技能力要求，设计了训练负荷的内容、量度，并做出了系统的安排，这就从训练的内容、负荷、方法、安排等不同方面做出了清晰的规划，提出了明确的要求，对于教练员、运动员的行为有着鲜明的导向作用。

3. 标尺作用

训练活动的终极目的便是实现预定的目标，故应该经常把运动训练的效果与训练目标进行比较。如果训练效果与训练目标相符，便表明训练计划的制订与实施符合训练任务的基本要求；如果运动员现实状态的动态变化与训练目标的要求不相符合，则需要把检查评定结果与目标状态相比较，并依据比较的结果对训练过程的相应环节进行审视，以便及时对各相应环节进行调节和修正，从而实现对整个训练过程的有效控制。

二、运动训练目标的构成

相对于竞技参赛，运动训练的核心任务和直接目标是提高运动员的竞技能力，其最终目标是提高运动员重大比赛的运动成绩。运动训练的目标是一个多层次的有序系统，基于运动训练目标涉及运动员竞技能力的层次性、训练时间及训练内容的差别性等，在具体的训练过程中，可以将不同级别或重要程度的比赛成绩、某优秀运动员的相关竞技能力指标、运动员所能承受的负荷（如力量训练）设立为训练目标。当然，尽管不同层次和大小的训练目标的诉求指向不同，但是从严格意义上讲，一个完整的训练目标（而非局部的小目标）通常会涉及3个层次，即运动成绩指标、竞技能力指标和训练负荷指标。

（一）运动成绩指标

1. 运动成绩释义

运动成绩是一个使用极其广泛的基本概念。但是，在运动训练和竞技比赛实践中，不同项目的运动员对运动成绩的解释和应用却有着很大区别。

在田径、游泳、自行车、举重、速度滑冰、速度滑雪、赛艇、射击、射箭等竞技项目中，运动员的“运动成绩”通常指完成赛程位移所用的时间、人体或投掷重物位移的距离、举起的重量或射中靶位的环数，并依靠专门设计的测量器具定量地予以确认。运动员在比赛中的排位则以“名次”表述。

在两两对抗的各种球类、格斗等竞技项目中，运动员在一场比赛中的“运动成绩”主要是指比赛胜负（或者平局）的情况；参加由多场比赛组成的整个赛事的最后排名即是其参加该赛事的“运动成绩”。运动员在比赛中投中、射中、击中等技战术水平的表现均以“得分”表述。

在体操、艺术体操、跳水、花样游泳、花样滑冰、自由式滑雪空中技巧、蹦床等竞技项目中，“运动成绩”的好坏主要以比赛名次来予以衡量。运动员竞技表现的水平则由裁判员按规则给予“打分”。

尽管在不同类型的竞技项目的实践操作中，“运动成绩”的具体所指有所不同，但实质上都包含着比赛结果的排名和运动员（队）在比赛中的竞技表现这两项基本内容。为了保持理论表述的严肃性和准确性，从适用于所有运动项目的一般训练学的角度，我们将“运动成绩”定义为“运动员参加比赛的结果”，是“根据特定的评定行为对运动员及其对手的竞技能力在比赛中发挥状况及竞技结果的综合评定”。这一评定既包括竞赛的胜负或名次，也包括运动员在比赛中表现出来的竞技水平。基于此，运动成绩指标可分成比赛名次指标和竞技水平指标两个子目标。

（1）比赛名次指标

比赛名次是运动成绩的重要组成部分。无论哪一个运动项目，比赛结束时都必须分出名次。在许多情况下，比赛名次的意义甚至超过运动员所表现出来的竞技水平的价值。在世界性大赛中，人们追求的首先是金牌、胜负和名次。例如，世界冰球锦标赛决赛的结果是5：1还是3：2并不是最重要的，人们更关心的是谁是比赛中的胜利者，是捷克队还是加拿大队，是俄罗斯队还是瑞典队。奥运会田径赛场上，男子1 500 m比赛结果为我们展示了一个有趣的现象（表2-1）：多届奥运会冠军的成绩都明显低于世界纪录，差距最大的是2016年里约奥运会上男子1 500 m冠军的成绩只有3:50.00，而世界纪录是1998年7月14日摩洛哥的奎罗伊在罗马创造的3:26.00。奥运会冠军的成绩竟比世界纪录慢了24.00 s，但这丝毫无损于奥运会冠军的崇高声誉。

表2-1　第28～32届奥运会男子1 500 m冠军成绩与世界纪录的比较一览表

举办年	奥运会届次	冠军成绩	世界纪录（1998年）	差距/s
2004	第28届（雅典）	3:34.18	3:26.00	8.18
2008	第29届（北京）	3:32.94	3:26.00	6.94
2012	第30届（伦敦）	3:34.08	3:26.00	8.08
2016	第31届（里约）	3:50.00	3:26.00	24.00
2021	第32届（东京）	3:28.32	3:26.00	2.32

当然，对于某个运动员（队），比赛名次指标的设定涉及对手在比赛中的竞技水平、比赛条件和裁判员的道德与业务水平等因素，而这些因素对教练员来说基本上都属于非可控的因素。有关决策的理论告诉我们，人们只能对受可控因素影响的事物的未来发展进行有效预测，而对不可控事物是无法准确预测的。教练员虽然可以力求在较大程度上控制运动员的训练过程和比赛行为，但无法控制比赛对手的训练过程，对于对手在比赛中的表现也只能施以有限的影响（在对抗性项目中这种影响有可能加大）。因此，在制定比赛名次指标时须持慎重态度，通常应该将一个区间设定为比赛的名次目标，任何硬性规定的名次指标往往都是难以实现的。

（2）竞技水平指标

运动员所具备的竞技能力在比赛中的表现称作竞技水平。不同项目运动员在比赛中表现出来的竞技水平也有着不同的衡量标准，比赛结果的评价方法也不相同。运动员在田径、自行车、游泳、速度滑冰、举重、射箭、射击等项目比赛中的表现，可运用标定的计量工具予以客观测量，通过对时间、距离、重量、环数的准确测定评价其竞技水平的高低；体操、艺术体操、技巧、跳水等项目，由裁判员根据一定的标准，对运动员所完成的动作给予评分，从而确定该次比赛中各个运动员竞技水平的高低；各种球类运动项目及摔跤、柔道、拳击、击剑等双方同场直接对抗性项目，则需要通过对与该专项主导竞技能力密切相关的一系列指标参数的综合评定来反映运动员（队）竞技水平的高低。

不同项目运动员竞技水平的不同表现形式一览表如表2-2所示。

表2-2 不同项目运动员竞技水平的不同表现形式一览表

项目类别		运动项目举例	竞技表现形式
测量类	竞速	田径径赛、游泳、自行车、速度滑冰、速度滑雪、赛艇、蹼泳、铁人三项	位移速度
	竞距	高度跳跃、远度跳跃、投掷	位移距离
	竞重	举重	举起重量
裁判评分类		体操、艺术体操、技巧、蹦床、跳水、花样游泳、花样滑冰、自由式滑雪空中技巧、滑水技巧、马术、武术套路	表演得分
得分类	无设防	射击、射箭、高尔夫球、台球、冰壶	射中、投中、击中得分
	设防	篮球、足球、手球、曲棍球、冰球、水球、排球、乒乓球、羽毛球、网球、棒球、垒球、击剑、跆拳道、武术散打	射中、投中、击中得分
绝对制胜或命中得分类		拳击、摔跤、柔道	绝对胜利或击中、进攻得分

2.运动成绩的决定因素

任何竞技比赛的运动成绩，无论是竞技水平，还是名次，都是由运动员在比赛中的表现、对手在比赛中的表现及比赛结果的评定行为这3方面因素所决定的。其中，运动员自身与对手在比赛中的表现都取决于他们所具有的竞技能力及比赛发挥，而比赛结果的评定行为则包含着竞赛规则、评定手段及裁判员的道德与业务水平3个方面（图2-1）。

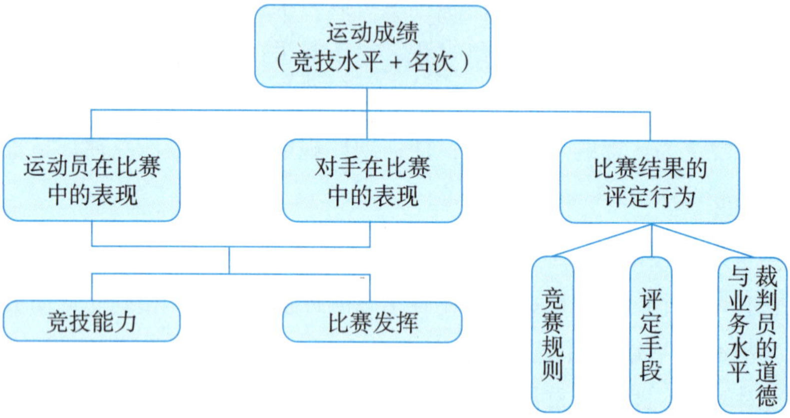

图2-1 运动成绩的决定因素

（资料来源：田麦久. 论运动训练过程[M]. 成都：四川教育出版社，1988.）

(1) 运动员在比赛中的表现

运动员在比赛中所表现的竞技水平是影响运动成绩的内因，是最根本的也是最重要的原因。如前所述，不同项群运动员在比赛中所表现的竞技水平有着不同的评定方法。其中，可测量类和评分类项目运动员所表现的竞技水平基本上是个人竞技能力的表现，通常较少受对手竞技表现的影响，而分属得分类和命中类的各种球类项目以及制胜类项目运动员的竞技表现则受到对手竞技表现较大影响，有时甚至是决定性的影响。

（2）对手在比赛中的表现

运动员在比赛中的胜负状况或所取得的名次在很大程度上受制于竞赛对手在比赛中表现出来的竞技水平，同时受到裁判员行为的影响。在竞赛项目中，同一名运动员在某一轮淘汰赛中与强劲的对手较量时，如果他的对手表现出来的竞技水平比他最好的表现还好的话，尽管他能够表现出比前几轮更高的竞技水平，也很可能遭到失败而被淘汰。这一事实说明了一个简单却常常被人们所忽视的道理，即作为比赛成绩的一个重要组成部分，比赛的胜负或名次不仅取决于运动员自身表现出来的竞技水平，还取决于对手表现出来的竞技水平以及比赛结果的评定行为。因此，在分析影响运动员运动成绩的因素时，不能只简单地考虑影响运动员个人竞技水平高低的素质、技术、战术、心理等方面。

（3）比赛结果的评定行为

比赛结果的评定行为是影响运动员运动成绩的另一个重要因素，这里包括竞赛规则、评定手段和裁判员的道德水平与业务水平3个因素。竞赛规则的改变能带来运动成绩的显著变化。例如，1984年，民主德国运动员霍恩（Hohn）创造了男子标枪104.80 m的世界纪录。之后国际田径联合会决定将标枪的重心前移4 cm，用这种枪第一次参加比赛的优秀运动员的成绩还不到80 m。1984年，国际篮球联合会在篮球竞赛规则中增加了在离篮筐6.25 m距离外投篮得3分的规定。这一决定对远投技术的发展以及运动员在场上的活动和比赛的结果产生了重大影响。

评定行为对运动成绩起作用的最突出的例子是，田径比赛中应用电动计时装置，消除了手动计时中计时员的视觉反应及空间判断等因素的干扰，大大提高了计时成绩的准确性。

裁判员的道德与业务水平对运动成绩的影响也是不容忽视的。在关键时刻，裁判员有意无意的错判往往决定着整个比赛结果，如足球比赛中误判一次点球，体操比赛中有意抬高0.05分，都会对金牌的归属产生重要影响。在许多重大国际比赛中，贿赂裁判员的事件屡有发生，对此，许多国际体育组织也制定了严厉的惩罚措施。

（二）竞技能力指标

运动训练的直接目标是充分挖掘运动员的竞技潜力和强化提高运动员的竞技能力。竞技能力的发展指标则成为训练目标的内容体现之一。构成运动员竞技能力的各个因素及其组合方式与运动员的竞技水平有着直接的因果关系。那么，把运动员训练的竞技水平指标分解为分别反映运动员各种能力特征而又彼此紧密联系的一组具体指标，我们就能够更有目的地、更有序地组织运动训练过程，并可在训练过程中的不同阶段对运动员各方面的发展程度做出准确评价，从而对运动员训练过程实施有效的控制。

例如，谢云研究了我国优秀短距离赛场自行车运动员的竞技能力结构特征，从运动员的体能、技能、战术能力、心理能力和运动智能等方面的基本特征和作用级别，来归纳和表述优秀短距离赛场自行车运动员竞技能力的基本特征（表2–3）。

表2–3　优秀短距离场地自行车运动员竞技能力的基本特征

因素		基本特征	作用等级
体能	形态	体脂含量少，去脂体重大，下肢结实有力，跟腱较长身材匀称，个子较高：男子178.8 ± 5.4 cm；女子166.1 ± 1.8 cm	一般条件
	机能	心肺功能优秀，供能形式以无氧代谢为主，神经系统灵活性较高，肌肉活动负荷强度较高	重要基础
	素质	较高的起动速度以及较高的骑行频率，要求具有较强的快速力量和速度耐力	决定性因素
技能		动作自然协调、用力集中，骑坐、踏蹬以及综合骑行过程协调合理，骑行频率、节奏与有效踏蹬技术有机结合	决定性因素
战术能力		赛场上的观察能力和决策的应变能力较强	重要基础
心理能力		专门运动知觉的敏锐性、焦虑的适宜性以及顽强的意志品质、决策的主动性、果断性和勇敢精神	重要基础
运动智能		较高的智商、丰富的专业理论知识以及较高的阅读比赛的能力等	重要基础

注：参考谢云《短距离场地自行车制胜因素及充分发挥我国女子选手制胜能力的参赛策略》（2011）整理。

毛浓选在系统研究国内外优秀男子散打运动员竞技能力特征的基础上建立了优秀男子散打运动员竞技能力结构模型，对我们培养高水平的男子散打选手具有重要的指导意义（表2–4）。

表2–4　优秀男子散打运动员竞技能力结构模型

类别	主导因素	基本特征	测试指标	指标（男）
形态	体形匀称 肢体粗壮 身体充实度高	上肢较长，胸围、上臂围和大腿围度大，胸廓较发达，骨骼肌肉发达，皮脂含量相对较少	臂展	177.49 ± 8.67 cm
			坐高/身高	53.68 ± 1.20
			胸围/身高	51.98 ± 2.35
			大腿围/身高	31.53 ± 2.92
			肩宽/骨盆宽	1.31 ± 0.15
机能	良好的心肺功能 机体恢复能力 格斗应答能力 高的激素水平	良好的肺通气和心脏功能，血红蛋白水平高，抗疲劳能力强、血睾酮水平高、肌肉力量大和运动能力强、应答能力强	肺活量/体重	62.86 ± 2.70
			格斗应答时	0.614 ± 0.109 s
			血红蛋白	15.20 ± 1.2g · L^{-1}
			血睾酮	609 ± 353 ng · dL^{-1}
素质	力量 速度 耐力 灵敏	良好的绝对力量，上下肢速度力量、力量耐力、速度耐力，反应速度、动作速度、位移速度、协调性、灵敏	25 kg 30 s杠铃平推	46 ± 2个
			9 min跑	2 429 ± 106.48 m
			8 m × 40组（负重）折返跑	149.6 ± 20.79 s
			深蹲/体重	1.75 ± 1.48
			卧推/体重	1.24 ± 0.42

续表

类别	主导因素	基本特征	测试指标	指标（男）
技能	格斗应答能力 上下肢击打力量 进攻防守效果	敏锐的判断能力，良好的反应速度、动作速度、位移速度；准确的进攻防守时机，进攻角度、方位、距离；强大的攻击力量，显著的进攻效果	腿法击打力量/体重	1.68 ± 0.44
			拳法击打力量/体重	1.26 ± 0.27
			腿法击打力量/应答时	206.61 ± 38.22
			拳法击打力量/应答时	206.37 ± 28.02
心理能力	赛前情绪	焦虑水平低，自信心强	期待焦虑	2.12 ± 0.95
	成就动机	成就动机高、渴望成功、不怕失败	成就动机总分	7.33 ± 0.67
	注意力	注意力集中、有一定的广度	注意力总分	50.81 ± 5.02
	意志品质	意志坚忍、顽强、果断、自信	果断性	6.43 ± 1.11
运动智能	智力	中等以上的智力水平	智力总分	56.00 ± 23.31

资料来源：毛浓选.我国散打项目优秀运动员竞技能力结构模型研究[J].搏击·武术科学，2008（7）：46-48.

（三）训练负荷指标

对应于训练负荷诊断，训练负荷指标也是目标状态体系中一个不可缺少的重要组成部分。负荷指标的实现正是运动员实现其竞技能力指标，进而实现运动成绩指标的基本保证。训练负荷指标反映着教练员和运动员准备用什么样的决心，付出何等的努力去实现所设立的竞技能力指标和运动成绩指标。从另一个意义上说，就是把所设立的运动成绩指标和竞技能力指标进一步分解为各种具体手段的练习负荷，落实到一次次的练习之中。

中国游泳队教练朱志根为男子200 m混合泳奥运冠军汪顺系统地制订了多年训练计划，包括每年的运动成绩目标、竞技能力目标和训练负荷目标。

鉴于在其多年训练过程中，汪顺处于最佳竞技训练阶段，故他的年度训练负荷基本上保持在了一个相对稳定的区间。每年训练日数，每周水上训练课次和体能训练课次的分配，主要专项训练课的游量和强度要求，及每年参加重要赛事频度的安排均保持着这一特点（表2-5）。

表2-5　奥运会冠军汪顺2021—2023年度训练负荷的计划要求

训练内容	训练指标	训练安排
每年训练总负荷	训练日数	320 ~ 350天
周训练课次分配	水上训练课	9次
	体能训练课	3次
水上训练课负荷	每课总游量	6 000 ~ 8 000 m
	计时游占比	60% ~ 75%
高水平比赛	赛事	4 ~ 8场
	每个赛事持续天数	6 ~ 12天

注：依据朱志根提供的训练计划（2024）改制。

在汪顺的训练中，教练员采用了不同距离的游段，分别发展其多种竞速能力，全面发展其多种供氧代谢的能力。从2021—2023年，通过同一练习次数负荷强度的逐年提高，有效地提高了他的专项竞技能力（表2–6）。汪顺的多年训练获得了明显的成功，在2021举办的东京奥运会上夺得了男子200 m混合泳金牌，在2022—2023年的国际大赛中持续获得优胜并提高了专项竞技水平。

表2–6 奥运会冠军汪顺2021—2023年多种竞速能力训练的负荷要求（以自由泳训练负荷为例）

竞速能力	训练手段	2021年/s	2022年/s	2023年/s
速度训练	25 m	10.3	10.1	9.8
	50 m	23.2	23.0	22.9
速度耐力训练	50 m × 8	27.0	26.5	25.8
	100 m × 8	60.0	59.8	59.2
有氧耐力训练	400 m × 5	4:16.0	4:12.0	4:10.0
	1 500 m × 2	16:00.0	15:55.0	15:45.0

注：依据朱志根提供的训练计划（2024）改制。

第二节 运动训练目标的设立依据与分类体现

一、运动训练目标的设立依据

在运动训练过程中，从运动员自身角度来说，如果运动员的起始状态代表一个完整的训练过程的起点，那么运动员的目标状态则代表一个完整的训练过程的终点。目标状态与起始状态是训练阶段的划分、训练内容的确定、训练方法与手段的选择、恢复措施的选用、检查评定的设计等重要内容的基本依据。

比赛对手的竞技特点和比赛风格促使运动员做出适应性和遏制性的训练安排。显然，不同比赛对手的竞技表现应成为运动员训练目标设立的依据。

（一）运动员（队）起始状态的诊断

1. 状态诊断在训练中的重要作用

“诊断”这一概念源于医学，指医生对于就诊者病情或健康状况的分析与判断。诊断的结果是医生开具处方的基本依据。运动训练活动的组织、运动训练负荷的确定与施加，都必须从运动员的实际情况出发。此外，运动员起始时现实状态的诊断结果也应作为训练的基本依据。

（1）为运动训练过程确立一个客观、准确的出发点

运动员的现实状态是运动训练过程的出发点。运动员处于一种什么状态、决定其总体竞技能力状况的各个因素的发展水平如何、运动员的发育状况如何、确定这一状态的原因又是什么

等一系列问题，这都对运动训练过程有着重要的影响。对这些问题的中肯分析和准确判断，是有效组织运动训练过程的基本依据。可以说，整个运动训练过程都是以对运动员现实状态的分析和判断为出发点而展开的。只有在科学诊断的基础上，才有可能做出准确的预测，才有可能设立恰当的训练目标，才有可能制订出实现指标所需的切实可行的训练计划。如果教练员不能对运动员的现实状态做出具体的分析和准确的判断，或在不准确的诊断基础上去组织训练过程，就如同裁缝不知道穿衣人的体形特点，必定做不出合身的服装一样，训练也不可能取得成功。

（2）及时检查、评价训练工作效果

通过科学的诊断，教练员和运动员可以及时掌握训练过程的进展情况及运动员竞技能力的变化状况，从而对训练指标的制定、训练周期的划分、阶段任务的确定、训练方法与手段的选择以及训练负荷的安排是否适宜及时做出准确的判断。

训练过程中的状态诊断与检查评定在一定的条件下可以相互转化。一个大的运动训练过程中的每一个阶段的检查评定，正是下一个较小的运动训练过程开始时对运动员起始状态的诊断；每一个独立的运动训练过程开始时对运动员起始状态的诊断，也都可以看作一个更大的运动训练过程的阶段性检查评定。多年训练过程和其中的年度训练过程、阶段训练过程和其中的周训练过程，都是这样一种关系。由此，运动训练过程中两个重要的环节，即对运动员现实状态的诊断和对运动训练计划实施结果的检查评定，便紧密地联系了起来。

（3）实施有效训练控制的重要前提

通过多学科的综合诊断，我们可以发现训练过程中不同环节所存在的问题，测定现实状态与目标状态的离差的大小，进而为运动训练过程实施有效的控制提供可靠的依据，并据此调整训练指标、修订训练计划、加强训练组织，以求实现运动训练过程的最佳化，最终完成实现目标状态的任务。也就是说，没有科学的诊断，对运动训练过程的有效控制是不可能实现的。在每一个完整的运动训练过程的特定时间段落中，运动员都期待从该训练过程起始时的现实状态，发展至该训练过程结束时的目标状态。该训练过程的任务就是实现运动员的起始状态向期望状态的转移，故对运动员起始状态的准确把握是十分重要的。对运动员起始状态的诊断是一个完整的运动训练过程的出发点。

2.起始状态诊断的基本内容

一个完整的起始状态诊断应该包含运动成绩诊断、竞技能力诊断和训练负荷诊断。运动成绩诊断集中地反映着运动员所具备的能力以及训练工作的成效，竞技能力诊断是对运动员表现出来的运动成绩所做出的致因性解释，训练负荷状态的诊断则显示着训练负荷水平与运动员竞技能力水平以及运动成绩水平之间的关系（图2–2）。

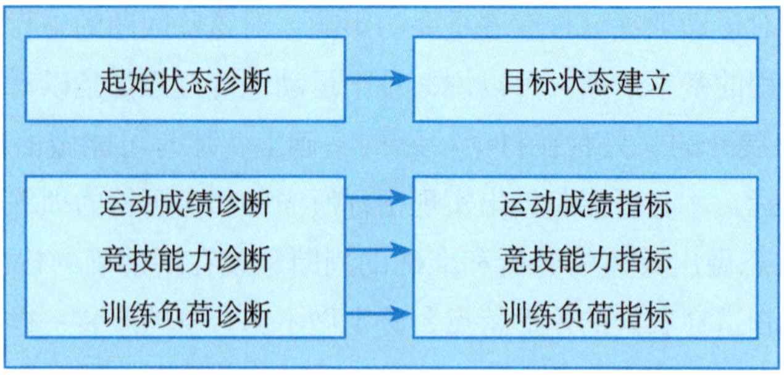

图2-2　训练起始状态与目标状态构成的完整体系

（资料来源：田麦久. 论运动训练过程[M]. 成都：四川教育出版社，1988.）

（1）运动成绩诊断

作为对运动员在一个新的训练过程的起始状态中运动成绩的诊断，应该对运动员在上一个训练过程中的比赛结果给出准确的评价，这既包括运动员在比赛中所取得的名次，也包括运动员在比赛中所表现出的竞技水平；既包括运动员在上一个训练过程中最好的一次比赛成绩，也包括运动员在多次比赛中所表现的平均水平。在最重要的比赛中，如奥运会上的比赛成绩无疑是最重要的，但平均水平则可客观地、全面地评价运动员上一个训练过程的比赛结果。

（2）竞技能力诊断

对不同专项运动员的竞技能力进行诊断时，必须考虑不同专项竞技能力结构的不同特点。不同项群运动员竞技能力的各决定因素的作用各有不同（表2-7）。因此，在诊断中要首先抓住起决定作用的主导因素，予以科学诊断，并将其作为竞技能力总体诊断的主要依据。

表2-7　不同项群运动员竞技能力各决定因素作用的等级判别

项群		竞技能力构成因素				
项群大类	项群亚类	体能	技能	战术能力	心理能力	运动智能
体能主导类	速度性	▲▲▲	▲▲	▲	▲▲	▲
	快速力量性	▲▲▲	▲▲	▲	▲▲	▲
	耐力性	▲▲▲	▲▲	▲▲	▲▲▲	▲
技能主导类	表现难美性	▲▲▲	▲▲▲	▲	▲▲	▲▲
技心能主导类	表现准确性	▲▲	▲▲▲	▲	▲▲▲	▲▲
技战能主导类	隔网对抗性	▲▲▲	▲▲▲	▲▲▲	▲▲	▲▲▲
	同场对抗性	▲▲▲	▲▲▲	▲▲▲	▲▲▲	▲▲▲
	格斗对抗性	▲▲▲	▲▲▲	▲▲▲	▲▲▲	▲▲▲
	轮换攻防对抗性	▲▲▲	▲▲▲	▲▲▲	▲▲	▲▲

资料来源：田麦久. 项群训练理论[M]. 北京：人民体育出版社，1998.
注：▲▲▲为决定性作用，▲▲为重要作用，▲为基础性作用。

对运动员的竞技能力实施诊断，常常要把测定的结果与标准值进行比较，这一标准值就是运用科学方法所建立起来的特征模型。为此，必须首先建立不同项目优秀运动员竞技能力的结构模型，包括单因素特征模型、几个因素的组合特征模型以及全面的总体特征模型。这些模型同样被广泛地应用于制定训练指标。

按获得途径的不同，竞技能力可分为先天性的竞技能力和后天性的竞技能力。例如，优秀篮球运动员姚明2.26 m的身高，主要是通过遗传效应得来的，属于先天性的竞技能力。运动员受环境的影响，引起的生物变异所获的竞技能力是后天性的竞技能力。其中，家庭环境、生活条件等方面的影响称为生活效应；通过运动训练活动所产生的生物适应就叫训练效应。

（3）训练负荷诊断

运动员竞技能力的变化主要是在训练负荷的影响下产生的。运动员所取得的运动成绩以及竞技能力的变化，都与其所承受的训练负荷的质与量有着密切的关系。因此，应对运动员在上一个训练过程（或单元）所承受的训练负荷的状态做出准确的描述，即对其竞技能力状态和运动成绩状态进行关键因素分析。

教练员对运动员上一个训练过程进行总结的重要内容之一，便是训练负荷量度的统计。训练负荷是由负荷的强度和负荷的量组成的，分别反映着负荷的质量和数量两方面的特征。而负荷的强度和负荷的量又可分别通过若干指标予以测量。

负荷的强度可以通过练习速度、负荷重量、练习密度及难度表现出来。负荷的量可以通过练习次数（整个练习的次数或某个练习重复的次数），或训练时间，或练习距离、重量等指标表现出来。譬如，所有竞速运动项目都可用位移距离作为负荷量的一个有代表性的指标，体操运动可用单个动作的数量或成套动作的数量作为代表负荷量的指标，举重运动可以用负重总量或负重练习的组数来反映整个负荷量的大小，球类运动往往多用练习次数或练习时间来衡量负荷量。

负荷强度的指标可以通过速度、难度、负重量或密度来反映，也可用完成一定强度要求的负荷量来反映负荷强度的情况，如竞速项目中用专项负荷量的比重，体操等项目中用成套练习占整个练习的比重等指数来反映负荷强度的大小。至于一堂课负荷强度的大小，可以看这一堂课中完成高强度练习占整个练习的比例，或者所占时间的比例。每个运动项目都应根据自己的特点来研究和确定本专项负荷的度量方法。

（二）对比赛对手竞技特点的了解

竞技比赛是检验运动训练效果的重要途径。运动员比赛成绩的获得需要比赛对手的参与才能实现。因此，比赛对手的竞技表现必然会对运动员的竞技表现产生影响，进而影响运动员训练目标的设立、训练计划的制订和训练过程的实施。

竞技对手对于个体对抗类项目和集体对抗类项目的训练影响尤为明显。运动员的训练目标除了受制于自身竞技能力提升的起始状态之外，还受制于比赛对手的竞技特点或比赛风格。对于比赛对手的技战术特点、个性心理品质和对竞技知识的运用等方面的特征，都要进行熟练掌握并进行针对性的训练，来达成适应对手并进一步遏制对手的训练目标。

例如，日本女子乒乓球运动员伊藤美诚，正手反胶、反手生胶，反手速度快、力量大，技术打法比较凶狠，可以说是女子技术男性化的代表，曾战胜过丁宁、刘诗雯、朱雨玲和王曼昱。2018年11月，她在国际乒乓球联合会瑞典公开赛女单决赛中更是以4∶0横扫朱雨玲夺得冠军。针对伊藤美诚速度快、力量大的凶狠打法，国家乒乓球团队在男陪练当中培养伊藤美诚的模仿者，将其设为战胜的训练目标，来进一步提高中国女乒队员的速度，进而反制伊藤美诚。后续国乒小将孙颖莎在适应伊藤美诚的打法之后，2019年4月在布达佩斯以4∶1击败伊藤美诚；在2020年11月的女子世界杯半决赛中以4∶2战胜了伊藤美诚；在东京奥运会上更是以4∶0横扫伊藤美诚，与队友陈梦成功会师女单决赛。

（三）运动训练目标设立的适宜度

运动训练目标是人为设定的。每个运动训练主体在设定训练目标时都会面临着人为选择的问题，即目标定得高一些好还是低一些好？

依据所设定的训练目标与运动员实际可能之间的比较，可将运动训练目标分为适宜的训练目标、过高的训练目标、过低的训练目标3种。不同适宜度的训练目标对于训练以及比赛活动会带来不同的影响。

1. 适宜的训练目标

从运动员的实际可能出发，科学地预测运动员在面临的运动训练过程中经过艰苦努力可能提高的程度所确立的训练目标是适宜的训练目标。适宜的训练目标对运动员有着积极的激励作用。运动员相信在教练员的指导和带领下，经过自己的艰苦努力有可能实现预定的目标，就会激发出巨大的动力，主动地投入训练，遇到挫折时会克服困难，坚持训练；面对比赛中暂时的失败，也会认真地总结教训，改掉缺点，发扬优势，以更旺盛的斗志去参加下一次比赛。

2. 过高的训练目标

超出运动员的实际可能，只根据完成某项任务的需要提出不切实际的期望，设立过高的训练目标，常常会造成严重的失误。在训练中，运动员为了追求既定的目标，按根本无法实现的目标的要求制订训练计划，超限地动员机体投入训练，会严重伤害身心健康。在比赛中，过高的参赛目标往往导致制订错误的参赛战术，盲目地参与力不能及的竞逐，如5 000 m跑中，前半程紧紧跟随水平明显高于自己的对手，体力被拖垮，连本来有希望拿到的名次也没有得到；一直过高估计自身实力的足球队，以大胜对方的目标参加比赛，盲目进攻，疏于防守，结果被对手的快速反攻连连得手而失败。

3. 过低的训练目标

训练目标过低，轻松可以达成，往往会使运动员缺乏拼搏的动力，训练中也会降低对自己的要求。当然，在某些特定的情况下，如训练、竞赛的调整期，或为了给运动员减轻心理压力而有意设定低指标，有时也可以取得满意的甚至意想不到的效果。

二、运动训练目标的分类体系

基于不同的维度，运动训练目标可以形成不同的分类体系。

（一）基于时间维度对运动训练目标的分类

基于时间维度，根据所制定的运动训练目标预期达成的时间长短，运动训练目标可以分为远期目标、阶段目标、近期目标。

①远期目标一般是指训练组织系统所要完成的5年以上的训练目标。远期目标由于期限较长，实现过程中不确定因素较多，很难做出详细的规定，它的具体实现依赖于不同阶段训练目标的达成。远期目标是确定阶段目标的依据，是安排训练过程的纲领。

②阶段目标是指为了达成远期目标而划分的不同阶段的训练目标。运动员全程性多年训练通常包括基础训练阶段、专项提高阶段、最佳竞技阶段和高水平竞技保持阶段。各个阶段有着不同的训练目标、训练任务和训练内容。运动训练的不同阶段目标构成了运动员的远期目标。

③近期目标也称为短期目标，是指在运动员训练成材的目标体系中，受远期目标和阶段目标制约的小目标，是达成阶段目标和远期目标的中间目标。

（二）基于空间维度对运动训练目标的分类

基于空间维度，根据训练目标的层次性，即竞技能力的不同层次，运动训练目标可以分为竞技能力目标、竞技子能力目标、构成要素目标。

①竞技能力目标是指运动员不断提升整体竞技水平的训练目标，通常由体能、技能、战术能力、心理能力和运动智能等不同竞技子能力的目标构成。例如，跳高运动员跳过2.30 m的高度，百米运动员跑进10 s，射击运动员射出尽可能高的环数，评分类项目运动员取得尽可能高的得分，集体项目运动员获得更好的比赛名次等，都属于运动员竞技能力目标的范畴。

②竞技子能力目标是指运动员在提升体能、技能、战术能力、心理能力或运动智能等子能力方面所设定的具体的训练目标，该目标既可以指向某一个子能力，也可以指向两个及以上子能力的提升。例如，在训练的准备期打好体能基础，就是指向提升运动员体能的训练目标；强化技术基本功训练，就是指向提升运动员技能的训练目标。

③构成要素目标是指运动员为了提升构成不同竞技子能力的不同要素所设定的训练目标。例如，提升运动员体能中的离心力量、有氧耐力、无氧耐力等，提升战术能力中的战术意识和战术配合等，都是涉及竞技子能力构成要素的具体训练目标。

（三）基于运动员数量维度对运动训练目标的分类

基于达成训练目标所涉及的运动员数量，训练目标可以划分为个体训练目标、队员组合训练目标、集体训练目标。

①个体训练目标是指基于运动员个体不同阶段竞技能力的现实状态诊断和比赛对手的竞技

风格特点，所设立的不同的、针对性的训练目标。

②队员组合训练目标是指基于运动员组合的不同阶段竞技能力的现实状态诊断和比赛对手的竞技风格特点，所设立的不同的、针对性的训练目标。

③集体训练目标是指基于运动员集体的不同阶段整体竞技能力的现实状态诊断和比赛对手的竞技风格特点，所设立的不同的、针对性的训练目标。

基于不同的维度，运动训练目标可以划分为不同的种类。需要强调的是，无论运动训练目标划分为多少种类，训练的主体都指向运动员。不同训练目标对运动员的影响，运动员本身的可接受程度，以及不同训练目标之间的相互影响都会对训练目标的达成产生重要影响。因此，在设立运动训练目标时，要关注运动员各类、各层次训练目标之间的适宜度、协同度及正负效应。

第三节 运动训练的目标模型与成绩预测

一、运动训练目标模型

构成运动员竞技能力的各个因素的水平以及它们的组合方式与运动员的竞技水平有着直接的因果关系。基于此，在运动训练中可以建立运动员竞技水平决定因素的目标模型。根据目标模型中所包含因素的多少，运动员竞技水平决定因素的目标模型可以分为单因素特征的目标模型、多因素组合特征的目标模型以及总体特征的目标模型3种类型。

（一）单因素特征的目标模型

为运动员竞技能力的某一个决定因素所建立的目标模型称为单因素目标模型。研究者们普遍采用多因素分析的方法建立多元回归方程。

拓展阅读

单因素目标模型示例

（二）多因素组合特征的目标模型

多因素组合特征的目标模型即为运动员竞技能力的某些决定因素所建立的组合模型。在竞技能力的诸多决定因素中，形态、素质和机能状态的测定比较易于定量。张鹏（2021）以我国高水平健美操运动员为测试对象，构建我国高水平健美操运动员专项体能一般量值模型（表2–8）。

表2–8 我国高水平健美操运动员专项体能一般量值模型

专项体能结构	专项体能指标	指标特征值	指标权重	指标表现特征
身体形态	克托莱指数	360.86 ± 140.25	0.375	身体匀称，比例协调
身体机能	心功能指数	3.04 ± 1.27	0.557	心脏承受中高负荷的能力
身体素质	30 s提臀起/个	20.23 ± 2.93	0.092	较为理想的综合力量与协调能力
	1 min屈体分腿跳/个	51.41 ± 3.70	0.102	较为稳定的弹跳力与爆发力
	坐位体前屈/cm	4.11 ± 3.53	0.083	较好的柔韧能力
	提倒立/个	8.67 ± 3.41	0.095	较为显著的肩背控制力、核心力量及身体控制力

续表

专项体能结构	专项体能指标	指标特征值	指标权重	指标表现特征
身体素质	800 m跑/s	2.92 ± 0.26	0.089	良好的耐力素质

资料来源：张鹏，刘静轩，张文婕，等. 我国高水平健美操运动员专项体能评价指标体系及其模型构建[J]. 西安体育学院学报，2021，38（5）：633-640.

注：坐位体前屈指标测量的是运动员在静止状态下胸部与下肢之间的最小距离。

（三）总体特征的目标模型

总体特征的目标模型是基于对运动员竞技能力决定因素所作的全面分析基础上建立的相应的训练模型。王荣辉等通过对我国包括国家集训队运动员在内的182名一线跳水运动员竞技能力指标实测结果的分析，明确了我国优秀跳水运动员竞技能力结构模型（表2-9），为我国跳水运动员训练工作提供了重要的训练目标导向。

表2-9　我国优秀跳水运动员竞技能力结构模型

类别	主导因素	基本特征	测试指标	指标值（$X \pm SD$）	
				男子	女子
形态	下肢比例	下肢修长，比例协调，小腿长于大腿	小腿长A/下肢长B×100	53.6 ± 1.24	53.1 ± 1.04
机能	伤病	视网膜无病变、视力良好	眼底检查结果	视网膜无裂孔和剥离，左右眼视力平均5.1	视网膜无裂孔和剥离，左右眼视力平均5.1
	平衡	平衡能力好	动态平衡得分	80.9 ± 3.10*	80.8 ± 3.35*
素质	下肢爆发力	良好的下肢爆发力	原地纵跳/身高×100	33.0 ± 3.10	22.3 ± 2.37*
	腰腹力量	良好的腰腹快速收缩力量	20次仰卧举腿计时	13.6 ± 0.70 s	13.4 ± 0.55 s
	灵敏	良好的灵敏素质	30 s十字连续变向跳	47.6 ± 3.17次	43.7 ± 4.14次
技能	技术难度	较高的技术动作难度	自选动作难度之和	20.1 ± 0（台）	15.4 ± 0.75（台）
				19.6 ± 0.30（板）	14.1 ± 1.01（板）*
	技术质量	技术动作完成稳定、优美、质量高	自选动作平均得分	8.5 ± 0.44（台） 7.8 ± 0.74（板）	7.3 ± 0.39（台） 7.5 ± 0.83（板）
	翻腾能力	动作连接好、翻腾快、团身紧、动作完成下降高度少	第2周下降高度	1.18 ± 0.08 m（台107B） 0.08 ± 0.078 m（板107B）	1.44 ± 0.10 m（台107B） -1.23 ± 0.040 m（板305B）
心理能力	赛前情绪	焦虑水平低，自信心强	期待焦虑、自信心、情绪总分	2.12 ± 0.95	—
				4.53 ± 0.74	4.58 ± 0.57
				2.36 ± 2.90	4.88 ± 2.09*
	成就动机	成就动机高，渴望成功，不怕失败	成就动机总分	7.33 ± 0.67	7.45 ± 0.59
	注意力	注意力稳定，且有一定广度	注意力总分	50.8 ± 1.52	52.9 ± 2.52
	意志品质	意志坚忍、顽强、果断、自信、目标清晰	果断性、清晰度、自信、意志总分	6.4 ± 1.11	6.5 ± 0.87
				7.2 ± 1.11	—
				6.8 ± 1.37	6.4 ± 0.83
				38.1 ± 4.13	36.7 ± 3.78*

续表

类别	主导因素	基本特征	测试指标	指标值（$X \pm SD$）	
				男子	女子
运动智能	智力	中等以上的智力水平	智力得分	56.0 ± 23.31	61.4 ± 20.96

资料来源：王荣辉，张一民，任弘. 我国跳水优秀运动员竞技能力结构模型和选材指标体系研究[J]. 体育科学，2007（7）：30-40.

注：*表示相关性$P < 0.05$。

二、运动成绩指标的预测

目标指引着人们活动的方向，是人类一切行为的归宿。一切目标都是对未来事物状态的描述，故所有目标的建立都必然带有预测的性质。对运动成绩指标的预测在训练目标的建立中占据非常重要的位置。

（一）运动成绩指标预测的范围和分类

1. 综合预测和单项预测

按照预测内容的结构特点，可将运动成绩预测分为综合预测和单项预测。例如，对我国在未来的亚运会或奥运会上可能获得的金奖牌数的预测，对某一个省级代表团在全运会上所得总分的预测等，都属于综合预测，也是一种宏观的预测；对一个运动员或一个专项在某一次比赛中可能取得的成绩的预测，则称为单项预测。

2. 长、中、短期预测

根据目标实现时间的长短，预测活动可以分为长期预测、中期预测和短期预测。按照国际级大型竞赛活动基本以4年为一个周期的特点，我们将3年以内的预测称为短期预测，将4～11年的预测称为中期预测，将12年以上的预测称为长期预测。国家体育总局对中国体育未来发展的预测就是一种长期的总体预测。对运动员准备参加的1～2届世界性重大比赛可能取得的成绩的预测，或者是对大、中学校学生在校学习期间（4～6年）可能达到的运动成绩的预测，属于中期预测。对运动员训练一周后竞技能力的某些方面的状态变化进行预测，或是对训练一两个月及一两年后训练效应的预测，或者是对运动员参加一次比赛的具体成绩指标的预测等，这些都是短期预测。

（二）运动成绩指标预测中需要考虑的因素

在对运动员的成绩进行科学预测即确定训练指标时，必须考虑运动员竞技能力的现实状态、运动员的竞技潜力、训练条件、比赛目的和比赛条件5个方面的因素（图2-3）。

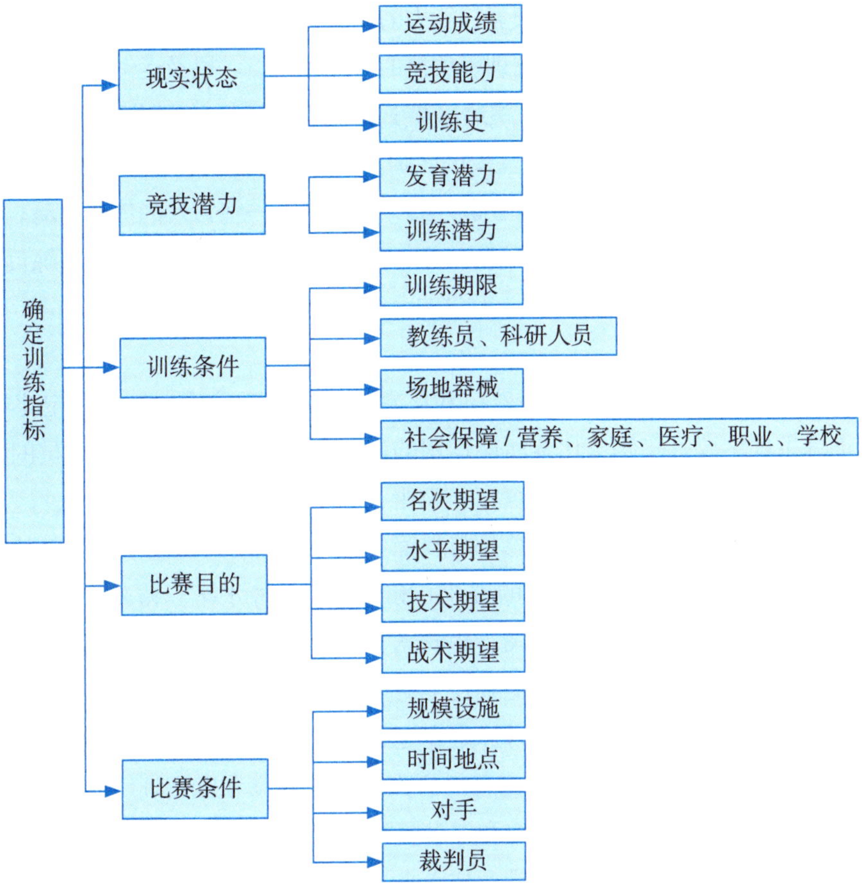

图2-3　运动成绩指标预测中需要考虑的因素

（资料来源：田麦久. 论运动训练过程[M]. 成都：四川教育出版社，1988.）

1. 运动员竞技能力的现实状态

运动员竞技能力的现实状态既是运动员参加运动训练活动的基本出发点，也是他们通过一定时间的训练后可能达到的新水平的重要条件。这里的运动员竞技能力的现实状态是指运动员在以往比赛中的运动成绩（竞技水平及比赛名次）、已经达到的竞技能力水平和训练史。

2. 运动员的竞技潜力

运动员的竞技潜力表现在遗传效应、生活效应和训练效应3个方面继续发展的可能性。对于正处在生长发育期的少年儿童运动员，应充分考虑其发育潜力，即还有多少遗传效应将会在未来的训练过程中表现出来，并可促使其竞技能力的提高。例如，少年跳高运动员身高的发育情况对其跳高成绩有着重要的影响。研究表明，男子在12～14岁，女子在9～12岁，身高的发育最快。因此，为这一年龄区间的少年跳高运动员建立训练目标时，应充分考虑到这一因素。生活环境的改变，特别是营养条件的改善也能有效地提高运动员的竞技能力。如果能够为运动员提供较好的生活环境、营养条件，那么，实现较高的训练目标便有了物质保证。

运动员发展竞技能力的主要途径是获取理想的运动训练效应。分析运动员的竞技潜力大小也应着眼于训练效应，也就是训练活动对其竞技能力的变化可能产生的影响的大小。分析运动训练效应时，要考虑运动员的训练年限，以往训练负荷的情况和特点，以及运动成绩与竞技能力发展变化的历程。如果两名少年女子运动员在跳远比赛中都跳出了5.20 m的成绩，且两人的形态条件、素质条件及心理等方面的特征均很相似，主要的区别是其中一名已经系统地参加过3年多课外田径训练；而另一名除了上体育课之外，只是在课外感兴趣时参加一些自发的体育活动。那么可以较有把握地说，后者比前者具有更大的训练潜力。而对于优秀运动员来说，承受训练负荷的能力越强，训练和比赛的进取动机越强烈，技术上改进的余地越大，其训练潜力也越大。

3. 训练条件

良好的训练条件是取得理想的训练效应和比赛成绩的重要前提。针对确定比赛的成绩预测，现有的训练条件主要是指距离比赛所能运用的训练期限，教练员和科研人员的事业心、业务水平，场地器械，以及营养、家庭、医疗、职业、学校等各方面的社会保障。

优秀运动员所取得的巨大运动成就总是与教练员的辛勤劳动紧密联系在一起的。优秀的教练员是训练艺术的大师，他们有非常强的事业心和较高的业务水平。傅其芳、黄健、黄强辉、王文教、徐寅生、李富荣、张健、袁伟民、胡鸿飞、王魁、孙海平等优秀教练员为发展中国竞技体育所作出的杰出贡献已经被永远地记载在史册上。人们对优秀的教练员通常寄予较高的期望，而优秀的教练员自己也总是把训练目标定在更高的高度上。同时，随着科学技术在竞技体育训练和竞赛过程中的作用日益突出，体育科研人员成为国家和省市训练队的必备参训人员，并在服务于教练员的科学训练、训练监控和运动员机能恢复等方面发挥重要作用。

必要的训练场地和器械是提高运动员竞技水平不可缺少的物质基础。没有游泳池将直接影响游泳训练的效果。如果没有室内训练馆，体操运动员就不能正常地进行技术训练。乒乓球、羽毛球、跳水、游泳、排球等项目的训练也不宜在有风的室外场地上进行。如果训练馆内的空间高度不够，将会影响艺术体操运动员掌握抛接器械的正确技术和培养良好的肌肉感觉。自行车、摩托车、射击、射箭等对运动器材的质量有高要求的运动项目，能否提供足够的高质量的运动器材，对运动员通过训练后能达到的竞技水平的影响是显而易见的。

社会保障对运动员训练效果的影响也是不容忽视的。家庭成员及亲友的支持和鼓励能够大大地激发运动员训练的进取动机。营养、医疗和恢复手段在当代运动训练活动中的地位正日益提高。运动训练或比赛后，迅速而有效地恢复能促使人体对训练负荷产生更为有利的生物适应，从而使运动员的机体能够连续地承受较大的负荷，更快地提高竞技能力。而明朗的职业前景和社会安全感以及优良的学校环境则是优秀运动员坚持长期艰苦的竞技训练生活的必要社会保障。正确分析运动员所需要的训练条件，并为其建立适宜的训练目标是具有重要意义的。

4. 比赛目的

运动竞赛在大多数情况下是对运动训练成果的检查。有时运动竞赛也被作为运动训练的一种手段。运动竞赛的目的不同，对比赛的要求就有所不同。因此，必须根据竞赛的目的分别建立不同的比赛目标。

在重大国际比赛中，衡量比赛是否成功的首要标志不是运动员所表现出来的竞技水平的高低，而是名次。例如，在长距离公路自行车个人赛途中，运动员并不会拼全力去争先，而是保持与其他对手的“接触”，并最大限度地节省体力和占据有利的位置，以便争取在最后的路途中以全力冲刺取胜。在这种比赛中，运动员骑行了多少时间是不重要的，关键是看谁第一个通过终点线。人们通常给予奥运会冠军的荣誉超过了世界纪录保持者，这也表明了人们对重大比赛金牌和名次的重视。

如果运动员参加比赛的目的是创造纪录，表现个人最高的竞技水平，则应以此为主建立相应的比赛目标。即便是在没有希望取得名次的比赛中，也应建立与计时器赛跑、与重量比赛、与远度竞争的目标，并做好专门的准备，制订相应的战术，以保证预定目标的实现。

在运动竞赛中，名次目标与竞技水平目标常常是紧密联系在一起的。1981年，在世界杯女子排球赛的决赛中，中国队先胜了2局，由于兴奋和激动，中国女排队员们的注意力分散了，以致被日本队接连扳回2局。这时，袁伟民教练要求队员要做七战全胜的世界冠军队，要把最高的竞技水平铭刻在中国女排首次获得的世界冠军称号上！在关键的第五局，中国女排队员们以顽强的意志、高超的技巧、出色的整体配合取得了比赛的最后胜利。

在训练活动的主要组成部分中，常常将比赛作为一个有效的手段予以运用，其目的是为参加重要比赛做准备。例如，一支球队为了准备参加重要的比赛，需要在赛前通过若干次实战性比赛，或熟悉新的战术配合，或比较不同阵容的实战威力，以便为重大比赛的战术决策提供实践依据；表现难美性的体操、花样滑冰等项目，运动员在重大比赛前，也需要通过一系列的准备性比赛体验在比赛条件下完成成套动作时的心理感受和技能表现；体能主导类项目运动员的热身赛则着眼于将运动员在训练中所发展的各种能力集中到专项上去，为在重大比赛时处于最佳竞技状态进行最后的、积极的调节和准备。对为完成上述任务而参加的比赛，当然不能像要求运动员表现最佳竞技水平和取得最好名次的比赛那样提出同样的目标。

5. 比赛条件

比赛的规模、地点、时间及未来竞技对手的特点，对运动员在比赛中可能表现出来的竞技水平和可能获得的名次有着重要的影响。

一般来说，比赛的级别越高、规模越大，运动员表现出优异竞技水平的可能性就越大，但获得优胜名次的可能性却越小，只在某些特定的项目中例外。

由于不同的运动项目有不同的特点，使得比赛地点对运动员竞技水平的发挥产生着不同的影响。高原地区空气相对稀薄，空气阻力较小。因而，在高原地区举行的比赛中，速度力量性运动项目的运动员容易获得较大的绝对速度，创造优异的成绩。例如，1968年，在海拔2 280 m的墨西哥城举行的第19届奥运会上，短短几天之内，男子100 m、400 m、4×400 m接力、跳远和三级跳远等多项世界纪录就被刷新；11年后，意大利短跑选手门内阿又在墨西哥城将200 m跑的世界纪录提高到19.72 s。与此相反，中长跑运动员在氧气充足、空气湿润的低海拔地区比赛则容易创造优异的成绩。波罗的海边的奥斯陆、赫尔辛基，苏黎世湖畔的苏黎世等地都是中长跑运动员喜爱的比赛地点。

比赛时间对训练指标的影响也是显而易见的。在气温适宜、人体机能水平最容易得到充分发挥的时候参加比赛，应对运动员有较高的要求，提出较高的竞技水平指标；而在参加不利气候条件下或在恶劣的场地条件下举办的比赛，则可适当降低预定的指标。

比赛对手对比赛成绩的影响很大。由于各运动项目的竞技特点不同，因此，不同项群运动员在比赛中表现的竞技水平受对手影响的程度也有所不同。比赛对手的竞技水平对对抗性项群（包括各种球类项目和摔跤、击剑、拳击等格斗性项目）运动员竞技水平发挥的影响最大。例如，如果一支足球队的核心前卫被对方死死盯住，不能有效地组织进攻，则整个球队的进攻威力就会大大减弱；一支排球队如果在对方的攻击性发球面前，一传频频失误，就不能有效地组织起快速多变的进攻；对于一名只善于正手攻球的乒乓球选手，如果对手给他的回球大多落在反手位，那他就很难发挥出自己正手攻球的特长。因此，在为对抗性项群运动员确定比赛指标时，必须认真分析对手的情况。在非对抗性项群以及技能主导类表现难美性和表现准确性项群的比赛中，运动员竞技水平的发挥受对手的影响则较小，而且运动员可以通过自控能力及战术水平的提高，尽可能地减小对手对自身的影响。

与竞技水平指标相比，名次指标更难以准确地建立。因为无论是哪一类运动项目，运动员在比赛中的名次都不可避免地受到对手表现的竞技水平的影响，而且在大多数项目中是不可能对对手表现的竞技水平施以有效控制的。在许多项目中（主要是评分类项目和对抗性项目），裁判员的评定或判罚也起着不可低估的作用。因此，在建立名次指标时，一定要全面考虑各方面的因素，特别是要通过对比赛双方实力的对比分析来确定适宜的名次指标。

在图2–4中，假设比赛双方当前竞技水平相当（D区间表示双方竞技水平的一般波动范围）。现在，要建立在未来的重大比赛中可能取得的名次指标时，首先需要预测比赛双方在未来比赛中可能表现的竞技水平（我方D_1与对方D_2）。预测会出现4种情况：

（1）有把握取得胜利

预测结果为D_1明显高于D_2。这一结果表明，我方即使在竞技水平发挥不好的情况下，最低限也高于对方竞技水平正常发挥的最高限，名次肯定在对方之前。在这种稳操胜券的比赛中，可以在确保优势的前提下，适当保存力量，以便能全力以赴地准备参加下一赛次更激烈的角逐，如优秀短跑选手在预、复赛中控制使用自己的力量；优秀球队在与弱队比赛时，安排部分替补队员上场等。

（2）确定将得败局

预测D_1明显低于D_2。这一结果表明，无论我方竞技水平发挥得多么好，也超不过对方竞技水平正常发挥的最低限，名次肯定落在对方的后面。例如，一名普通的游泳选手在200 m自由泳比赛中，遇到世界纪录保持者格罗斯（联邦德国，200 m自由泳1:47.44），那是肯定不会取胜的。但是，这样的比赛对于弱手来说常常是提高竞技水平难得的好机会。因此，运动员应该抓住时机，力求把自己的竞技水平提高一步，而决不应因没有希望取胜而降低对自己的要求。

（3）实力略强

预测D_1与D_2两区间交叉，D_1略高。这一结果表明我方略强于对方，但并不具有绝对优势。在比赛中，如果我方竞技水平发挥略差，而对方发挥得很好，就有可能使得优势逆转。这种情况虽然可称为胜多败少，但应预先做好不利情况下的思想准备，以备不测。

（4）实力略弱

预测D_1与D_2两区间交叉，D_1略低。这一结果表明我方虽然较弱，但并非绝无可能取胜，如果我方临场发挥出色，而对方发挥又不理想，那么也完全有可能战胜对方。

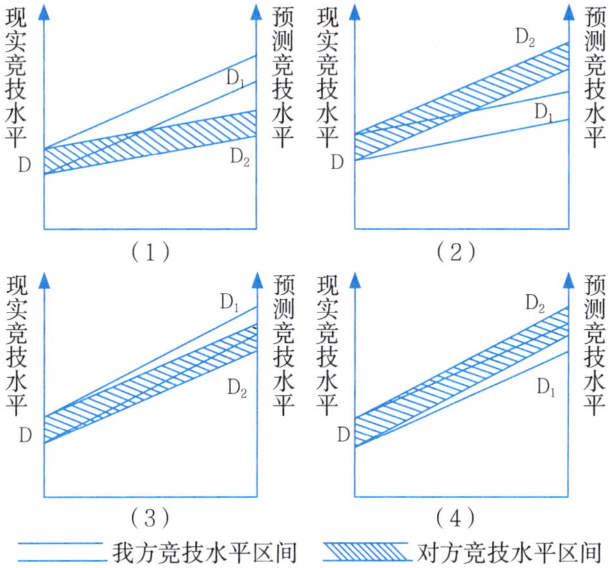

图2-4 根据实力对比确定名次指标的不同情况

（资料来源：田麦久. 论运动训练过程[M]. 成都：四川教育出版社，1988.）

（三）运动成绩指标预测的方法

在运动成绩预测的实践中，应用最为广泛的是探索型预测，即按事物过去发展的特点来预测事物未来发展的可能。预测时，可以充分运用教练员和体育科学家在训练实践中所积累的丰富经验。对具有不同特点的各项群的训练、比赛指标的预测有不同的方法。

1. 测量类项群竞技水平的预测

测量类项群比赛成绩可以进行客观测量，便于对运动员竞技水平做出定量的预测。例如，中国射击队参加1984年第23届奥运会的赛前预测即具有较高的准确率（表2-10）。

表2-10 中国射击队参加1984年第23届奥运会赛前预测及比赛结果

性别	项目	运动员	诊断		预测		比赛结果	
			最高环数	世界纪录/环	环数	名次	环数	名次
女	标准手枪慢加速射	文芝芳	592	592	588 ~ 592	前三名	578	6
		刘海英	589			力争冠军	583	4
	标准步枪3×20	吴小旋	584	592	578 ~ 580	前三名	581	1
		金车翔	584			力争冠军	571	6
	气步枪	刘人青	394	395	390 ~ 392	前三名	383	9
		吴小旋	392			力争冠军	389	3
男	移动靶	李玉伟	588	595	582 ~ 588	前六名	587	1
		黄世平	579			力争前三名	581	3
	手枪慢射	王义夫	573	581	565 ~ 570	前三名	564	3
		许海峰	568			力争冠军	566	1

注：摘编自中国射击队资料《中国射击队参加23届奥运会赛前安排》（1984）。

车超等运用邓氏均值GM（1，1），根据灰色预测模型及置信区间对第17届田径世界锦标赛男子投掷各单项前8名平均成绩进行预测，体现出了比较高的预测精度（表2-11）。

表2-11 第17届田径世锦赛男子投掷各单项前8名平均成绩预测表

项目	预测模型	成绩预测值/m	相对模拟误差均值/%	精度/%
铅球	$\hat{x}^{(1)}(k)=3\,192.209\,98e^{0.006\,5k}-3\,191.876\,92$	21.5	0.127 9	99.872 1
铁饼	$\hat{x}^{(1)}(k)=17\,540.498\,05e^{0.003\,7k}-17\,539.108\,11$	66.23	0.425 9	99.574 1
标枪	$\hat{x}^{(1)}(k)=5\,151.965\,14e^{0.015\,8k}-5\,150.512\,66$	88.79	0.812 3	99.187 7
链球	$\hat{x}^{(1)}(k)=-11\,767.204\,4e^{-0.006\,8k}+11\,765.058\,82$	77.06	0.320 0	99.680 0

资料来源：车超，张晓东，孙南. 世锦赛视角下男子投掷成绩发展、预测及对我国男子投掷的影响[J]. 武汉体育学院学报，2019，53（6）：94-100.

这类项目的成绩能够准确计量，故可以用数学方法对成绩变化的动态系列进行加工、处理，建立数学模型，并根据所建模型进行预测。

库茨涅佐夫（Kuznetsov）等在《运动训练系统中的预测（上）》中提出，在运动训练系统中，在对动态序列进行统计分析基础上的预测方法分为分析型和适应型两种。前者包括最小绝对误差法、最小二乘法、最大近似法、随机过滤波法、最高水平线预测法等；后者包括滞后数值法、移动平均数法、指数平滑法、综合最小二乘法的积分法、自动适应外推法等。

田麦久于1977年开始进行中长跑等耐力项目翼项系数理论的研究，运用曲线回归及拉格朗日插值公式求出中长跑主翼项关系的适宜模型，并成功地应用于运动成绩的预测。例如，1979年初，他曾对在1978年创3 000m、5 000m、10 000m及3 000m障碍跑世界纪录的肯尼亚长跑运动员亨·罗诺的各项关系进行了相应的分析，认为罗诺5 000m 13:8.20的纪录并没有充分地反映出他所具有的竞技能力，根据相应的翼项系数$K3\,000/5\,000=0.582$、$K10\,000/5\,000=2.094$

计算，预测罗诺已具备5 000 m能跑出13 min ± 4 s成绩的能力，并曾预言："我们可以很有信心地期待这一新纪录的出现。"1981年9月13日，罗诺在10 000 m和3 000 m成绩没有提高的情况下创造了5 000 m跑13:6.02的新世界纪录，这一成绩十分接近田麦久的预测值。

2. 评分类项群竞技水平的预测

由于评分类项群中的所有项目都要求运动员在比赛中能准确地重复表现出训练中所掌握的成套动作练习，因此，在预测运动员的竞技水平时需要考虑两个基本因素，即训练中表现出的最高竞技水平和比赛中的稳定性水平。

对运动员在训练中表现出的竞技水平，可按比赛评分规则予以评定。例如，评定女子竞技体操运动员的竞技水平，同样要考虑下述4个方面的因素：动作难度（3.0分）、加分因素（0.5分）、动作编排（2.5分）、完成情况（4.0分）。

评价体操运动员参加比赛的稳定性可从两方面着手，即评定体操运动员在一年内表现的总的稳定性与平均成绩的关系，并计算体操运动员预计比赛成绩与实际情况的均方差，以便求出其表现的稳定性微分（B・切布拉耶夫等，1984）。

将平时训练中达到的竞技水平（得分）乘以稳定性系数，即运动员在比赛中可能得到的评分的预测分值。

3. 格斗对抗性项群竞技中取胜概率的预测

格斗对抗性项群（摔跤、柔道、拳击、击剑、武术散打等）运动员在比赛中能否取胜主要取决于"敌"我双方实力的对比。因此，克留科沃（Klyuchkovoy）依曾为运动员A制定的取胜概率公式为：

$$取胜概率 = \frac{N_A}{N_A + N_B}$$

公式中N_A、N_B分别为运动员A和运动员B的个体竞技能力参数。显然，在公式中，运动员个体竞技能力参数的确定对预测概率的准确性是至关重要的。为了能够较为准确地预测格斗对抗的胜负，首先必须科学地确定双方运动员的个体竞技能力参数。

4. 对综合性大型比赛中全队争夺名次的预测

对综合性大型比赛中全队争夺名次的预测是奥运会、洲级运动会等综合性大型比赛中非常重要的预测问题。基本的预测方法是将各队（代表团）、各项目及各运动员成绩的预测集合起来，构成国与国、队与队之间的比较。此外，还必须考虑一些与大型比赛中团体总分密切关联的因素，如举行比赛的地点（预测对象是举办国时，可加1.9%～2%的附加分），有能力夺分国家的数量，各国历年的比赛成绩趋向，新运动项目的设置，重大比赛前一年的情况，保障性因素如干部管理、训练基地、财政、组织等。

◎ 思考题

1. 结合专项试设立不同种类的训练目标。
2. 思考如何协同处理不同的训练目标之间的关系。
3. 结合具体项目尝试构建运动训练的目标模型。
4. 结合具体项目思考如何进行运动成绩的预测。

第二章
主要参考文献

第三章

教练员的职责与执教

本章导读

教练员是运动训练活动中的主导角色。体育院校的学生毕业后，在不同的工作岗位常常需要承担组织学生或单位成员进行运动训练和带领运动员参加比赛的工作，这时，他们的身份就已经是教练员了。所以说，无论在什么样的工作岗位，教练员的素养、知识和本领对于体育院校的每一名学生来说都是应该了解和掌握的。

本章论及教练员的作用、职责与多重责任；探索教练员应具备的职业素养，包括知识基础，能力结构，情感、态度、价值观；介绍教练员的执教对象及其分类，梳理不同岗位教练员执教特性及执教行为对运动员的影响；探讨复合型教练团队的构建及团队关系的处理；分析教练员的有效执教、执教目标及其评价。本章论述中列举了多名教练员执教过程中的典型案例，以期帮助学生更好地学习和掌握有关知识。

本章学习目标

1. 对教练员的职责与使命有更加清晰的认识，对教练员的职业素养有系统把握，对教练员执教特性有更多的观察，对复合型教练团队和教练员的有效执教有更多的思考，从而全面了解教练员职业，明确从事教练员工作的基本要求，为胜任教练员工作奠定基础。

2. 通过讨论、角色扮演和情景模拟，提高分析问题和解决问题的能力。

第一节 教练员的职责

一、教练员的作用

训练和参赛就好比制作一部电影或一出戏剧，教练员既是编剧，又是导演，他不仅要亲自挑选竞技场上的“演员”，还要加以悉心训练与培养，组织和引导执教对象一步步地达成运动目标，最终完成自己的“作品”。

2018年2月20日平昌冬奥会，离短道速滑最后一个比赛日还剩2天，中国代表团还未获得金牌。21日中国短道速滑队没有比赛，22日是最后一个比赛日。前4个比赛日，中国短道速滑队主教练李琰都是一身红装，连指甲也染成了红色。21日的训练日和22日的最后一个比赛日，李琰换上了中国代表团红白相间的领奖服，并让每个队员都穿上领奖服。她说，21日的训练日和22日的比赛日换上领奖服，就是传递一种信心，我们是领奖去了。不负教练员的期望，22日的比赛，武大靖以打破世界纪录的成绩获得短道速滑男子500 m决赛冠军，摘得中国代表团平昌冬奥会唯一的金牌。另外，中国队还获得了男子5 000 m接力短道速滑比赛的亚军。

从此案例可以看到，每个成功的运动员背后必有一个伟大的教练员。教练员在运动训练和比赛过程中起主导作用，他们不仅担负着提高运动员运动技术水平、率领运动员攀登竞技体育高峰的任务，还担负着培养运动员成人的重大责任。体育强国建设需要全面提高教练员质量，建设一支高素质、创新型的教练员队伍。

二、教练员的职责

1994年，人事部和国家体委印发的《体育教练员职务等级标准》第二章第四条对体育教练员的基本职责做了明确规定：完成训练教学任务，提高运动技术水平；全面关心运动员的成长，做好运动队的管理工作；参加规定的进修、学习。

（一）提高运动员运动技术水平

2020年，《人力资源社会保障部　体育总局关于深化体育专业人员职称制度改革的指导意见》明确指出“教练员着重评价其提高执教对象运动水平的能力”。随此文件颁布实施的《教练员职称评价基本标准》对不同等级的教练员帮助运动员提高运动技术水平提出了明确的要求：

①初级教练：能够较熟练运用训练教学方法、手段，具备完成体育项目基础性训练和比赛任务的实际能力。

②中级教练：具备完成较复杂体育项目训练任务的实际能力，并取得下列成绩

之一（博士学位除外）：训练2年以上的运动员，达到全国优秀水平；训练一年以上的运动员，4名输送至上级训练组织，多人达到省级优秀水平。

③高级教练：长期从事体育训练工作，业绩比较突出，并取得下列成绩之一（集体球类项目可适当降低标准）：训练2年以上的运动员，或训练2年以上的运动员输送后4年内，多次达到世界水平或亚洲、全国优秀水平；训练1年以上的运动员，9名输送至上级训练组织，多人达到全国优秀水平。

④国家级教练：长期从事体育项目训练工作，业绩突出，并取得下列成绩之一（集体球类项目可适当降低标准）：训练2年以上的运动员，或训练2年以上的运动员输送后4年内，获得1次奥运会前三名，或2次奥运会前八名，或多次世界、亚洲、全国最高水平比赛冠军；训练1年以上的运动员，20名输送至上级训练组织，其中有5人进入国家队（无国家队项目须有五人代表国家参加世界和亚洲最高水平比赛），获得2次奥运会前三名，或3次奥运会前八名，或多人获得世界、亚洲、全国最高水平比赛冠军。

国际教练教育委员会2012年制定的《国际体育教练体系》（*International Sport Coaching Framework*）认为，教练员对于促进体育参与和提高运动员及运动队成绩起到核心作用。欧洲教练理事会制定的“欧洲体育教练体系”（The European Sport Coaching Framework）要求：教练员应以开放、合作的方式工作，与其他相关责任人一起致力提升运动员的福利和成绩。美国全国体育运动协会和美国全国教练教育鉴定委员会审定的“美国运动教育计划”（American Sport Education Program）要求：教练员不仅需要精通本运动项目的技战术技能，而且要懂得如何把这些技能传授给运动员；不仅要引导运动员学习技术、战术和生活技能，还要指导运动员把这些技能和谐地呈现出来。

可见，完成训练教学任务，帮助运动员提高运动技术水平，努力争取比赛胜利，是每一位教练员的基本职责。教练员的工作成果也往往需要通过运动员的比赛并在比赛中取得优异的运动成绩才能得到社会的认可。

（二）全面关心运动员成长

2020年,《人力资源社会保障部　体育总局关于深化体育专业人员职称制度改革的指导意见》对教练员全面关心运动员成长的职责提出了明确的要求，“保护体育运动参加者身心健康”。随此文件颁布实施的《教练员职称评价基本标准》要求教练员具备“授技育人能力”。

国际体育教练体系要求，教练员在设计、实施和评估训练及比赛是否适宜时，最关心的应是运动员的幸福问题，并与运动员积极互动，促进运动员的全面发展，而不是简单的输赢记录。欧洲体育教练体系要求，教练员应像关心如何使运动员成绩最优化一样关心运动员的身心发展。美国运动教育计划要求，教练员不仅要教给运动员运动技能，而且要教给运动员顺利走向社会需要的技能。英国教练局（UK Coaching）认为，为运动员的健康幸福发展创造安全的训练环境是最为核心的目标和任务，教练员要能够与运动员进行有效沟通，在制订训练计划和组织训练时要满足运动员的需求，并引导其全面发展。

如同“教书育人”是每位教师的天职，是教师为党育人、为国育才的使命担当，“授技育人”便是每位教练员的天职，同样是教练员为党育人、为国育才的使命担当。如果说只教书不育人的教师不配教师称号的话，只授技不育人的教练员也不配教练员的称号。做好运动队管理工作，全面关心运动员的成长，把“育人”放在首位，不仅是新阶段我国运动员培养高质量发展的要求，而且是我国教练员面向世界，追赶世界教练员先进水平的要求，是每一位教练员的基本职责。

（三）提升自身业务能力

2020年，《人力资源社会保障部　体育总局关于深化体育专业人员职称制度改革的指导意见》明确指出，“充分发挥职称对提高体育人才培养质量的导向作用，紧密结合体育领域人才需求，促进体育专业人员知识更新，推动重点专业、重点领域体育人才职业发展”。随此文件颁布实施的《教练员职称评价基本标准》对不同等级的教练员能力提出了明确的要求：

①初级教练：基本掌握体育基础理论和专业知识、技能，了解体育项目训练领域国内外现状和发展趋势。

②中级教练：掌握体育专业理论和知识、技能，熟悉体育项目训练领域国内外现状和发展趋势。

③高级教练：较系统掌握体育专业理论知识，掌握本项目训练的前沿技术手段和方法，对本项目训练竞赛有较深入的研究，任现职以来至少有一项体育训练方面的代表性成果。

④国家级教练：系统掌握体育专业理论和知识，全面掌握体育项目训练技术手段和方法，对本项目训练竞赛有深入的研究，任现职以来至少有两项公开发表的体育训练方面的代表性成果。

国际体育教练体系认为，教练员对于促进体育参与和提高运动员及运动队成绩起到核心作用。欧洲体育教练体系要求：教练员应当发展并维持高水平的训练，在训练课上的行为每时每刻都反映出其科学知识和专业执教水平；教练员在从初级资格水平到最终资格水平的发展过程中须逐渐增进其责任和职业能力。英国教练局认为，用开放的思想提升执教技能和知识是成为一个优秀教练的重要品质：教练员要有评价自己知识和技能的能力和意愿，持续不断地改进与提高自身的知识技能。

可见，不断进修学习、提升自己的业务能力，是世界各国对教练员的要求，也是每一位教练员的基本职责。教练员只有自己强大了，才能更好地帮助运动员提高运动技术水平、健康成长、全面发展。

三、教练员的多重责任

教练员所担负的责任绝不仅仅是指导运动员训练和比赛、提高运动员运动技术水平、全面关心运动员成长、提升自己业务能力。教练员在运动训练和比赛中担负着多重责任。

（一）选材与设计

随着群众体育的普及和青少年体育的广泛开展，参与体育锻炼的青少年越来越多，这就需要教练员从成百上千的体育参与者中挑选出有天赋者加入运动员行列，担负起“选材”的责任。2008年、2012年2届奥运会体操冠军陈一冰的启蒙教练赵奇这样论及教练员选材的重要性：“教练不是无所不能的，手里的运动员，首先必须是块好材料，再经过后期的刻苦努力，才能最终成就一匹千里马。”对挑选出来的运动员，教练员还要根据运动员个人条件和全队比赛的需要设计其发展方向，担负起“设计”的责任。曾任安徽省射击队主教练的束庆傲在《安徽体育科技》杂志2007年第1期撰文《对手枪慢射项目两种打法的分析探讨》，用自己的亲身经历分析“设计”的重要性：“1979年我进入南京军区成为射击队员，教练员要求采用击发规律打法，刚开始我对打法也不清楚，教练员怎么教我就怎么练，3个月训练成绩越打越差。后来，针对我个人性格特点，教练员改变了我的打法，成绩上升很快，最终站上世界冠军领奖台。”

（二）教育与引导

教练员要教给运动员技战术，发展运动员体能，传授运动员知识，培养运动员正确意识，担负起“教育”的责任，为运动员传道、授业、解惑。我国著名的乒乓球教练员、国家体育总局原副局长李富荣曾严肃地告诫教练员：“教练员是老师，运动员都在看着你，你有没有威信，说的东西运动员听不听，他尊重不尊重你，就是看你自己做得怎么样。凡是要求运动员做到的，教练员必须要先做到。不能只对运动员马列主义，而对自己自由主义，这样的教练员业务水平再高，也不会得到运动员的尊重和信服。老师是人类灵魂的工程师，这个提法用在教练员身上也恰如其分。”教练员要对运动员的训练和比赛进行指导，察言观色，及时发现运动员出现的问题，从技术、思想、道德等几个方面花大力气去教导，担负起“引导”的责任，技术上的指导细腻清楚，讲到点上；思想上的引导仔细入微，训练育人。培养出丁美媛等奥运冠军、世界冠军的国家女子举重队教练员姜雪辉这样总结了自己执教的成功经验：“选材要精确——专项级别、专项素质、专项能力、专项生化、专项生理、专项心理；训练要准确——年、季参赛指挥，赛后调整，针对不足，伤病康复；参赛要明确——赛前调整、赛场指挥、赛后恢复。”教练员的一言一行潜移默化地影响着运动员，他们是运动员人生的向导。

（三）管理与研究

教练员要全面负责运动员日常生活的管理和组织，担负起“管理”的责任。中国乒乓球女队前主教练张燮林是这样管理他的队员的：“教练员要从作息制度上管理队员，从生活小事上教育队员。凡是运动员来向我请假，我99%都会同意，但要讲真话；还有1%不同意，就是不准在外面过夜，这个关要把住，不管是谁。通过这些小事无形中提高队员的素质，这与打球也是联系在一起的。如要求队员吃饭时不许浪费，养成吃干净碗中每一粒饭的习惯，在比赛中才能做到不放弃每一分球。”

教练员要不断地对自己和队员、对本队和对手的训练和比赛进行分析、研究、评估，并得出结论，担负起“研究”的责任。2003—2017年担任中国田径队总教练的冯树勇对此深有感触：“刘翔的成功与科研人员的努力分不开。现在中国田径学习研究的风气还不够，我们期待着更多的教练像孙海平一样，不断探索、创新，用新方法、新观念来指导训练，加强科研的力度。”

（四）沟通与输送

教练员既要同运动员、裁判员、体育官员、比赛对手打交道，还要同运动员家长、新闻媒体、观众、赞助商等保持良好的接触，担负起“沟通”的责任，妥善处理来自外界的压力和挑战。率队员征战了8届奥运会，2021年已经63岁还奋战在2024年巴黎奥运会备战一线的国家举重队金牌教练员王国新，讲述了他是如何与东京奥运会上带着腰伤夺下中国代表团第二金的侯志慧沟通的。侯志慧是在东京奥运会前一年才来到王国新训练组的。“她一来我组上就跟我说：‘王导，我吃软不吃硬啊。’”在王国新看来，“一般人对付不了她，她的个性很有意思，必须有足够的智慧和能力才能应对。这种运动员就是理顺了可以玩命拼。”王国新首先跟侯志慧做好思想交流。“她以往换过很多教练员，这是一个很敏感的孩子，也有过很多伤病，造成心理负担很大。她又像一匹野马，有些桀骜不驯。我首先鼓励她，充分肯定她，而且跟她坦诚地沟通，告诉她有什么问题一定要说出来。‘你能说服我我就听你的，但是如果你说出来的东西不上道，那你就要听我的。’”王国新善于营造轻松愉快的训练氛围。想让侯志慧多练一组，他不会用命令的语气说，而会说：“你太优秀了，奖励你一组。”侯志慧想偷懒了，跟他说腿不舒服，他会说：“咱们翻开训练日记看看最近练腿了没有？”结果翻开一看：“没怎么练嘛。”最重要的一点是，王国新投入真情实感关心爱护运动员。“奥运会之前，我经常给她踩压放松，没事就找她谈心，让她感觉到我对她发自内心地关心爱护，把她当宝贝，非常重视她。其实优秀运动员哪个没性格？运动员有个性是好事，但是你要有办法，让他们从内心完全认可你、信任你，调动全力投入。有的时候顺着他们顺一会儿，再把他们拉到你想让他们去的地方。”王国新的记述生动展现了他与队员精湛的沟通艺术。

教练员要善于将自己培养的运动员输送到国内外更高水平的运动队，推荐到国内外赛场和再就业的岗位，担负起“输送”的责任。正如国际奥委会前主席雅克·罗格（Jacques Rogge）

所言："我们要为运动员们结束运动生涯时顺利走向社会创造条件。"综上所述，教练员承担着比人们想象中要繁重得多的工作，担负着选材、设计、教育、引导、管理、研究、沟通、输送等多重责任。这就需要教练员学会多角色思考，协调好各种责任之间的关系，从运动员训练、比赛、生活、学习中获取各种信息，统揽全局，从跨学科的高度对运动员的训练比赛进行调控，提高训练比赛的质量。

第二节　教练员的职业素养

教练员的职业素养是教练员在解决复杂训练比赛问题过程中表现出来的综合性品质，是以专业知识技能为基础，整合了情感、态度和价值观，能够满足教练员执教需求和适应教练员终身发展的必备品格和关键能力。

一、教练员的知识基础

训练活动在本质上是教练员对运动员进行长期的生物学、心理学和社会学改造的过程，在这一过程中，教练员的劳动是创造性的脑力和体能、技能相结合的复杂劳动，知识则是教练员进行创造性劳动所必需的，是教练员素养形成的基础，其所具有的知识结构，对于教练员素养的养成有着非常重要的作用。

如上节所述，教练员的基本职责包括：完成训练教学任务，提高运动技术水平；全面关心运动员的成长，做好运动队的管理工作；参加规定的进修、学习，提升自身业务能力。要完成这3大基本职责，教练员需要有相应的知识作为支撑：完成训练教学任务，提高运动技术水平，需要专业知识的支撑；全面关心运动员的成长，做好运动队的管理工作，需要人际知识的支撑；参加规定的进修、学习，提升自己业务能力，需要个人内省知识的支撑。由此，可将教练员的知识基础分为专业知识、人际知识、个人内省知识3大类（图3-1）。

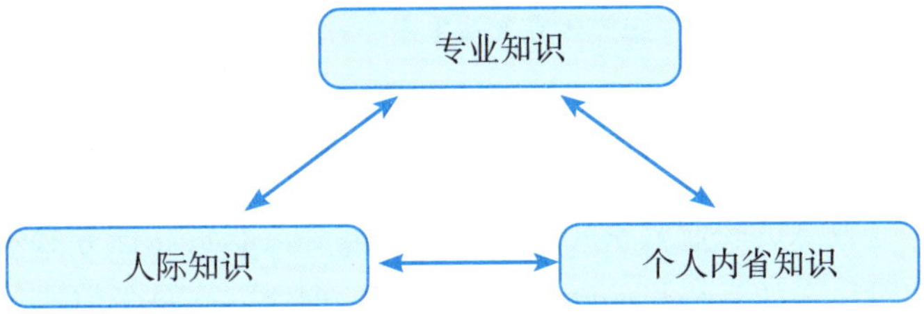

图3-1　教练员知识基础

注：依《教练员职称评价基本标准》（2020）内容绘制。

（一）专业知识

专业知识是与教练员职业紧密相关、完成教练员职责和任务必须具备的、与运动训练和参赛直接相关的相对稳定的系统化的知识，包括运动专项知识、竞技参赛知识、运动员知识、运动科学知识以及工具知识等（表3-1）。

表3-1　教练员所需专业知识

专业知识	具体内容
运动专项知识	项目基本规律、项目发展特征、项目制胜因素、技术和战术、项目管理、比赛规则、设施设备
竞技参赛知识	竞技参赛准备、赛前训练组织与实施、竞技参赛过程控制、教练员参赛指导、运动员赛场行为自我控制、参赛过程心理干预、竞技参赛总结与评价、竞技参赛后恢复与训练
运动员知识	专项运动员的能力及其发展阶段、运动员动机
运动科学知识	解剖学、生理学、医学、营养学、生物力学、生物化学、哲学、教育学、心理学、社会学、急救、损伤预防、反兴奋剂、生活方式、体育产业
工具知识	语言（口头、书面、写作、阅读）、外语、计算机、基础数学、现代技术

注：依国际教练教育委员会制定的《国际体育教练体系》（2012）和田麦久等著《竞技参赛学》（2011）编制。

（二）人际知识

人际知识是与教练员职业紧密相关、完成教练员任务必须具备的、与人际关系处理相关的、相对稳定的系统化知识，包括社会关系知识、运动队关系知识、执教方法知识等（表3-2）。

表3-2　教练员所需人际知识

人际知识	具体内容
社会关系知识	宏观和微观教练文化、伦理和运动员福利、父母和家人、同伴、教练员、官员、裁判员、经纪人、俱乐部、学校、协会、政府、媒体
运动队关系知识	沟通、共情与同情、积极倾听和提问、特定情境下适宜的行为举止、运动员和运动队管理、运动员和运动队教育
执教方法知识	学习理论和方法、训练理论与方法，计划、组织和宣传，创造积极学习气氛，研究、评价和反馈，示范和讲解，指导和改进

注：依国际教练教育委员会制定的《国际体育教练体系》（2012）编制。

（三）个人内省知识

个人内省知识是与教练员职业紧密相关的、完成教练员职责和任务必须具备的、与教练员个人成长相关的、相对稳定的系统化的知识，包括执教理念、终身学习等（表3-3）。

表3-3　教练员所需个人内省知识

个人内省知识	具体内容
执教理念	认同、价值、信念、领导方式
终身学习	学习能力、自制力和责任感、理智、自我反思、批判思维和综合能力、创新和新知

注：依国际教练教育委员会制定的《国际体育教练体系》（2012）编制。

二、教练员的能力结构

运动训练过程是一个长期的、动态变化的过程，其间教练员和运动员会经常遇到挫折、困难、挑战、压力。运动训练是一种富有挑战性、创造性的活动。教练员经常会面对训练场和竞赛场上发生的各种突发事件和意外事件。能力则是教练员应对压力和挑战所必需的主观条件。教练员的经历不同、经验不同、知识水平不同，在完成训练和比赛活动中表现出来的能力也就有所不同。教练员的执教能力不同，其成就也就不同，能力越强，成就就会越大。因而，教练员的执教能力对于运动训练的成功有着非常重要的作用。

值得注意的是，训练是科学与艺术的结合。运动训练的科学性表现在运动训练是有规律可循的，有一套科学的训练理论、方法和工具。运动训练的艺术性表现在运动训练和比赛的实践性和创造性上，它要求教练员在特定的环境和条件下，创造性地运用运动训练的理论，恰到好处地把握训练节奏，有效激励运动员的训练热情，调整好周期安排，理顺队内队际关系等。这些训练艺术是高水平教练员应力争掌握的，也是教练员执教能力的重要体现。

国际体育教练体系将教练员的执教能力结构分为愿景和战略设定能力、环境塑造能力、关系建立能力、训练与比赛指导能力、观察与反应能力、学习与反思能力。

（一）愿景和战略设定能力

愿景和战略设定能力是教练员对运动队建设和运动员发展全局性重大事情进行愿景确立和战略规划的思想方法和工作能力。教练员的愿景和战略设定能力包括把握全局、预测需求、确定愿景、提出方针、形成任务、制定措施、反馈调整等。不同等级教练员所需愿景和战略设定能力见表3-4。

表3-4　不同等级教练员所需愿景和战略设定能力

能力	初级教练员	中级教练员	高级教练员	国家级教练员
把握全局	*	**	***	****
预测需求	*	**	***	****
确定愿景		*	**	****
提出方针		*	**	****
形成任务		*	**	****
制定措施	*	**	***	****
反馈调整	*	**	***	****

注：①依国际教练教育委员会制定的国际体育教练体系编制。
②“*”代表重要性，数量越多，重要性越强。

（二）环境塑造能力

环境塑造能力是教练员为满足运动队建设和运动员发展的需要而与环境发生调节作用的能力。教练员的环境塑造能力包括创立行动计划、组织环境、选拔队员、招募员工、配置资源等。不同等级教练员所需环境塑造能力见表3-5。

表3-5　不同等级教练员所需环境塑造能力

能力	初级教练员	中级教练员	高级教练员	国家级教练员
创立行动计划		*	**	****
组织环境	*	**	***	****
选拔队员	*	**	***	****
招募员工		*	**	****
配置资源	*	**	***	****

注：①依国际教练教育委员会制定的《国际体育教练体系》（2012）编制。
②“*”代表重要性，数量越多，重要性越强。

（三）关系建立能力

关系建立能力是教练员觉察他人情绪意向、有效理解他人和善于同他人交际的能力，亦即社会交往的能力。教练员的关系建立能力包括领导和影响、团队管理、沟通与交流、说服教育等。不同等级教练员所需关系建立能力见表3-6。

表3-6　不同等级教练员所需关系建立能力

能力	初级教练员	中级教练员	高级教练员	国家级教练员
领导和影响		*	***	****
团队管理	*	**	***	****
沟通与交流	*	**	***	****
说服教育		*	***	****

注：①依国际教练教育委员会制定的《国际体育教练体系》（2012）编制。
②“*”代表重要性，数量越多，重要性越强。

（四）训练与比赛指导能力

训练与比赛指导能力是教练员指导训练和比赛的能力，包括训练方法设计、训练内容安排、运动伤病预防、运动疲劳消除、训练积极性调动、比赛选择与安排、比赛能力提高、比赛作风培养、比赛情绪调控等。不同等级教练员所需训练与比赛指导能力见表3-7。

表3-7　不同等级教练员所需训练与比赛指导能力

能力	初级教练员	中级教练员	高级教练员	国家级教练员
训练方法设计		*	**	****
训练内容安排	*	**	***	****
运动伤病预防	*	**	***	****
运动疲劳消除	*	**	***	****
训练积极性调动	*	**	***	****
比赛选择与安排		*	**	****
比赛能力提高	*	**	***	****

续表

能力	初级教练员	中级教练员	高级教练员	国家级教练员
比赛作风培养	*	**	***	****
比赛情绪调控	*	**	***	****

注：①依国际教练教育委员会制定的《国际体育教练体系》（2012）编制。
②"*"代表重要性，数量越多，重要性越强。

（五）观察与反应能力

观察与反应能力是教练员面对赛场内外意外事件等压力，迅速地做出判断与反应，并寻求合适的方法使事件得以妥善解决的能力。教练员的观察与反应能力包括观察与发现问题、调整与解决问题、果断决策、应对突发事件、记录和评价等。不同等级教练员所需观察与反应能力见表3-8。

表3-8　不同等级教练员所需观察与反应能力

能力	初级教练员	中级教练员	高级教练员	国家级教练员
观察与发现问题	*	**	***	****
调整与解决问题	*	**	***	****
果断决策		*	***	****
应对突发事件	*	**	***	****
记录和评价	*	**	***	****

注：①依国际教练教育委员会制定的《国际体育教练体系》（2012）编制。
②"*"代表重要性，数量越多，重要性越强。

（六）学习与反思能力

学习与反思能力是教练员不断自我完善、反馈与学习的能力。教练员的学习与反思能力包括自我反思和自我监督、训练及计划评估、赛后总结、终身学习、科学研究、创新等。不同等级教练员所需学习与反思能力见表3-9。

表3-9　不同等级教练员所需学习与反思能力

能力	初级教练员	中级教练员	高级教练员	国家级教练员
自我反思和自我监督	*	**	***	****
训练及计划评估	*	**	***	****
赛后总结	*	**	***	****
终身学习	*	**	***	****
科学研究		*	**	****
创新		*	**	****

注：①依国际教练教育委员会制定的《国际体育教练体系》（2012）编制。
②"*"代表重要性，数量越多，重要性越强。

三、教练员对教练工作的情感、态度、价值观

周而复始、年复一年的运动训练使得运动员和教练员承受着来自身体和心理的巨大压力，尤其是教练员还担负着“授技育人”的重任。因此，教练员对教练工作的情感、态度、价值观显得尤为重要。党的十八大报告指出，“倡导富强、民主、文明、和谐，倡导自由、平等、公正、法治，倡导爱国、敬业、诚信、友善，积极培育和践行社会主义核心价值观”。《人力资源社会保障部　体育总局关于深化体育专业人员职称制度改革的指导意见》中提出的教练员职称评价基本标准就明确要求教练员“遵守国家法律、法规，热爱体育事业，具有良好的职业道德和敬业奉献精神”。作为“授技育人”的教练员，具有义不容辞的责任和义务将社会主义核心价值观的内在要求转化为教练工作中的实际行动，将个人执教水平的提升与运动员可持续发展的责任意识相联系，在自身爱国、敬业、诚信、友善的日常行为中促进社会走向自由、平等、公正、法治；将个人道德养成和敬业奉献与体育强国建设的伟大使命相结合，在提高职业道德、提升奉献精神的实践中为建设富强、民主、文明、和谐的社会主义现代化强国作出自己的贡献。这里，教练员的职业道德和敬业奉献精神就是其对教练工作情感、态度、价值观的具体体现。它表现在以下3个方面。

（一）爱国敬业，为国育才

教练员必须热爱祖国，热爱体育运动，热爱教练工作，看重自己所从事的工作，并将这种热爱转化成对工作的动力，坚持用中华体育精神塑造运动员，积极传播项目文化，授技育人，把传授技术、培养能力和提高运动员思想觉悟结合起来，将帮助运动员超越前人、健康成长作为人生追求和事业目标。

（二）遵纪守法，诚信友善

教练员必须坚定政治立场，遵守法律、各项规章制度和规则，恪守职业道德，规范有序竞争，诚恳待人，善待他人，与一切可能让国家荣誉蒙羞、体育精神受辱、人民群众愤怒、运动员权益受损的行为作斗争，尊重运动员的独立与差异，善于激励、爱护和关心运动员，建立信任宽容的训练氛围，提升团队协作意识，追求共同发展。

（三）无私奉献，顽强拼搏

教练员要有强烈的事业心和责任感，有自强不息的英雄主义精神，自尊自信、超越自我、乐观开朗，把国家利益、运动员的权利和需要置于个人利益之上，在工作中用高标准要求自己，以身作则、率先垂范、忠于职守、履行职责、不怕挫折、敢于担当、攻坚克难、永不言败，遵循运动训练和体育教学规律，不断提高训练实际操作能力和比赛指挥能力，努力创造无愧于党、无愧于人民、无愧于时代的业绩。

第三节 教练员的执教特性

一、教练员的执教对象及其职业分类

2020年，《人力资源社会保障部 体育总局关于深化体育专业人员职称制度改革的指导意见》明确指出：“教练员指培养、训练运动员和指导群众参与全民健身活动的专业人员。”这一界定与国际上通行的将教练员分为执教运动竞技型运动人群的教练员和执教运动参与型运动人群的教练员的做法一致。

（一）运动竞技型运动人群

运动竞技型运动人群指那些以规范标准为参照，通过参与运动发展技能，提高运动技术水平，进行竞争、超越，并进入竞技赛场，在比赛中力争取得优异运动成绩的人群。运动竞技型运动人群可进一步分为青少年运动员、优秀运动员、高水平运动员。

1. 青少年运动员

这一类运动员的典型特征是从十几岁就开始致力于一个运动项目，并不断增加训练和比赛的时间、频率和强度。对青少年运动员，主要强调打好技术、战术、身体、认知、社会和个人基础，为在当前层次或更高层次比赛中取得成绩而努力。对那些在较低年龄就开始专门化训练的运动员，有必要认识到低年龄运动员首先还是儿童或少年，在制订训练和比赛计划时应该考虑到他们的全面发展。

2. 优秀运动员

这一类型的运动员主要是成年人。对优秀运动员，首要强调针对比赛成绩提高技能的发展。

3. 高水平运动员

这一类型的运动员是少数人，包括参加世界锦标赛、世界级大赛和高水平联赛的世界级运动员。

（二）运动参与型运动人群

运动参与型运动人群指那些以自我为参照，通过参与运动获得乐趣、技能、健康生活方式的人群。运动参与型运动人群可进一步分为儿童（12岁以前）、青少年、成年人。

1. 儿童

他们刚刚开始接触各种不同的运动项目，“玩”是他们参与运动的核心，通过“玩”而获得的运动技能为他们未来个人选择和发展奠定了基础。

2. 青少年

他们参与运动强调的是娱乐性、互动性和趣味性。参与运动会带来很多积极的成果，如健康的生活方式、社会交流和融合、生活技能的发展。这些青少年中一些人直到成年阶段仍然参与运动，提升了成年人的运动参与度。

3. 成年人

多数人往往由于学习的压力，在青春期阶段不经常参与运动，但是成年后，由于生活压力的减轻、经济条件的宽松、富裕时间的增加而重新加入到体育休闲娱乐活动和促进健康的活动中来。

执教对象的2种类型及其各分类之间是相互联系的，每个人都可能在各分类之间上下、左右移动，通过不同的方式在2种类型各分类之间变化，如图3–2所示。

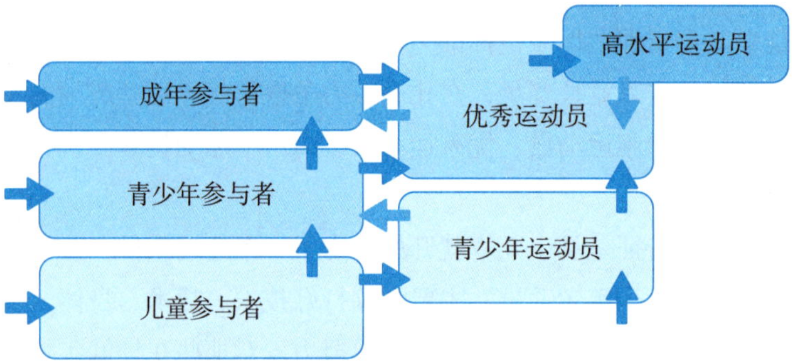

图3–2　运动参与范围及发展通道

注：依国际教练教育委员会制定的《国际体育教练体系》（2012）编制。

（三）教练职业分类

由于执教对象有运动竞技型和运动参与型两大类运动人群，欧洲教练理事会于2007年推出的欧洲教练能力和资格体系（coach qualification formation developpement，CQFD），以及国际教练教育委员会于2012年推出的国际体育教练体系都采用了运动竞技型运动人群教练员和运动参与型人群教练员2个职业标准分类，并根据2种教练职业，拟定了6个教练领域（图3–3）。

运动竞技型运动人群教练员	运动参与型运动人群教练员
执教高水平运动员	执教成年人
执教优秀运动员	执教青少年
执教青少年运动员	执教儿童

图3–3　教练职业分类

注：依国际教练教育委员会制定的《国际体育教练体系》（2012）编制。

1994年，由人事部和国家体委联合颁发的《体育教练员职务等级标准》根据当时的情况，只注意到了运动竞技型人群教练员，并将其分为优秀运动队教练员和各类体育学校教练员两大类。而2020年发布的《人力资源社会保障部　体育总局关于深化体育专业人员职称制度改革的指导意见》则根据我国群众体育蓬勃发展的现状，将教练员分为培养、训练运动员的教练员和指导群众参与全民健身活动的教练员两大类，不仅在分类上与国际体育领域一致，而且在颁布实施的《教练员职称评价基本标准》中明确要求："对于指导群众参与全民健身活动的群众体育教练，在体育专业理论和知识、体育项目训练技术手段和方法、训练竞赛的研究、代表性成果等方面的要求，应属于群众体育领域。"可见，这样的分类注意到了运动竞技型运动人群的教练员和运动参与型运动人群的教练员的差异，注意到了强调参与型运动人群的教练员同样发挥着重要的作用。当然，根据其角色特点，教练员可以同时执教上述两个主要对象群体。

此外，依据领取报酬情况，还可将教练员分为志愿者教练员、受薪兼职教练员和受薪全职教练员。这种分类中各类的比例因每个运动项目和每个国家的体育组织结构和资源不同而不同。例如，南非存在大比例志愿者教练员，很多志愿者教练员是身为父母的年长运动员，他们满足了本地对教练员的直接需求，从而支持了本地的体育计划。

二、教练员执教特性的认识

教练员执教过程就是教练员与运动员之间领导与被领导的过程。但是，与我们脑海中的固有概念不同，教练员的执教行为不是简单的吆喝和授权，而是有着自身的特征。

（一）面对面的领导

教练员的执教就是把具有不同背景、天赋、经历和兴趣的运动员聚合在一起，率领和鼓励他们承担责任、创造成绩、达成目标的过程，是教练员对运动员面对面的领导过程。在这一过程中，教练员只有与运动员建立相互信任关系，把运动员当作自己全方位的合作伙伴和贡献者，区别对待不同类型的运动员，才能与运动员进行有效对话，激励运动员在训练和比赛中追求卓越。我国著名排球教练员袁伟民在他的《我的执教之道》一书中形象生动地描述了教练领导行为随运动员的变化而变化：

"刚开始带这支女排队伍时，我们觉得自己是教练，似乎又是个保姆。运动员年轻、活泼，求知欲旺，上进心强，但幼稚、单纯，分析能力差，除了打球外，别的事懂得甚少。我们要教技术，带作风，管生活，还要教他们怎么做人。这个时候，教与学之间的关系，依赖性比较大，我们说得多，她们听得多。我们怎么教，她们就怎么做。有点类似中、小学的师生关系。"

"随着运动员渐渐长大，有了一定的本事，技术掌握了，思想得到了锤炼，各方面都得到进步，基本上已能管住自己。由于成绩的取得，使教与学之间增加信赖感，友谊加深，平等色彩增浓。这时候的教学关系，就如大学里的师生关系。”

“随着运动员技术、思想的日趋成熟，取得了显著成绩。她们在胜负的考验中，积累了经验，形成了自己独立的思考，独立的见解。这时候，教练员带她们训练，可以更多地采取点—点、加强辅导的办法，重视教学相长，发扬民主，帮助老运动员把自己在实践中积累的经验运用到再提高上来。这时的教学关系，仿佛教授带研究生的关系。”

袁伟民教学关系“三部曲”形象地诠释了随运动员情况变化对教练员管理行为变化的要求。尊崇情景变化，改变领导行为，教练员和运动员的关系就能得到较好的处理；反之，不顾情景变化，一味强调教练员的权威不可动摇，教练员和运动员的关系就可能出现障碍。

（二）关注人的发展

面对面的领导，意味着教练员执教领导的对象是人而不是物。教练员关注的对象首先应该是运动员，而不是运动项目。但现实情景中，我们问一位教练员：“您是教什么的？”，得到的回答往往会是“教篮球的”“教体操的”等。基于这样的回答，教练员考虑的往往是运动项目特点、项目制胜规律，忽略了是人在打篮球，是人在练体操。只有当教练员将“教篮球”“教体操”，变为“教人打篮球”“教人练体操”时，教练员执教所关注的才能由运动项目物的发展，转变为运动员人的发展，并且根据运动员的身心发展规律，实现由培育金牌向培育人的转变，由注重运动项目特点向注重运动员的全面发展转变。

（三）成为管理全才

与其他专业人员分工合作、专才工作不同，教练员不是按章工作的劳动力，不是按照既定的设计与规定进行工作的纯粹的执行者。他们不只是简单地执行上级制订的计划，而是要根据运动员的特点、运动项目的特征、比赛的特定需求、参赛对手的情况等来制订自己的工作任务目标、训练内容方法、比赛打法安排，创造性地开展工作。教练员不仅需要在工作岗位上埋头工作，做某方面的专家，更需要融合多学科知识技能，与运动员和其他团队成员进行深层次的互动，贡献自己的想法，成为运动队管理的全才。

三、教练员执教行为对运动员的影响

研究表明，在我国，无论是男子运动员还是女子运动员，都把主教练作为自己在运动队期间关系最近的人。教练员也认为处理好自己与运动员的关系对提高运动员的训练水平非常重要。运动员感受到的教练员魅力越高，运动员满意度越高，对团队的奉献度越高，教练员和运动员的关系越融洽。教练员与运动员关系的融洽又直接提高运动员满意度和对团队的奉献度

（图3-4）。可见，教练员在运动训练和比赛过程中的行为潜移默化地影响着运动员的成长。

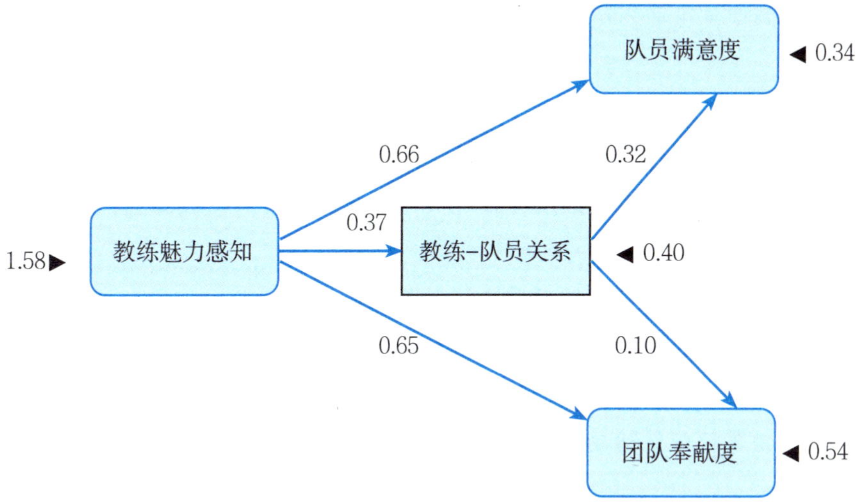

图3-4　教练员魅力与运动员满意度、团队奉献度之间的关系

（资料来源：CALISKAN G.Effects of charismatic coaches on players' coach-player relationship, athlete satisfaction, and team commitment[C]//BASES Conference 2013 University of Central Lancashire, 2003.）

（一）积极影响

如同环境对人的成长有着巨大的影响一样，教练员在运动训练过程中的行为也潜移默化地影响着运动员的成长。下面这段话形象地描述了教练员对运动员的积极影响：

如果带有宽容地训练运动员，运动员就学会耐心；
如果带有鼓励地训练运动员，运动员就学会自信；
如果带有称赞地训练运动员，运动员就学会感激；
如果公正地训练运动员，运动员就学会正义；
如果言行一致地训练运动员，运动员就学会信任；
如果尊重地训练运动员，运动员就学会自尊。

那些取得了优异执教成绩的教练员，往往比常人更懂得如何灵活运用各种沟通技巧，他们在最恰当的时间、用最恰当的方式影响及培养运动员。他们知道，运动员往往崇拜教练员，并将教练员诸多优秀的品格和特质同化为自己的追求和向往。2008年8月14日，北京奥运会女子佩剑团体决赛现场，中国队以44：45的比分，一剑惜败乌克兰队屈居亚军。3位运动员为痛失金牌在场上掩面痛哭。这时，中国击剑队法籍总教练鲍埃尔（Bauer）走上剑台，俯身对这些姑娘说道："姑娘们，你们哭什么？你们获得奥运会银牌，得了亚军，是个巨大成就，应该高兴才对。"许多年后，3位运动员之一的倪红回忆这段往事，对鲍埃尔的这句话记忆犹新，印象深刻。诚如习近平总书记所言："老师在学生心目中具有重要位置，老师无意间的一句话，可能造就一个天才，也可能毁灭一个天才。”由此，作为教练员，必须意识到，通过自己的品格和理念所展示的东西，其重要性可能远大于自己所教授的东西。

（二）消极影响

如同环境对人的成长有积极和消极的影响一样，教练员行为对运动员潜移默化的影响也会有消极的一面。下面这段话形象地描述了教练员行为对运动员的消极影响：

> 如果带有批评指责地训练运动员，运动员就学会指责；
> 如果带有敌意地训练运动员，运动员就学会钩心斗角；
> 如果带有嘲讽地训练运动员，运动员就学会憎恨；
> 如果带有羞辱地训练运动员，运动员就学会感到有罪。

知名男足教练员曾谈及这种消极影响带来的后果：“过去的教练员的追求真的很简单，就是要培养一个技术水平、思想素质都高的球员出来，终极使命和乐趣就是培养人才，把自己的理想和希望寄托到了球员身上，培养出了一批风格独特的球员，如教练员对速度极为出色和射门技术良好的李华筠的培养，对足球意识好、技术全面的容志行的打造等。这些培养都凝聚着教练员的心血，都是有耐心的、精雕细琢式的培养。现在培养理念有点变了，就是怎么更快地培养出一批能够挣钱的球员来。目前来看，中国的年轻球员在担当方面，越来越不好了。一旦有问题，有的年轻球员首先就会推卸责任，总是找借口把问题推脱到别人身上。”

由此可见，运动员的终身行为可能更依赖于教练员所树立的榜样。教练员有没有威信，说的东西运动员听不听，能不能得到运动员的尊重，取决于教练员自己做得怎么样。凡是要求运动员做到的，教练员必须首先做到。教练员只有清楚自己的个人价值，才能更好地帮助运动员解决冲突和疑惑，才能为运动员提供持续积极的指导。

第四节　复合型教练团队的构成与协作

一、复合型教练团队的构建

（一）复合型教练团队的界定

随着竞技体育朝着“更快、更高、更强——更团结”的方向发展，训练分工的专门化和比赛指导的精细化使得运动训练和比赛指挥已不可能再像过去那样只靠一个教练员来完成。以项目管理者或总（主）教练为主导，由多学科不同成员组成，以提高运动员竞技水平和运动成绩为目的的相互协作的工作群体——复合型教练团队应运而生。复合型教练团队已成为当今国际职业体育和我国国家体育队的普遍组织形式。2013年4月，排球运动管理中心组建了以郎平为主教练，包括队医、康复师、体能师、科研专家、数据分析人员、陪打教练员等人员在内的新一届中国女排复合型教练团队，教练员和保障人员的数量与运动员数量几乎达到1∶1的比例，为中国女排取得2014年世界锦标赛亚军、2015年世界杯冠军、2016年里约奥运会冠军和2019年世界杯冠军奠定了基础。

（二）复合型教练团队的管理模式及组织结构

我国运动队在实践中先后出现过具有明显时代特征的领队负责制、总（主）教练负责制和队委会分工负责制3种管理模式。①领队负责制有利于发挥领队的行政管理工作优势，易于加强队伍的思想政治工作，同时加强外围的协调保障工作。②总（主）教练负责制有利于突出总（主）教练在队伍里的主导地位，对总（主）教练的个人能力要求较高。③队委会分工负责制的特点是分工负责，充分发挥各个集体成员的积极作用，最大限度地整合全队资源。当前的复合型教练团队由项目管理中心领导、领队、总（主）教练、科研人员、医务人员和外聘专家等人员组成，其组织结构如图3-5所示。各类人员在以中心领导为核心的队委会带领下，各负其责又互相协作，共同实现提高运动员的竞技水平和运动成绩的组织目标。

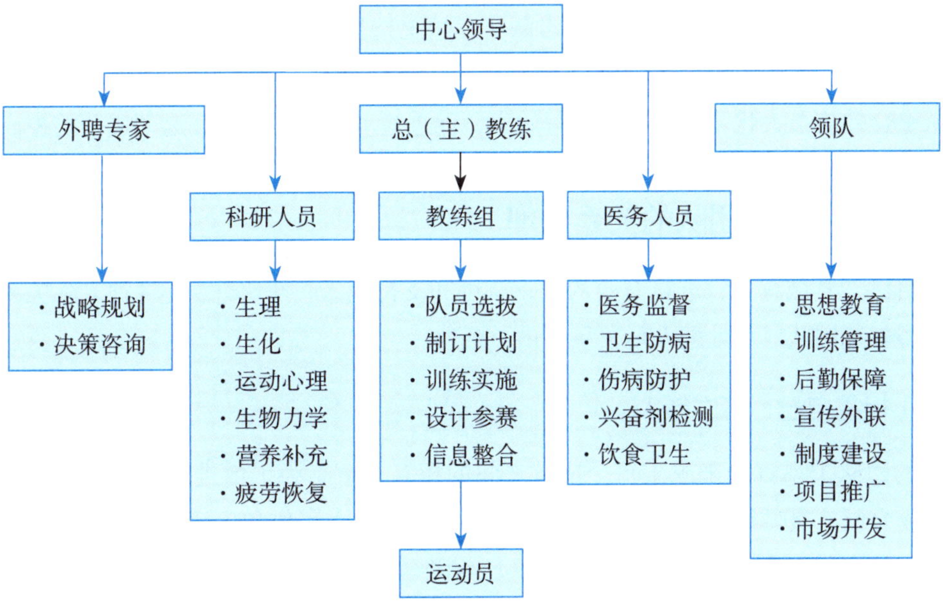

图3-5　我国复合型教练团队的组织结构

（三）我国复合型教练团队的成员角色及其职责

①中心领导是面对国家体育总局的第一责任人，奥运周期的参赛安排和训练设计都是在项目管理中心主任的统一领导下进行的。

②外聘专家为来自国内外了解本项目规律和特征的专家。由于运动队特殊的工作性质和专家本职工作，其可能不能长期随队，但其深厚的专业功底可以为运动队提供战略规划、决策咨询，以及具体训练方法和手段的建议。

③领队是复合型教练团队中队伍思想政治工作的领导者和队伍管理者之一，对运动队的思想政治工作、训练管理、文化教育、队内规章制度的建立和后勤保障的落实、宣传，项目推广以及市场开发等负责。

④总（主）教练是运动队训练竞赛第一责任人，也是复合型教练团队的核心成员，领导教练组具体负责运动员的选拔和教育，技术训练、体能训练的设计和实施，比赛规划和安排的落实以及相关信息的整合。根据项目不同特点和运动队经费支持，教练组成员可包含技术教练员、体能教练员、陪打教练员等专门人才。

⑤科研人员是复合型教练团队的重要成员。他们根据训练计划安排，制订并实施科技攻关和科研服务计划，采集分析训练数据，收集整理科学训练资料，研究本项目发展趋势，为教练员提供训练反馈和改进建议。根据项目不同特点和运动队经费支持，科研人员的选择可包含生理、生化、运动心理、生物力学、营养补充和疲劳恢复等专门人才。

⑥医务人员负责医务监督、卫生防病、伤病防护、反兴奋剂及安全用药、饮食卫生等。

由于项目不同，运动队的目标、职能、重点不同，不可生搬硬套某一种管理模式及成员角色和职责分工，需要结合项目的特点和本队实际情况选择复合型教练团队的人数和管理模式，确定成员的角色及职责分工。总的原则是使复合型教练团队内部结构合理化，工作目标一致化，团队整合效应最大化，提高团队运行效率，促进运动员训练水平和运动成绩的提高。

二、复合型教练团队的关系处理

袒露自己，真诚待人；进行有效沟通；认可和支持他人；解决冲突这4种人际关系处理技巧为复合型教练团队成员处理人际关系提供了帮助。

（一）袒露自己，真诚待人

和谐的团队关系首先来源于每个成员之间的相互了解。为了增进彼此的了解，教练团队成员应袒露自己，真诚待人。只有适当地与同事分享自己在工作和生活中的所思所想及所感所悟，把自己袒露给对方，才使得信任、关照、承诺、成长和自我理解成为可能。“如果不了解我，你怎么会关照我？如果不通过向你坦露自己来展示我的信任，你怎么能相信我？如果你对我知之甚少或一无所知，你怎会向我承诺？如果不向朋友袒露自己，我怎么能认识和了解自己？”没有适当的自我袒露，同事间就不会分享思想和情感，不熟悉自己的同事，就无法在复合型教练团队中和谐地合作共事。当你用适当的方式袒露自己，真诚对待其他团队成员，让其他团队成员渐渐地了解你时，他们就会信任你，也愿意让你去了解他们，一种积极有意义且成功的关系就这样开始了。

在团队中，教练员只有赢得团队成员的信任，才能影响他们。作为教练员，如果你取笑或嘲弄团队其他成员的自我袒露，他们就会封闭自己。如果团队其他成员向你袒露自己，而你不愿意向他们袒露自己，也会破坏信任关系。信任不仅要靠适当的自我袒露培养起来，还要靠真诚来培养，也就是要诚实及可靠。只有团队成员间相互坦诚才能相互信任。而破坏信任关系的最快方式莫过于拒绝、嘲弄或不尊重他人，彼此隐瞒各自的真实意图。

能否真诚待人与个人自尊程度及如何评价自己有关。只有自己有信心，并意识到自己作为团队成员的价值，才能真诚待人，认识到他人的价值，进而信任团队中的其他人，建立相互信任的合作关系。

（二）进行有效沟通

首先，要设计和建立有效的复合型教练团队沟通制度和沟通渠道，这是促进复合型教练团队有效沟通的组织保障。在明确的团队沟通制度基础上，不同的沟通渠道和形式都可以选择和尝试，如每周的团队工作例会，团队公告栏（或微信群）的通知及信息发布，每天的训练或工作小结，小组成员间的业务讨论、谈心，团队内部的工作简讯及专业信息资料分享等。

其次，要注意排除发出信息和接收信息过程中可能发生的沟通障碍。在教练团队中，团队成员，尤其是教练员往往擅长和注重发出信息，而忽略了接收信息。因而，在沟通时，信息的发送者不仅要善于发出清晰、易懂的信息，而且要善于倾听沟通过程中的反馈信息。对信息的发送者来说，应考虑发送信息的目的，根据发送对象的接受能力和感知能力选择适宜的时间、地点、语言和方式等；对信息的接收者来说，应积极倾听，保持互动，力求准确理解。无论是发送者或接收者，都应该认识到沟通中的误解常常是在所难免的，双方都有责任使信息准确无误地传递、接收和理解。

再次，要处理好沟通中内容与情感的关系。沟通中的内容是指信息的实质，情感是指对信息的感觉。通常内容是口头语言的，情感是非口头语言的。在沟通过程中，团队成员往往能够注意内容的把握，而忽略了情感的体现，从而面临着把握内容和情感的挑战。沟通中的说服工作在很大程度上可以说是情感的征服。只有善于运用情感技巧，动之以情，以情感人，才能打动人心。感情是沟通的桥梁，要想说服他人，必须跨越这一座桥，才能击破对方的心理堡垒，征服对方。团队成员在沟通时，应推心置腹，动之以情，讲明利害关系，不抱有任何个人目的，没有丝毫不良企图，而是真心实意地相互帮助，为团队利益着想。

最后，在面对面沟通时要注意倾听，做到耳到、眼到、心到、脑到，即在倾听过程中，要调动听觉器官去接受信息，调动视觉器官观察沟通对象的面部表情、手势等，判断其口头言语的真正含义，以换位思考的态度站在沟通对象的立场与角度去体会其处境与感受，运用大脑去分析沟通对手的动机，判断是否话中有话、弦外有音。

（三）认可和支持他人

如果想得到团队成员的认可和支持，在复合型教练团队中建立良性的人际关系，教练员必须认可和支持他人。教练员可以通过成为一名良好的倾听者表达对他人的理解和认可，也可以在同事需要帮助时及时出手相助，或者当自己有需求时主动请求同事给予帮助。要想在复合型教练团队中取得成功，每个人都必须认可和尊重他人的价值，并用心关注、支持和鼓励他人。

（四）解决冲突

在复合型教练团队中，成员间发生冲突是难免的。冲突过程中一般充斥着大量的情感因素，一旦情绪失控、不计后果，极可能出口伤人，对团队人际关系造成不可弥补的破坏。因此，解决冲突最重要的一步就是控制情绪，并认识到冲突是人际关系中正常的、不可避免的部分，力争理智、有技巧地处理冲突。“大家是一个大家庭，一定会在想法上，在一些问题的处理上会不同，会有一些争吵，或者大家心里有一些不舒服。作为一个家庭来讲，夫妻之间会吵架，兄弟姐妹也会吵架，孩子和父母之间也会吵架，这都是很正常的。作为一个集体，我们也会发生这些事情，大家来沟通，小事就让，大事以原则为主。有的时候不能光凭自己的感觉，有时候我也会跟安导、赖导讨论，我不是特别确认的时候，我们三个会商量。”中国女排主教练郎平的这番话道出了她是如何应对团队成员间冲突的。从郎平的处理方式中我们可以看到，面对面寻找冲突解决办法，这样能改进关系。面对面时，要表达合作意向，道出你对冲突的看法和感觉，并邀请对方也这样做，站在他人角度去考虑问题，讨论、澄清、解释事情，小事就让，大事以原则为主，达成共识，更好地解决问题。

第五节　教练员执教效益的评价

一、教练员的有效执教

教练员的有效执教指教练员灵活运用专业知识、人际知识和个人内省知识，在运动员成长的不同阶段，更好地培养运动员的能力、自信和品格。

这一定义包含了如下内容：

谁：教练员。

如何：教练员运用专业知识、人际知识、个人内省知识。

情景：运动员成长的不同阶段。

结果：运动员的能力、自信和品格得到发展。

在这里，能力、自信、品格是教练员帮助运动员的最重要的产出。这一产出将教练员“提高运动员运动技术水平”与“全面关心运动员的成长”的职责结合起来，将教练员职称评价基本标准要求的“授技”与“育人”结合起来，把运动员在比赛中的获胜与运动员的健康成长有机联系起来，当运动员在教练员的帮助下成为生活的胜者时，运动员在比赛中的获胜就是自然而然的事情了。

二、教练员的执教目标

依据教练员“提高运动员运动技术水平”“全面关心运动员的成长”两大职责和教练员“授技”“育人”两项职称评价基本标准，可以将教练员执教目标大体分为两类：获胜目标和成长目标。

（一）获胜目标

带领运动员在比赛中所取得的成绩是检验教练员工作成果的重要标准。教练员的工作成果只有通过运动员在比赛中取得优异的运动成绩才能得到社会的认可，才能体现出现实的价值。这是教练员获得社会地位、声望、物质和精神利益的主要表达方式。取得了优异的运动成绩，教练员才能够利用成绩资本获得政治、经济、文化等方面的各种价值取向。一旦运动员成绩不理想，教练员就可能被解聘，即便不被解聘，其待遇也会受到影响。这在客观上就要求教练员必须培养出具有竞争力的运动员，这意味着教练员不得不把获胜放在重要的位置。

（二）成长目标

运动员的健康成长包括：①在身体上，通过运动训练发展体能，增强体质，提高运动技术水平，增强体育实践能力；②在心理上，通过运动训练磨炼意志品质，培养情绪稳定、包容豁达、乐观开朗、自信坚强、勇敢顽强、积极进取的品质，养成健康文明生活方式；③在社会性上，通过竞争情境中的合作，挑战自我、追求卓越、遵守规则、文明礼貌、尊重他人、公平竞争，培养强烈的社会责任感。

在比赛规则允许的前提下努力争取胜利，应该是所有运动员和教练员的目标。任何比赛直接的短期目标都是在比赛中获胜。帮助运动员健康成长的目标所强调的是，带来运动快乐的不是目标本身，而是达成目标的梦想，是对胜利的追求，是在追求胜利过程中帮助运动员获得身体、心理和社会的发展。这就需要教练员把运动员的成长作为执教的首要目标，进而在为实现这一长期目标而奋斗的过程中，达成次要的和短期的目标。2021年东京奥运会女子双人3米跳板跳水、女子单人3米跳板跳水两枚金牌获得者施廷懋答记者问时，很好地诠释了金牌和夺取金牌过程的不同：“能够让人变强的从来都不是金牌，是通往这块金牌的路上一次又一次直面困难、直面问题，并勇敢战胜它们。”

三、执教目标的自我评价

执教目标会限定教练员以何种方式看待自己的教练角色，进而会限定自己的许多教练行为。完成执教目标问卷表，有助于教练员对执教目标做出自我评价。

拓展阅读

执教目标的自我评价

四、通过对运动员的评价看自己

教练员的执教效益体现在运动员的成长上。对运动员的评价可以对教练员的执教成效进行检验。

对获胜的目标，可根据训练比赛目标进行技术评定、达标测试和比赛成绩登记，评价采用a、b、c等级制，进步幅度根据教练员日常观察和比赛情况记录来判定。对成长的目标，可从身体健康、心理健康、社会适应3个方面，根据运动员在训练比赛中的表现，采用自评、小组评和教练评的形式，按照好、一般、还需努力3种定性形式评价。

从两类评价可以看到，对运动员的评价不仅要关心运动员的成绩，还要了解运动员的训练情况和在训练过程中的个人努力程度，了解运动员成长中的需求，发现和发展运动员各方面的潜能，帮助运动员认识自我，建立自信；不仅要了解运动员的体能与运动技能的情况，还要对运动员训练过程中在体能、技能、行为、态度、人际交往等方面表现出来的不足进行分析，让运动员在充分展示自己运动天赋的过程中体验训练中成功的乐趣与喜悦，增强训练的自信。

◎ 思考题

1. 从教练员的多重责任看，教练员有哪些作用和职责？
2. 教练员执教所需知识与执教相关能力是如何相互促进与发展的？
3. 为什么教练员对教练工作的情感、态度、价值观对完成工作任务特别重要？
4. 教练员的执教行为是如何影响运动员的？
5. 如何处理好复合型教练团队成员之间的关系？
6. 如何理解和评价教练员的有效执教？

第三章

主要参考文献

第四章

运动训练的辩证协同原则

本章导读

本章首先明确指出，在以发展与提高运动员竞技能力为直接任务的运动训练活动中，要严格遵循运动员竞技能力构成、发展与表现的客观规律；并以上述规律为根本依据，提出了运动训练的辩证协同原则，包括导向激励与健康保障协同训练原则、竞技需要与现实状态协同训练原则、扬长促优与补短求衡协同训练原则，适宜负荷与适时恢复协同训练原则、系统持续与周期安排协同训练原则、团队组训与区别对待协同训练原则；进而阐述了各项协同训练原则的内涵、科学基础与贯彻这些原则的训练学要点。

本章学习目标

1. 学习理解运动员竞技能力构成、发展与表现等客观规律的内涵及表现形式，树立严格遵循客观规律组织训练活动的理念。

2. 学习理解运动训练辩证协同原则的准确含义与科学依据。

3. 掌握在训练实践中贯彻各项原则的训练学要点。

4. 能结合优秀运动员训练案例或自身运动训练经历进行解读和分析。

人们在运动训练活动中所遵循的基本准则称为运动训练原则。运动训练原则对于运动训练活动的方式方法予以指导和规范，告诉人们在运动训练活动中应该如何思考、如何操作，以取得理想的训练效果。运动训练活动需要科学确定的、运动训练原则的指导。

原则是由人们来确定的。运动训练原则确定之后，便作为运动训练活动的准则，予以实施，指导运动训练工作的进行。因此，运动训练原则的确立是否符合运动训练的客观规律，是否符合运动员的具体情况，对于运动训练活动能否取得好的成效有着重要的影响。

运动训练活动直接的目标是提高运动员的竞技能力，进而在运动竞赛中力求充分地表现出其在训练中培养的竞技能力，创造满意的运动成绩。因此，在运动训练活动的科学规律中，我们首先要关注的就是运动员竞技能力构成、变化及表现的规律，这些规律就是我们确立运动训练原则的基本依据。

理论必须成功地服务于实践。推动运动训练实践发展的理论才具有现实的价值。根据理论认知所提出的运动训练活动的原则必须在运动训练实践的检验中不断地修正、完善，才能够成为科学的理论。

同时，确立指导运动训练活动的原则，还应该关注运动训练的各个主要环节，从整体上建立起覆盖运动训练活动全方位、全过程的理论体系。

第一节 运动员竞技能力演进的客观规律

人们确立的行为原则必须符合事物发展的客观规律。事物发展的自身规律是客观存在的，不以人们的主观意志而转移。运动训练的直接目标是发展和提高运动员的竞技能力，因此，必须去认真研究、深刻认识和准确把握运动员竞技能力构成、变化与表现的基本规律，从而确立符合这些规律的行为准则。

一、运动员竞技能力的构成规律

（一）竞技能力的子能力构成

竞技能力的构成规律是指竞技能力的构成要素以及诸因素之间的本质联系。现代竞技运动项目多姿多彩，有的在陆上进行，有的在水中进行，有的在空中进行；有的徒手竞技，有的运用器械或在固定器械上竞技；有的是个人或双人竞技，有的是团队竞技；有的靠人体自身运动系统的功能参与竞技，有的利用外源性的动力装置参与竞技。尽管不同运动项目各有不同的竞技特征，尽管对于不同运动项目运动员来说，各种竞技能力对其综合竞技能力有着不同的影响，但任何运动项目、任何运动员的竞技能力都是由体能、技能、战术能力、心理能力和运动智能这5个要素，或称5种子能力构成的。运动员应该从这5个方面去认识、发展和评价自己的竞技能力。这5种竞技子能力以特定的模式组合在一起，综合地表现于专项竞技的过程之中。

（二）各个竞技子能力的靶向竞技表现

无论在训练中发展竞技能力，还是在比赛中表现竞技能力，都明确地展示着运动员竞技能力的构成特征。在专项比赛过程中，运动员的体能、技能、战术能力、心理能力、运动智能各有不同的靶向表现。

（三）训练与参赛的最终目标是发展和表现优质的综合竞技能力

比赛是运动员竞技能力的综合较量。运动员参加比赛，要将在训练中培养的主导竞技子能力、重要竞技子能力和基础竞技子能力组合为一个整体，按照竞赛规则的统一规范，展现自己专项的综合竞技能力。运动员各种竞技子能力在比赛过程中综合地展示出符合比赛规则要求的动作和力度，其综合表现被记录，并相互比较进行排名。运动员必须明确：无论在训练过程中安排了多少时间、多少课次去发展某一种运动素质，无论反复做了多少次练习去改进和熟练某一个技术细节，都是为了最终在比赛中出色地完成完整的专项竞技运动，取得理想的参赛成绩。

不同竞技项目中，不同的竞技子能力对于运动员综合竞技能力的价值是不同的。根据其竞技价值的大小，对一个具体竞技项目来说，可以将不同的竞技子能力分别归入主导子能力、重要子能力与基础子能力3个类别中（表4–1）。

表4–1　不同竞技项目竞技子能力价值的区分

竞技项目举例	主导子能力	重要子能力	基础子能力
竞技体操	技能	体能 心理能力	战术能力 运动智能
马拉松	体能	战术能力 心理能力	技能 运动智能
拳击	技能 战术能力	体能 心理能力	运动智能
篮球	技能 战术能力	体能 运动智能	心理能力
射击	技能 心理能力	体能 运动智能	战术能力
举重	体能	技能 战术能力	心理能力 运动智能

二、运动员竞技能力的变化规律

人体运动竞技能力的变化规律是指人体内外各种相关因素对人体运动竞技能力的因应性影响，以及这些因素之间的相互联系。

世界是运动的，物质是运动的，世间一切事物都处在不断变化之中。同样，运动员的竞技能力状态也是始终处于不断的变化之中的。在运动员竞技生涯的不同时段中，人体的竞技能力水平都是在不断变化的。无论在整个竞技运动生涯中，还是在准备和参加一次或一组比赛的训练周期中；无论是在一轮负荷、调整（机体的疲劳－恢复－提高）的过程中，还是在一堂训练课、一次具体手段的练习中，运动员的竞技能力水平都经历着提高、保持、下降的多向演化。

（一）竞技能力变化的影响因素

人体运动竞技能力可分为先天性的竞技能力与后天性的竞技能力。先天性的竞技能力通过基因传递而获得，后天性的竞技能力通过运动训练和生活环境的作用而获得。所以说，运动员竞技能力的变化主要受基因遗传、运动训练和生活环境3个方面因素的影响。

1.基因遗传

遗传是指子代和亲代在特征性状上相似的现象，是生物体在世代间的延续。人类遗传学的研究表明，构成人体竞技能力的许多性状都具有很高的遗传性，其中，在某些项目的某些方面，遗传因素往往发挥着非常重要的作用，如篮球中锋的身高、射击运动员沉稳的性格等。研究表明，具有卓越运动才能的运动员亲代中有50%左右的人也会具有优秀的运动才能，而且有可能超越亲代个体。运动员个人先天的运动才能在创造优异成绩方面的作用是十分明显的。

运动员通过遗传获得的先天性竞技潜力，要在适宜的外界环境中才能够充分地显现出来。同时，这些先天性竞技潜力在特定的条件下，还能够在一定范围内发生变异。这些规律性的特征提示我们，要为先天强大的竞技潜力设立良好的环境，使其得到充分的显现；同时应为先天薄弱的竞技潜力提供促变条件，使其得到加强。

人体竞技潜力的显现随着生长发育的进程而变化。人的一生经历着不同的生长发育阶段，人的竞技潜力逐渐地展现，其运动能力也在阶段性地变化。在人的生长发育的不同阶段，不同子能力自然发育的幅度（程度）也是不同的。相关研究表明，在人体各大生理（生物）系统中，神经系统是最早发育成熟的，继而是淋巴系统，而生殖系统则较晚。与其相对应，运动员的技能有较好的条件可以早期发展，体能次之，心理能力的发展在很大程度上还有赖于运动员人生阅历的积累和社会经验的丰富，所以相对较晚才能进入成熟发展阶段（图4-1）。

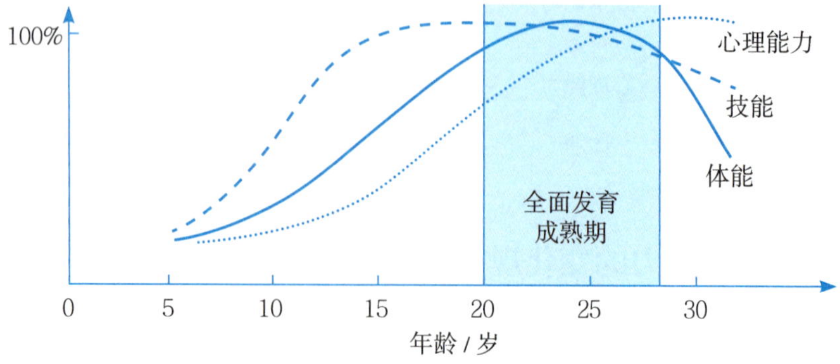

图4-1　运动员不同竞技子能力发育成熟的年龄段

2. 运动训练

影响运动员竞技能力变化的外部因素包括运动训练与生活环境。其中，运动训练是影响运动员竞技能力变化首要的外部因素。一般来说，运动训练带来的影响远远大于生活环境的影响。人的机体对外加负荷的应激反应有可能给机体带来明显的器质性变化与深刻的功能性变化。例如，通过系统的科学训练，健美选手可以练出发达的肌肉，长跑运动员可以明显地加大肺活量，举重运动员可以举起3倍于体重的杠铃，花样滑冰运动员可以从冰上跳起完成4周转体，撑竿跳高运动员能够越过6 m高的横杆，乒乓球选手可以几百次连续把球打到对方的球台。这些案例表明，科学的运动训练能够明显地提高运动员的竞技能力水平。

训练管理制度及管理的实施对训练的组织与成效有着重要的影响；教练员及教练团队在训练活动中起着主导作用；训练地域、训练场地、训练设备器材、生活条件、营养水平、训练医疗康复条件等训练条件也都影响着训练的效果。

3. 生活环境

生活环境包括自然地理环境和人文社会环境，对运动员的竞技能力也有着特定的影响。

（1）自然地理环境

生活在不同地域和不同气候环境中的运动员，其竞技能力的结构有着明显不同的特点。例如，肯尼亚、埃塞俄比亚等高原国家的长跑运动员具有参加耐力性竞速运动优越的先天条件；加拿大、瑞典、俄罗斯等靠近北极国家的冰雪运动员在日常生活中即已培养了基本的冰雪运动能力。

（2）人文社会环境

人文社会环境对运动员训练效果的影响也不容忽视。饮食给人以营养，文化给人以智慧，教育授人以知识，习俗授人以教化，交友为人立榜样，团队为人育协同。营养、智慧、知识、教化、榜样、协同，这些都对运动员的竞技能力水平有着直接或间接的影响。

人的一生离不开其赖以生存的生活环境，人的生活环境也是在不断变化的。良好的生活条件，定向的生活引导，规律的生活制度，在运动员生长发育阶段有助于他们优秀的遗传基因顺利地成熟、显现，并向有利于运动竞技的方向发展，在运动员生长发育的成熟阶段有助于稳定生命活动的机能，包括运动能力。

（二）运动训练负荷对人体运动竞技能力的双向效应

在影响运动员竞技能力的3个因素中，遗传因素基本上设定了运动员竞技能力可能发展的空间，我们只能在特定的区间内进行有限的干预；生活环境虽然有着不可忽视的重要影响，但对竞技能力变化通常不起决定性的作用；运动训练则可以导致运动员的竞技能力发生巨大的改变，而且是人们可以主动规划操作的社会行为，由此成为我们培养发展运动员竞技能力工作中首要的着力点。

运动训练是提高运动员竞技能力的基本途径。运动训练通过对运动员施加运动负荷，并期待运动员机体产生适应机制，增强对训练负荷的承受能力，从而获得竞技能力的提高。

不同的负荷会引起运动员机体不同的反应。适宜的负荷可引起人体生理与心理系统产生积极的应激反应，系统的结构与功能相应地会得到提高；过低的负荷不能带来足够的刺激，人体生理与心理系统无须改变即可轻易应对；过高的负荷会破坏人体生理与心理系统的功能，甚至破坏系统的结构，导致发生器质性病变。

在训练实践中，对机体的负荷通常都是连续施予的，几次负荷之间不同的间隔与联系会产生不同的效应。如果在前次负荷后机体的超量恢复阶段再次施予适宜的负荷，会使机体水平不断提高；如果前次负荷后机体还没有得到恢复便再次施予负荷，则会导致机能水平的下降。此时如果仍不采取措施，使机体得到必要的恢复，那么就会进一步发展成为过度疲劳。过度疲劳会给机体带来很大的破坏，导致运动员健康状况和机能的明显下降，使发生运动损伤的概率增加，甚至造成严重后果，有些运动员因此过早地结束了自己的运动生涯。

（三）机体承受运动训练负荷后的恢复

进行训练，承受负荷，机体的应激是一种付出，是能量物质的消耗。教练员和运动员必须明白，能量物质的消耗不是运动训练的目的，而只是一种手段，一条途径，要通过能量物质的消耗，引发机体承受训练负荷的系统和器官得到能量物质的再生和补充，进而促成“超量恢复”的发生，使得系统和器官能量物质存储和代谢的功能得到加强，承受再负荷的能力得到提高，从而使运动员的竞技能力水平得到提高。训练、疲劳、恢复、适应、提高，完成了这个过程，运动员承受的训练负荷、经受的疲劳锻炼才能得到应有的回报，才是有意义、有价值的付出。

显然，运动员的心理系统与生理系统承受训练负荷产生疲劳后，必须及时得到必要的恢复，才有可能求得运动竞技能力的提高。这是运动员竞技能力变化过程客观存在的基本规律。尊重这一规律，严格遵循这条规律组织安排训练活动，就能收到理想的效果，使运动员的竞技能力水平得到不断的提高；违背这条规律，运动员即使进行了刻苦的训练，也得不到良好的训练效果，反而常常会引发过度疲劳或严重的运动伤病，甚至断送运动员的竞技生涯。

三、运动员竞技能力的表现规律

运动员按照专门制定的竞技规则，在比赛中展示的竞技水平与所取得的比赛名次称为竞技表现。运动员为了满足成功参赛的需要而从事训练，在训练中提高自己的竞技能力，在比赛中力求表现出在训练中所达到的最高水平的竞技能力，达成训练的终极目标。

在比赛中把已经获得的竞技能力充分地表现出来，需要相应的主客观条件。运动员赛前需要做什么样的准备？怎样参加比赛能够获得理想的竞技表现？如何面对不同的比赛对手？如何适应不同的参赛环境？回答这些问题前，首先要正确认识竞技能力表现的客观规律，确定和规范行事的准则，才可能获得参赛的成功。

（一）运动员竞技能力表现的影响因素

在竞赛中，竞技能力表现是决定运动员比赛成绩的重要因素，是对比赛成绩起决定性作用的内因，也是我们唯一能够在很大程度上实施有效控制的因素。因此，我们应该把主要的关注点集中于运动员自我竞技能力的培养和表现上。详细内容见第二章“运动成绩的决定因素”。

在努力做好自我发挥的同时，运动员竞技能力的表现也会在不同程度上受到对手的竞技表现以及裁判员行为的影响。

在不同竞技项目的比赛中，运动员的竞技表现受对手竞技表现影响的大小是不同的。体能主导类、技能主导类与技心能主导类项目运动员或分道竞速或依次参赛，自身的竞技表现很少受对手表现的影响；技战能主导类项目运动员同时或同场竞技，自身的竞技表现在很大程度上与对手的竞技表现相互影响。运动员应力求制约对手，发挥自身优势，充分展现自己已经具备的竞技能力（表4–2）。

短道速滑和竞速小轮车是体能主导类项群中极具特色的一个亚类。这些竞速项目比赛场地小，多名运动员同道竞速，他们在比赛过程中运用娴熟的技术和多变的战术相互制约以夺取优胜，故运动员竞技能力的表现与对手竞技能力的表现密切相关。

比赛结果的评定行为，特别是裁判员的职业道德和业务水平，在技战能主导类项目比赛中也起着重要的作用。在势均力敌的比赛中，裁判员的一个误判甚至能够改变整个比赛的结果。

表4–2　不同项群运动员参赛表现受外部因素影响度的等级判别

项群大类	项群亚类		对手竞技表现	比赛结果评定行为
体能主导类	快速力量性		◎	◎
	速度性	短道速滑、竞速小轮车	◎◎◎◎	◎◎◎
		其他项目	◎	◎
	耐力性		◎◎◎	◎
技能主导类	表现难美性		◎	◎◎◎
技心能主导类	表现准确性		◎	◎
技战能主导类	隔网对抗性		◎◎◎◎◎	◎◎◎
	同场对抗性		◎◎◎◎◎	◎◎◎
	格斗对抗性		◎◎◎◎◎	◎◎◎
	轮换攻防对抗性		◎◎◎◎◎	◎◎

注：◎的数量越多，表明影响度越大。◎◎◎◎◎为影响度最大，◎为影响度最小。

（二）运动员竞技能力表现的波动性

1. 运动员竞技能力及各子能力的波动性表现

运动员自身的竞技能力处于不断的变化之中，参赛的外部环境也各有不同，此外，参赛对手竞技能力水平的变化，裁判员评定行为中的不可控因素，都会影响运动员竞技状态的发挥和在赛场上的竞技表现。因此，运动员的竞技能力在参赛过程中的表现不可能是恒定不变的，而是呈现着波动性的变化。

参赛过程中，各种竞技子能力的波动频数与波动幅度也是不同的。一般来说，运动员的运动智能水平表现出阶段性的稳定状态，战术能力水平与技术能力水平在一个赛事过程中也相对稳定，体能状态在不同日期、一天中的不同时段可能会出现不同程度的波动。而运动员的心理状态则具有最为明显的可变性，有时在极短的时间内出现明显不同的心理变化，甚至瞬间发生截然不同的改变。

2. 成功参赛的内部条件与外部环境

（1）内部条件

参加重要的比赛时，运动员都希望能够表现出在训练过程中所达到的最高水平。这就需要有计划地培养和调控理想的参赛状态，营造和适应良好的外部参赛环境。

通常会围绕一次或一组重要的竞技性赛事，遵循竞技状态的变化规律组织运动员的赛前训练；按一定程序实现运动员竞技子能力的优化组合；在临赛时段，培养运动员逐步进入峰前状态；有步骤地引导运动员最佳竞技状态的适时出现；实事求是地制订好有利于运动员竞技能力充分发挥的参赛方案；在比赛过程中灵活机动地实施参赛预案。

（2）外部环境

运动员参赛的外部环境包括比赛地域与场地、比赛组织与管理、比赛规则与裁判员评定行为、比赛对手、赛场观众、赛事报道媒体等，这些因素都会对运动员参赛表现产生影响。其中，比赛对手和裁判员评定行为对运动员参赛表现的影响最为直接、最为明显。

对直接对抗项目对手的竞技表现，运动员应以己之长抑敌之短，干扰和限制对手优势的发挥；而对非直接对抗项目的对手，则可在信息、心理等方面施加压力；对比赛结果的评定，可在规则允许的范围内对部分项目的判定行为施加一定的影响。

由此，从成功参赛的内部条件与外部环境角度，分析比赛结果三要素的特征，具体内容如表4–3所示。

表4–3　影响比赛结果三要素的特征分析

影响要素	行为主体	职责	运动员可控程度（由低到高0～10）
运动员自身具备的竞技能力及在比赛中的表现	运动员、参赛团队	训练中提高运动员自身竞技能力水平	8 ~ 10
		比赛中表现运动员竞技水平	6 ~ 10
对手具备的竞技能力及在比赛中的表现	竞技对手	训练中提高其竞技能力水平	0
		比赛中表现其竞技水平	0 ~ 8
比赛结果的评定行为	项目运动协会	制定竞赛规则	0
	竞赛组委会	制定赛事的竞赛规程	0
		准备场地器材	0
	裁判员	依规则判定成绩	0 ~ 3

3. 运动员竞技能力高度动员后的恢复

在适宜的比赛环境中，经过专门的准备，运动员可高度动员其生理与心理系统，呈现最佳的竞技状态，充分发挥和表现出在训练中已经获得的运动竞技能力。而在比赛之后，特别是在表现出最佳竞技状态之后，机体就必然需要得到更多的休养和恢复。

运动员竞技能力表现的波动性是由机体内在的适应性、动员性与保护性机制决定的。运动员不应该幻想能够永远保持最高水平的竞技状态，更不应该违反机体功能波动性变化的规律，在恢复期强行动员竞技能力去追求过高的竞技表现。

第二节　基于辩证协同思想的运动训练原则体系

一、我国运动训练原则理论体系的演化

运动训练原则是人们根据自己对运动训练规律的认识，在运动训练实践活动中感受领悟、提炼概括而提出和确立的。在现代竞技体育100多年的发展历程中，人们对运动训练原则的认识也在发展变化。在我国竞技体育发展的不同时期，人们对运动训练规律和训练工作要求的认识不同，先后构建了3个运动训练原则的理论体系。这3个理论体系分别构建于不同的理论或实践基础之上，相互之间有着密切的联系，又各自有着鲜明的特性。它们是基于教育学理论的运动训练原则体系、基于“大跃进”思维和军队练兵实践的运动训练原则体系以及基于辩证协同思想的运动训练原则体系。

（一）基于教育学理论的运动训练原则体系

我国运动训练界对于运动训练原则的认识，最初来自于苏联体育学院《体育教育理论》教材中关于运动训练问题的章节的有关论述。其中所述运动训练原则许多是从教学原则衍生而来的。

1981年，由全国体育院系教材编审委员会主持编写的《体育理论》教材列举的运动训练原则有一般训练与专项训练相结合的原则、不间断性原则、周期性原则、合理安排训练负荷原则及区别对待原则。1983年，在中国运动训练学会组织编写的《运动训练学》专著中，除上述5项原则外，又增加了自觉性原则与直观性原则两项常见的教育学原则。1990年，在我国高等体育院校第一本全国通用的《运动训练学》教材中，又恢复为《体育理论》中的5项运动训练原则。其后，我国多所高等体育院校陆续将运动训练学作为一门独立的学科，编写教材，组织教学。各院校编写的《运动训练学》教材中，时有局部的调整，但主体内容近似。

2000年出版的全国高等体育院校通用教材《运动训练学》中，力求为运动训练活动的各个方面提供更为全面的指导，针对运动训练活动中的不同问题，从9个方面概括了运动训练的基本原则，即竞技需要原则、动机激励原则、有效控制原则、系统训练原则、周期安排原则、适宜负荷原则、区别对待原则、直观教练原则与适时恢复原则。与1990年版《运动训练学》

教材相比，针对运动训练活动中遇到的多元性的复杂境况，这一体系中增添了竞技需要、动机激励、有效控制、直观教练与适时恢复共5项原则，从而为运动训练实践提供了更加完整、更加明确，并且更加具有针对性的指导理念。但观察其主要内容以及整体结构的特点，仍然基本上沿袭了教育学运动训练原则的框架。

基于教育学理论的运动训练原则体系比较全面地考虑到了运动训练活动的不同方面，有针对性地提出了不同的训练原则，注意到解析各项原则的理论依据，注意了表述的准确性，但涉及的内容比较分散，而且没有考虑到不同原则之间的有机联系。

（二）基于“大跃进”思维和军队练兵实践的运动训练原则体系

中华人民共和国成立初期，人们迫切期望我国的竞技体育水平能够迅速得到提高，并热情地探索快速发展竞技运动水平的道路。20世纪60年代，我国运动训练界掀起大运动量训练热潮，不仅是国家一线高水平运动员，包括初级水平运动员、体育院校师生，也普遍要求“放卫星”，多人誓言要夺取世界冠军、创造世界纪录。随之而来的是完全脱离实际的盲目蛮干，导致一大批有才干的优秀运动员出现严重伤病。

“大运动量训练”加上20世纪60年代初期学习部队大比武中“从严、从难、从实战出发”的经验，组成了“三从一大”训练原则。“三从一大”训练原则的提出及推行，在我国竞技运动发展历程中产生过积极的作用。其价值首先在于精确地阐述了训练与比赛的关系，提出“从实战出发”，抓住了根据比赛的需要组织训练这一核心问题，对正确地把握训练方向有着重要的指导意义；其次，“从严从难”以及“大运动量训练”的要求重点突出，特别强调刻苦训练。几十年来，“三从一大”训练原则的推行，在我国竞技体育队伍中树立了苦练严管的作风和传统，在一定程度上促进了我国竞技运动水平的提高。

几十年的运动训练实践告诉我们，“三从一大”训练原则的提出和推行也不可避免地有着时代的局限性。例如，有张无弛的失衡是“三从一大”训练原则的一个重要的缺陷。为提高运动员的竞技运动水平，进行大运动负荷的训练是必需的，这本身并没有错，但脱离实际可能的高指标要求，则极易走向训练工作片面追求“大、高、快”的极端，导致训练工作的严重失误。依据人体机能变化的规律，在运动训练活动中，运动员承受训练负荷，肌体疲劳，通过休整恢复，其竞技能力获得提高。这里的负荷与恢复是有着密切联系的两个重要的范畴。没有负荷，运动员的竞技能力无从变化；没有恢复，运动员的竞技能力不可能提高。“一张一弛，文武之道也”，二者缺一不可。但“三从一大”只强调“苦”“难”“严”“大”，却忽视了“调节”与“恢复”，造成了有张无弛的失衡。同时，作为指导训练活动的理论体系，“三从一大”原则体系在内容的完整性上有着明显的缺漏，对运动训练中的许多重要的问题，如运动员行为动机的激励与保持问题、训练过程的组织问题、承受负荷后的恢复问题等都没有涉及，难以对运动训练工作给予全面系统的指导。

（三）运动训练实践对于构建新的运动训练原则体系的迫切要求

多年来，基于教育学理论的运动训练原则体系与基于“大跃进”思维和军队练兵实践的运动训练原则体系在指导我国运动员的训练活动中发挥了重要的作用，但正如前文所述，两者也各有其不足。飞速发展的运动训练实践迫切地要求建立更为科学合理的运动训练原则理论体系。

物质的存在与运动、工作的组织与实施，都会受到多方面因素的影响，其中，许多影响因素之间是紧密联系、彼此促进或者相互制约、相生相克的。辩证地认识事物，辩证地把握运动的进程，是人类各种行为的重要原则，对运动训练活动更是如此。

竞技体育活动中，运动员健康安全的高风险性与运动训练中运动员机体负荷的高挑战性等特点更提示我们，应该特别谨慎地准确把握好各种相互矛盾的影响因素之间的联系。

比如，在一定范围内加大运动训练负荷可给予运动员机体更大、更强烈的刺激，促使运动员机体产生更为深刻的适应性变化，更快地提高运动员的竞技能力水平；但在加大运动训练负荷的过程中，稍有不慎，超过了运动员机体所能承受的极限，便会导致运动员机体的劣变，产生过度训练，进而引发过度疲劳，甚至会发生灾难性的后果，葬送运动员的竞技生涯。所以，适宜负荷与适时恢复的密切协同有着重要的意义。

再如，运动员需要经过多年的系统训练才有可能成为一名优秀的竞技选手，而任何一个完整的社会行为又都是分阶段组织实施的，在运动训练中，这种分阶段的组织实施以时间跨度不等的训练周期的形式存在着。没有设计周密、组织有效的运动训练周期，便不可能保证运动员成功地进行多年的系统训练。因此，系统持续的训练与周期性的阶段安排协同配合是成功组织运动训练活动的必然要求。

由上述可见，辩证地认识和解决训练实践中遇到的诸多矛盾，有效地组织和推进矛盾双方的协同效应，对于人们成功地组织运动训练过程有着重要的指导意义。

二、基于辩证协同思想的训练原则体系及其特点

（一）基于辩证协同思想训练原则体系的建立

2006年，田麦久首次提出应将运动训练中密切相关的两项行为准则结合在一起组成新的原则，进而提出由10个范畴两两组合的5项运动训练原则，即竞技需要与定向发展原则、系统训练与周期安排原则、集群组训与区别对待原则、适宜负荷与适时恢复原则、导向激励与有效控制原则。而后，有学者在此基础上做了进一步的调整和梳理，将对运动训练活动有着重要指

导意义的8个范畴组合为4项运动训练的基本原则，即导向激励与健康保障训练原则、竞技需要与区别对待训练原则、系统持续与周期安排训练原则、适宜负荷与适时恢复训练原则，构成了基于辩证协同思想用以科学指导运动训练活动的训练原则体系。经过反复的思考和教学训练实践的检验，本章确定了由12个训练范畴组合为6项运动训练的基本原则，分别为导向激励与健康保障协同训练原则、专项竞技需要与基础运动能力协同训练原则、扬长促优与补短求衡协同训练原则、适宜负荷与适时恢复协同训练原则、系统持续与周期安排协同训练原则、团队组训与区别对待协同训练原则。

（二）基于辩证协同思想的训练原则体系的主要特点

1.对两两矛盾的运动训练要素辩证协同关系的科学认知

任何运动训练活动都包含着训练内容、训练方法、训练负荷、训练安排等基本要素。科学地认识这些要素的内涵、结构、作用及其之间的关系对于成功地组织训练活动至关重要。在运动训练活动中，人们将这些要素的关系和把握要素的操作准则概括为若干精练的表达，如“适宜负荷”“区别对待”等。基于辩证协同思想的训练原则体系中的每一项原则都把具有紧密联系而又在一定条件下相互矛盾的两个范畴组合在一起，分别从不同视角提示了在训练活动中具有指导意义的行为准则。科学地认识每项原则中两个范畴的辩证协同关系，对科学组织训练活动具有重要的意义。

导向激励与健康保障协同训练原则解析

训练活动中必须不断地激发运动员奋进争先的强烈动机，鼓励运动员克服疲劳、伤病等困难，刻苦训练，勇于拼搏。但同时必须准确把握好刻苦训练的“度”：严格训练要严得合理，而不是越严就会练得越好；加难训练要难得适宜，而不是越难就会提高得越快；加大训练负荷，能够引发运动员机体更为深刻的适应性变化，但过量的负荷则会使运动员的健康受到损害，也必然会导致其竞技能力的下降。因此，要同时把“健康保障”作为重要的行为准则，以使得训练的要求严得合理，训练的难度加得适当，训练的负荷增加有度，运动员在健康的身心条件保障下，严格要求，刻苦训练，实现竞技能力的不断提高。

训练中不去树立远大的奋斗目标，不对运动员提出严格要求，放任自流，有点小伤小病就休整免练，当然不可能培养出高水平的竞技运动员；而超出运动员可接受的限度，不认真考虑运动员健康的现实状况，片面地追求所谓“超负荷的极限训练”，则极易给运动员的健康带来严重的损害，也会降低运动员的竞技能力水平。可见，在运动训练过程中，导向激励和健康保障都是须臾不可分离的重要的行为准则，二者既相互促进，又相互制约。把二者联组定为一项训练的基本原则，辩证地认识二者的科学内涵，更好地发挥二者的协同作用，是指导科学训练的基本准则。

同样地，专项竞技需要与基础运动能力、系统持续与周期安排、适宜负荷与适时恢复等各项协同训练原则也都是把具有紧密联系而又在一定条件下相互矛盾的两个范畴组合在一起，指导运动训练团队辩证地认识、协同地实施这些对于运动训练活动有着重要指导价值的基本理念，促进运动员竞技能力有效而持续地提高。

2.覆盖运动训练活动的各个主要环节

不同的训练原则或在不同的方面，或从不同的视角分别对应运动训练活动中的不同问题或不同侧面。因此，将多项训练原则构建成一个运动训练原则体系，并且能够覆盖运动训练活动的各个主要环节，这些训练原则在运动训练的全局中才能有效地发挥指导作用。

导向激励与健康保障协同训练原则等6项协同训练原则，分别对应运动训练实践的不同需要，符合运动员竞技能力构成、变化和表现的规律，构成了完整的训练原则理论体系（表4–4）。

表4–4　各项协同训练原则涉及运动训练活动的主要环节

训练原则	涉及的主要训练环节
导向激励与健康保障协同训练原则	动机、内容、负荷、安排
专项竞技需要与基础运动能力协同训练原则	内容、负荷、方法、安排
系统持续与周期安排协同训练原则	安排
扬长促优与补短求衡协同训练原则	内容、安排
适宜负荷与适时恢复协同训练原则	负荷、方法、安排
团队组训与区别对待协同训练原则	组织、方法

导向激励与健康保障协同训练原则是对运动训练工作进行科学管理以及成功组织训练活动的基本准则，全面涉及运动员自觉训练动机的激发、训练内容的选择、训练负荷的把握、训练过程的安排以及运动员的医疗服务等健康保障。

贯彻专项竞技需要与基础运动能力全面发展协同训练原则，首先要认真研究项目特点与专项竞技的需要，决定训练内容的选择、训练方法的采用和训练负荷的确定。同时，要高度重视运动员全面运动能力基础的训练和培养。

系统持续与周期安排协同训练原则要求竞技体育的管理者健全多级训练体制，为运动员实现多年系统训练提供有力保障；同时，分段组织系统训练过程的实施，围绕重要赛事组织安排好训练周期。

贯彻扬长促优与补短求衡协同训练原则，要准确解析运动员竞技能力结构的长板和短板：训练中“扬长补短”，安排好不同训练时段的不同重点；比赛中“扬长避短”，以求得理想的参赛表现。

适宜负荷与适时恢复协同训练原则要求训练团队准确把握运动训练负荷的适宜量度，科学地探求负荷量度的临界值，积极采取加速机体恢复的适宜措施。

团队组训与区别对待协同训练原则要求营造集群训练的良好氛围和发挥运动员相互之间的积极影响，同时依据运动员专项特点、训练水平、年龄、个人特点，以及训练阶段的不同，做出不同的、个性化的训练安排。

上述6项辩证协同训练原则广泛涉及运动训练的内容、负荷、方法、安排等基本问题，对运动训练的各个主要环节实施科学的指导，构成了一个完整的运动训练原则的理论体系。

第三节　导向激励与健康保障协同训练原则

一、释义

导向激励与健康保障协同训练原则是指以实现预设目标为导向，激励运动员积极参与，并在为运动员身心健康提供有力保障的条件下组织运动训练活动的训练原则。这项原则将动员激励运动员积极主动刻苦地训练与高度重视并采取有效措施保障运动员健康这两个范畴辩证地组合在一起，形成组织训练活动重要的指导思想。

导向激励可来自被激励者内部，也可来自其外部，二者亦分别称为动机激励和社会激励。动机是推动人们从事某种行为的内部驱动力。人类从事任何活动，其动机都起着重要的作用。积极的动机会使人激发斗志，振奋精神；消极的动机则使人意志松懈，不思进取。运动员的训练过程是艰苦的。在这一过程中，运动员需要克服许多困难才有可能获得成功。因此，运动员参加运动训练，需要建立正确的、积极的动机，不断地完善正确的积极的动机，并用正确的、积极的动机激励自己，自觉地投入艰苦的运动训练活动，为实现训练目标而不断努力。社会激励表现于精神激励与物质激励两个方面。对于运动员竞技表现的社会认同和运动员的事业荣誉感会使其高层次的人生需求得到满足，由于创造竞技成就而获得的物质奖励则会使其享有相应的生活保障。

在积极的导向激励下，运动员会主动投入训练。他们常常抛弃人们正常生活中的许多快乐和享受，承受艰苦的训练负荷。不少运动员试图挑战训练负荷的极限，以求得比他人更快、更大的提高，这种尝试会使运动员承担过度训练的巨大风险。有些运动员为了实现预定的训练目标，甚至在患有运动创伤和疾病时仍坚持训练和参加比赛，而这常常会导致运动员伤病加剧，严重影响健康，这就违背了从事体育运动的根本宗旨。因此，要认真贯彻健康保障训练原则。

竞技体育的发展需要充分挖掘运动员的竞技潜力，故对运动员的机体提出了很高的要求，同时给运动员的健康带来风险。这里，必须明确地把保护运动员的健康放在重要的地位，认真贯彻健康保障训练原则。为运动员的健康提供有力的保障，既是对运动员基本健康权的尊重与保护，也是使运动员能够坚持多年系统训练、创造优异运动成绩的必要条件。

健康训练的重要性

中国女子体操队原总教练陆善真在备战和参赛2008年北京奥运会过程中提出，将“保护性训练”列为一条重要的训练原则；美国职业篮球联赛球员受伤后停训停赛接受治疗，只有在医生确认恢复后，才允许重新参加比赛；德国人马丁等在1993年再版的《训练学手册》(*Trainingslehre*) 一书中，也提出了“维护健康的原则”，认为“所有训练安排均应不给运动员的健康带来危害，并尽可能地为确保运动员的健康服务”。

导向激励与健康保障是运动训练活动中应该遵循的重要原则。辩证地认识二者之间的内在联系及可能发生的矛盾，及时、妥善地解决好二者之间的矛盾，更好地发挥二者的协同效应，不断地激励运动员主动训练、刻苦训练，同时密切关注、切实保障运动员的身心健康，才能使训练工作取得成功。

二、科学基础

（一）长期艰苦的训练需要不断的动机激励

现代高水平竞技训练要求参加者多年坚持系统的刻苦训练，承受巨大的心理负荷与生理负荷。而且，在多年训练过程中，运动员还会不断地受到内外环境多种因素的干扰：伤病的产生、竞技水平发展暂时的停滞、对成就的自满、不良人际关系的牵制，以及其他各种社会的、心理的和生物的问题的出现，都会使运动员感到困惑，降低信心，失去兴趣。因此，需要从运动员自身和外部不断地激励运动员保持良好的动机，使其始终对训练的前景充满信心，不断地感受阶段性成就的喜悦，并继续树立新的训练目标。只有这样，运动员才能够自觉地进行年复一年艰苦单调的训练，并从中获得乐趣与满足，一步步走向竞技生涯的高峰。

我国优秀女子羽毛球选手张宁先后在1996年世界杯赛、2003年世锦赛、2004年雅典奥运会上获得女单冠军，在29岁时达成了世界三大赛冠军的大满贯胜绩，为祖国争得了荣誉，也书写了辉煌的人生。但是，怀着为中国体育事业作出更多贡献的崇高责任和对北京奥运会的美好憧憬，她克服了许多困难，继续坚持科学刻苦的训练，终于在2008年奥运会上，以33岁的年龄蝉联了奥运会羽毛球女子单打冠军，得到了业内外人士的好评和尊重。

（二）健康的身体是保持系统训练并取得优异成绩的重要基础

当代竞技体坛众多的案例表明，选拔具有巨大竞技潜力的青少年运动员，进行系统的多年训练，才有可能培养出优秀的竞技选手。在多年持续进行的艰苦训练过程中，运动员保持健康的身体至关重要，有了健康的身体，运动员才能坚持有严密计划的系统训练，才能承受高质量的训练负荷，才能一步步地提高自己的竞技能力水平，才能在各种条件和水平的比赛中表现出自己具有的竞技能力。而如果运动员患病，或者长期受到运动创伤的困扰，那么，再好的训练计划也无法实施，再大的竞技潜力也无法挖掘，再美好的奋斗目标也无法实现。

当然，在多年训练过程中，在不断追求突破的道路上，常常难以完全避免运动伤病的发生。问题在于，当运动伤病发生时应该如何正确对待。有些教练员此时还是一味蛮干，脱离实际地片面强调“苦练”，要求“轻伤不下火线”，导致运动员伤病日益加重，结果使训练的系统性遭到严重的破坏，许多这样惨痛的教训我们必须牢记。正确的做法是，认真对待伤病，抓紧治疗，与医师密切配合，在科学诊断的基础上确定治疗方案。能够局部保持训练的，应及时调整训练计划，在确保身体伤病能够尽快治愈的前提下，适当地安排不会导致伤病加重的训练内容。在这方面，美国男子职业篮球联赛（以下简称美职篮）严格的伤员治疗与参训制度值得参考。

（三）健康的身体是运动员创造美满人生的重要条件

竞技是青春的事业。为了适应现代社会生活的需要，运动员要为广大观赏者奉献精彩的竞技表演，同时要把对社会的奉献与对个人美满生活的追求统一起来。

对于选择了竞技体育事业的运动员来说，从事训练和参加比赛只是其完整人生中的一个区段。这个区段里的艰苦训练和高强度竞技培养了运动员奋斗的精神、坚强的意志和高超的技艺，同时铸造了运动员健康的体魄，为运动员创造平安、完美的人生奠定了重要的基础，使他们在结束职业竞技生涯之后，能够顺利地转入竞技体育之外的其他生活领域。因此，在以训练和参赛为主要内容的生活区段里，要努力避免有损于健康的行为。要坚持科学训练、适度负荷、有效恢复、积极治疗运动性伤病，坚定地拒绝和反对服用违禁药品。运动训练团队的每个成员都应该把保护运动员的健康作为组织训练工作的一项基本原则。

三、训练学要点

（一）树立正确的参训动机，协调兼顾国家与个人的利益

运动员从事竞技体育是有目的的行为，参训目的的定位对于运动员参训的积极性与自觉性有着重要的影响。需要通过多种途径和方法，加强训练的目的性教育以及正确的人生观、价值观教育，使运动员认识到参加竞技运动训练、取得优异的运动成绩对国家、民族、家庭及个人的重要性及其巨大的社会价值，从中得到鼓舞和激励，逐步树立起积极自觉的训练态度。同时，要注意协调兼顾国家利益与个人的利益，把为国家、为集体争光的责任感和荣誉感与体现个人人生价值、创建高质量的家庭及个人生活紧密地结合起来，从而激发运动员强烈的目标动

机，使其勇于克服困难，坚持实现训练目标。

随着运动员竞技经历的演变，运动员的参赛目标也需要及时调整，这样才能对运动员起到更好的激励作用。

我国男子体操运动员李小鹏，出生于1981年，从1997年16岁时起，到2003年22岁止，共14次站在世界大赛的冠军领奖台上，其中包括在悉尼举行的第27届奥运会上的男子体操团体和双杠两次冠军。2004年雅典奥运会上，李小鹏因踝伤在双杠比赛中只获得了铜牌，赛后进行了长时间治疗恢复。对于李小鹏来说，似乎已经不再有新的目标可以吸引他了。但是，在中国百年梦圆的北京奥运会上，为国争光的责任感强烈地鼓舞着李小鹏，同时他还有一个愿望，那就是打破另一位体操选手李宁保持的14项次世界冠军的纪录。经过长达3年的治疗和康复，李小鹏终于坚强地出现在北京奥运会的赛场上，获得了他第15、16次的世界冠军：奥运会团体冠军及双杠冠军。

（二）以人为本，加强医务保障

关注运动员身体健康是以人为本的现代管理理念在训练工作中的重要体现。同时，作为运动训练活动的主体，运动员的健康状况对于训练活动的组织进行以及训练成果的好坏有着重要的影响，应得到高度的重视。因此，需要建立完整的健康保障体系，包括日常的医务监督、定期的健康体检、及时的医药治疗和发生意外伤病时的应急机制。

运动员发生运动损伤后，须及时诊断。需要停训停赛治疗的，应坚决停训停赛。不要因为追求一时的竞技利益而使运动员的身体健康受到不应有的损害。

男子110 m跨栏跑雅典奥运会冠军刘翔左脚跟腱负伤，在2008年8月的北京奥运会跑道上明智地选择了退赛。经过398天的治疗、康复与适应性训练，于2009年9月18日在上海国际田径大奖赛上复出，这次比赛跑出了13.15 s的高水平成绩。这是一个正确决断、成功复出的经典范例。

（三）做好目标控制、信息反馈、及时调节

对运动员运动训练过程实施目标控制、加强信息反馈、及时进行调节是顺利贯彻导向激励与健康保障原则的重要前提。运动员一切训练活动都是为了训练目标的实现而设计、组织的，训练周期的安排、训练内容的确定、训练方法的选择、训练负荷的把握都应服务于这一目标，运动员不应盲目地去硬性完成某一负荷量度的要求，不应去参加干扰主要训练任务的商业性比赛活动。

要对运动训练过程进行科学有效的监控，准确把握运动员技战术掌握的质量与存在的问题，运动员体能发展状况与负荷后的机体反应、心理活动的状态与变化、专项认知水平与专业知识水平，并及时地反馈运动员，对运动训练计划、训练的实施与要求做出科学合理的调节，以求做到既不断地激励运动员刻苦训练，又切实关心并保障运动员的身心健康。

第四节　专项竞技需要与基础运动能力协同训练原则

一、释义

专项竞技需要与基础运动能力协同训练原则是指，要“从实战出发”，根据实现专项参赛目标的需要，制订训练计划，提出训练要求。同时，要高度重视运动员基础运动能力的培养，不仅在儿童少年时期要打好基础，在多年持续的训练过程中，也应始终保持一定比例的基础训练，为运动员在专项比赛中创造优异成绩提供坚实的保障。

比赛是竞技体育活动的核心组成部分，运动训练的目的是提高运动员的竞技能力，以求让其成功地参加比赛。显然，符合比赛的需要是训练安排的重要依据。训练的结果是否符合比赛的需要是评价训练效果最重要的标准。一切训练活动都应该从比赛的需要出发进行设计规划和组织实施。

竞技专项各有不同，但运动员的专项竞技能力都是在一般运动能力的基础上建立起来的。运动员打好基本体能、技能、战术能力的基础，培养良好的运动心理品质，发展运动智能，对于参加任何运动项目的专门训练，都是必要的前提。

专项竞技需要与基础运动能力是密切相连的两个方面，科学辩证地认识它们之间的关系，解决二者在训练时间安排等方面的矛盾，充分发挥二者之间的协同效应，是我们应该遵循的重要训练原则。

二、科学基础

（一）竞技比赛对于训练活动的导向性

目标是人们行为的终点，对人们的行为起着重要的导向作用。人们的一切行为都应该服务于既定目标的实现，训练活动也一样。运动训练的最终目标是成功地参加比赛，实现预期的比赛结果。因此，一切训练的内容、方法和手段的选择及训练负荷与节奏的安排都应该围绕着成功参赛而组织实施。

人们根据所设定的运动训练目标去选择运动训练的内容，训练的内容都是服务于特定的任务和目标的。选择安排不同的训练内容，就会发展不同的运动能力，只有按照专项竞技的需要去选择训练的内容，才有可能使得运动员的专项竞技能力得到迅速提高，才能为成功参赛做好准备。

（二）运动专项竞技的特异性

不同的运动项目有着不同的竞技特点，要求运动员具有不同的竞技能力结构。构成运动员竞技能力的体能、技能、战术能力、心理能力和运动智能，在不同项目竞技能力结构中的重要程度又有所不同，这就要求我们全面准确地认识和了解自己所从事的运动项目竞技能力结构的特点，进而选择与专项竞技需要相符合的训练内容、手段及制订相应的运动负荷方案，有效地组织运动训练活动。

现代运动竞赛中的竞争性和对抗性日益激烈，促使人们把提高专项比赛能力的任务和专项训练放在首要的位置，运动训练的内容、方法、手段及负荷都表现出鲜明的专项化趋向。儿童少年的早期基础阶段的训练也应以未来高水平专项竞技的需要为导向，将早期基础阶段的训练与优秀运动员的专项训练有机地衔接起来，为高水平专项竞技阶段的训练和参赛打下良好的基础。

运动专项竞技的需要对于训练活动具有鲜明的导向性。针对专项竞技的需要组织训练，会明显地提高训练效果，使教练员和运动员付出的辛勤劳动成果在专项比赛中得到充分的展现；如果对专项竞技的需要考虑得不够准确或者不够充分，将会给训练工作带来很大的盲目性，往往会事倍功半，花费巨大的精力却难以取得理想的训练效果。

（三）运动员一般运动能力的竞技基础性

不同的运动项目对于运动员的竞技能力有着不同的要求，体能、技能、战术能力、运动心理能力和运动智能在不同的运动专项中都拥有不同的权重。但任何项目运动员的专项竞技能力都是建立在一般运动能力的基础之上的。没有坚实的一般运动能力，运动员就不可能成功地发展专项比赛取胜示优所需要的竞技能力。

运动员不仅需要在多年训练的基础训练阶段打好一般运动能力的坚实基础，在进入专项训练阶段、最佳竞技阶段之后，其竞技运动水平的提高仍然需要基础竞技能力的保障和支持。

如果长时间不安排相应的训练，运动员的基础竞技能力则会出现消退现象，进而影响运动员专项竞技能力的进一步提高。因此，在任何训练阶段，运动员都应关注和保持基础竞技能力的发展水平。

三、训练学要点

（一）认真研究项目特点与专项竞技需要

不同竞技项目有着不同的竞技特点和不同的训练要求。贯彻专项竞技需要原则首先要明确专项竞技需要的是什么，也就是说，要明白怎样能够在这个专项的比赛中获胜。

运动员的比赛结果取决于运动员自身具备的竞技能力及在比赛中的表现、对手具备的竞技能力及在比赛中的表现、比赛结果的评定行为3个要素。运动员要想在比赛中获胜，就应该提高自己的竞技能力并在比赛中充分发挥和表现出来，要在规则允许的范围内抑制对手竞技能力的发挥和表现，还要在规则允许的范围内力求得到有利于自己的评定和裁决。因此，我们就要研究，自己专项的竞技中需要什么样的竞技能力，比赛中怎样能够发挥得更好，怎样获得有利的评分；在规则允许的范围内，可以怎样去抑制对手的竞技表现。

专项竞技的特点决定竞技能力构成要素的差异性

例如，举重运动员必须有巨大的力量，射击运动员应保持稳定的情绪，乒乓球运动员需要快速反应能力与机动灵活的战术意识和战术能力，篮球运动员则需要与同伴默契配合的合作精神。因此，只有对所从事的运动项目的竞技特点做出正确的分析，才能够确定相应的训练要求，选择适宜的训练内容、训练方法和训练负荷。

训练负荷的强度和数量要考虑专项比赛的特点和需要

对于马拉松、铁人三项运动项目，训练课上必须保证有足够的负荷量和足够的负荷时间，大负荷的专项训练课时应不短于比赛持续时间的两倍；而对于跳远、投掷等比赛中一次试跳、试掷用时很短的项目，专项训练课时就不必要求很长的时间，在训练中应更加关注练习的强度；对于体操、跳水、花样滑冰等项目，在专项训练中则特别要注意不断发展和提高动作技术的难度和质量。

（二）深刻认识一般运动能力训练的长期性、多样性、多变性特点

组织一般运动能力训练的目的，主要是为运动员发展更高水平的专项运动能力提供有力的支撑，有时也会作为调整训练、恢复训练的手段而运用。一般运动能力训练具有长期性、多样性和多变性等特点。

1. 长期性

一般运动能力训练应该贯穿于运动员训练生涯的始终。当然，在运动员多年训练过程、年度训练过程和各种时段训练过程的不同阶段，一般运动能力训练的重要程度及安排比例都会有所不同。通常，在多年训练过程的基础训练阶段，在年度训练过程中大周期的准备期训练阶段，可安排较大比例的一般运动能力训练。在大负荷训练或高强度比赛之后的调整训练阶段，亦应安排较多的一般基础训练。

2. 多样性和多变性

一般运动能力训练的内容丰富，手段多样，既有适合于所有运动项目的共同练习，也有适用于特定专项的练习。例如，集体球类项目的传球游戏，耐力性项目不设定强度要求的放松行进等。运动员也常常把其他项目的活动作为本项目的一般运动能力练习，如射击运动员打篮球、足球运动员去游泳等。

第五节 系统持续与周期安排协同训练原则

一、释义

系统持续与周期安排协同训练原则是指，运动员系统持续地从事运动训练，并分阶段做出周期性安排的训练原则。

为了在运动训练活动中实现人体的适应性改造，运动员需要多次承受运动负荷，渐进地提高自己的竞技水平。持续的运动训练可使训练效应不断累加，而训练活动的间断则会降低训练效果。培养一名国际水平的竞技运动员通常需要6～10年，甚至更长时间的系统训练。世界优秀运动员都是在多年系统的训练过程中培养出来的。同样，在一个年度、一个阶段的训练中，也要求保持良好的连续性。

同时，物质运动普遍存在的周期性特征也清晰地存在于运动训练过程之中。人体运动能力的周期性提高、竞技状态的周期性变化，重大赛事的周期性举办，都提示我们，周期性地安排好运动训练过程，处理好负荷与恢复、分解与综合、训练与竞赛的有机联系，是设计、组织运动训练过程的重要原则。

系统的持续的运动训练过程需要分解成若干个组织周期，不同时间跨度的多个周期组合成系统的、持续的运动训练过程。发挥好系统训练与周期安排的协同效应，对运动训练活动的成功有着重要的作用。

二、科学基础

（一）人体运动生物适应的长期性

系统的持续训练是取得理想训练效应的必要条件，人体对训练负荷的生物适应必须通过机体自身的各个系统、各个器官、各条肌肉乃至各个细胞的变化，一点一点地去实现。运动员的竞技能力是多种子能力的综合表现，它涉及生理、心理等各个方面的因素，受先天、后天因素的影响。因此，人体机能的适应性改造，包括中枢神经系统功能的改造不是在短期内所能奏效的。训练对提高运动员竞技能力的影响，必须通过人体内部长期的适应性改造才能有所体现。

耐力性项目运动员的有氧代谢能力，其肌肉组织内高度的毛细血管化，不是一朝一夕能形成的；球队几名运动员之间配合完成某些特定的战术行动，需要运动员彼此之间建立起默契的联系，这必须经过长时间的多次练习才能实现。因此，从人体生物适应的角度来看，运动员应持续地承受负荷，进行系统的训练。

（二）运动训练效应的不稳定性

运动员在负荷作用下所提高的竞技能力，无论是体能、技能、战术能力、心理能力，还是运动智能的变化，都具有不稳定的特点。当训练的系统性和持续性遭到破坏而出现间断或停顿的时候，已获得的训练效应也会消退以致完全丧失。

例如，体能的变化主要表现为力量、速度及耐力等素质的改变，训练一旦停止，运动素质水平就会降低得很快，特别是通过强化的力量训练手段所取得的训练效应消退得更快。再如，运动员在训练中技能得到提高，表明在运动员神经系统的有关中枢之间建立起了良好的暂时性联系，这种神经联系可支配运动器官、骨骼和肌肉完成相应的动作。只有经常反复地强化这种暂时联系，才能够保持动作中各个环节的协调配合。如果中断训练，中枢神经系统对肢体精细运动的支配能力便会受到影响，导致反应迟钝，最终使动力定型遭到破坏。为了避免技能、体能的消退，克服训练效应的不稳定性，必须在训练效应产生并保持一定时间的基础上重复给予负荷，使得训练负荷的积极效应得到强化和累积，使得运动能力得到不断改进和完善。

因此，运动员要想获得理想的训练效应，有效地发展体能、技能、战术能力、心理能力及运动智能，就必须注意保持训练过程的持续性，系统地、不间断地参加训练。

（三）人体生物适应过程的周期性

人体在训练负荷下的生物适应过程是长期的，也是分阶段实现的。机体对一次适宜训练负荷的反应，可分为工作、适应、恢复和训练效应消失等几个阶段。在更长一些时间的跨度内，如几个月至一年的训练过程中，运动员机体能力的变化同样经历着不同的阶段，即竞技状态的提高、保持和下降3个阶段。

为了在重要比赛中创造优异的成绩，运动员总是力求通过科学的训练与安排，使自己从心理上和生理上做好充分的准备，在比赛中最大限度地动员机体的潜力，把自己在训练中获得的竞技能力充分地发挥出来，从而创造优异的成绩。运动员参赛的准备状态叫作竞技状态。运动员良好的竞技状态有着明显的时限性，不可能始终处于最佳的竞技状态。机体在高度的紧张动员之后，必然要进入一个调整阶段，以便在生理上和心理上得到充分的恢复，然后重新动员起来进入新的训练阶段。运动员必须多次经历这一过程，才能够一步步地走向竞技运动的高峰。

因此，不同时段的训练安排，通常都表现出周期性的特征。竞技状态的阶段性发展与训练大周期的时期划分见表4–5。

表4–5　竞技状态的阶段性发展与训练大周期的时期划分

竞技状态发展过程	生物学基础	训练任务	训练时期
提高	适应性机制：机体对外界刺激的适应性现象	提高竞技能力，促进竞技状态的形成	准备期
保持	动员性机制：心理和生理能力充分动员，各系统高度协调	发展稳定的竞技状态，参赛并创造好成绩	比赛期
下降	保护性机制：机体自动停止积极的应激反应	积极恢复，消除心理与生理疲劳	恢复期

资料来源：田麦久. 运动训练学[M]. 2版. 北京：高等教育出版社，2017.

三、训练学要点

（一）健全多级训练体制，为运动员实现多年系统训练提供有力保障

运动员系统的多年训练活动，必须有健全的多年训练体制作为保障。尽管不同国家的训练体制各有自己的特点，但都着眼于保证运动员多年系统训练的实施。我国现行的是三级训练体制，包括中小学课外训练、业余体校和竞技运动学校的训练以及优秀运动队的训练3个层次的训练各自担负着多年训练过程中不同阶段的训练任务。

为了保证不同层次的训练组织完成各自的任务，使运动员得以保持多年训练的系统性，在最佳竞技年龄区间表现出最高的竞技水平，各个层次的训练必须紧密衔接，防止各级训练各行其是。相应的对策是：①制定各项目运动员在不同年龄段的训练大纲；②建立与多年训练各阶段基本任务相适应的竞赛制度；③建立相应的奖励制度，鼓励中小学、业余体校及运动学校的教练员认真完成基础训练和初级专项训练的任务。

美国等许多国家的俱乐部、德国的体育寄宿学校、古巴的青年体校，都对保持少年时期和成年时期训练的良好衔接起着重要的作用。

（二）分段组织系统持续训练过程的实施

运动训练过程的组织实施，必须遵循其阶段性的特点，有步骤、有秩序地进行。而这一步骤则是按固有的程序排列的，如全程性多年训练依次分为基础训练阶段、专项提高阶段、最佳竞技阶段及高水平竞技保持阶段。一个持续2～6个月的训练大周期，依次分为准备时期、比赛时期及恢复时期，一次训练课也依次分为准备部分、基本部分和结束部分等。

训练过程的程序性表现在训练的各个方面

例如，发展周期性耐力项目运动员的专项能力，应以一般耐力和最大速度为

基础。体操运动员学习旋空翻，则必须首先掌握后空翻两周及后空翻转体360°的技术。一支足球队要想熟练运用发高角球战术，就必须有队员能从角旗旁向球门前踢出适宜高度、远度、弧度的球，又要有一名或数名队员能在适宜的瞬间冲到门前适宜的位置，跃起争顶，头球破门。这些环节若缺少任何一个，都不可能组织起成功的发高角球战术。练习内容的程序性在许多情况下都是不可逆的，必须按照固有的程序进行，才能取得理想的训练效果。忽视训练活动的程序性，会造成许多不良后果。

要注意两个周期之间的衔接工作，协调各个周期之间的关系。在结束每一周期和实施下一周期的训练工作之前，应进行科学测评，针对前一周期在身体、技术、战术、心理等方面所产生的变化及存在的问题，认真总结经验和教训，作为制订和实施下一周期训练计划的依据，以便使各周期的训练工作有机地衔接起来。

（三）处理好训练安排的固定因素与变异因素的组合

周期安排原则的依据是人体竞技能力变化的周期性特征和适宜比赛条件出现的周期性特征，其中，后者是决定训练周期时间的固定因素，而前者则是变异因素。因为重要比赛日程的安排通常与某个项目最适宜的比赛条件的出现是一致的，而且一般在上一年度即已确定。在竞技体育界，人们普遍认为奥运会冠军的荣誉远比世界纪录保持者要高，因为创造世界纪录不受时间、地点的限制，大多数项目的优秀运动员在任何时间都有可能创造新的世界纪录；而4年一度的奥运会，则要求运动员必须在特定的日期和特定的地点表现出最佳的竞技水平，在与世界各国优秀选手的同场竞技中取胜，显然这一要求的难度大大高于前者。这就要求运动员不仅要具备相应的竞技能力，而且要在预定的时间里把这种能力最充分地发挥和表现出来。优秀教练员的高超教练艺术更突出地表现在这一点上。

尽管人体本身受着生物节律的影响，但它并非绝对不变，人们完全可以通过训练安排使其在特定的时间里表现出最佳的竞技状态。竞技状态的发展过程是可以由人来控制的，教练员应努力做到有把握地调节这一变异因素，使之与特定的比赛日程安排相吻合。

第六节　扬长促优与补短求衡协同训练原则

一、释义

扬长促优与补短求衡协同训练原则是指，运动员应充分发扬自身竞技能力结构中的优势，同时努力弥补竞技能力发展中的短板，使二者在训练中协同发展，在比赛中灵活运用，以求得更好的竞技效益的运动训练原则。

运动员的综合竞技能力由其体能、技能、战术能力、运动心理能力和运动智能5项子能力组成。对于一名运动员来说，其各项子能力的发展多呈现非衡的状态，即某项或几项子能力发展得较好，而另一项或几项子能力则可能发展得较差。

例如，擅长正手攻球的乒乓球运动员可能反手攻防能力较为薄弱，身材高大的篮球运动员常常移动的灵活性较差。因此，在训练中，要有计划地“扬长补短”；在比赛中，要细致谋划，运用“扬长避短”的策略，争取理想的比赛结果。

二、科学依据

（一）竞技能力结构长板优势的竞技价值

竞技能力结构中的长板由其木桶模型中的优势组成，既能为木桶中总体水平的提高预留空间，也能对木桶的短板发挥补偿功能，进而增高桶内存水的水平面。

充分发挥一个参赛单位总体竞技运动结构中的优势项目的引领作用，可以助力参赛单位总体竞技水平的提升。例如，在2023年的田径世锦赛中，肯尼亚运动员大多数运动项目的水平并不高，但仅仅依靠其在中长跑一个项群中的3块金牌5块银牌4块铜牌，就在金牌榜的总体排名中列居第4位。

在许多比赛单项中，运动员个体竞技能力中的优势特征同样有着重要的作用。姚明2.26 m的身高，在篮球运动中是优势；身材不高的邓亚萍能快速灵活地移动，这在乒乓球比赛中是优势。教练员要善于发现运动员竞技能力结构中的长板，充分发挥其可贵的竞技价值。

（二）短板在木桶模型中对整体水平的制约

在一支竞技参赛团队的构成或一名运动员的竞技能力结构中，一般都会有各自的短板。这些短板明显地阻碍着竞技参赛团队总体地位或运动员个体竞技水平的提升，使得长板的优势难以充分地发挥，也使得综合评价“木桶”中水平面的高度受到严重的制约。竞技参赛团队的领导者，训练团队中的教练员、运动员在科学诊断的基础上，应该清晰地认识到什么是自身的短板，以便及时地采取有效的措施，把短板补齐，进而提高参赛团队或个人的总体竞技水平。

三、训练学要点

（一）科学诊断、明确认知自身的优势长板和劣势短板

竞技参赛团队的领导者和训练团队中的教练员、运动员首先要对自身的竞技优势和差距有准确的认知。竞技参赛团队的领导者要运用科学思维，集合专家智慧，以大数据提供的竞技信

息为基础，对团队总体实力、优势以及与对手的差距进行准确判断，进而提出清晰的决策，确定在不同时段工作的方向和重点，指导参赛团队的行动。

训练团队中的教练员、运动员要准确认识自身的优势与不足，冷静地分析、改进主客观条件，以求准确地判定此时此地应在哪些方面加力发展，哪些方面的现状暂时留存。

（二）坚定地发展长板优势，充分发挥长板的引领作用

竞技参赛团队的领导者和训练团队中的教练员、运动员在对自身长板准确认知的基础上，应坚定地发展长板优势，充分发挥长板的引领作用，以获取最大的竞技效益。

在参加国际大赛的国家战略中，要大力抓好优势项群，保证优势项群运动员在大赛中竞技水平的发挥。统计表明，截至2020年底，我国夏季奥运会参赛73.3%的金牌（总数262枚）来自跳水、举重、乒乓球、体操、射击和羽毛球六大优势项目（表4–6）。

表4–6　我国夏季奥运会优势项目金牌榜（1984—2020年）

项目	金牌数/枚	占金牌总数比例/%
跳水	47	17.93
举重	38	14.50
乒乓球	32	12.21
体操	29	11.07
射击	26	9.92
羽毛球	20	7.63
合计	192	73.3

单项发展中，运动员要对自身的优势有坚定的信念，如短跑世界冠军苏炳添的起跑，中国女篮韩旭、李月汝的双高中锋，中国跳水女子奥运冠军陈宇汐、全红婵高难度与高稳定性的完美结合等。对于中国高水平运动员的培养，我们要有坚定的道路自信，引领中国竞技体育水平不断向前发展。

（三）抓住有利时机提高短板水平，实现竞技能力结构的相对平衡

无论是参赛团队构成，还是运动员个人的竞技能力结构，短板都会明显地制约着竞技水平的提高。

竞技参赛团队的领导者对于集团不同项目的发展水平要有清醒的认识，能够明确地看清短板所在，有计划地做好部署，分阶段地采取潜优势项目的快速发展策略和后进项目的赶超策略，尽快实现全局性的全面发展。

训练团队的教练员要认真解析运动员短板的致因，安排适宜的时段，如大周期的准备时期、较长时间的赛间间隔，采取有效的方法、手段，针对性地提高影响运动员整体竞技水平的关键短板，实现竞技能力结构的相对平衡。

第七节 适宜负荷与适时恢复协同训练原则

一、释义

适宜负荷与适时恢复协同训练原则是指，根据运动员的现实可能和人体竞技能力的训练适应规律，以及提高运动员竞技能力的需要，在训练中给予相应量度的负荷，训练后及时消除运动员在训练中所产生的疲劳，通过机体适应过程，提高运动员竞技能力和取得理想训练效果的训练原则。

运动员在训练中承受了一定的运动负荷后，必然会产生相应的训练效应。但并非只要施加了负荷，就一定会产生良好的训练效应。训练负荷的安排对训练效应的好坏有着重要的影响。机体对适宜的负荷会产生良性的适应；但如若负荷过小，则不能引起机体必要的应激反应；而在过度负荷作用下，则会出现劣变反应。当运动员疲劳达到相应程度时，应依照训练的统一计划，适时安排必要的恢复性训练，采取有效的恢复措施，使运动员的机体得到充分的恢复。

适宜的运动训练负荷使得运动员机体发生相应程度的疲劳，适时地消除机体在训练负荷影响下产生的疲劳并促进机体的良性补偿，使得运动员的竞技能力得到提高。负荷与调整、消耗与补充、疲劳与恢复是训练过程中无时不在的矛盾的两个方面。正确认识适宜负荷与适时恢复的辩证关系，充分发挥二者的协同效应，是我们应该遵循的重要训练原则。

二、科学基础

（一）人体机能对外加适宜负荷的适应性机制

在负荷保持在一定程度的条件下，机体的应激以及随之产生的一系列变化，都会保持在一个适度的范围内。这时负荷的量度越大，对机体的刺激越深，所引起的应激也越强烈，机体产生的相应变化也就越明显，人体竞技能力提高得也就越快。

自19世纪末期现代奥林匹克运动兴起以来，运动员训练的负荷量大大地增加。20世纪20年代，著名的芬兰中长跑运动员努尔米，一年只训练6个月，每周训练3～4次；20世纪30—40年代，瑞典的海格将一年训练的时间增加到9个月，他的成绩远远超过了努尔米；一个世纪以来，耐力性项目世界优秀运动员年训练负荷量的适度增加，对竞技水平的提高起着重要的作用。

以第26届奥运会5 000 m跑冠军王军霞为代表的中国女子长跑选手，承受了前所未有的惊人的训练负荷，年跑量超过8 000 km。王军霞和她的同伴在1992—1996年，创造了多项世界纪录，夺得了多项世界冠军。

（二）机体在过度负荷影响下的劣变性

运动员机体承受训练负荷时，会产生应激性的反应。而当负荷过大，超过运动员机体所能承受的阈值时，运动员机体则会出现劣变反应。

在训练实践中，对机体的负荷通常都是连续施予的，几次负荷之间不同的间隔与联系会产生不同的效应。如果在上次负荷后机体处于超量恢复阶段时再次施予负荷，会使机能水平不断提高；而如果上次负荷后运动员的机体还没有得到恢复便再次施予负荷，则会导致机能水平的下降（图4–2）。

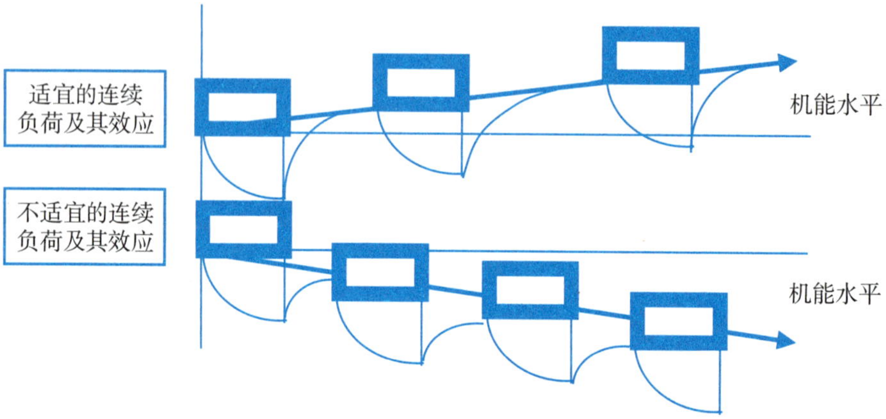

图4–2　连续负荷及其效应

过度负荷有时表现在生理方面，有时也表现在心理方面。过度负荷的直接结果，首先是机体出现不适应的症候。这种不适应的症候包括：慢性体重下降，非受伤引起的关节及肌肉疼痛，慢性肠功能紊乱，扁桃体及腹股沟淋巴结肿大，鼻塞和发冷，皮疹和肤色改变，周身性肌肉紧张，疲惫不堪、失眠不安等。

上述不适应症候出现后，如果不采取措施，使运动员机体得到必要的恢复，那么就会进一步发展成为过度疲劳。过度疲劳会对运动员机体带来很大的损伤，导致运动员健康状况和体能明显下降，使运动创伤增加，甚至造成严重的后果，有些运动员甚至因此过早地结束了自己的运动生涯。

运动员在高负荷训练、重大比赛或者某些特殊的经历后，会出现不同程度的心理疲劳。心理疲劳对运动员训练和比赛的状态有着不可忽视的影响，甚至有时会明显超过生理疲劳，给运动员保持系统持续的训练和比赛带来巨大的阻碍，必须予以高度重视。

三、训练学要点

（一）准确把握运动训练负荷的适宜量度

运动训练负荷包括负荷强度与负荷量以及二者之间的组合。适宜训练负荷应该能够完成下列任务：在运动员机体能够承受的前提下，创造优异的专项运动成绩，完成预定的训练任务，促使运动员各种能力产生定向变化；负荷安排的节奏要保证课与课之间的有机衔接，产生良性的后续效应，保证运动员有机体的生物学改造顺利进行。

负荷的适宜度主要通过施加负荷产生的后果予以评价，包括机体疲劳的程度及恢复与超量恢复所需的时间、技战术训练的效果、是否引发运动性伤病以及是否引发心理疾病和心理障碍等方面。

通过生理生化指标的监测可以比较客观地诊断运动员机体的生理疲劳程度，如谷氨酰胺、血睾酮、血尿素氮等都是常用的监测指标。建立义务监督制度，定期与不定期地进行健康检查可以及时地发现运动性伤病。总结在不同阶段、不同情境下，学习、掌握以及熟练运用技战术时对训练负荷的要求，借以把握好技战术训练时的运动训练负荷。例如，体操运动员精力充沛时，学练新技术易取得好的效果，因此负荷次数不宜过多；篮球运动员为提高在比赛快要结束时的罚球命中率，就需要安排在较大负荷训练后，机体疲劳时进行罚球练习（表4-7）。

表4-7　评定优秀运动员机体疲劳的部分生理生化指标举例

机能系统	生化指标	正常参考范围	简易评定方法
心血管系统	血压（BP）	90 ~ 140 mmHg（收缩压） 60 ~ 90 mmHg（舒张压）	安静时血压升高20%左右持续两天以上，可能是机能下降或过度疲劳
免疫系统	谷氨酰胺	560 ~ 640 mol/L	下降50%以上为过度训练或免疫力下降
内分泌系统	血睾酮（T）	9.0 ~ 35.0 nmol/L（男） 0.35 ~ 3.50 nmol/L（女）	大负荷训练后睾酮下降，皮质醇上升，为机能状态差或过度疲劳
	皮质醇（C）	165 ~ 720 nmol/L（8时） 55 ~ 250 nmol/L（16时） 55 ~ 140 nmol/L（24时）	
神经系统	闪光融合频率	32 ~ 38 Hz	训练后测试值与训练前正常值之差：1.0 ~ 3.9Hz为轻度疲劳，4.0 ~ 7.9Hz为中度疲劳，8.0Hz以上为重度疲劳
骨骼肌系统	肌酸激酶（CK）	10 ~ 300 U/L（男） 10 ~ 200 U/L（女）	大负荷训练2 ~ 3天后，肌酸激酶仍高于300 U/L时，表明负荷较大，身体尚未恢复
物质能量代谢	血尿素氮（BUN）	4 ~ 7 mmol/L	运动后血尿素氮值增大表示机能下降 运动性高血氨是机体疲劳的重要标志
	血氨	20 ~ 110 mmol/L	

资料来源：冯连世，冯美云，冯炜权. 优秀运动员身体机能评定方法[M]. 北京：人民体育出版社，2003.

（二）科学地探求负荷量度的临界值

多年以来，人们已经清楚认识到，负荷量度的增加会带来更好的训练效果，而且越接近运动员承受能力的极限，效果就越明显，于是许多教练员和科学家都在致力于寻找这一负荷量度的极限。著名的日本排球教练员大松博文在充分挖掘运动员机体潜力方面进行了大胆的尝试，他的女排运动员常常每天要训练六七个小时，练就了顽强的毅力和熟练的攻防技巧，使日本女排多次登上世界冠军的领奖台。

运动员负荷量度临界值的大小既随其发育程度、竞技水平等状态的变化而变化，又受到运动员健康状况、日常休息、心理状态等因素的影响，因此对它的测定和评价必须有充分的科学依据，用科学的诊断方法力求准确地掌握负荷量度的临界值。当前，人们对负荷极限的认识还不完善，通常应注意留有余地，以避免过度训练的出现。

（三）积极采取加速机体恢复的适宜措施

1. 训练学恢复手段

训练学恢复手段主要包括变换训练内容和训练环境，交替安排负荷，调整训练间歇的时间与方式，在训练课中穿插和采用一些轻松愉快、富于节奏性的练习等训练手段；也包括在恢复过程中采取轻微的肌肉活动，以帮助肌肉和血液中的乳酸更快消除；还包括根据人体的“生物钟”节律，安排好每天的训练时间，使之成为一种习惯性的定型，以节省神经能量，促进机体的恢复。

2. 医学、生物学恢复手段

医学、生物学恢复手段主要包括理疗恢复手段，如水浴、蒸气浴、旋涡浴、氡水浴、盐浴、珍珠浴、含氧浴、腐植酸浴等，其他手段还有按摩、电兴奋、电睡眠、紫外线照射、红外线照射等。

3. 营养学恢复手段

由于运动时运动员的能量消耗大，运动后的能量补充除了考虑补充物的数量，还应注意各种营养素的适宜搭配。

例如，运动后吃不同的糖，对身体不同部位糖原储存的恢复有不同的影响。维生素及多种微量元素更是运动员营养中不可缺少的重要组成部分，它与运动能力的恢复有着密切的关系。一些维生素及多种微量元素在体内不能合成或合成不足，必须从食物中摄取，所以要注意食品的种类和配比。

4. 心理学恢复手段

心理学恢复手段一般包括自我暗示、放松训练、转换训练、气功调节、生物反馈等。针对每个运动员特殊的心理问题，要对症下药，进行专门的心理调节或心理辅导。

第八节 团队组训与区别对待协同训练原则

一、释义

团队组训与区别对待协同训练原则是指，运动员以组、队形式共同训练，同时依据运动项目、个体特征、训练任务、训练条件、训练阶段等方面的不同而分别给予不同的训练安排的训练原则。

团队组训是对运动员社会集群性的认同，区别对待则是对运动员个体特异性的尊重，认真地处理好运动训练过程组织的集群性与个体性之间的关系，发挥团队组训与区别对待的协同效应，有助于训练工作取得理想的效果。

二、科学基础

（一）人类社会生活的集群性需求

自从人类起源就是集群而居、集群而生活的。人类的社会生活有着强烈的集群性需求，在运动训练活动中也是一样。竞技体育是集群性的社会活动，运动竞赛只有与对手在一起竞技才有意义。运动员以组、队形式共同训练，每个运动员通过与同伴的交流相互合作，会明显地提高训练的积极性与训练的效果。因此，要认真地组织好运动员的集群训练。

（二）运动员竞技能力结构的个体性与变异性

运动训练实践具有鲜明的多样化的特点，又处于不断的变化之中。具体而言，不同项目运动员在不同状态下所表现出的特点，决定竞技能力的各个因素，教练员的业务水平，对训练活动的战略部署和战术安排，训练所处的阶段和具体要求，以及气候、场地、器材等外界环境、训练状态等，都各有不同，又时刻处于不断的运动和变化之中。同一名运动员在不同阶段、不同时刻，表现出的训练状态，以及不同训练环境和训练条件，都对训练的内容和组织实施提出明显不同的要求。这些因素的不断运动及变化要求教练员及时根据训练对象的具体情况有区别地组织训练。

（三）运动员共性与个性的对立统一

不同运动专项都有各自的决定竞技能力的因素及其不同的发展规律，但各个专项的特点又反映出所有运动项目共同的规律。一个运动团队是一个集体，在这个集体中，所有的队员有着共同点，又各有自己不同的特点。通常集体项目的教练员容易忽视运动员的个人特点，而个人项目的教练员却常常不注意根据运动员共同的特点去组织集体训练。应该强调，在集体项目中，个人训练作为集体训练的补充是非常重要的。例如，篮球队中的某些队员防守较差，而另一些队员投篮的命中率较低，这就应在进行集体训练的过程中有针对性地安排必要的个人训练。个人训练又必须注意处理好与集体训练的关系，有效地组织集体训练会减轻运动员在个人训练中产生的心理负荷，使他们对训练产生更高的兴趣。

例如，在个人跑的项目中，可把水平差距大的运动员组成一组，采用同距离让步跑的方式（水平低的先跑，要求同时到达终点），这实际上已经提出了不同的强度要求。在组织安排少年儿童训练中，水平高的女孩可与一般水平的男孩同组进行训练。

三、训练学要点

（一）组建结构完备、功能健全的训练团队

运动训练团队是现代运动训练活动重要的组织形式。集体运动项目本身就是以团队形式组建的，个人运动项目的训练也大都在团队组织中进行。训练活动中团队精神的培养，集体荣誉感的建立，队员之间相互帮助、共同提高的良好氛围，都会有效地促进运动员在身体和心理方面的健康发展，明显地促进训练质量的提高。

一个健全的运动训练团队中，除了教练员、运动员，还应包括行政管理、科技服务、理疗保健等人员，他们各司其职，共同完成运动员训练和参赛的主体职责。

一支运动团队的众多成员在集体训练过程中相互帮助、相互促进，会得到共同的提高；一起训练的队友常常也是事业发展中的竞争对手，这会更有力地促进运动员产生强烈的争先欲望，从而更加严格地要求自己，更加自觉地投入训练。

（二）科学诊断运动员个人特点，针对性地组织训练

运动员是运动团队的主体，每支运动员队伍都是由一个个运动员组成的。运动训练中的区别对待，应该全方位地体现在整个训练活动的全过程之中。面对运动员不同的个人特点、面对不同训练阶段的时相特点，都需要认真贯彻区别对待的训练原则。

在贯彻区别对待的训练中，要注意与运动员的个性发展相结合。优秀的竞技运动员大都具备超凡的先天条件，只有充分地发扬其个性特征，才有可能培养出国际级的顶尖高手。近年来，高水平运动员个性化训练的趋势明显加强，同一项目同一水平的优秀运动员的训练负荷也会有明显的区别。温宇红的研究展示了部分高水平女子游泳运动员的负荷量多样化和个性化的特征（表4–8）。

表4-8 部分高水平女子游泳运动员典型周游量和日游量比较

项目	运动员	主项及成绩	日游量	周游量
长距离	埃文斯（J.Evans）	1988年、1992年奥运会400 m、800 m自由泳冠军	≤16 000 m	<80 000 m
	贝内特（B.Bennett）	1996年奥运会800 m自由泳冠军，2000年奥运会400 m、800 m自由泳冠军	12 000 ~ 17 000 m	<100 000 m（1996年） <112 000 m（1997年）
短距离	德布鲁因（I.Bruijn）	2000年奥运会50 m和100 m自由泳冠军、100 m蝶泳冠军	9 000 ~ 14 000 m	70 000 m（平均）
	罗雪娟	2004年奥运会100 m蛙泳冠军	6 000 ~ 8 000 m	<50 000 m
	科瓦奇（A.Kovacs）	2000年奥运会200 m蛙泳冠军	准备期： 15 000 ~ 18 000 m， 赛前：13 000 ~ 1 000 m	—

资料来源：温宇红.高水平游泳训练的个性化需求与组织方略[D].北京：北京体育大学，2006.

同一名运动员在其生长发育与训练的不同阶段，也有着不同的即时状态，有着不同的发展目标和不同的训练要求，应该密切关注运动员竞技能力状态的变化，及时调整、修订训练计划。

（三）共性内容与个别安排相结合

训练团队的共性和运动员个性的密切融合是成功组织运动训练过程的关键环节之一。训练内容是根据运动项目的竞技特征及提高运动员专项竞技能力水平的需要而选择和安排的，对于同一个运动项目的运动员大都安排相似的训练内容。例如，举重运动员要花费很多时间发展力量素质，针对体操运动员的训练课以掌握和发展动作技术为主，足球运动员则将提高集体配合能力作为重要的训练内容。但是，每个专项运动员的特点不同，各有不同的优势与不足，各有不同的需要和不同的训练任务。因此，每个运动员的训练内容也必然不同。

竞技运动的组织与操作，是通过一个个运动员的训练、比赛而组合起来的。每个运动员都是一个独立的个体，都有只属于他本人的形态、体能、技能、战术能力以及心理能力特征；每个人既有各自的优势，也有各自的短板，各有不同的需要和不同的训练任务，因此，每个运动员的训练中应安排有不同的内容。例如，同一个教练员组内的女子体操运动员，有的安排多练高低杠，有的则安排多练跳马；有的需要着力发展腿部力量，有的则需要多发展腰腹肌群。这就要求在训练中，特别注意共性内容与个别安排的结合，使好团队组训与区别对待密切协同，以保证运动训练活动取得理想的效果。

◎ 思考题

第四章
主要参考文献

1. 运动员竞技能力构成、表现与变化的规律各有哪些主要的表现形式?

2. 基于辩证协同思想的运动训练原则体系有哪些主要特点?

3. 简述导向激励与健康保障协同训练原则的定义、科学基础与训练学要点。

4. 简述专项竞技需要与基础运动能力协同训练原则的定义、科学基础与训练学要点。

5. 简述系统持续与周期安排协同训练原则的定义、科学基础与训练学要点。

6. 简述适宜负荷与适时恢复协同训练原则的定义、科学基础与训练学要点。

7. 简述扬长促优与补短求衡协同训练原则的定义、科学基础与训练学要点。

8. 简述团队组训与区别对待协同训练原则的定义、科学基础与训练学要点。

第五章

运动体能及其训练

本章导读

运动体能（以下简称体能）是运动员竞技能力的构成要素。体能训练是提高运动员力量、速度、耐力、灵敏、柔韧性、协调能力等素质的重要途径。体能训练科学化离不开体能训练原理的认知以及体能训练方法的合理运用。本章围绕体能和体能训练展开论述，具有鲜明的理论脉络和逐层递进式的内在逻辑。首先从体能、体能训练的基本概念入手，形成基本概念的认知；其次从生物学、运动训练学的视角对体能的影响因素进行分析，把握体能的机制；再次从实践需求的角度阐述体能训练方法的应用，提出体能训练问题的解决办法；最后讲授体能测试与评估，发现运动员体能存在的问题，建立体能训练的逻辑起点。

本章学习目标

1. 全面理解体能及相关概念。
2. 掌握体能及体能训练的相关原理。
3. 掌握体能训练和测试方法。
4. 提高利用体能训练理论分析体能训练实践问题的能力。

第一节　体能训练概述

一、体能与体能训练释义

（一）运动员体能释义

体能是指人体各器官系统在完成特定动作时表现出来的基本运动能力，是竞技能力的重要构成要素。基本运动能力是相对于专项运动能力而言的，是从身体的运动功能视角，反映人在生活或体育运动中的行走、跑动、跳跃、投掷、击打、推拉、变向等基本运动能力。基本运动能力通过力量、速度、耐力、灵敏、柔韧性、协调能力等身体素质表现出来。例如，跑动能力可由速度（疾速跑）、耐力（耐久跑）或灵敏（变向跑）表现出来，推拉的能力可由最大力量（推拉的重量）、爆发力（推拉的速度）和力量耐力（持续推拉）表现出来。运动功能视角下的基本运动能力和运动学视角下的身体素质从不同的侧面反映体能水平。

（二）体能训练释义

体能训练是指为提高体能，对运动员身体结构和功能进行有目的性地改造的训练活动。体能训练的任务包括提高运动员的竞技能力、健康促进、减少运动伤病和伤后功能恢复等。体能是竞技能力的基础，体能训练是缔造运动成绩的根本，体能基础越扎实，技术、战术的发展空间就越大。

体能训练的影响因素主要包括：教练员对竞技项目本质规律的认知水平，人体生物学因素；运动项目的竞赛规则，运动项目对人体运动的能量代谢系统的要求，运动员个体特征，场地、器械等训练条件。

二、体能测试与评估

（一）体能测试内容

体能测试内容包括形态机能测试、基础体能测试和专项体能测试。

①形态机能测试是对运动员基本信息和体质健康指标的测试，主要测试内容包括身高、体重、围度、长度、充盈度等形态学指标，体脂率、骨密度等身体成分指标以及心率（其中最大心率为HRmax）、最大摄氧量（VO_2max）、乳酸阈[1]等生理生化指标。

②基础体能测试是对运动员身体素质以及潜在的受伤风险的测试，主要测试内容包

[1]　在递增负荷运动中，血乳酸浓度随运动负荷的递增而增加，当运动强度达到某一负荷时，血乳酸出现急剧增加的拐点。

括力量、速度、耐力、灵敏、柔韧性、协调能力等基本素质以及功能动作筛查（functional movement screen，FMS）。

③专项体能测试是对运动员完成专项运动的能力而开展的测试，需结合专项动作模式和能量代谢特点选择适宜的测试内容。

（二）体能测试注意的问题

1. 健康和安全

体能测试中，运动员的健康和测试的安全性是不容忽视的。测试前应充分了解运动员的既往伤病史以及测试时潜在的安全风险。测试中必须安排专门的辅助人员，以应对各种突发的状况。

2. 挑选培训测试者

在进行体能测试前，需要挑选有经验的测试者，必要时应对测试者进行统一培训。掌握正确的测试方法和要求，有利于测试标准的一致。另外，体能测试应有突发事件的应急预案。

3. 准备测试记录表格

提前准备好测试记录的表格，有利于测试的顺利开展。记录表格不规范将对测试结果产生不良影响。表格中应涵盖所有受试者的重要信息，包括姓名、年龄、身高、体重、性别及测试结果。

4. 多次测试

体能测试中，有些测试项目需要进行多次重复测试，测试间歇时间要保证运动员充分恢复，以避免前面的测试对后续测试结果的消极影响。

5. 受试者测试前的准备

体能测试中，应让受试者充分了解整个测试流程，如测试目的、内容、顺序、技巧及可能存在的风险。另外，测试者可以进行预测试，使受试者明确测试细节，更清楚地了解测试的全过程，预测试也有利于测试者进一步优化测试流程。

6. 测试顺序

体能测试顺序的基本原则是前一项测试不能影响受试者在下一项测试中的运动表现。合理的体能测试顺序可以在一定程度上提升测试的信度。体能测试的基本顺序如下：非疲劳性测试（如身高、体重、柔韧、身体成分、核心稳定性、Y-平衡、FMS、垂直纵跳等），灵敏测试（如T形跑测试、5-0-5测试等），最大力量与爆发力测试（如1RM深蹲、1RM高翻等），冲刺速度测试（如30 m冲刺、60 m冲刺等），局部肌肉耐力测试（如俯卧撑至力竭测试等），疲劳性的无氧能力测试（如10 × 20 m折返跑等），有氧能力测试（如3 000 m跑或Yo-Yo间歇跑测试等）。

第二节 力量及其训练

一、力量释义

（一）力量的定义

力量是指人体神经肌肉系统在工作时克服或对抗阻力的能力。肌肉在工作时是以收缩产生的拉力克服阻力，肌肉工作所克服的阻力包括外部阻力和内部阻力两个方面。外部阻力如物体重量、摩擦力以及空气与水的阻力等。内部阻力如肌肉的黏滞性、各肌肉间的对抗力等，主要来源于运动器官的结构，包括骨骼、肌肉、关节囊、韧带、腱膜、筋膜等组织的阻力。运动员的力量水平对其速度、耐力等身体素质都有着重要影响。

（二）力量的分类

1. 根据力量与运动专项的关系分类

这一分类体系包括一般力量和专项力量。①一般力量是指身体各部位肌肉在完成基本动作时，对抗和克服阻力的能力。基本动作是相对非特定的专项动作而言的。②专项力量是指运动员身体各部位肌肉在完成专项动作时，对抗和克服阻力的能力。专项力量包括专项动作结构、专项能量代谢、专项肌肉收缩方式等主要因素，是运动成绩的直接影响因素。一般力量是专项力量的基础，但不能代替专项力量。

2. 根据力量与体重的关系分类

这一分类体系包括绝对力量和相对力量。①绝对力量是指在不考虑体重的条件下，所表现出来的最大力量。在此意义上，绝对力量和最大力量的含义相同。②相对力量是指运动员单位体重所具有的最大力量。相对力量反映出运动员单位体重克服阻力的能力，通常用最大力量与体重的比值来表示。在克服自身体重的位移性运动项目中，相对力量直接影响运动员在场上移动的加速和减速能力。值得注意的是，脂肪（“无功能”体重）的增加，会降低相对力量，使移动减慢，疲劳提前出现，并易导致损伤。

3. 根据完成不同体育活动所需力量的特点分类

这一分类体系包括最大力量、爆发力和力量耐力。①最大力量是肌肉最大随意收缩克服阻力的能力。大多数运动项目的运动员都需要一定水平的最大力量，即使是周期性耐力项目也不例外。②爆发力是肌肉在特定时间内，快速发挥力量的能力。爆发力既体现力量的大小又体现速度的快慢，因此，功率是评价爆发力的一个重要变量。③力量耐力是肌肉克服预定阻力持续运动的能力。持续运动时间的长短与克服外界的负荷呈负相关。

不同的竞技运动中，运动员对抗的阻力存在着差异，因此，力量训练应体现专项特点。

二、影响力量的生物学因素

（一）运动单位募集

肌肉收缩时产生张力的大小与参与工作的肌纤维数量有关，肌纤维数量越多，产生的张力就越大。不同个体肌纤维的募集存在着差异，训练水平低的运动员一般只能动员60%左右的肌纤维，而训练水平高的运动员可以动员90%的肌纤维参与工作。

神经元的体积越小，在一般性运动中越容易募集；体积大的神经元在募集过程中列在最后，只有肌肉在完成较大用力时才被募集。此外，选择性募集是运动单位的另一重要原则，是指在爆发式完成运动时，中枢神经直接激活高阈值运动单位，而不是由小到大地募集全部运动单位的现象。

（二）肌纤维收缩的初长度

肌肉在收缩时的初长度极大地影响着肌纤维收缩的力量。一般来讲，在适当的初长度下，肌肉的收缩效果最好。肌节过短或过长都将因肌球蛋白横桥与肌动蛋白结合的数量减少而导致肌力下降。等长力量的大小与不同长度的肌节下所参与循环的横桥数量有关。如果肌节长度过长（$> 2.0\ \mu m$），参与循环的横桥数量会因肌丝之间相隔太远而减少。如果长度过小（$< 2.0\ \mu m$），则会使参与循环的横桥数量减少。

（三）肌肉横截面积

肌肉的生理横截面积是决定肌肉力量大小的重要指标，属于力量训练的肌肉适应。更大横截面积的肌肉在最大力量和爆发力方面有着更大的潜力。值得注意的是，肌肉肥大带来力量增长的同时也会带来体重的增加，对于相对力量要求较高的项目（如拳击、柔道、摔跤和举重等），运动员应慎重发展肌肥大。

（四）肌纤维类型

人体肌肉由慢肌纤维和快肌纤维组成。不同类型肌纤维具有不同的形态、生理、代谢特征（表5-1）。快肌纤维具有力量大且快速用力的优势，而慢肌纤维则具有长时间持续用力的优势，因此，肌肉中慢肌纤维和快肌纤维的比例具有明显的项目特征。例如，短跑运动员需要快速连续发力，因此拥有较高比例的快肌纤维；而马拉松运动员需要拥有较高的有氧能力和耐疲劳能力，因此拥有较高比例的慢肌纤维。

表5-1　不同类型肌纤维的形态、生理、代谢特性

肌纤维类型		形态特征				生理特征						代谢特征			
		大小	肌浆网	运动神经	毛细血管	收缩速度	耐疲劳能力	张力	力发挥效率	动员阈值	神经传导速度	线粒体	糖原储备	有氧能力	无氧耐力
慢肌（红肌）		小	不发达	细	多	慢	高	低	高	低	慢	多	高	少	低
快肌（白肌）	快肌a型	最大	发达	粗	中等	快	中等	高	低	高	快	多	中等	多	中等
	快肌x型	大	发达	粗	少	快	低	高	低	高	快	少	低	多	高

资料来源：MCCOMAS A J . Skeletal muscle：form and function[J]. Medicine & Science in Sports & Exercise，1996，28（12）. DOI：10. 1097/00005768-199612000-00016.

（五）运动单位激活的同步性

运动单位激活的同步性是指同时启动两个以上的运动单位。同步化能够产生更大的力量。在低强度作用下，运动单位的激活同步性不强。当采用最大力量训练时，运动单位和其他运动单位同时被激活。也就是说，在较高的强度下，肌纤维能表现出较高的同步性。虽然同步化的生理学机制尚未被完全揭示，但一些研究显示，运动单位的同步化与力生成率存在紧密关联。

（六）肌肉协调性

肌肉协调性是指肌肉内和肌肉间工作任务的专一性。肌肉内协调是独立于肌肥大的另一个影响最大力量的因素，包括运动单位的募集和运动单位激活的同步性等。肌肉间协调是指在特定的任务下，肌肉之间相互作用和激活形式，主要表现为单关节中主动肌和对抗肌的作用，还有多关节运动中主动、被动、协同及固定肌群之间的协调作用。另外，肌肉的用力顺序也是反映肌肉间协调能力的重要指标。伴随着运动员肌肉协调能力的提升，神经肌肉系统也“学会”高效地完成动作，并出现运动节省化。

三、力量训练的基本方法

（一）重复力量训练法

重复力量训练法是指通过重复进行同一练习，练习间保持充分恢复的力量训练方法。该方法主要是通过极限的强度，获得神经适应（包括运动单位的募集、神经冲动发放频率、肌肉内及肌肉间协调），而非肌肥大导致肌肉适应。

负荷强度和重复次数见普利列平表（Prilepin’s Chart）（表5-2）。普利列平表由苏联著名的举重教练普利列平（Prilepin）所创立。作为最大力量和爆发力训练的重要方法，重复力量训练法采用非力竭式训练设计，强调每次练习的动作速度和质量。设计基于疲劳和代谢物的积累不是最大力量增加的关键刺激，1RM百分比的力竭式训练不是发展最大力量和爆发力的最佳途径。

表5-2　普利列平表

1RM百分比/%	重复次数
60 ~ 69	4 ~ 8
70 ~ 79	3 ~ 6
80 ~ 89	2 ~ 4
90 ~ 99	1 ~ 2
100	1

资料来源：HAMMER E. Preseason training for college baseball[J]. Strength and Conditioning Journal，2009，31（2）：79-85.

①间歇时间：2 ~ 5 min左右，强调恢复充分，保持每次练习的高功率输出，当即使增加间歇时间也无法完成既定练习时，停止训练。

②组数：2 ~ 6组，保障每组练习的质量。保加利亚学者多勃雷夫（Dobrev）把该方法称为有效组数训练法，该方法在举重运动中得到广泛运用。例如，苏联举重世界纪录创造者瓦西里·瓦尔达尼扬（Vasily Vardanyan）等经常采用该方法进行训练。

（二）极限次数法

极限次数法是指在某一个训练强度下，采用最大练习重复次数的力量训练方法。该方法属于力竭式训练设计，是发展力量耐力和肌肥大的传统力量训练模式，在最大力量训练中也有应用，尤其在爆发力训练中是建议采用的。

极限次数法有两种主要负荷设计：67% ~ 83%最大力量的强度有助于发展肌肥大；低于65%最大力量的强度有助于发展力量耐力。

力量训练目标与最大力量的强度、最大练习重复次数的对应关系如表5-3所示。

表5-3　力量训练目标与最大力量的强度、最大练习重复次数的对应关系

训练目标	最大力量百分比/%	最大练习重复次数
最大力量	100	1
	95	2
	93	3
	90	4
	87	5
	85	6
肌肥大	83	7
	80	8
	77	9
	75	10
	70	11
	67	12

续表

训练目标	最大力量百分比/%	最大练习重复次数
力量耐力	≤65	≥15

资料来源：美国国家体能协会，哈夫，特里普利特. NSCA-CSCS美国国家体能协会体能教练认证指南：第4版[M]. 王雄，闫琪，周爱国，等译. 北京：人民邮电出版社，2021.

间歇时间：发展肌肥大时，组间间歇时间控制在30 s至1.5 min。机体在不完全恢复的情况下，强化练习的密度，加深对肌肉的刺激，增强生长激素分泌。发展力量耐力的间歇时间小于30 s，机体的不完全恢复有助于肌肉持续用力能力的提升。

注意：当力量训练目标是同时改善神经肌肉协调和促进肌肥大时，也可采用极限次数法，获得肌肉和神经的双重适应。此时的训练强度会高于85%最大力量，如采用85%的强度，重复次数为6次，间歇3 ~ 5 min的训练安排。

（三）金字塔训练法

金字塔训练法是指从一定负荷强度开始，逐渐递增强度，直到最大强度的训练方法。该方法是保加利亚举重教练伊万·阿巴杰（Ivan Abadzhiev）在20世纪80年代创造并运用的，并使保加利亚一度成为世界举重强国。该方法设计的要素包括100%的负荷强度，每组重复1次，重复3 ~ 6组，间歇时间3 ~ 5 min。该方法训练强度极高，对机体的刺激深刻，仅适用于高水平运动员。此外，负荷强度增加的时机和机体适应时间的把握较为重要，练习大都为结构性练习，需要注意对腰部的保护。

该方法在开始的强度设定一般不低于65%，然后逐步提高强度，减少重复次数，直至达到100%最大强度。该方法通过发展肌肉的协调和提高肌肉横截面积来提高最大力量。

例如，金字塔训练法可以遵循以下设计：强度依次从70%、80%、90%到100%封顶；对应的重复次数分别为9次、7次、3次、1次；组数分别为1组、2组、3组、4组；组间间歇时间控制在3 ~ 5 min。

注意：练习组数是该方法的一个重要变量。低强度练习的组数多，更有利于肌肉横截面积增加，改善肌肉适应机制；高强度练习的组数多则有利于发展肌肉协调，改善神经适应机制。

（四）复合训练法

复合训练法是指先进行大重量的抗阻练习，接着进行超等长练习发展快速力量的复合式力量训练方法。该方法的目的是将慢速收缩的最大力量转化为快速力量或反应力量，其生理机制主要是肌肉激活后的增强效应和人体的专门适应原理。

发展弹跳力的复合训练法

首先采用杠铃背蹲练习（负荷强度为90%最大力量，重复次数为4次，组数为3组），然后采用立定跳远练习（强度为最大远度，重复次数为6次，组数为3组）。

该方法既把最大力量训练和爆发性用力练习相结合，又把闭合式练习和开放式练习相结合，在提高快速力量和反应力量方面有着较大的优势。

（五）循环力量训练法

循环力量训练法是按照不同的训练目标，将发展不同肌肉的练习按一定顺序排列，使运动员依次完成各个练习，并循环安排的力量训练方法。该方法能够通过多种力量练习有效地发展不同部位的力量耐力，适宜于初学者或训练准备期。

练习内容根据训练目标而定，一般为6～12个练习。循环的组数根据专项比赛持续时间的长短及每组练习负荷的大小而定，可分别选做3～10组。练习间的顺序应当体现交替安排的特点，即相邻两个练习的身体部位尽可能不同，避免出现局部肌肉过度疲劳的现象。练习间的间歇时间，可以根据训练目标采用长间歇、短间歇，甚至无间歇。

发展全身力量耐力训练的循环训练

双臂胸前推举杠铃片（15次）＋肋木举腿（15次）＋弓步跳（20次）＋俯身提拉（15次）＋负重蹲起（15次）＋俯卧撑（20次）＋仰卧起坐（20次）＋波比跳（15次）。

该设计体现力量耐力训练低强度、高重复次数的特点，练习的顺序体现了上、下肢和躯干交替安排；练习间可以不安排间歇时间；一次课做3～5组，组与组之间安排3～5 min的间歇。

（六）等动力量训练法

等动力量训练法又称等速训练法，是指在动作速度基本不变的情况下，肌肉始终能发挥出较大力量的训练方法。等动训练器提供的阻力能够与动作角度的变化匹配并保持恒定的速度，能够保证在整个运动范围中最大用力，相较于传统抗阻练习更具优势。

例如，专门为游泳运动员设计的等动训练器与游泳运动具有相似的发力特征，对于运动员专项力量和专项耐力训练有着积极的意义。由于等动训练器的独特机制，其在康复领域有着非常广泛的应用。

从理论上看，等动训练器有效解决了传统力量练习无法在关节生物力学劣势位置和优势位置之间完美匹配相应负荷的问题，但从实际和专项运动的角度考虑，它仍具有很多局限性。至今，全身性、多关节力量训练的等动训练器仍非常缺乏。

（七）超等长训练法

超等长训练法是指肌肉被快速地拉长，然后快速收缩，利用肌腱弹性、肌肉收缩性和牵张反射来发展力量的训练形式。该方法的目的是通过脊髓反射改善神经系统的适应性来增强肌肉力量，提高支撑力、弹跳反应力、鞭打力等。常用的训练器材包括跳箱、栏架、负重背心、阻力带和杠铃等工具。

①基本练习：下肢超等长训练的形式有双脚落地跳、单脚跳、冲击式跨步跳和垫步跳等。上肢超等长训练主要有俯卧撑击掌以及快速推抛实心球练习。

②训练强度：超等长训练的强度范围很大，立定跳的强度相对较低，而跳深练习的强度则很高。跳深的高度是有限制的。1.2 m的高度能够使肌肉获得超负荷的刺激，但对大多数运动员来说，高度太高，不易掌握正确的技术，增加了受伤的风险，使超等长过渡期延长，不利于利用牵张反射。跳深高度不应该超过1.1 m。训练强度的设计还应考虑练习接触点的多少、动作速度、练习高度和体重等因素。以下肢超等长训练为例，影响训练强度的因素如表5–4所示。

表5–4　影响下肢超等长训练强度的因素

因素	效应
接触点的多少	在单腿跳练习中，接触点少，地面的反作用力的刺激大于双脚跳
动作速度	动作速度越快，练习的强度越大
练习高度	身体重心越高，落地的冲力就越大
体重	运动员体重越大，强度越大，可增加外加负荷（如沙袋、沙背心）提高强度

资料来源：美国国家体能协会，哈夫，特里普利特. NSCA–CSCS美国国家体能协会体能教练认证指南：第4版[M]. 王雄，闫琪，周爱国，等译. 北京：人民邮电出版社，2021.

③负荷量：超等长负荷量要根据不同运动员、不同训练水平来调整。下肢练习量通常以每次课中脚触地的次数（单脚触地或双脚触地都算一次触地）或距离（像跨步跳练习）来衡量。上身训练量以每次课抛接的次数及触地的次数来衡量。超等长训练负荷量还应考虑运动员的训练经验和水平，相关建议如表5–5所示。

表5–5　超等长训练负荷量的建议

运动员的训练经验	开始训练时的量（触地或抛接次数）
初级（初学）	80 ~ 100
中级（有一定经验）	100 ~ 120
高级（很有经验）	120 ~ 140

资料来源：美国国家体能协会，哈夫，特里普利特. NSCA–CSCS美国国家体能协会体能教练认证指南：第4版[M]. 王雄，闫琪，周爱国，等译. 北京：人民邮电出版社，2021.

④训练频率：超等长训练安排主要依据运动项目、所处的周期阶段及运动员的状态，通常为1 ~ 3次。超等长训练的课间恢复一定要充分，避免过度训练。另外，

针对同一部位的超等长训练不要连续两天都安排。有研究认为，超等长训练课间必需的恢复时间是48 ~ 72 h，因此，每周可以安排2 ~ 4次训练。另外，美职篮赛季中的篮球运动员每周最好不要超过1次超等长训练，准备期可以安排2 ~ 3次。

⑤间歇时间：超等长训练在练习的次与次之间、组与组之间、课与课之间，都要充分恢复。在跳深训练中，次与次之间的恢复时间应为5 ~ 10 s，组与组之间的恢复时间应为3 ~ 5 min。同时，组间间歇时间由练习与休息的占比（1 ∶ 5 ~ 1 ∶ 10）来确定，其占比应因专项特征、练习方式以及强度的高低进一步明确。

（八）其他训练方法

①电刺激训练法是以脉冲电流代替大脑发出的中枢神经冲动，使肌肉收缩，借以提高肌肉力量的训练方法。其训练目的在于不增加肌肉体积的情况下，提高肌肉力量，亦可用于加强薄弱环节肌群的力量。随着对电刺激训练法的深入了解，越来越多的运动队采用该方法提升运动员的肌肉力量和运动表现。

②血流限制训练（blood flow restriction training，BFRT）又称静脉血流量限制，指在限制或较短时间内阻断静脉（或毛细血管）血流量，以相对较低的训练强度促进肌肉生长、增强肌肉功能的训练方法。BFRT由日本学者佐藤嘉晃（Yoshiaki Sato）于1966年发明，并称为加压训练（KAATSU）。BFRT已经被证明，可以有效地增加肌肉力量和肌肥大，并且相对传统大重量训练具有更高的安全性。值得注意的是，尽管血流限制训练被证明可以促进肌肉生长，但将其转移到其他运动形式（如速度项目）仍缺乏研究支撑。

③基于速度的训练是指以动作速度作为负荷强度控制的变量而进行的力量训练方法。米拉登・约万诺维奇（Mladen Jovanović）等针对传统力量训练的局限性首次提出基于速度的力量训练的新概念。随着科技和认知的发展，基于速度的力量训练成为一个相对宽泛、功能多样的训练理念、方法和手段。例如，它可用于预测1RM重量，监测神经肌肉疲劳，实时视觉反馈，调控负荷强度、重复次数和组数等训练变量，并有效且最大限度地促进力量训练表现的提升。

四、力量训练应注意的问题

（一）力量训练动作技术的规范性

力量训练动作技术的规范程度直接影响着训练质量与潜在的受伤风险。每一个力量练习都对动作有着严格的要求，准备姿势、动作过程及结束动作都应遵循生物力学原理。力量练习对杠铃的抓握技术、呼吸方式、动作节奏、关节的活动范围、力量训练监护（保护）等基本规范也有严格要求。

（二）力量训练内容安排的次序性

力量训练安排较多的练习时，应当慎重考虑力量练习的顺序，避免出现因练习之间相互干扰而影响训练质量的现象。常见的力量训练次序为：其一，身体部位的顺序是首先进行上肢或下肢的练习，腰腹部练习安排在最后。其二，全身爆发力力量优先安排，其次是多关节练习，最后安排单关节练习，即先进行大肌肉群的训练，再进行小肌肉群的训练。

（三）力量训练的整体性

竞技运动中主要是全身多关节的运动。力量训练中，重视全身性、多关节力量训练，能够保障运动员专项竞技能力的发展，促进不同肌肉间的协同。力量训练的整体性要做到处理好运动肌群和稳定肌群、远端小肌肉群与近端大肌肉群、单关节和多关节力量训练的关系。

（四）力量训练的专项性

力量训练的运动方式存在着专项特殊性，力量提高的幅度取决于运动方式与专项运动方式的吻合程度。力量训练的专项性要做到认清运动项目需求的力量类型，明确肌肉力量的收缩方向，力量训练的强度与专项强度需要一致。

（五）力量训练负荷的渐进性

循序渐进地提高力量训练的负荷量度，可以系统地提供力量，同时可以减少运动损伤和过度训练的发生。负荷的渐进性体现在训练量的增加先于训练强度的增加，负荷增加的时机和幅度要得当。

（六）儿童少年力量训练的生理学特征

1. 力量训练的安排要与儿童少年的力量发展敏感期相匹配

8岁以后，男、女孩最大力量开始显露差别，男孩最大力量自然增长的敏感期为11～13岁，到25岁左右最大；而女孩在10～13岁力量增长速度较快，13～15岁力量增长速度下降，15～16岁回升，16岁以后再度下降，20岁左右达到最大力量。快速力量的发展比最大力量发展得更快、更早。7～13岁是速度力量发展的敏感期，13岁以后男孩比女孩增长快。力量耐力的自然发展趋势较为稳定，男孩7～17岁基本处于直线上升趋势；女孩13岁以后增长速度缓慢，14～15岁甚至出现下降。

2. 练习的选择

儿童少年多采用小负荷，特别是克服自身体重的练习，如做俯卧撑、仰卧起坐、蹲起等练习，使全身肌肉力量得到发展。应以动力性练习为主，少采用或不采用静力性练习，特别要尽量避免出现憋气动作，以免因胸膜腔内压的突然变化而影响心脏的正常发育。

3. 儿童力量训练不要过早专项化

应侧重一般力量训练，全面发展力量，避免由于练习单一或过度专项化而出现肌肉损伤或肌肉失衡问题。

五、力量的评定

（一）基础力量测试

力量的测试包括最大力量测试、爆发力测试、反应力量测试和力量耐力测试。①最大力量测试常用的方法包括1RM测试（深蹲、卧推）和等长大腿中位拉。此外，也可以通过仪器测定速度或等距力量测算1RM。②爆发力测试包括1～3RM的高翻、抓举等抗阻力量测试。③反应力量测试方法包括纵跳、立定跳等超等长练习的测试。此外，还可以通过测试反应力量指数评价反应力量。④力量耐力测试方法包括持续完成力量测试动作的次数，如测试一定时间（1 min、30 s）内做仰卧起坐、引体向上和俯卧撑等的次数。

（二）衍生力量指标测试

基础力量测试可以作为训练进阶的依据，但尚不足以完整地评价运动员的力量特征，因此需要对动态力量指数、弹性指数等力量衍生指标进行测试，以挖掘更多的力量信息。

1. 动态力量指数

动态力量指数（dynamic strength index，DSI）是反映运动员的最大力量在运动中的利用水平的指标，为力量训练侧重最大力量还是反应力量提供依据。*DSI*测试需要综合弹道式练习峰值力和等长最大力量两种测试方法。它可以揭示在进一步实施弹道式训练之前，是否需要拥有足够的最大力量水平。*DSI*值的大小并不意味着好与坏，而是揭示运动员对个人最大力量的利用特点。*DSI*强调了弹道式练习的峰值力与等长最大力量进行比较。公式如下：

$$DSI=\frac{\text{弹道式练习峰值力}}{\text{等长最大力度}}$$

常用的测试方法包括：下肢的*DSI*采用反向跳（counter movement jump，CMJ）来评价弹道式练习的最大力量，采用等长大腿中位拉评价等长最大力量。上肢的*DSI*采用卧推抛评价弹道式练习的最大力量，采用卧推等长最大力量测试评价等长最大力量。上下肢不同*DSI*及其对应训练策略（表5-6）。

表5-6　上下肢不同*DSI*及其对应的训练策略

上/下肢	*DSI*	训练策略
上肢	< 0.75	反应力量训练
	≥0.75	最大力量训练
下肢	< 0.60	反应力量训练
	0.60 ~ 0.80	二者兼有
	> 0.80	最大力量训练

注：据Young（2015），Sheppard（2011）等研究成果编制。

2. 弹性指数

弹性指数（elasticity index，EI）是通过下蹲跳（squat jump，SJ）和*CMJ*两种测试数据的比较，反映离心能力（肌腱、筋膜弹力）利用的水平的指标。公式如下：

$$EI = \frac{CMJ - SJ}{CMJ} \times 100\%$$

*CMJ*和*SJ*是用来反映运动员下肢反应力量的常用测评指标。*CMJ*反映下肢伸肌肌群从离心收缩快速转化为向心收缩的能力，*SJ*反映下肢伸肌肌群在预先拉长且处于等长状态下突然收缩的能力。EI>11%，表明运动员神经动员募集能力差；EI<6.5%，表明运动员神经动员募集能力强。

第三节　速度及其训练

一、速度释义

（一）速度的定义

速度是指人体快速运动的能力。竞技运动中，速度被称为运动的灵魂，主要体现在人体快速完成动作的能力、对外界信号刺激快速反应的能力以及快速位移的能力。在不同运动项目中，运动员的速度表现存在差异。例如，100 m跑运动员要求达到最快的移动速度，而一些球类项目运动员不仅要达到最快的速度，还要有对外界信号刺激快速反应的能力以及很好的速度控制能力。

（二）速度的分类

1. 反应速度

反应速度是指人体对各种信号刺激（如声、光、触等）快速应答的能力。反应速度主要取决于人的感受器以及中枢神经系统与肌肉之间的协调，受遗传效应影响较大。反应速度可以通过视觉扫描、专项动作认知、预判等能力的训练得到提高。

2. 动作速度

动作速度是指人体或人体某一部分快速完成动作的能力。动作速度是技术动作不可缺少的要素，表现为人体完成某一技术动作时的挥摆速度、击打速度、蹬伸速度、踢踹速度等，此外，动作速度还包含在单位时间里连续完成单个动作时重复的次数，即动作频率。

3. 移动速度

移动速度是指人体在特定方向上位移的速度，以单位时间内机体移动的距离为评定指标。从运动学上讲，移动速度是距离与通过该距离所用的时间之比。在竞技运动中，移动速度常常用人体通过固定距离所用的时间来表示。

上述3种速度在运动实践中既有联系又有区别。反应速度是人体完成任何动作均需要的能力，是其他速度的开始。移动速度是由不同的单个动作速度（如途中跑的后蹬速度、前摆腿动作速度、摆臂速度等）组合而成的。动作速度在一定程度上影响着移动速度。但它们又有一定区别，反应速度快，动作速度和移动速度并不一定快；而动作速度和移动速度快，反应速度也不一定快。

二、速度的影响因素

（一）形态学因素

从形态学的角度看，优秀的短跑运动员体形存在差异，也各具特色。身材矮小的运动员相对于高大运动员虽然步幅小，但具有较快的步频。相反，身材高大的队员具有较大的步幅，但步频相对较低。因此，对于短跑运动员，至今没有一个绝对标准的体形。但是，身体形态对运动的影响是不容忽视的。

（二）生理学因素

1. 肌纤维类型

快肌纤维比例较高的个体相较于慢肌纤维比例较高的个体，从事短跑运动更具潜力。尽管对慢肌纤维能够转换为快肌纤维的理论尚有争议，但持续的高强度训练可以实现这种转换，并提高快肌纤维的比例。合理的高强度训练能够募集并改善快肌纤维，有利于加速能力和速度的提高。

2. 体脂百分比

体脂百分比既反映运动员的健康水平又影响运动员的运动水平。无论对于男性还是女性运动员，体脂百分比过低都会对健康产生消极影响。相反，过多的脂肪对运动员的加速能力和最大速度也会造成负面影响。从事不同运动项目的运动员的体脂百分比存在一定的差异。从事短跑运动比较理想的体脂百分比是男性为6% ~ 10%，女性为12% ~ 17%。

3. 反应时

反应时是指从给予运动员信号刺激到动作开始时的时间，由感觉时（接受刺激）和决定时（思维时）组成，是人的大脑皮层中枢神经系统的反应能力，也称“潜伏期”，是反映机体应答能力的主要指标。反应时是影响反应速度的重要因素，反应速度训练中，往往根据不同项目的信号刺激特点评估运动员对特定信号的反应时，并施加特定信号的训练。

（三）技术、准备动作与协调性

①合理的短跑技术是移动速度的重要影响因素。从运动学角度，避免步长过大或过小以及消除动作紧张等错误可以提高加速能力和速度。从动力学角度，合理的技术能够形成更大的地面反作用力，把肌肉力量充分发挥出来，提高速度或加速度。②准备动作是采取行动的预备状态，良好的准备动作可以有效提高反应速度、动作速度和移动速度。动作速度和移动速度受中枢神经系统兴奋与抑制的转换速度和神经肌肉协调性的影响。③协调性是形成合理技术的基础。肌肉间的协调、四肢间的协调都是动作速度和移动速度提高所必需的能力。

（四）力量

肌肉的收缩能力是完成技术动作的重要条件。力量尤其是爆发力有助于提高步长、步频等速度参数。起跑时爆发力不足，很难获得较大的加速度。

最大力量是爆发力的基础，是速度训练不可忽视的重要因素。但最大力量不同于专项力量。运动员的专项力量练习同专项动作密切相关，并直接影响速度的提高。跳跃和冲刺练习可以帮助短跑运动员建立正确的神经肌肉运动形式以提高步频、步长并减少机体运动时能量的浪费。

（五）柔韧性

大幅度完成动作的能力是提高速度所必需的。柔韧性不好将会限制运动员的步幅或动作幅度，进而影响运动员的竞技表现。此外，良好的柔韧性可以提高下肢的蹬伸能力，并使肌肉形成更好、更协调的收缩和放松。

（六）速度耐力

速度耐力是指加速到最大速度后的保持能力或运动员重复较短距离的冲刺能力。速度耐力虽然在短跑的前半程不对步频和步长产生影响，但是决定着运动员后半程速度减慢的量。即使在100 m比赛中，运动员在冲刺阶段的速度也可能会下降，因此，速度的保持能力是短跑成绩的重要影响因素。

三、速度训练方法

（一）反应速度的训练方法

1. 信号刺激法

信号刺激法是指利用突然发出的信号提高运动员对信号的反应能力的训练方法。该方法要求运动员能对各种信号迅速做出反应，如通过教练员的口令、鸣哨和鸣枪等信号，提高起跑、入水和起划的反应能力。刺激信号一般包括以下6种类型。

①固定信号源单一信号练习。例如，发令起跑，发令入水，发令起滑；乒乓球、羽毛球、排球等单一技术的多球训练；足球固定套路进攻，训练中防守者见到进攻者起动亦立即起动等。

②固定信号源多元信号练习。采用突然变化的应答性动作进行训练，如让运动员根据突然变化的视觉或听觉信号改变动作的方式。

③固定信号源选择信号练习。例如，乒乓球多球训练中，教练员发出转或不转的球，运动员做出瞬间反应，并打出相应的回球。

④移动信号源单一信号练习。例如，持球篮球运动员听到不同方位传来的要球信号，立即将球传出。

⑤移动信号源多元信号练习。本练习与固定信号源多元信号练习的区别是练习过程中视觉或听觉信号是移动的。

⑥移动信号源选择信号练习。例如，利用神经反射练习板，从不同方位发出不同的信号，运动员迅速做出选择性回应。

2. 运动感觉训练法

运动感觉训练法是指通过提高运动员本体感受及对时间空间的感知能力，来提高反应能力的训练方法。具体步骤：首先，运动员对信号快速做出应答后，由教练员告知反应时间；其次，运动员对信号快速做出应答后，教练员要求运动员自己报告估计的时间，然后教练员再告知准确时间；最后，要求运动员按事先确定的时间完成动作。

3. 移动目标训练法

移动目标训练法是指对移动目标（如球、对手或教练员）的变化做出反应的训练方法。它适合于击剑、乒乓球、排球、羽毛球、冰球等运动项目的反应速度训练。具体步骤：①看和听移动目标的信号；②判断移动目标运动的方向和速度；③确定对移动目标信号做出反应的应答方案；④做出应答反应动作。其中，判断目标的移动方位、速度的快慢和准确性会直接影响所选择应答方案的正误。训练中可逐渐提高难度，如做第二步时，可缩短与目标的距离或提高目标移动的速度。

4.选择性信号反应训练法

选择性信号反应训练法是指运动员通过对几种复合信号做出选择性判断，只对其中一种信号做出应答反应来提高反应速度的训练方法。该方法主要是提高运动员对运动中出现的多元信号（如对手的真假动作中的真动作）迅速做出判断反应的能力。

（二）动作速度的训练方法

1.助力或减负训练法

助力或减负训练法是指训练中给予运动员以助力，帮助其快速完成动作的训练方法。具体手段如体操运动员在教练员帮助下快速完成摆腿振浪练习，以及如投掷运动员用轻器械投掷，以体会更快的动作速度感觉。

2.预先加难训练法

预先加难训练法指加大难度、加大阻力进行练习后，突然将阻力或将难度恢复到正常水平，利用前面练习对神经肌肉系统形成后续作用（痕迹作用），来有效提高动作速度训练的方法。具体手段如跳高运动员先进行腿缚沙袋摆腿练习，然后去除沙袋做摆腿练习，以提高起跳瞬间摆动腿的速度。

3.变换训练法

变换训练法指缩小完成练习的空间时间界限（如球类小场地快速完成练习）的训练法。常常通过小场地的练习，限制活动的时间、范围和技术动作的频繁出现，进而达到提高运动员完成动作的速度的目的。具体手段如5人制的室内足球比赛、3人制的篮球比赛等。

4.速度控制训练法

速度控制训练法指通过主动地对动作速度有效控制的练习来提高运动员动作速度的感知能力，进而提高运动员的动作速度的训练方法。例如，在技能主导类表现难美性项群的练习中，单个或几个最高速度的动作与整套动作之间适合速度比例的训练，要求既要发挥某个或某几个动作的最高速度，又要重视动作与整体的速度配合节奏。

5.信号刺激训练法

信号刺激训练法是指借助信号刺激提高动作速度的训练方法。例如，利用同步声音的伴奏，使运动员伴随着声音信号的快节奏而做出协调一致的快速动作。

（三）移动速度的训练方法

移动速度受到加速能力、动作幅度、动作频率、技术和速度耐力等因素的影响，因此，提高以上因素是发展移动速度的基本途径，见表5-7。

表5-7 提高移动速度的基本训练

影响因素	基本训练
加速能力	专项的起动训练、超等长训练、抗阻力量训练、冲刺能力训练、助力速度训练、阻力速度训练
动作幅度	抗阻力量训练、超等长训练、冲刺能力训练、助力速度训练、阻力速度训练、技术训练、柔韧性训练
动作频率	助力速度训练、肌肉平衡训练、放松能力训练
技术和速度耐力	技术训练、速度耐力训练、冲刺能力训练、一般耐力训练

资料来源：FORAN B. High-performance sports conditioning[M]. Champaign：Human kinetics，2001.

1. 助力速度训练法

助力速度训练也称超最大速度训练，是指利用器材或场地的情况，进行超最大速度的练习，有利于突破已有的速度上限，如短跑的下坡跑、助力牵引等练习。在助力速度跑中，步频加快，收缩肌肉的肌电加强，蹬地反作用力加大，肌肉紧张度加大，肌肉内储存的弹性能增加，而且肌肉收缩的效率以及跑的技术都得到改善。

（1）下坡跑

理想的下坡跑场地要求具有约20 m的平坦地面，实现加速获得接近最大的速度；连接15 m冲刺的下坡，倾斜角度在3°～7°，实现比正常条件下更大的步长、步频和速度；最后连接15 m以上冲刺的平地，使运动员在没有助力的情况下保持最大速度的冲刺。

倾斜角度大于7°将会产生落地危险的问题，以及步长过长、脚跟着地、地面接触点超过身体重心等技术变形和形成制动作用的问题。在倾斜角度低于4°时也应该充分注意制动作用和技术的变形。

下坡跑强调跑步技术的合理性。训练强度遵循循序渐进原则，在开始进行训练时，可以用较低速度进行适应，适应后，再全力跑。额外负重训练的重复次数和跑动距离也是随着训练的不断进展逐步加大的。

（2）助力牵引

与下坡跑相比，助力牵引产生更快的步频和步长。助力牵引常采用阻力带、滑轮装置以及汽车、摩托车的牵引。

助力牵引是将6～7 m的弹力带的一边系到运动员的腰部，另一边系到同伴或固定物上，如树、门柱。运动员后退将弹力带拉长，产生弹力，在熟练调整和能够掌握平衡后才能进行高速练习。适应后，运动员必须全力完成牵引跑练习，并增加牵引距离和重复次数。弹力带助力速度训练设计见表5-8。

表5-8 弹力带助力速度训练设计

时间	重复次数	距离/m	休息时间/min	进级
周一	3 ~ 5	10 ~ 15	2	3/4速度适应
周二	3 ~ 5	10 ~ 15	2	最大速度
周三	5 ~ 7	15 ~ 20	3	最大速度
周四	7 ~ 9	20 ~ 25	3	最大速度
周五	7 ~ 9	20 ~ 25	3	最大速度
周六、周日	7 ~ 9	25 ~ 30	3 ~ 5	穿负重背心最大速度

资料来源：FORAN B. High-performance sports conditioning[M]. Champaign：Human kinetics，2001.

助力牵引时应注意跑动技术的合理性，避免技术变形。练习尽量在松软的草地进行，并且要检查有没有草皮脱落和其他物品。另外，牵引跑必须全力跑，否则达不到理想的超最大速度训练的效果。

2. 阻力速度训练法

阻力速度训练是通过加大跑动的阻力以提高下肢力量的训练形式。它包括上坡跑、拖重物跑、沙地跑和水中跑等方法。

阻力速度训练的目标：①加强伸髋肌群的力量；②减小脚每次着地时身体重心下降的幅度。下肢各关节伸肌的力量越大，支撑阶段中身体重心下降的幅度越小。下肢关节的弯曲度越小，引起的伸肌牵张反射越强烈，每一步后蹬阶段的力量越大。

（1）上坡跑

上坡跑强调快速蹬地动作以克服上坡阻力，将有助于发展伸髋肌群力量和缩短蹬地时间。上坡跑的场地要求和下坡跑相似。上坡的坡度为3°~7°。坡度若大于7°，虽然对于发展伸髋肌的力量是有益的，但不利于短跑专项技术的发展，甚至会导致技术变形。

注意：练习时保持正确的身体姿势和技术动作是上坡跑练习的关键。

上坡跑的训练强度高，因此要求运动员全力以赴，练习速度不要低于最大跑速的90%，跑动距离一般在10~30 m，跑动距离太长会降低肌肉的快速收缩能力。

（2）拖重物跑

拖雪橇、轮胎、降落伞或其他重物进行快速跑的原理是增加跑动动作的阻力，发展肌肉收缩力量，特别是髋、膝、踝3个关节的伸肌群。

雪橇的优点是容易变换尺寸（从而加大阻力），雪橇上也很容易将重物牢固地固定，使阻力加大。拖重物绳子的长度很关键，绳子长度一般不低于10 m，因为较短的绳子会影响被拖物平稳性。拖轮胎时，可在轮胎内加入重物增加阻力。拖降落伞跑的优点是在跑动中去掉降落伞比较方便，能够让运动员在没有额外阻力的情况下完成每次跑的最后阶段，并体会加速的感觉。在跑的过程中，降落伞不是稳定在运动员的正后方，而是左右晃动（在有风的情况下晃动更大），晃动会导致运动员为努力保持身体平衡而难以实现全力跑，这对于短跑运动员而言是不利的。然而，拖降落伞跑的不稳定特点有助于躲闪动作时的平衡控制，对于集体球类项目的运动员有一定的好处。

（3）沙地跑和水中跑

沙地和水中两种环境是发展运动员屈髋肌群力量的有效方法，但对于加大步长（伸髋肌的利用）方面的作用有限。

沙地使地面反作用力下降，屈髋肌群需额外用力实现快速屈髋，因此屈髋肌群得到有效发展。沙地还使下肢踝关节和髋关节在不平稳的沙地上调整适应，尤其是踝关节灵活性的适应有助于身体控制力的提升。

注意：速度训练计划中，不要安排过多的沙滩跑练习。

进行水中跑速度训练时，水不宜太深，一般不高于腰，通过屈髋时水的阻力加大屈髋肌群的力量。进行水中跑耐力训练时，一般水比较深，与陆上跑相比，肌肉运动方式及运动范围相似，只是下肢伸肌动员较少，上肢肌肉动员较多，有助于保持最大摄氧量水平。

（4）负重背心跑

负重背心跑是运动员穿着一定重量的背心，通过重量的增加发展腿部伸肌力量。背心的额外负重使脚着地时产生的垂直力加大，加大肌肉承受更大离心负荷的能力，加大肌肉收缩产生的爆发力。负重背心一般有3种：①基础力量背心重量为0.5～10 kg，主要是发展运动员力量耐力；②速度耐力背心重量为0.5～8 kg，主要是发展速度耐力；③速度背心重量为0.5～4 kg，主要是发展灵敏、速度和爆发力。

负重背心跑注意负重量要渐进。背心的重量根据运动员的个体特征，一般建议在1～5 kg范围内。首先，负重跑不能破坏跑动技术；其次，跑动速度下降不能超过最大速度的10%，否则应当降低重量。

3. 高强度间歇训练法

高强度间歇训练是指强度高，并严格控制间歇时间，发展速度耐力的训练方法。冲刺距离和间歇时间的确定是该方法的关键。重复的次数和组数应模仿竞赛的情景。针对足球、橄榄球的高强度间歇训练法一般采用跑动距离逐渐从10 m增加到50 m，重复次数从5次增加到15次，慢跑恢复和休息的间歇时间从20 s降低到5 s。

速度耐力金字塔训练法

量出50 m的距离，在起点摆放一个标志物，每间隔10 m依次摆放5个标志物。运动员从起点开始疾速跑10 m，然后步行剩余40 m。转身，疾速跑20 m，步行30 m。转身，疾速跑30 m，步行20 m。转身，疾速跑40 m，步行10 m。转身，疾速跑50 m，转身疾速跑50 m回到起点。完成所有上述跑，算为1组。休息90 s，再依次完成4组。

四、速度训练应注意的问题

（一）训练应结合所从事的专项运动进行

速度具有明显的专项性特征。不同运动项目对反应速度、动作速度和移动速度的要求不同，运动员通过专门性练习所获得的速度能力对提高运动成绩具有直接促进作用。例如，篮球、足球、橄榄球、网球等运动项目由于专项差异，其冲刺跑的距离也是不一样的。因此，在选择速度练习时，应考虑专项的需求。

（二）训练应在运动员兴奋性高、情绪饱满情况下进行

速度训练强度非常高，主要依靠磷酸原系统[1]供能，因此，对运动员的中枢兴奋性需求高，持续时间一般不应超过20 s，重复的组数以较小幅度（一般不超过10%）降低速度为前提。此外，运动员的情绪饱满有利于注意力保持。运动员注意力会影响神经系统保持适宜的兴奋状态。肌肉处于适宜兴奋状态的反应速度相比于处于完全松弛状态，可提高60%左右。因此，速度训练一般安排在训练课的前半部进行。

（三）避免形成速度障碍

产生速度障碍的客观原因：①由于技能动力定型的形成，运动员技术动作的空间时间特征都趋于稳定；②随着运动水平的提高，运动员神经过程灵活性的改进和肌肉收缩所需能量的提供会遇到更大的困难，而运动员向前移动所需克服的阻力则更大。

产生速度障碍的主观原因：过早地片面发展绝对速度，基础训练不够，技术动作不合理，训练手段单调，负荷过度、恢复不好等。出现速度障碍时，可采用牵引跑、变速跑、下坡跑、带领跑、顺风跑等手段予以克服。

（四）注重放松能力的培养

肌肉放松能力会影响短跑运动员在连续快速移动中能量供应和发力效率。跑的距离越长，短跑成绩与肌肉放松能力的关系如表5–9所示。

表5–9　短跑成绩与肌肉放松能力的关系

项目	成绩提高幅度/s	爆发力/%	最大肌力/%	肌肉放松能力/%
60 m	6.4 ~ 7	34.13	20.04	19.58
100 m	10 ~ 10.9	20.59	12.34	21.26
200 m	20 ~ 21.5	11.33	6.84	46.32

资料来源：FORAN B. High–performance sports conditioning[M]. Champaign：Human kinetics，2001.

[1]　“磷酸原系统”是广义术语，“磷酸肌酸系统”侧重其化学本质，但均指向同一供能机制。后文将结合语境使用对应的适合表述。

（五）儿童少年速度生理特征

6～12岁阶段反应速度提高幅度较大，其中9～12岁阶段提高得最为显著；12岁以后，反应速度提高幅度减小；到16岁时，由于内分泌系统等机能发生质的飞跃，反应速度又出现高峰；20岁以后，反应速度基本稳定下来。

动作速度的敏感期在7～11岁。该阶段动作频率的训练是非常有效的。12岁以后动作频率提高的空间相对变小。

男孩第一个速度敏感期在7～9岁，第二个敏感期在13～16岁。女孩第一个速度敏感期在6～8岁，第二个敏感期在11～13岁。12岁左右的男、女孩的速度差别不大，13岁以后，男孩逐渐超过女孩。男子在18岁以后移动速度有提高的趋势，而女子17岁时速度提高减慢。女孩14～16岁时由于青春期关系，个体会出现低于14岁以前的速度。由于移动速度的发展与力量、耐力等其他身体素质的发展有着密切的关系，因此，对儿童少年进行移动速度训练的同时，要十分重视身体素质全面发展。

五、速度的评定

（一）反应速度的评定

人们通常通过测定反应时来评定运动员反应能力。应根据不同项目的特点测定运动员对特定信号的反应速度。例如，短跑、游泳等竞速项目的运动员主要接收听觉信号开始竞技，而乒乓球项目的运动员则主要接收视觉信号而做出技战术反应。

反应时可以通过实验室的测试进行评定，也可用简易的方法进行测量与评定。

（二）动作速度的评定

动作速度既可以指某一完整的技术动作（如直拳、传球、纵跳），也可以指某一个完整技术动作的一个环节（如抓举的下肢蹬伸、跳远起跳、游泳转身的动作速度）。因此，技术环节的动作速度测量是与技术参数测定联系在一起的，如出手速度、起跳速度、角速度、加速度等。完整技术的动作速度的测试可以通过对连续反复多次完成同一动作计时求出平均的动作速度。

（三）移动速度的评定

移动速度测试的目的是揭示运动员起动能力、加速能力、最大速度能力和速度保持能力。除了时间参数，步数、步频和单腿蹬地时间也是重要的评价参数。移动速度测试时，运动员应保持较高的神经兴奋性，并做好充分的准备活动。常用方法包括30 m、60 m、100 m、120 yd（1yd=0.9144 m，下同）和40 yd × 10次重复跑测试。需要完成短距离冲刺的项目，选择30 m冲刺跑。例如，篮球移动速度测试采用3/4场地冲刺跑（21 m），而足球则需要进行60 m冲刺跑测试。100 m运动员常选择100 m和120 yd速度测试。需要反映运动员反复短距离冲刺能力的则选择40 yd × 10次重复跑测试。

1.120 yd速度测试

120 yd速度测试是针对短跑运动员专门的测试方法。

目的：通过120 yd冲刺跑，获取运动员的起动、加速、最大速度和速度耐力等重要信息。

操作程序：测试者分别在40 yd、80 yd、120 yd 3个点上计时。运动员采用蹲踞式起跑姿势，听到发令枪响后全力跑完120 yd的距离。

数据分析：通过测试得到的数据包括40 yd的成绩、80 yd的成绩、40 ~ 80 yd的成绩、80 ~ 120 yd的成绩和40 yd距离间的成绩差。0 ~ 40 yd的成绩反映加速能力，40 ~ 80 yd的成绩反映最大速度能力，80 yd和40 yd的成绩可以反映速度耐力。如果0 ~ 40 yd的成绩与40 ~ 80 yd的成绩差超过0.7 s，则反映运动员的加速能力有待提高；如果80 ~ 120 yd的成绩与40 ~ 80 yd的成绩超过0.2 s，则反映运动员的速度耐力有待提高。

2.40 yd × 10次重复跑测试

40 yd × 10次重复跑测试适用于需要反复短距离冲刺项目的运动员，测试其高速下的重复冲刺能力，即速度耐力。

目的：通过10次短距离的冲刺跑的差异，反映运动员的速度耐力水平。

操作程序：标出40 yd的距离。运动员在起点采用站立式起跑，听到枪响后全力跑完40 yd的距离。间歇时间应该根据专项不同而确定。例如，橄榄球运动每回合的间隔时间为25 ~ 30 s，而曲棍球每回合的间隔时间为5 ~ 15 s，因此，应该根据相应的间隔确定间歇时间。橄榄球运动员间歇为25 s，曲棍球15 s，篮球20 s。反复进行10次全力跑。

数据分析：记录下10次全力跑的时间。如果10次测试中最好成绩与最差成绩的差不超过0.3 s，则反映该运动员具有良好的速度耐力。如果差值超过0.3 s，则反映该运动员的速度耐力水平不高，应当进行相应的速度耐力训练。

第四节 耐力及其训练

一、耐力释义

（一）耐力的定义

①耐力是指机体在一定时间内保持特定强度负荷或动作质量的能力。②“一定时间”是指不同专项对运动时间的规定性。特定运动强度或动作质量的保持是耐力水平的体现。耐力水平的提高表现为更长时间保持特定强度或动作质量，或在一定时间内承受更高强度的能力。

（二）耐力的分类

1. 按人体的生理系统功能特点分类

①肌肉耐力也称为肌肉力量耐力，是指肌肉长时间持续对抗阻力的能力。②心血管耐力也称为心肺呼吸耐力、有氧能力，是指心脏、肺和血管向工作中的肌肉和组织输送氧气，以及这些肌肉和组织利用氧气的能力。

2. 根据机体运动中供能特点分类

①有氧耐力是指机体在氧气供应比较充足的情况下，能坚持长时间工作的能力。有氧耐力训练的目的在于提高运动员机体吸收、输送和利用氧气的能力，促进机体的新陈代谢。

②无氧耐力是指机体以无氧代谢为主要供能形式，坚持较长时间工作的能力。它又分为磷酸原系统供能无氧耐力和糖酵解系统供能无氧耐力。在较高强度的无氧代谢供能的肌肉活动中，磷酸肌酸分解供能，不产生乳酸，维持较长时间运动的能力，称为磷酸原系统供能的无氧耐力。在无氧代谢的肌肉活动中，糖酵解供能，产生乳酸，维持长时间运动的能力，称为糖酵解系统供能的无氧耐力。

3. 依耐力对专项的作用分类

①一般耐力是指专项运动所需要的，对专项运动成绩的提高起间接作用的基础性耐力。②专项耐力是指与提高专项运动成绩有直接关系的耐力，具体讲是指持续完成专项动作或接近比赛动作的耐力。

4. 根据肌肉工作的力学特征分类

①静力性耐力是指长时间持续保持一定姿态的能力，如立姿步枪射击，需要运动员能够较稳定地长时间保持固定姿态的能力。②动力性耐力则是指长时间从事动态运动的能力。

二、耐力的影响因素

耐力取决于运动员有氧供能能力、能源物质的储存、支撑运动器官功能，即承受长时间工作的能力以及运动员的心理耐受程度（包括心理控制和对疲劳的耐受程度）4个方面（图5-1）。

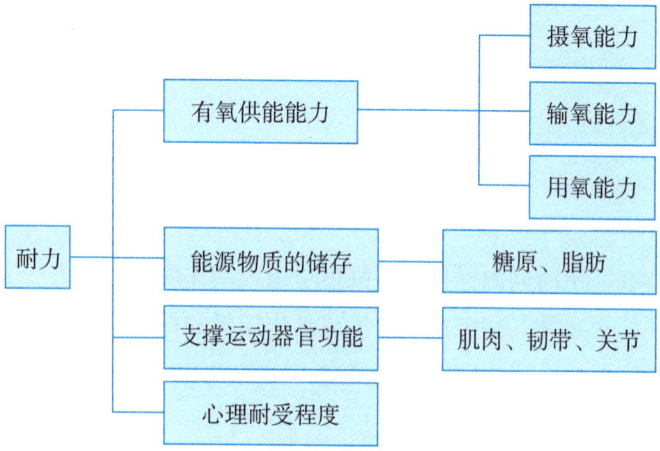

图5-1　耐力水平的决定因素

（资料来源：田麦久.（运动训练方法讲座·第二讲）耐力素质的训练方法[J]. 中国学校体育，1992（4）：53–55.）

提高运动员的摄氧、输氧及用氧能力，保持运动员体内适宜的糖原的储存量，提高肌肉、关节、韧带等支撑运动器官对长时间负荷的承受能力，加强运动员心理调节控制的能力，改进运动员在疲劳状态下动员机体潜力、持续工作的自我激励能力，是发展运动员耐力的重要途径。

（一）最大摄氧量

最大摄氧量（VO_2max）水平的高低与耐力运动项目的成绩密切相关，因而也被认为是反映人体有氧耐力的经典指标。它代表机体氧化能力的最高水平，不仅与心肺功能有关，而且与氧运输能力、肌肉（包括慢肌纤维及氧化型和酵解型快肌纤维）摄取和利用氧的能力密切相关。

（二）无氧阈

无氧阈（anaerobic threshold，AT）是指在递增负荷的运动中，人体的供能由有氧代谢供能转入由无氧代谢供能的转折点。无氧阈测试分为乳酸阈测试和通气阈测试，也就是常说的乳酸阈和通气阈。当运动强度维持在一定范围内时，人体摄氧量足够满足运动的耗氧量，此刻表现出呼吸不急促，摄氧量、通气量、心率及血乳酸维持在稳定状态，但是当运动强度逐渐增加到一定程度后，便无法维持前述的稳定状态，表现出血乳酸/通气量快速增加，此刻的血乳酸/通气量被称为无氧阈值，而此刻的运动强度被称为无氧阈强度。无氧阈值越高的人越能在没有大量乳酸堆积和通气量变化的情况下进行长时间运动。

（三）运动经济性

运动经济性，也称跑步经济性，主要是指在次极限负荷的特定速度下跑步，摄氧量达到稳定状态时每单位体重的耗氧量。运动经济性越好，在一定速度下的VO_2max百分比越小、乳酸值越低，有氧耐力也就越好。

（四）能量利用方式

优秀的有氧耐力运动员在规定强度运动时，脂肪供能的比例较高，即脂肪的利用率较高，这可以节约糖原的消耗。而在长时间运动中，体内糖原储备多少与运动能力密切相关。

（五）肌纤维类型

慢肌纤维百分比与有氧耐力项目成绩高度相关。高水平耐力性运动员骨骼肌中以慢肌纤维为主。慢肌纤维线粒体密度和氧化酶的活性较高，单位时间内可以通过有氧代谢产生更多的能量。

三、耐力训练方法

（一）长时间、慢速度的长距离训练法

长时间、慢速度的长距离训练（long slow distance training，LSDT）的强度约相当于70% VO_2max（或大约80% HRmax），训练的距离超过比赛距离，或者训练时间持续30 min ~ 2h。该训练法的强度和持续时间是典型的“聊天式训练”，运动员可以边聊天边进行训练，而没有呼吸急促的感觉。

LSDT的生理学效应在于能够提高心血管与体温调节的功能，改善线粒体产生能量与骨骼肌的氧化能力，提高脂肪供能的利用率，促进肌肉代谢特征的适应性变化，以及部分肌纤维由快肌纤维向慢肌纤维的转换。

（二）法特莱克训练法

法特莱克训练是一种组织形式比较宽松的速度变换的持续跑，多在自然条件下进行。运动方式在有一定强度的快跑（85% VO_2max ~ 90% VO_2max）、恢复性慢跑（70% VO_2max）和走步之间交替进行。法特莱克训练法也可用于自行车和游泳项目。

法特莱克训练法的训练效益在于提高VO_2max和乳酸阈，改善运动经济性和能量的利用率。而且它不会让运动员感到在田径场绕圈跑的枯燥乏味，也可以避免在硬场地进行大强度训练时出现的损伤。此外，越野跑时路面凹凸不平，因此它能够以运动专项的方式发展跑步所需的踝关节和胫骨部位承受应力的能力。

（三）配速/节奏训练法

配速/节奏训练法是指采用接近比赛速度的练习速度，并按照固定的跑步节奏进行的训练方法。节奏跑（tempo run）概念于1982年由瑞典国防研究所贝蒂尔·斯约丁（Bertil Sjödin）提出。tempo既代表强度，又代表跑步节奏。配速亦称“速度分配”，是指每千米所需要的时间。跑的节奏感以及形成特定配速下的能量节省化有助于提升耐力表现。

该方法的难点是如何确定配速。实验室条件下，可以直接通过测试获得乳酸阈速度（onest of blood lactate accumulation，vOBLA）。如果没有实验室测试vOBLA的条件，可以根据比赛速度来推断推算vOBLA。例如，以比10 km或5 km比赛速度稍慢（每千米慢10 ~ 15 s）的配速或者15 km–半程的配速进行训练。

（四）间歇训练法

间歇训练法是严格控制间歇时间，在运动员没有完全恢复的情况下，进行下一次训练的方法。该方法被认为是提高耐力水平的最好方法之一，适用于马拉松或其他有氧代谢运动项目的运动员。

采用间歇训练法发展有氧耐力，训练方案需要考虑的因素有单次运动量、强度、间歇时间、重复次数和重复组数。间歇训练法的强度接近VO_2max，练习持续时间可短至30 s，也可以达3 ~ 5 min。在每次练习的间歇时间内，进行轻微的活动（如走动），次数和组数取决于训练的目的和体能水平。此训练方法的效益是能够以比赛的速度进行训练，增加VO_2max和提高无氧代谢能力。间歇训练法要求运动员以接近VO_2max的强度进行训练，对运动员刺激较大，应该慎重实施。此外，这种训练方法要求运动员具备坚实的有氧训练基础。

最大有氧速度（maximal aerobic speed，MAS）也被称为最大摄氧量速度（velocity associated with VO_2max，vVO_2max），由丹尼尔斯（Daniels）于1984年提出，是一个整合了VO_2max和运动经济性参数的指标。

以MAS为强度参数的高强度间歇训练法主要有最大有氧训练法（maximal aerobic method，MAM）、EuroFit训练法和Tabata训练法。表5–10为MAS训练的方法及其负荷结构。

表5–10　MAS训练的方法及其负荷结构

项目	最大有氧训练法	EuroFit训练法	Tabata训练法
运动	100% ~ 110% MAS × 15 ~ 30 s	120% MAS × 15 s	120% ~ 140% MAS × 20 s
间歇	50% ~ 70% MAS × 15 ~ 30 s （积极性恢复）	15 s （消极性恢复）	10 s （消极性恢复）
运动：间歇	1：1	1：1	2：1
持续时间	5 min→8 min→10 min	5 min→8 min→10 min	5 min→6 min→8 min
重复组数	1 ~ 2	1 ~ 2	2 ~ 5
训练周期/w	2 ~ 3	2 ~ 3	2 ~ 3

四、发展耐力的注意事项

（一）注重呼吸方法、节奏和深度

呼吸深度对机体摄取氧气的作用较之呼吸频率更为重要。呼吸策略是加大呼吸的深度，特别是呼气的深度。同时，应该培养运动员用鼻子配合呼吸的习惯。

（二）培养意志品质

良好的意志品质可以使运动员在训练中承受较大的运动负荷，对于开发个人有氧运动潜力和耐力水平有着积极作用。

（三）体现专项特点和需求

不同运动项目的代谢特点和耐力需求存在差异，训练的设计要突出专项需求。训练负荷的安排要与不同训练阶段的训练目标相吻合。

（四）加强医务监督

由于耐力训练时间比较长，运动的负荷也大，对人体各个系统的影响也比较深刻，如果运动员在健康水平不佳或能力有障碍的情况下进行大负荷的耐力训练，就容易对人体各个系统造成严重的损伤。因此，在耐力训练中要加强医务监督。

（五）正确处理好有氧耐力和无氧耐力之间的关系

应该在发展有氧耐力的基础上进行无氧耐力训练，或者在发展运动员无氧耐力的同时进行有氧耐力训练。有氧耐力训练可使运动员输送氧气的能力、利用氧气的能力、心脏功能得到加强，从而为无氧耐力训练奠定基础。

（六）儿童少年耐力训练的注意事项

1. 儿童少年耐力训练应以有氧耐力为主

耐力相较于力量、速度、灵敏的敏感期偏晚。青春期早期以有氧耐力为主进行训练。女孩在14～16岁、男孩在16～18岁进行无氧耐力训练较好。

2. 渐进增加训练负荷

负荷量的安排也应随年龄的增加而适当增加。尤其是青春期早期，应该坚守“运动员虽然能够做到高负荷的有氧训练，但是我们不让运动员这样做”的原则。

3. 采用多样的练习和手段发展青少年耐力

儿童少年进行耐力训练的内容和手段应该是多样的。除了长跑练习，还可以选择活动性游戏、球类运动、骑自行车、滑冰、登山和循环练习等。

五、耐力测试与评估

（一）最大有氧速度测试

最大有氧速度测试不仅反映可使用的氧气量，而且反映运用氧气的效率。递增负荷跑台运动实验是检测 vVO_2max 的最方便的方法，因而 vVO_2max 通常被定义为在递增负荷跑台运动实验中达到 VO_2max 时的实际跑速。

最大有氧速度常用的测定方法有两种：

第一种，在实验室进行坡度恒定、速度递增的跑台测试，确定达到 VO_2max 时的最低速度，坡度一般设为1°～2°以模仿户外风阻。通常起始速度设为10～12 km/h，每级递增速度为0.5～1 min，每级速度持续时长为1～2 min，实际应用过程中需要根据受试者群体调整更改。

第二种，在一个标准的400 m田径场，允许有风的情况下，受试者进行至少20 min的充分热身，然后进行5 min或者6 min全力跑，采用GPS技术记录下所跑的距离（m）。将记录的距离除以用秒表示的时间，就可以得出MAS。通常每隔6～8周重新测试一次，以确定新的水平。

从简便易行考虑，运动队通常采用1 500～2 000 m计时跑。测试时，一定要保证运动员尽最大努力进行，这样才能保证测试的准确性。采用MAS（m/s）=距离（m）/时间（s）计算。

（二）跑步经济性测试

跑步经济性（running economy，RE）是指在次极限负荷的特定速度下跑步，摄氧量达到稳定状态时每单位体重的摄氧量。在特定的跑步速度下，摄氧量较低则说明RE相对较高，反之，摄氧量较高则说明RE相对较低。

跑步经济性可以通过测定几种跑步速度或功率自行车负荷下的单位时间或距离下的能量消耗［以kacl/（kg・min^{-1}）或kcal/（kg・min^{-1}）为评价单位］来评估。通常，测试在室温22℃、相对湿度40%～55%的标准实验室跑台上进行，利用气体代谢仪采集运动员相关通气指标。测试方案需要考虑到初始速度、每级递增速度、每级速度的持续时长、坡度等。建议测试的总时长控制为15～30 mins，标准化热身后，进行3～4级的递增速度测试（10～20 km/h），测试强度控制在85% VO_2max 强度以下等；坡度设为1°，以模仿户外跑的风阻；级间间歇采血监控负荷状态，取每级最后1 min稳定状态的平均摄氧量来计算RE。

（三）Yo-Yo 测试

运动员在距离为20 m的两个标志物之间，以不断增加的跑速进行折返跑。不断增加的跑速由磁带上的信号来控制，队员应在测试中完成尽可能多的折返跑。队员第一次未在规定时间内到达终点或犯规，将会被警告一次；第二次未在规定时间内到达终点或犯规，就会被取消测试资格。

Yo-Yo测试包括3种方案。①Yo-Yo耐力测试：每两次折返跑之间没有间歇，主要用于评价运动员长时间持续运动的能力。②Yo-Yo间歇耐力测试：每两次折返跑之间的间歇时间为5 s，主要用于评价运动员在长时间间歇运动后反复进行大强度运动的能力。③Yo-Yo间歇恢复测试：每两次折返跑之间的间歇时间为10 s，主要用于评价运动员在每次大强度运动后的恢复能力，尤其适用于间歇恢复后从事大强度运动的能力对比赛结果具有重要影响的项目，如足球、橄榄球、冰球等。

（四）7×30 m冲刺无氧耐力测试

运动员从起点开始快速冲刺到终点，然后用25 s的时间恢复体力并返回到起点继续重复完成冲刺跑的任务。记录整个测试的用时、每次冲刺的成绩，找出最好成绩和最差成绩，计算出冲刺的平均成绩和疲劳时间；疲劳时间为最快时间（通常是第1或第2次冲刺跑）和最慢时间（通常是第6或第7次冲刺跑）二者之间的百分比。

第五节 灵敏及其训练

一、灵敏释义

（一）灵敏的定义

灵敏是指运动员对外界刺激做出快速反应并快速变向、变速、变换动作的能力。灵敏是反应能力和变向速度的结合，单独把反应能力或变向速度从灵敏中剥离出来，都不是完整的灵敏。对外界刺激的反应能力是灵敏的又一关键内涵，故灵敏被认为是机体的智商，也被称为有控制的速度或聪明的跑动。灵敏是一种复杂且开放的运动技能，是建立在运动技能与各种身体素质基础上的一种综合表现。灵敏与专项运动技能是不可分割的，良好的灵敏是运动技能的重要表现，可以使运动员有效地控制身体运动，减少运动损伤。

（二）灵敏的分类

根据运动员对运动的预知性，灵敏分为程序化灵敏和随机灵敏。

①程序化灵敏也称封闭式技能，是指运动员在预知的运动情景下表现出的变速、变向、变换动作的能力。例如，“之”字形跑步、“T”形跑、六边形跳等练习。程序化灵敏中的认知成分与包含时间和空间不确定性的练习（如橄榄球的躲闪、篮球的晃动、排球的接发球等）相比，存在显著差异。程序化灵敏练习具有自动反应特性，几乎没有时间和空间的不确定性，即不确定性是有限的。

②随机灵敏也称开放式技能，是指运动员在未知的随机变化的运动情景下，表现出的观察与决策能力以及变速、变向、变换动作的能力。例如，喊号追逐跑，看手势完成快速的变速、变向、变换动作的练习。这些练习要求运动员对周围环境中的感官刺激做出反应，且这种反应不是自动的或预先排练过的反应。

二、灵敏的影响因素

（一）大脑皮层的机能状态

灵敏的生理学基础是在中枢神经系统指挥下，将身体各种运动能力综合地表现出来。只有大脑皮层处在良好的功能状态下，运动员才能很好地预判和迅速应对场上的变化情况，完成相应的技术动作。运动员的大脑皮质神经的兴奋与抑制迅速转换，有助于在场上快速地实现变向运动。

（二）感知觉与预判

在球类运动的比赛中，运动员很少有时间思考后再做出相应动作。因此，感觉器官（视觉、空间觉、速度觉、位置觉）和效应器（肌肉）的作用凸显出来。预判是影响灵敏的关键性因素。“看”是更重要和更实际的。用眼睛去“打”球，就是提高预判能力和动作的精准性。除了视觉，其他各种分析器和外周神经的功能、本体感受器的敏感程度以及肌肉的收缩能力等均可直接影响动作的准确性和迅速变向。

（三）变向、变速运动技能

变向、变速的运动技能非常复杂，包括双脚站位的合理性，手臂的摆动，重心的高、低、前、后的控制，头、眼的导向作用，第一步迈出的技巧等。具备良好的变速、变向技能，在运动时动作相对就更加协调省力。此外，变向、变速技能有着典型的专项性。

（四）爆发力、反应力量、速度等能力

运动员的爆发力和反应力量好，能够产生更大的地面反作用力，提高加速度，从而实现快

速的变向、变速。影响爆发力和反应力量的一些因素同样影响着灵敏。速度与灵敏的关系十分紧密。变向后的快速移动能力是决定团队球类运动员竞技表现的重要因素。

（五）关节稳定性与平衡

关节稳定性是一个重要的，但往往被忽视的因素。良好的躯干和下肢关节的稳定性有助于提高灵敏运动中的有效力量的发挥效益。良好平衡能力是灵敏的基础，有助于运动员在运动中更好地控制重心，使动作更流畅、更协调。

（六）人体测量学与体重因素

人体测量学因素主要包括运动员的身高及肢体比例，对灵敏有着一定的影响。身高较高的运动员由于较大的转动力矩和高重心的移动控制，在变向时是不占优势的。腿长被认为与篮球特定的灵敏呈负相关，因为其要通过降低重心来改变方向，从而需要更多的时间。此外，较大的体重也是变向的阻碍，要实现快速变向，就需要更大的力量。

三、灵敏的运动技巧

（一）视觉的指向

视觉的指向作用是指运动时，不管运动方向如何，头部都要保持中立位，眼睛都要看向运动方向。转动头部并形成视觉指向是变向（如向左、向右）或动作过渡（急起、急停）的第一步。如果在转动头部之前首先转动肩部或臀部，将导致运动路线的偏离，进而导致运动效率的下降和速度的降低，除非教练员要求运动员在运动中必须关注某人或某物，如足球、篮球运动中的侧身跑。另外，变向运动中，头部是否保持水平状态是判断其技术是否合理的重要标志。

（二）脚步技术

运动员在完成侧向或前后移动时，必须借助地面反作用力的推动。脚步动作质量的高低直接影响着蹬地反作用力的大小。运动员蹬地充分，地面才能给予运动员更大的反作用力。无论从静止还是运动状态中起动，只用脚尖蹬地都是不可取的，只有使脚掌尽可能多地接触地面才能产生更大的力量。同时，注意避免身体重心落在脚跟上，尽量将身体重心移至前脚掌，这样有利于髋、膝、踝的蹬伸。另外，移动中，身体在空中的时间尽可能要短，因而必须减少过度的向上移动。

（三）手臂的摆动

在冲刺或开始加速时，手臂运动非常关键。在变向和动作过渡运动中，运动员必须在新的运动形式或运动路线上获得较高的加速度。有力的手臂运动加上合理的步法会重新获得较高的速率。不充分或不合理的手臂运动将导致速度或效率的降低。

四、灵敏训练方法

平衡能力、相对力量、线性速度、运动协调（时机）、平衡（稳定）、变向技巧（技术），作为灵敏的基础能力，对于变向有着积极的作用。灵敏训练中，针对以上能力的训练是必不可少的。

程序化灵敏和随机灵敏训练作为提高灵敏表现的重要训练方法，可以通过整体性练习，有效地整合以上基础能力，使灵敏的专项性和功能性得到更有效的改善。

（一）程序化灵敏训练法

程序化灵敏训练时，运动员在开始练习前已经清楚练习的动作、路线、形式、顺序等，因而在练习开始后不需要对下一个动作进行思考与判断。这将有利于运动员全力完成练习，以获得更快的速度。运动员通过重复的程序化灵敏练习，大脑会以循序渐进的方式快速学习，然后储存运动的感知信息，从而掌握良好的变向技巧，进而提高变向速度。

程序化灵敏训练要求运动员在高速度下进行，但在学习的过程中必须控制好速度，以保障运动员掌握良好的变向技术。例如，在绕“之”字形或“T”形标志筒跑、跳或滑步等训练中，运动员必须保持正确的技术动作，否则将阻碍变向能力的有效发展。

（二）随机灵敏训练法

随机灵敏具有时间和空间的不确定性。例如，在喊号追逐跑及看手势完成快速的变速、变向、变换动作的练习中，要求运动员对周围环境中的感官刺激做出反应，且这种反应不是自动的或预先排练过的反应。随机灵敏是更加符合专项运动需求的能力，是灵敏中最重要的，也是最难掌握的能力。运动员在未知的运动形式下，练习往往辅以视觉和听觉信号，根据不同的信号对运动形式做出瞬间的判断，使训练的场景更加接近实际比赛情景。

随机灵敏训练主要分为3类：①躲闪、追逐练习，如把两个人用一根绳子拴住，然后进行躲闪练习。②抛接练习，如不规则球的抛接。③专门性练习，如跳起落地后听从教练员马上提出的未知运动形式。

五、灵敏训练注意的问题

1. 要从儿童开始抓起

儿童具有较优越的发展神经系统的条件，该阶段神经系统发育最早、最快，如7～12岁的儿童具有良好的反应能力，6～12岁的儿童节奏感较好，7～11岁的儿童具有良好的空间定向能力等。这些都为发展灵敏提供了良好的条件。女孩进入青春期，由于体重增加，内分泌系统/激素分泌水平的变化，灵敏的表现和提升会受到影响。

2. 契合运动项目的需求

灵敏训练应采用形式多样的练习、手段，既保持练习的目的性、专项性，又要提升练习的趣味性。

3. 具有充沛的体力和饱满的精神

同速度训练一样，灵敏训练一般安排在训练课的前半部分进行。在疲劳的情况下进行灵敏训练，既无法保证练习质量，又容易出现运动损伤。

4. 规范和实用

灵敏训练强调变向技术动作的规范性和实用性，避免低质量、低效率的重复训练。

六、灵敏的评定

灵敏测试的目的是揭示运动员感知决策和变向能力。灵敏测试方法应该反映运动员感知决策能力，但是该类测试难度比较高，开发、研制涵盖感知决策能力的灵敏测试方法即反应灵敏测试是未来研发方向。

①程序化灵敏测试方法比较多，测试的信效度也比较高，如“T”形测试、5-0-5灵敏测试、伊利诺斯（Illinois）灵敏测试、六边形跳、十字象限跳等。对于具有一定跑动距离的项目（足球、篮球等），教练员应根据跑动特点，选择跑动灵敏测试。对于没有跑动的运动项目（跆拳道、拳击等），常采用非跑动的移动测试。

②随机灵敏测试是与竞技专项运动结合最紧密的测试。它通过灯光、视频、人等不同刺激类型的随机灵敏测试方法，在不同的专项中得到应用，如橄榄球、网球、篮球、手球、五人制足球、澳式足球等。其中，手球的随机灵敏测试中，专项运动包括了向前跑、横向移动、向后跑以及停停走走的动作。

第六节　柔韧性及其训练

一、柔韧性释义

（一）柔韧性的定义

柔韧性是指身体或身体部位的最大活动幅度能力。肢体运动的活动幅度受到参与运动的关节灵活性和肌肉、筋膜伸展能力的制约。良好的柔韧性是提升动作质量的基础，有利于专项运动技术的形成和发展，有利于力量和速度的发挥，保持合理的身体姿态，还可以减少运动损伤，延长运动寿命。

（二）柔韧性的分类

根据运动的形式，柔韧性可分为静态柔韧性和动态柔韧性。静态柔韧性是指肢体在相对静止的状态下保持一定活动幅度的能力。静态柔韧性根据有无协助，可分为主动静态柔韧性和被动静态柔韧性两类。主动静态柔韧性是指无人协助，靠自身完成的活动度。被动静态柔韧性是指有其他人或器械协助完成的活动度。通过被动柔韧性和主动柔韧性的差异可以反映运动员主动柔韧性的潜在增加量。

根据肢体间柔韧性的关系，柔韧性可分为相对柔韧性与绝对柔韧性。绝对柔韧性是指肢体整体或肢体各部位实际达到最大活动幅度的伸展能力，如坐位体前屈向前触够的幅度。相对柔韧性是指相近的肢体之间或关节之间柔韧性的差异。相对柔韧性更像一个负面的概念，反映由于肢体相对柔韧性的差异而带来的运动代偿现象。运动员相对柔韧性高的肢体或关节在运动中容易出现代偿。相对柔韧性还可以解释由于相邻关节僵硬而出现关节应变和因应变而导致的过用性损伤（如拉伤、扭伤等）的现象。

二、柔韧性的影响因素

（一）关节类型

关节结构决定其活动范围。球窝关节（如髋、肩关节）在所有关节中活动范围最大，可以在任何解剖平面活动。手腕关节是椭圆关节，其活动范围比髋、肩关节都小，只能在矢状面、额状面运动。膝关节属滑车关节，其活动范围最小。

（二）结缔组织

肌肉、韧带、肌腱、皮肤等结缔组织以及关节囊都可能限制关节活动范围。肌肉的弹性和塑性是影响关节活动范围的重要因素。韧带是固定关节的重要组织，不能过度拉伸，否则会导致关节不稳。肌腱虽然也具有一定的弹性，但是韧性高、塑性强，几乎不能伸展。皮肤具有一定的弹性但对柔韧性的作用不大。关节囊的松紧程度也是影响柔韧性的因素。

（三）神经肌肉控制与协调能力

关节周围肌肉在神经控制下，保持适度的张力，故肌肉受到拉伸时，被拉伸肌肉的放松水平，是影响柔韧性的重要因素。被拉伸肌肉的对抗肌的状态也是影响柔韧性的因素。此外，关节活动度常与原动肌和对抗肌的协调配合紧密相关，如果在原动肌收缩的同时对抗肌不能很好地放松，就会减小关节的活动度。

（四）关节的稳定性

灵活性的关键是稳定性。灵活性是肢体稳定下的灵活性，脱离稳定性谈灵活性是没有意义的。远端关节的灵活性往往需要身体近端做稳定支撑以保持最佳关节的共轴性，活动中的关节需要相邻关节保持相对稳定。另外，开链动作屈肩上举需要肩胛骨贴在胸壁上保持相对的稳定，手臂才能更轻松地举过头顶。

（五）肌肉体积与皮下脂肪

肌肉体积过度增加会限制关节活动。因此在力量训练时，尽量不要过度发展单一肌肉，同时注意配合柔韧性练习，避免出现由于肌肉力量的过度增加，而柔韧性下降的现象。此外，皮下脂肪的厚度增加也会影响关节的活动幅度。

三、柔韧性的练习

（一）静力性拉伸练习

静力性拉伸是缓慢地将肢体拉伸到一定活动范围，并保持一定时间的拉伸练习。静力性伸展练习要求四肢缓慢伸展到一定程度，避免产生牵张反射，同时可减少或消除超过关节伸展能力的危险性，防止拉伤。由于肌肉具有一定的弹性，静力性拉伸是重要的柔韧性练习方法。

静力性拉伸有两种形式，即主动性拉伸和被动性拉伸。①主动性拉伸是指运动员始终依靠自身力量完成的静力性拉伸。②被动性伸展是指运动员依靠自身力量拉伸到一定程度，而后再借助外力完成的静力性拉伸。被动性拉伸练习的优势是运动员能够使自身肢体或肌肉更放松，拉伸幅度更大。

静力性伸展练习要点：每一个动作停顿15 ~ 30 s，重复1 ~ 4次，每周练习5 ~ 7次。运动员应该动作缓慢，自己有所控制；被动伸展运动给予肌肉牵拉的感觉，并非疼痛感，如果感到疼痛，须立刻停止练习；运动员和施训者应及时交流，保证拉伸的安全。

（二）弹振式拉伸练习

弹振式拉伸是指肌肉主动用力收缩牵拉肢体或相应部位快速摆动，借助弹振的力量增加运动幅度的拉伸方式。弹振式拉伸练习在热身活动中是非常重要的，因为能够刺激关节神经系统的活动，使肌肉、关节快速、有力地进行大幅度运动，为接下来的激烈运动做好准备。

弹振式拉伸虽然存在损伤风险，因为通常会诱发牵张反射，可能引起肌肉酸痛甚至肌肉损伤，尤其是在已经出现损伤的情况下，但可以通过渐进式用力和渐增运动幅度等举措降低损伤风险。

扎查泽夫斯基（Zachazewski）曾设计了一种比较安全的弹振式拉伸训练方案，具体描述如下：先进行静态拉伸，在较小的关节活动范围内缓慢进行弹振式动作，进阶至在全关节活动范围内进行缓慢的弹振式动作，进阶至快速、活动度较小的弹振式动作，最后进阶至快速、全关节活动度的弹振式动作。

（三）动态拉伸练习

动态拉伸是一种功能性拉伸，它通过一系列一般和专项的整体性拉伸动作，使身体为后面的运动做好准备。动态拉伸练习的特点是缓慢的、有控制的、大活动范围的动作，这些动作可以是运动专项特有的，强调更大的动作幅度（range of motion，ROM）。本质上，动态拉伸也可理解为是专项所需的主动柔韧性练习，因为它将重点放在专项运动所需要的动作上，而非单独某块肌肉。

动态拉伸不仅能提升肌肉温度而且在提高柔韧性上比静态拉伸或本体感觉神经肌肉促进疗法（PNF）要更好，但在改善静态柔韧性方面不如静态拉伸和PNF。动态拉伸没有弹振式拉伸那样的快速、反弹式运动形式，因此能避免出现肌纤维损伤等负面效果。虽然动态拉伸的关节活动度小于弹振式拉伸，但它具有在整个关节活动范围内运动的主动控制力，以及在动作终末端保持的能力。

动态拉伸练习应结合专项动作，在模拟专项技术时，应关注拉伸动作中所涉及的关键技术元素，以使重要的动作技术得到强化。动态拉伸练习应由慢到快，并逐步提高动作幅度和速度。准备活动中进行动态拉伸时，时间控制在10 ~ 15 min为宜。

（四）PNF拉伸练习

PNF拉伸最初是为神经－肌肉康复活动而设计的，主要包括被动的拉伸运动和主动的肌肉收缩活动，并通过增加肌肉的张力达到放松肌肉的目的。PNF拉伸从练习形式上看和静力性伸展方法相似，但生理机理上有本质的不同。PNF拉伸的生理学依据是利用反牵张反射（高尔基腱器）达到肌肉放松的目的。PNF拉伸受到体能教练员的重视并成为柔韧性训练的主要手段。它既可以在热身阶段采用又可以在放松恢复阶段采用，既可以作为一般性柔韧性练习又可以作为专门性柔韧性练习。

PNF拉伸的3种类型分别是静力－放松、收缩－放松和静力－放松＋对侧肌肉主动收缩。

PNF拉伸技术分为3个时相：第一时相是被动拉伸，持续10 s，这在3种技术中都是一样的。第二时相的肌肉活动是不同的，活动方式体现在名称上。第三时相仍是一个被动拉伸，持续时间一般为30 s，静力－放松＋对侧肌肉主动收缩技术与静力－

放松和收缩-放松技术存在差异。

1.静力-放松技术

静力-放松技术先进行被动拉伸10 s，使运动员感到中等程度的不适。同伴施加外力使运动员髋关节屈曲，这时运动员要用力对抗这种外力，保持腿的位置不变，进行一种等长收缩（静力），保持6 s。然后运动员腿部放松，进行被动拉伸，保持30 s。

2.收缩-放松技术

收缩-放松技术也是由被动拉伸开始，使运动员感到中等程度的不适，持续10 s，然后运动员对抗同伴施加的使髋关节屈的外力，用力伸髋，进行全范围的向心收缩，然后放松腿部，进行髋关节屈的被动拉伸，持续30 s。

3.静力-放松+对侧肌肉主动收缩技术

静力-放松+对侧肌肉主动收缩技术的前两个时相与静力-放松技术完全相同，但在第三个时相，除了被动牵拉外，还需要对侧肌肉主动收缩，增加牵拉力量。也就是说，在等长收缩之后，髋关节进行主动曲屈，使髋关节活动范围进一步增加。这种技术不仅激发了交互抑制作用，还激活了自主抑制作用，因而使得拉伸幅度加大。由于自主抑制和交互抑制两种机制的作用，静力-放松+对侧肌肉主动收缩技术是这3种技术中最有效的。

（五）主动分离式拉伸练习

主动分离式拉伸（active isolated stretch，AIS）是在拉伸目标肌群的同时，主动收缩其对侧拮抗肌群，每次拉伸时间不超过2 s，拉伸动作结束，身体恢复至起始姿势的拉伸方法。AIS可以做到精准拉伸。例如，AIS拉伸时可以做到仅对股后肌群进行拉伸。由于利用了交互抑制，被拉伸肌肉放松更充分。该拉伸过程中会重复收缩肌肉，能够增加血液与氧气的输送量，有助于肌肉的快速恢复。该技术首先用于对患者进行术后康复训练，后来被用于改善运动员柔韧性。

AIS的拉伸要点：①分离要拉伸的肌肉，拉伸目标肌群的同时收缩其对侧对抗肌群。传统的股后肌群拉伸不仅拉伸到股沟肌群，需要目标肌群参与，还需要腓肠肌、臀肌和背肌参与。使用AIS时可以做到仅对股后肌群进行拉伸。②每次伸展到远端停留不超过2 s。③拉伸动作重复8 ~ 10次。重复的拉伸能够增加血液与氧气的输送量，并且重复性等张收缩比等长收缩能够更快地将更多的血液、氧气、营养输送到特定的区域，有助于肌肉的快速恢复。④伸展时呼气，恢复时吸气。另外，为了使拉伸过程中身体更放松，执行拉伸动作时可以借助绳子、弹力带等工具加强拉伸效果，也可以由搭档配合完成。

综上，前述5种柔韧性练习的比较见表5-11。

表5-11 5种柔韧性练习的比较

收益	静力性拉伸	弹振式拉伸	动态拉伸	PNF	AIS
拉伸的风险性低	优-良	差	中	优-良	优-良
放松肌肉、减少肌肉酸痛	良	差	中	优	优
有效增加肌肉的伸展能力	良	差	差	优	优
热身的功能	差	优	优-良	差	中
拉伸目标肌肉的精准性	良	差	差	良	优
方便（不需要同伴给予阻力）	中	优	优	差	中

四、柔韧性训练注意的问题

（一）柔韧与力量训练相结合

力量训练可以增加肌肉横截面积，进而会限制柔韧性。力量训练与柔韧训练相结合可以避免力量训练对柔韧性的影响，而且有助于两种能力的协调发展。此外，还应注意力量练习的动作幅度，全范围的练习幅度对于柔韧性具有促进作用。

（二）专项性

不同的专项对于柔韧性有着不同的需求。柔韧性的发展应结合专项技术动作的需要，不应片面追求柔韧性的发展。否则过度发展柔韧性会导致关节不稳以及关节功能障碍。

（三）拉伸与呼吸

憋气会反射性地引起机体紧张度增加，不利于肌肉的拉伸，因此在进行拉伸练习时不要憋气，尤其是拉伸到最远端时应吐气，使肢体和肌肉放松下来，进而增加拉伸动作的幅度。此外，可以根据呼吸的节奏适度变化拉伸的幅度。

（四）拉伸顺序

针对身体部位的拉伸，首先拉伸大的肌肉群可以使相对较小的肌肉群灵活性发挥出更大的潜能。以静力拉伸为例，静力拉伸练习的顺序首先是躯干和下肢，背部（躯干）-臀部（骨盆部位）-大腿后肌群-腹股沟（内收肌）-股四头肌-腓肠肌及踝、脚；其次上肢和颈部，肩部肌群-手臂-手腕-手指-颈部。

（五）儿童少年柔韧性训练的注意事项

1. 儿童少年发展柔韧性较成人更容易

可以在7岁之前开展柔韧性训练，力争在12岁之前使柔韧性得到较好的发展。

2. 儿童少年柔韧性训练有自身特性

应以“缓慢式”和“主动式”练习为主。这是因为儿童少年关节稳定性差、骨骼易弯曲变形，长时间用力拉和压等，容易造成关节过度灵活，甚至出现关节、韧带的损伤和骨骼的变形。

3. 重视身高突增期柔韧性的发展

13～16岁时，儿童少年生长发育较快，身高明显增加，柔韧性出现下降。

五、柔韧性的评定

柔韧性测试主要通过角度和移动距离评估肢体多关节运动的幅度。柔韧性测试可以分为单关节灵活性测试和反映多部位的柔韧性测试。例如，坐位体前屈测试，通过躯干屈曲和上肢的触够，反映竖脊肌群和股后肌群整个身体后链的伸展能力。

单关节的灵活性测试是非常必要的。因为在多关节运动中，各个关节之间的灵活性可以相互代偿。虽然肢体整体表现良好，但是不代表每个关节的灵活性都良好。单关节的灵活性测试常采用关节活动尺（直尺、皮尺、量角器），得到关节主动和被动活动的角度，如髋关节的内旋、外旋测试，肩关节的灵活性测试等。

第七节　协调能力及其训练

一、协调能力释义

（一）协调能力的定义

协调能力是指运动员机体不同器官、不同部位在运动中协同配合完成特定动作的能力。协调能力更侧重于运动中完成动作质量的能力，是技术动作形成的重要基础。协调能力是基于感觉、认知与运动整合后的综合输出，包括适应调整能力、反应能力、协同动员能力、时空感知能力，是灵敏、节奏、平衡、空间定向能力的综合体现。

良好的协调能力有助于运动员迅速地建立起大脑皮层中相关中枢之间的暂时联系，更快地形成动力定型，高质量地掌握运动技巧，更好地适应运动时的外部环境，在完成同样的练习时更节省能量，减少运动损伤的发生。

（二）协调能力的分类

依据协调能力与其运动专项关系的密切程度，协调能力可以分为一般协调能力和专项协调能力。①一般协调能力指运动员完成各种运动活动时所需要的普适性的协调能力，如跑、跳、投等基本动作的协调。②专项协调能力则指运动员完成专项运动时所需要的专门性的协调能力，即其构成不但包括一般协调能力，还会依据专项侧重不同而不同，如篮球运动中的传球、运球、投篮等动作的协调。

依感官和肢体之间的关系，协调能力可分为视角－肢体协调（手眼协调、腿眼协调等）、听觉－肢体协调、本体感觉－肢体协调。

二、协调能力的影响因素

（一）神经系统的支配和调节能力

人体运动过程是中枢神经协调各器官、系统进行复杂的机能活动。动作完成质量的优劣取决于神经系统的支配和调节，需要建立在完整高效的神经反射弧基础上，故神经系统的机能状况直接影响动作完成的协调度。

（二）运动技能的储备数量

基本运动技能是新动作的学习和协调的基础。运动技能储备越丰富，技能间的相互支撑或迁移的能力就越强，完成动作的协调性表现就会越好。运动技能的种类、数量是外部条件，运动技能储备的实质是神经肌肉系统的协调以及联系的加强。

（三）时空感知能力

技术动作是建立在时间和空间两大基础要素上的。运动员对于时间节奏的掌控和空间维度的正确判断和感知，直接影响动作的质量。良好的时空感知能力决定了动作的时机、节奏和平衡。因此，协调能力的培养必须在时间和空间的整体观念基础上进行。

（四）项目专项化水平

协调能力特别是专项协调能力是完成专项动作的基础。运动员专项协调能力越好，运动单位的募集水平就越高，完成专项动作的效率就越高，技术动作就越节省，表现出的动作协调水平就越高。由于协调能力具有明显的项目特征，故要密切围绕专项需要进行针对性的协调性训练。

（五）其他能力的发展水平

协调表现是多器官、多系统共同作用的结果，故其他能力的发展水平也一定程度上影响着协调能力的综合表现。例如，人体运动时总是与维持相对稳定的身体位置（操作姿势）以及对抗使身体偏离适宜位置的力（惯性力、支撑反应力等）的平衡能力分不开的，稳定和平衡是人体协调能力的基础，也是有效完成某一动作的基础。此外，反应速度、力量水平和灵敏等也会对协调能力产生影响。

三、协调能力的训练方法

协调能力训练分为综合协调能力训练和基础协调能力训练。①综合协调能力训练主要是采用非常规动作或结合专项动作的高难度动作，发展涵盖多种基础协调能力的全身协调能力训练，包括非常规、复杂动作训练。②基础协调能力训练是针对协调能力影响因素的专门训练，包括平衡能力训练、节奏能力训练、空间定向能力训练、知觉训练等。值得注意的是，随着科技的发展，虚拟仿真技术在协调能力训练中得到较多运用。

（一）非常规、复杂动作训练

采用日常或训练中不经常出现的动作练习，促使运动员大脑皮层神经联系的建立与巩固，提高运动员的视觉、听觉、前庭与本体感觉系统的能力。具体练习包括不习惯的各种身体练习，各种侧向或倒退方向的跳跃练习，反向（镜面）完成动作练习等。全身协调能力训练包括侧手翻、滚翻和跪跳起等。较为复杂的练习如在平衡木上追逐走，持球跳上跳下灵敏盘练习等。此外，采用复杂或高难度专项动作的练习，也是有效提升专门协调能力的训练方式。

（二）平衡能力训练

平衡能力可以分为静态平衡和动态平衡两种。平衡能力训练的动作种类丰富。相比较坐姿与跪姿平衡练习，站姿平衡练习与运动员实际运动姿态更接近，是提高身体整体平衡能力的重要手段。站姿静态练习可刺激躯干、髋、膝、踝等部位的深层肌肉，提高其稳定性，同时可以提高动态非稳定情景下的平衡能力。站姿平衡训练动作进阶练习如表5-12所示。

表5-12 站姿平衡训练动作进阶练习

动作名称	动作难度
双腿站姿	低
进阶1——双腿站姿+推举	中
进阶2——双腿站姿+旋转	中
进阶3——单腿站姿	中
进阶4——单腿站姿+推举	中
进阶5——单腿站姿+旋转	中
进阶6——单腿硬拉	中
进阶7——单腿深蹲	中
进阶8——双腿站姿+不稳定支撑	高
进阶9——双腿站姿+深蹲	高
进阶10——单腿站姿+不稳定支撑	高
进阶11——单腿硬拉+不稳定支撑	高
进阶12——单腿深蹲+不稳定支撑	高
进阶13——不稳定支撑+行走	高
进阶14——不稳定支撑+跳跃	高

（三）节奏能力训练

节奏能力训练实际上是在一系列动作或动作组合中创建或维持某种时间模式，同时表现出完成系列动作所需要的力度和幅度。例如，足球运动员采用场地变换训练法（小场地）提高进攻和防守转换和控制节奏的能力。

固定的频率完成不同长度的分段距离练习要求在完成每一个分段距离时保持固定的频率。固定的频率完成固定的练习，且要按比赛的节奏完成，该练习常用于跳跃、投掷及体操等固定动作组合的运动项目的训练之中。

高于或低于比赛平均频率完成一定距离和固定动作的练习，要求练习时首先确定比赛平均速度，练习中采用高于或低于比赛的频率，如1 min多做或者少做2～6个动作，以提高运动员控制节奏的能力。

（四）空间定向能力训练

空间定向能力是指运动员对外界物体或自身运动的空间位置的判断能力，也是空间意识的体现。运动员动作的精细控制在很多情况下是根据自身空间位置而确定的。例如，击剑、拳击等命中类运动项目，要求运动员瞬间判断和操作来控制动作方式与发力时机。

①距离判断训练常采用不同的助跑场地、距离、速度以及标志物提升运动员助跑准确性。练习后要求运动员将实际踏板距离与主观感觉等距离进行对比，以提高运动员的距离感。此外，对于格斗技击类、拳击等运动项目，判断与对手之间的距离对提高有效出拳率有积极作用。

②位置判断训练常常采用闭眼或背对目标，让运动员通过自身感知或对外界标志物判断自己的空间位置。

③投准训练对铁饼、标枪等项目运动员距离感的提高有积极作用。它是通过固定投掷距离的方式提高运动员肌肉控制能力，即通过投准的方式提高运动员控制器械的能力。

（五）知觉训练

1. 知觉整合训练

知觉和知觉–动作加工，通常包括多个系统同时参与，即知觉整合，而这种整合在动作技能学习、动作技能发展中非常普遍。例如，篮球比赛中完成投篮动作，需要视觉、触觉和动觉信息的相互作用。在发展协调能力时，常采用视–动整合训练、视–听整合训练、听–动整合训练等。手眼协调练习是视–动整合的典型练习，能够有效地发展视觉和运动的协调能力。

2. 运动专门化知觉训练

运动专门化知觉是指在长期运动实践中，运动员由于从事专项学习而形成的精细运动知觉。例如，自行车运动员的车感、游泳运动员的水感、帆船运动员的船感、篮球运动员的球感等都是通过长时间在相应的环境里训练或驾驭器械的训练获得的。常常采用变换器材、变换练习条件（不同场地）、变换动作（动作难度）等方法提升运动专门化知觉。

四、协调能力训练的基本要求

①协调能力训练中，既强调协调的基础能力又注重强化综合协调能力。②协调能力作为重要训练内容应安排在每天的训练中。③协调能力训练要体现专项性。④协调能力训练应体现多样性和趣味性。⑤儿童少年阶段是协调能力发展的窗口期或敏感期，应当在该阶段对协调能力进行强化。

五、协调能力的评定

运动员协调能力水平评价可以采用定性评价、定量评价及定性与定量相结合的方式。运动实践中，定量评价方法存在着一定难度，因此，更多采用定性评价方法，如根据完成动作过程中有无多余动作或动作僵硬（紧张）程度来判断运动员协调能力发展程度。

实验室条件下，可以通过测试肌肉（群）间的电信号、动作时间（动作频率、持续时间、节奏变化、动作衔接）、动作空间（用力强度、方向、关节角度、动作幅度）及身体部位（肢体之间、肢体与躯干）等变量，反映运动员的协调能力。

◎ 思考题

1. 简述影响力量的生物学因素。
2. 简述超等长训练法的设计要点。
3. 简述速度训练注意的问题。
4. 简述高强度间歇训练方法的应用特点。
5. 简述灵敏的分类及训练特点。
6. 试分析3种PNF拉伸练习涉及的机制及拉伸效果。

第五章
主要参考文献

第六章

运动技战术能力及其训练

本章导读

本章分别从技术和战术两个维度阐述运动员应具备的能力及其训练。在技术维度，阐述了运动技术的定义及其构成，包括运动技术的释义、动作要素、技术结构；阐述了运动技术的基本特征；分析了运动技术原理；阐述了影响运动技术的主体因素和客体因素；介绍了运动技术的基本训练方法；讲解了运动技术训练的基本要求；分析了技术风格形成及技术创新问题；并介绍了部分项群运动技术发展趋势与训练要点。在战术维度，分析了运动战术的定义、构成、分类与影响因素；介绍了提高运动员战术能力的训练方法；强调了战术训练的基本要求，并介绍了制定参赛战术方案的方法。

本章学习目标

1. 了解技术能力和战术能力的基本含义及影响因素。
2. 了解运动技术和战术训练的基本要求。
3. 基本掌握运动技术和运动战术常用的训练方法。

第一节　运动技术能力及其训练

一、运动技术概述

（一）运动技术的释义

运动技术是完成体育动作的方法，是运动员竞技能力水平的重要决定因素，在技能及技战能主导类项群中，更是决定性因素。

参加不同运动项目的活动需完成不同的动作，即需要学习和掌握不同的技术。合理正确的运动技术须符合项目运动规则的要求，有利于运动员生理、心理能力的充分发挥，有助于运动员取得好的比赛结果。

各个运动项目的各种动作，都有着符合人体运动力学基本原理的标准技术及规范的技术要求；但对每名运动员来说，又必须依据个体的生物学特点，选择和掌握具有个人特征的运动技术，才能更为有效地参与运动竞技。

（二）运动技术的构成

1. 动作要素

动作要素包括身体姿势、动作轨迹、动作时间、动作速度、动作速率、动作力量和动作节奏等。①身体姿势指在动作过程中，身体或身体各部分所处的状态及身体各部位在空间所处的位置关系，可分为开始姿势、动作进行过程中的姿势和结束姿势。②动作轨迹指在做动作时，身体或身体某部分所移动的路线，包括轨迹形状（直线、曲线、弧线等）、轨迹方向（前、后、左、右、上、下6个基本方向及各种旋转与环绕等）和轨迹幅度（长度、角度）。③动作时间指完成动作所需要的时间，包括完成动作的总时间（完成动作所需的全部时间）和各个部分的操作时间（完成动作的某一环节所需要的时间）。④动作速度指在单位时间里身体或身体某部分移动的距离，包括平均速度、瞬时速度、初速度、末速度、角速度和加速度等。⑤动作速率指在单位时间内同一动作重复的次数。⑥动作力量指在完成动作时，身体或身体某部分克服阻力所用力的大小，是人体内力和外力相互作用的结果。⑦动作节奏指在完成动作过程中的时间特征，包括用力的大小、时间间隔的长短、动作幅度的大小及动作的快慢等要素。

2. 技术结构

技术结构包括动作基本结构和技术组合两层含义。①动作基本结构由动作基本环节和环节之间的顺序构成，亦可称为技术的微观结构。每一项技术动作的基本结构都包括若干个基本环节，如跳远技术动作由助跑、踏跳、腾空和落地4个基本环节组成。这些基本环节按特定的、一般不能予以改变的顺序形成动作基本结构。因而，动作基本结构可称为技术链，而动作基本环节则可视为技术链上的各个点，顺序则成为连结各个点的线。改善动作基本结构可从改善动作基本环节、改善环节间顺序两个方面进行。②技术组合是由若干独立的技术动作连结组成的集合，如乒乓球运动员的左推右攻，艺术体操运动员的难度性组合与表现性组合等。

（三）运动技术的基本特征

1. 运动技术与体育动作的不可分割性

这是运动技术区别于其他技术的最显著的特征。运动技术只能通过运动员的身体动作表现出来。因而，长期以来，人们又将运动技术称为技术动作、动作技术等。

2. 运动技术不断发展的必然性

在任一特定时刻，运动技术的规范要求的合理性都是相对的和暂时的。随着运动员身心素质的不断提高和运动器械设备的不断改进，运动技术也在不断发展，即运动技术处于一种动态变化过程之中。

3. 运动技术相对稳定性与即时应变的统一性

运动技术应具备相对稳定的动作结构。在比赛中，应力求保持这种结构。同时，随着比赛环境及比赛对手的变化，有效的运动技术应能随之有所调整。

4. 运动技术的个体差异性

不论何种运动技术都必须符合科学原理，具有运动的规范性和公认的动作规格。然而，由于运动员在身体形态、运动素质等方面具有不同的个人特点，因此，运动技术还具有个体差异性。对每个具体的运动员来说，最合理的技术动作都不会完全相同，而有着鲜明的个人特点。

（四）运动技术原理

1. 运动技术的生理学原理

运动技术形成的基本生理机制是运动条件反射暂时性神经联系，是以大脑皮质运动为基础的。因此，学习和掌握运动技术生理学原理的本质主要是建立一系列连锁的运动条件反射。在这个过程中，不但有大脑皮质参与，还有外周的运动神经元参与工作。同时，在运动技能形成过程中，骨骼肌和感觉器官（视觉、听觉、本体感觉等）也发挥重要作用。

2. 运动技术的生物力学原理

运动技术的生物力学原理是身体姿位和关节角度的变化，速度、加速度，力和功率等力学参数与运动表现或身体机械负荷之间的、适用于所有运动员的一般力学关系，以及适用于个别运动员的个体化力学关系。运动技术的生物力学原理对提高运动表现和预防、康复运动损伤有重要作用。

3. 运动技术的心理学原理

运动技术的心理学原理即在运动技术学习与形成的过程中要在大脑建立清晰的动作表象，提高专门化的运动感知觉能力，如水感、球感、枪感等，并且在此基础上形成正确的动作概念，将运动技术的感性认识上升为理性认识。

此外，运动技术的学习与形成离不开感知觉、注意控制、记忆与思维、意识等认知心理过程的积极参与，运动技术的形成过程需要动机、情绪、意志等行为动力的参与，运动技术的提高与表现受特定的气质、人格类型、心境状态、情绪状态的影响。

4. 运动技术的社会学及人文科学原理

①运动技术的社会学原理主要关注运动技术是否符合社会的伦理与规范，以社会学的视角不断审视运动技术的安全、规范与标准问题。

②运动技术的人文科学原理主要是美学原理。运动美从某种意义上讲，就是技术美、动作美。技能主导类表现难美性项群技术训练中，对技术美的要求尤为严格。同时，运动技术的发展要符合大众健康的审美情趣。

（五）运动技术能力的影响因素

运动员掌握和运用运动技术的能力称为技术能力，影响运动技术能力的因素有主体因素和客体因素两大类。

1. 主体因素

（1）人体结构力学特征

运动技术必须以身体动作为表现形式，而身体动作表现则以人体解剖结构作为基础。例如，动作的幅度主要取决于人体关节的结构，动作的速度取决于肌肉的结构（肌纤维构成比例）和功能等。

（2）感知觉能力

运动员在完成技术动作时，需要各种感知觉参加。其中，肌肉运动感觉起着重要的作用。经过反复学习，运动员各种分析器的感受性得到高度发展。为了适应专项运动的要求，运动员的专门化知觉（如水感、球感、速度感、器械感等）也得以形成和发展。运动员能够清晰地感觉自己的动作，进而使得动作具有高度的准确性和协调性。

从运动训练实践中可以发现，在很多情况下，运动员感知觉能力同其技术水平存在极为密切的关系。技能主导类和技战能主导类的运动项目更是如此。例如，在乒乓球、羽毛球等隔网对抗类运动项目中，小肌肉群（如手指肌群）的感知觉能力，直接影响着运动员能否掌握高难技术。

（3）动作技能的储存数量

动作技能储存的数量越多，运动员越能顺利地建立新的条件反射，掌握新的技术动作。

（4）运动素质的发展水平

动作速度、力量、柔韧等运动素质对技术动作的完成和运动技术的质量有着重要的影响。这些素质的发展水平直接影响技术完成过程中时空、节奏特征及各部分肌肉用力的协调配合。运动技能的发展在很大程度上依赖于有关运动素质的发展。

(5) 运动员个性心理特征

运动员学习掌握技术和完成技术的质量与注意力、思维、信心和意志等心理品质有着直接关系，特别是高难技术动作的掌握更受到这些心理品质的影响。

2. 客体因素

(1) 竞赛规则

竞赛规则直接制约着运动技术的发展方向和发展进度。任何运动技术，只有在竞赛规则允许的范围内才能存在和发展。无论是运动技术的学习、训练、掌握及运用，还是运动技术的创新，都必须深入研究规则精神，合理利用规则，并准确预测规则可能发生的变化及对运动技术发展的影响。

(2) 技术环境

技术环境是指运动员周边相关群体（国家、地区或运动队）的整体技术水平。实践证明，良好的技术环境对于运动员学习、掌握和运用运动技术有着重要的作用。在很多项目中，“明星级”运动员只能产生于良好的技术环境之中。

(3) 器材设备与场地

从某种意义上讲，运动技术的发展离不开器材设备与场地的进步，甚至某些技术若离开了这些因素就无法存在。

例如，撑竿跳高中的“弹射”过杆技术，离不开碳纤维杆；乒乓球中的“倒拍”发球和削球技术，离不开两面不同性质的球拍胶皮。在特定的情况下，运动员所使用的器械设备是否先进，是决定其运动技术水平高低乃至其运动成绩好坏的重要因素。当代高科技不断渗入运动训练领域，促进了器材设备与场地等物质条件的飞速发展，从而为运动技术向更高水平发展提供了可能。

二、运动技术的基本训练方法

以下将介绍各项目技术训练均可采用的主要常用方法。

（一）直观法与语言法

①直观法是指在技术训练中，借助运动员的各种感觉器官，使运动员建立起对练习的表象，获得感性认识，帮助运动员正确思维、掌握和提高运动技术水平的一种常用的训练方法。

②语言法以讲解为主要手段。讲解时，应力求目的明确、通俗易懂、精简扼要、富于启发性，并要注意讲解的时机。对高水平运动员可适当多使用语言法。

（二）完整法与分解法

①完整法是指运动员从技术动作的开始姿势到结束姿势，完整地进行练习，从而掌握技术的训练方法。其优点在于一开始就使运动员建立完整的技术动作概念，不致影响动作的结构和各部分之间的联系。此方法多用于学习简单的技术动作或不能分解练习的、较复杂的技术动作。

②分解法是指把完整技术动作按其基本环节，分成若干个相对独立的部分，运动员分别进行练习的训练方法。其优点在于能减少运动员开始学习的困难，使运动员在掌握完整技术动作中相对独立的几个部分后，再进行完整练习，从而提高学习的效率，增强掌握动作的信心。此方法主要用于较复杂的技术及技能主导类表现难美性项群的成套技术动作练习，在改进动作、提高动作质量时亦可使用。

由于分解练习是部分地掌握技术，因此，一般将分解练习看成是完整练习的准备或补充。

（三）想象法与表象法

①想象法是指在练习前，运动员通过对技术要领的想象，在大脑皮层中留下技术痕迹，然后在练习中激活这些痕迹，使技术动作完成得更为顺利和正确的一种训练方法。此种方法在优秀运动员训练中运用得更为普遍。

在想象法运用的过程中，运动员要在头脑中对技术动作想象的同时，同步地与各种感觉（肌肉用力感、空间感、方向感、平衡感和速度感等）结合起来，把头脑中的想象变成运动器官的操作性活动。

②表象法又称念动法，是指运动员在头脑中对过去完成的正确技术动作的回忆与再现、唤起临场感觉的训练方法。通过多次动作表象，可以使运动员的注意力集中于正确的技术要求，有利于提高运动员心理稳定性，提高运动员的表象记忆能力及表象再现能力，从而促进技术的掌握。

（四）减难法与加难法

①减难法是指在技术训练中，以低于专项要求的难度进行训练的方法。例如，在跳远训练的踏跳练习中，以弹簧板代替踏跳板，从而降低训练难度。此种方法常用于技术初学阶段。

②加难法是指在技术训练中，以高于专项要求的难度进行训练的方法。例如，在排球扣球技术训练中，加高隔网以增加训练难度。此种方法常在优秀运动员训练中使用。

选择运动技术训练方法应遵循下列基本要求。

1. 明确的目的性和针对性

技术训练的不同阶段要达到的目的和所要解决的任务是不同的，因此，选择技术训练方法应具有明确的针对性，即要有的放矢。

2. 多层面的综合性

为完成某一技术训练任务，可采用多种训练方法进行综合训练；或采用一种技术训练方法同时解决几项训练任务，以提高训练效益。

3. 常用方法与特殊方法相结合

各运动项目均可采用的方法称为常用方法，各项目专用的训练方法以及针对需要解决的特殊问题而专门设计或采用的方法称为特殊方法。

三、运动技术训练的基本要求

（一）处理好基本技术与高难度技术的关系

高水平运动员均具有扎实的基本技术。因此，无论从事哪个运动项目，运动员都必须长期地、系统地、坚持不懈地狠抓基本技术的训练。即使是在高水平运动员的训练中，基本技术训练也应占相当的比重。

以基本技术为核心的基本功、基本实力扎实雄厚，是运动员长期保持高峰状态、延长运动寿命的必要条件。

同时人们也注意到，在球类、体操、跳水等运动项目中，除必须抓好基本技术训练外，还应努力掌握高难技术。在现代运动竞赛中，这类技术本身的难度价值和完成的质量情况，是决定运动成绩的重要因素，因而必须认真对待。

（二）处理好特长技术与全面技术的关系

在运动员（队）所掌握的运动技术结构中，有特长技术和全面技术之分。在训练中，这两种技术应当有机地结合起来。

特长技术是指运动员所掌握的技术群中那些对其获取优异运动成绩有决定意义的、能够展现个人特点或优势、使用概率和（或）得分概率相对较高的技术，常常被称为绝招。在训练中，对这类技术应精雕细琢，精益求精，力求使其成为运动员在竞赛中获得高分或克“敌”制胜的主要手段。

特长技术还是决定技术风格是否鲜明的重要因素之一。至于使专项运动技术群中哪些技术成为运动员（队）的特长技术，教练员、运动员可从下列因素考虑：①运动员（队）整体打法及场上位置的特定要求。②该专项运动技术群中，运动员（队）完成得最为出色的技术动作或技术类别。③该专项运动技术群中带有关键性作用的技术。④运动员的个人特点及使用的特殊器械。

在狠抓特长技术训练的同时，还应当力求全面地掌握专项运动中的各项技术。①专项运动技术动作群中的多种技术之间，往往存在着一定的内在联系，起着相互促进、相互影响的作用。这种作用，我们称之为运动技术的“转移”。受这类“转移”的影响，有时，一个似乎不太重要的辅助性技术的掌握，亦往往可能影响特长技术水平的提高。②在运动竞赛中，技术是否全面，是保证特长技术能否发挥的重要条件。在竞赛实践中常可观察到这样的现象：一名运动员尽管特长很突出，但因技术不全面，在某方面留下缺陷，因而在比赛中给对手以可乘之机，自己的特长发挥出来之前，已告失利。这种情况说明运动员技术系统（技术群）在竞赛中所能发挥出的整体效应有时服从“木桶原理”，即比赛的胜负往往不取决于水平最高的技术（特长技术），而取决于其他水平相对较低的技术。③“技术是战术的基础”这句不证自明的训练公理性话语尚包括这样一层语义：技术的全面性决定了战术的多样性。在比赛中，既要给对手造成最大限度的不适应，又要使自己最大限度地适应对手，这往往看起来是战术问题，但实际上还包括技术问题。

（三）处理好规范化与个体差异的关系

技术规范又称技术规格。在运动训练学中，它特指依据科学原理而确立的、人们在进行技术训练时所必须遵从的模式化要求。技术训练必须符合技术规范提供的标准，必须沿着技术规范指出的方向进行。因而在训练中，必须强调技术的规范化。这在体操、武术套路等项目中显得尤为重要。在技术训练的初级阶段或少儿训练中，强调技术的规范化也是非常必要的。

与此同时，还应重视技术的个体差异，把技术动作的规范化与运动员个人的技术特点完美地结合起来。教练员应该知道：对运动员技术特点的重视、保护乃至有目的地加以发展，是使这些特点发展为特长，使运动员登上世界竞技体育高峰的重要环节。在球类等对抗性项目中，技术的实用性是最为关键的因素。如果过分拘泥于技术的规范化，而对实用性有所忽视，比赛效果往往受到影响。而实用性在很多情况下，不仅由技术的规范化所决定，还由运动员的个人技术特点所决定。因而在技术训练中，对运动员进行区别对待是极其重要的，从而在技术规范化指出的方向上，让运动员表现出不同的技术特征来。

（四）处理好循序渐进与难点先行的关系

任何一项运动技术的各个组成部分之间都有其内在的联系。进行技术训练时，应当认识和利用技术活动内部存在的固有联系，即应当沿着由低到高、由易到难、由浅到深、由分到合、由主到次的顺序保持联系。无论是训练内容的安排还是训练方法手段的选择，都要服从“学习、提高、巩固，再学习、再提高、再巩固”的一般性程序。按照这种方式进行技术训练有利于运动员打牢基础，稳步前进。

然而，现代运动技术训练实践的发展也告诉我们，先易后难、先浅后深等教学顺序也并不是绝对不能改变的唯一模式。在特定条件下，“难点先行”，即所谓“先难后易”“先深后浅”，亦有望收到良好的效果。

（五）处理好合理的内部机制与正确的外部形态的关系

合理的内部机制指运动技术必须符合运动解剖学、运动生理学所指明的神经肌肉工作原理。例如，中枢神经系统对肌肉系统中主动肌、协同肌和对抗肌的正确支配等。另外，运动技术还应符合运动技能形成的心理学原理。

与此同时，运动技术还应具备正确的外部形态，其意义表现在以下几个方面。

1. 外部形态和内部机制的交互影响

苏联运动生理学家曾指出，技术动作学习的初期即形成正确的外部形态，对技术进一步完善、技能进一步形成具有很大意义。其原因是，具有正确外部形态的技术，可向中枢神经系统发出有效的神经冲动以及由中枢神经系统发出的对完成联系比较适宜的神经冲动，都能顺利到达有关的神经和肌肉部位（包括神经肌肉接点）。而这种神经冲动本身，是作为技术的神经生理基础的暂时性神经联系的重要组成部分。此外，技术具有正确的外部形态，会加快肌肉协调能力及动作力量、速度、耐力等方面的发展。相反，如形成不正确的外部形态（尤其是成为习惯）后，就会因神经间暂时联系的稳固性而给纠正这些习惯带来极大困难。

2. 运动技术外部形态的生物力学描述

对于技术的外部形态，我们常用运动生物力学的方法进行描述。例如，通过运动的轨迹、幅度、加速度、打击点、打击力量等指标来表述技术动作在经济性和实效性等方面的特征。

3. 运动技术的审美表现

技术美在很大程度上是通过外部形态来体现的。尤其是在艺术体操、武术套路、体操、花样滑冰等项目中更是如此。

4. 良好外部形态的培养

体育专业的学生在进行训练时，更应注意正确的外部形态。因为他们毕业后将担任教练员或体育教师，自身的技术动作如何，对其在今后能否正确地进行示范，以及能否在所教学生中享有较高威信，都有一定影响。

（六）处理好动作基本结构和技术组合水平的关系

对于体能主导类项群而言，由于专项技术动作相对单一，因此，对各个动作基本环节精雕细刻，并力求使环节间的联系更加流畅，可以最大限度地发挥出运动员的体能水平。

对于技能主导类表现准确性项群而言，除改善单个技术动作的基本结构外，提高各技术动作间的组合水平，将是决定运动员整体技术水平能否继续得以提高的重要因素。对高水平运动员来讲，这个问题尤为重要。因为在此阶段，单个技术质量的提高及新技术的学习与掌握，已变得相对困难，而提高技术组合水平，正是提高总体水平的有效途径。

根据运动技术在临场上的运用形式，可将众多项目分为固定组合和变异组合两大类。在技能主导类表现难美性项群中，固定组合的构成为“动作编排”。“编排”（组合）

水平的高低，将直接影响运动成绩。

在技战能主导类的格斗对抗性、隔网对抗性及同场对抗性项群中，根据对手的情况，技术的运用除有一定的固定形式外，还存在着变异组合形式，由于比赛中的情况千变万化，这种组合带有很强的应变及创造性质，即在比赛中往往可能出现平时训练中没有出现过的技术组合。运动员这种“创造”能力，常常会成为决定成绩的关键因素。

四、抓好技术风格的培养

（一）技术风格的意义

在运动训练实践中，教练员、运动员极其重视技术风格的培养。有人甚至称技术风格是运动技术的“灵魂”。

一名运动员有个人的技术风格，一个运动队也有集体的技术风格。因此，我们在理解技术风格时，不应局限在个人技术上。

进一步探讨这个问题，就可引申出所谓的“技术流派”这一概念。所谓技术流派，不仅仅是指一个运动队，而是若干运动队都具有相似的技术风格。

（二）技术风格释义

所谓技术风格，是指某运动员（队）的技术系统，区别于其他运动员（队）的技术系统的、较为成熟和定型化了的、经常表现出来的特征。

其一，运动员（队）的主体因素。技术系统、技术风格的物质载体是运动员（队），即任何技术系统都要由运动员（队）掌握，任何技术风格都要由运动员（队）表现。

其二，每名运动员都有自己独特的个性特征和行为特征，一个群体也有区别于另一群体的个性特征和行为特征。建立在此基础上的运动技术系统必然呈现出丰富多彩的姿态。独特的技术风格，来源于独特的技术系统。

其三，运动员（队）技术系统的独特性，是经过长期的运动训练实践而培养起来的，是较为成熟和定型化了的，即这种独特性是一种结果，从而强调了技术风格培养过程的长期性。

其四，运动员（队）技术系统的独特性需要表现出来才能被人们认识、检验和承认。这种表现的主要场合是比赛。而且，正因为独特性是较为成熟和定型化了的，所以在比赛中总会经常地表现出来。

技术系统是技术风格的内核，技术风格是技术系统特征的集中表现。运动员（队）技术风格的不同，实质上是源于技术系统的不同，不同的技术系统必然表现出不同的技术风格。

某一技术系统区别于另一技术系统的特征可以从以下两个方面表现出来。

第一，系统构成元素不同。这主要表现在各具体技术的水平（质和量）不同。例如，“技术全面”与“技术单调”的不同，“技术熟练”和“技术粗糙”的不同。在运动训练实践中，先进技术的掌握和运用，往往对形成技术风格有直接的影响。

运动技术是一个复杂系统。各项具体技术在这个复杂系统中所占的地位是不同的。有些技术处于主导地位，有些技术则处于辅助地位，技术全面并不等于技术均等。在实践中，我们常常根据占主导地位的技术所表现出来的特征来评价运动员的技术风格。

第二，技术结构不同。运动员（队）之所以形成自己独特的技术风格，除了在具体技术上有自己的特点之外，还存在另外一种情况，即各具体技术的组合方式与其他运动员（队）不同。认识到这一点的实践意义在于，当不同运动员的单个技术水平都相近似时，技术系统的区别主要表现在单个技术的构联形式上，即技术的结构上。

上述分析给我们如下启示：如要培养运动员（队）的独特的技术风格，除在系统元素上要有特点外，用特殊组合形式将各元素构联起来，亦可达到这一目的。

（三）技术风格的影响因素

1. 特长技术

特长越显著，风格越突出。技术风格的培养从一定意义上讲，也就是特长技术的训练。某项特长技术的掌握，往往使运动员（队）的风格变得更加突出。

在训练中，如何选择一项或几项技术反复精练，使其成为运动员的特长，并结合其他技术进行练习，是培养运动员鲜明技术风格的一个关键问题。

2. 运动员的神经类型（气质类型）

运动心理学研究表明，一定的气质类型适合于一定的技术风格。苏联运动心理学家罗季奥诺夫（Rodionov）主编的《高级运动员的运动心理学》一书中指出：“对个人活动的风格，可理解为受神经系统的类型特征所制约的、能取得胜利的活动方法、手段以及反应形式的总和。”不言而喻，神经类型是气质类型的生理基础，气质类型是神经类型的外在形式。例如，在技术风格中强调变化的运动员，要求其自身的神经活动具有高度的灵活性和平衡性，这种风格运动员的气质类型，大多为典型的多血质型。

3. 地域特征

从人类学的角度看，地域特征对技术风格的影响是十分明显的。人的身体形态与心理特征影响着运动技术的发展方向。

五、重视运动技术创新

（一）运动技术创新的意义

运动技术创新是运动技术发展的重要乃至主要形式，具有巨大的实践价值。

①创新可以使运动技术的整体水平获得跃迁式的、大幅度的提高。新技术的出现，或使某个运动项目的对抗更趋激烈，或使某个运动项目比赛中的难度增加，进而将比赛变得更加绚丽多彩。

②运动技术创新往往会引起整个运动技术体系的震荡，破坏先有的运动技术结构，建立新的运动技术结构，使运动技术在较短的时期里得到长足的发展，并往往使率先创新者在运动成绩的争夺过程中得到巨大的竞技利益。

③竞技实践中我们观察到，运动技术发展的不平衡性往往由运动技术创新的不平衡性所决定。率先创新者往往即为旧有平衡的率先打破者，并由此与对手形成运动技术的落差。由于人们对新技术有一个较长的适应与摸索对策的过程，率先创新者有望在相当一段时间内在专项竞技中保持领先地位。

（二）运动技术创新的目的

人们通过运动技术创新，即通过研究、开发创新技术（指在结构等方面有别于原有技术，其价值能在运动竞赛中转换成优异运动成绩的新技术），达到如图6–1所示之目的。

1.直接提高运动成绩

运动技术创新可直接提高运动成绩，如竞技体操中的加难技术。美国经济学家曾提出过“胜者全得”的理论，即在技术上领先一步，即便是一小步，就有可能占据该领域的大部分市场。这种理论在很大程度上也适用于运动技术创新，即在特定的历史时期，率先创新者将在赛场上掌握较大的制胜概率。

2.引进制胜因素或提高制胜因素单个水平及因素间组合水平

对某一专项运动成绩有决定性影响的因素称为制胜因素。在特定含义下，专项运动的发展与成绩的提高，就是制胜因素的单个水平及相互组合水平得以提高的过程。其中，新运动技术的出现，是制胜因素产生和提高的主要成因之一。

例如，中国乒乓球界创新了直拍近台快攻技术，日本乒乓球界创新了弧圈球技术，从而使速度、旋转两大制胜因素先后应运而生。世界乒乓球运动产生了划时代的变革——快、转之间的龙争虎斗，已持续了几十年。

再如，在体操运动中，“旋”技术的创新，开启了一个“旋”风四起的时代，提高了体操制胜因素“难、新”的水平，并更加尖锐地将“难、新与稳”等一系列矛盾摆在实践者面前，从而推动了训练向高、深方面发展，以力求在更高水准上将几大制胜因素融为一体。

3. 有效地制约现有运动技术

这种情况在对抗类项群中尤为突出，即某项运动技术的创新往往是为了更有效地制约现有的某项运动技术。例如，为了制约日本、欧洲的弧圈球技术，中国乒乓球队创新了台内“快点”技术。可以认为，“创新”从一定意义上讲是在“对抗”的前提下完成的，其直接目的是在新的对抗中占据优势。从竞技运动的实践看，当某种技术或打法被另一技术或打法“克”住，即产生“克我”，甚至在较长时间内形成一种固有的不适应时，被克者总是力争寻找到一种摆脱这种困境的技术或打法，这种“寻找”成为技术或打法创新的动力之一。

4. 满足战术发展的需要

战术的发展，有时需要运动技术的发展尤其是创新性发展的强力支撑。

5. 更有效地发挥人体潜能

更有效地发挥人体潜能，这种情况主要表现于体能主导类项群。在此类项群中，任何运动技术的创新，都是为了开发运动员的人体潜能，从而达到“更快、更高、更强”的目的。

6. 构成运动项目竞争战略的主要因素

为了占领或巩固领先地位，运动队或管理者会从竞争战略角度出发，进行技术创新。

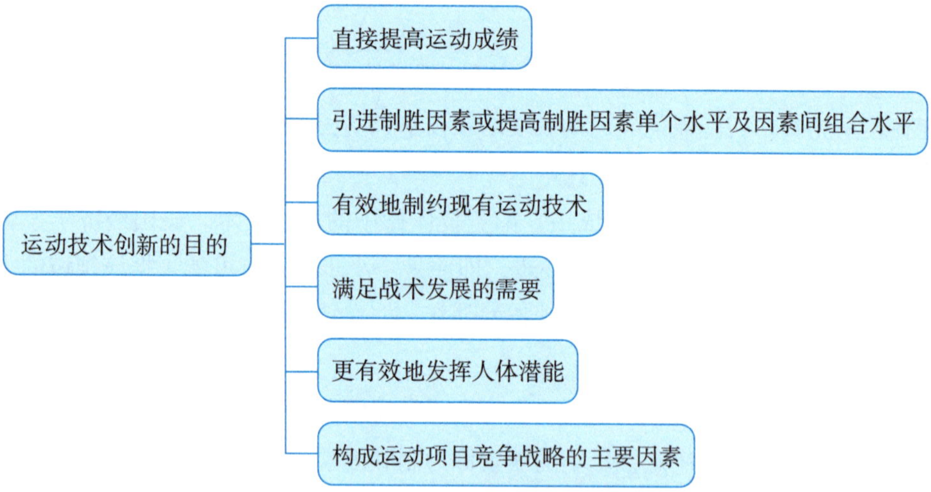

图6-1　运动技术创新目的示意图

以中国跳水队为例。从20世纪70年代中期开始，为了配合我国提出的走在世界跳水难度表前面的战略，鼓励更多的难新动作诞生，我们在比赛中允许运动员临时申报国际规则难度表以外的动作，并对动作定出高于国际规则难度表的难度。这些措施，促使我国在20世纪70年代后期产生了一批国际规则难度表上尚未有的难新动作，为我国运动员走向世界奠定了基础。时至今日，这个以发展运动技术为核心的项目竞争战略，仍在引导着我国跳水界涌现出一个又一个奥运会冠军和世界冠军。

六、部分项群运动技术发展趋势与训练要点

（一）技能主导类表现难美性项群运动技术发展趋势及训练要点

运动技术是表现难美性项群运动员竞技能力系统的核心组成部分，它对这个系统的整体水平提升拥有最大的贡献率。

1.“难、新、美、稳”仍是运动技术发展的主要趋势

在今后相当长的历史时期内，“难、新、美、稳”仍将是该项群运动技术发展的主要趋势及运动技术训练的主要要求。

在2022年北京冬奥会上，苏翊鸣在单板滑雪男子大跳台比赛中采用了空中内转1800°后手抓板的难度动作，夺得冠军。

2.处理好技术加难与技术表现稳定的关系

研究发现，在此项群训练和竞赛中，不断追求运动技术加难仍是一种趋势，动作难度一直是衡量该项群项目水平的最重要的方面。但同时，能否处理好高难度和高稳定这对矛盾，是能否夺取优异运动成绩的关键。

3.极为重视运动技术创新

运动技术的创新对项目的发展仍具有决定性影响。运动技术创新是运动技术得以飞跃性发展的主要形式，尤其是主导性技术、关键性技术的创新，将会给运动技术的发展带来革命性影响。

4.更加注重运动技术与艺术的结合

需要特别指出的是，美学因素在表现难美性项群占有极为重要的地位，对运动成绩亦具有极大的影响。

> 我们注意到：审美标准与民族、地域、传统文化等有着非常密切的关系。在运动技术发展过程中，教练员、运动员及科研人员有时会受到所谓文化偏好的影响，这种影响往往会导致他们过分地“袒护”原有的或熟悉的运动技术，不自觉地排斥外来技术或新技术。

表现难美性项群在运动技术发展方面，必须坚持多元发展的思路，突破单一的发展途径。一方面，要加强关键技术、核心技术的独创性研究；另一方面，要秉持“海纳百川，有容乃大”的精神，加强这两类技术的引进工作，包括不同文化的互相吸纳等。

5.技术细节对运动成绩的影响越来越大

老子曰：“天下难事，必作于易；天下大事，必作于细。”“在今天激烈的社会竞争中，决定成败的必将是微若沙砾的细节……真所谓成也细节，败也细节，一心渴望伟大，伟大却了无

踪影；甘于平淡，认真做好每个细节，伟大却不期而至。这就是细节的魅力。”这些论述表明，在难美类项群的技术训练中，技术细节越来越显示出它的意义并因之而受到业界的重视。

6. 规则的变化对技术发展具有整体性影响

规则的变化对运动技术的发展具有极其敏感和极为直接的整体性影响。表现难美类项群和其他项群相比，竞赛规则的变化对运动技术的发展的影响更为敏感、更为直接、更具整体性。

（二）技战能主导类隔网对抗性项群运动技术发展趋势及训练要点

隔网对抗性项群各个项目共同的竞赛特征是在比赛时用球网将双方选手隔开。选手各据一方，用规则允许的球拍或身体部位将不同性质的球击向对方的球台或场地。这类项目的得分手段既包括本方主动得分，也包括对方失误送分。运动员的竞技能力，包括运动员的运动素质、技术、战术、心理、运动智能、经验等方面的水平，通过能否击出“不同性质的球”和能否适应对方“不同性质的球”集中体现出来。

1. “发球、接发球”技术地位极为重要

“发球、接发球”在隔网对抗性项群技术体系中占有极为重要的地位。无论是对于发球方还是接发球方，此类技术的运用，不仅是技术使用的开端，而且是特定战术实施的开始。

发球技术的目的具有递进性的特点：①力争直接得分；②降低对方接发球质量，为本方后续技术的使用及战术的实施作铺垫。

伴随发球技术质量的日益提高，该项群的接发球技术也获得了极大的发展，其技术目的同样呈现出递进性质：①力争主动，先发制人，以争取接发球直接抢攻得分为首要目的；②力争破坏对方发球战术意图，为本方后续技术的使用及组织实施后续进攻创造条件。例如，为在接发球时便争取主动，捷克著名的乒乓球运动员科贝尔（Korbel）在正式国际比赛中首次使用了反手台内拧拉技术。此项技术经瓦尔德内尔（Waldner）、马琳、王皓等运动员的改良，现已成为接发球的主要技术之一。

2. 高度重视精细技术的训练

在隔网对抗性项群技术训练中，极为重视精细技术即技术的微细部分的训练。例如，在乒乓球、羽毛球、网球项目中，拍形的控制和调整对击出球的准确性和实现战术意图至为关键。这种控制和调整绝大部分是由运动员的手腕乃至手指发力来完成的。对这些部位的专门训练，是整个技术训练的重要组成部分。在很大意义上讲，这种精细技术水平的高低是运动员能否攀登上世界高峰的决定条件之一。

3. 技术和打法的发展交互作用

打法是该项群中一个非常独特而重要的概念。区分打法的主要标志是运动员（队）的技术特点。

例如，羽毛球项目中扣杀球和劈杀球技术的出现引发了快速进攻打法的一系列发展，而快速进攻打法的发展又对扣杀球和劈杀球技术提出了更高的要求；网球项目中截击技术的发明带动了上网型打法的出现与进一步的发展；乒乓球项目中弧圈球技术的发明则直接导致弧圈球打法的诞生；排球项目的发展进程中后排进攻技术和全攻全守打法的相互促进也印证了技术和打法在演进过程中这一交互作用的共性现象。

(1) 技术和打法的持续性发展

技术和打法的发展经历了一个由简单到复杂、由单一到复合的连续发展过程。在不同项目各自的发展阶段中，各种打法在激烈的竞争中沿着相互制约的轨道不断演进着。其中，一些打法由于不充分拥有先进技术及不充分拥有制胜因素或不能将制胜因素发挥到更高水平而逐渐退出历史舞台；相反，一些更能展现运动员体能、运动智能的技术出现，导致新打法产生。从历史的角度看，正是由于运动项目的技术和打法不断新陈代谢，才使得运动项目本身充满魅力。

(2) 技术和打法的矛盾化演进

技术和打法在“相生相克”的矛盾运动中演进。如果可以将进攻与防守称为对抗性项群的永恒主题，那么，技术和打法在演进过程中表现出的“相生相克”现象则更耐人寻味。这种“相生相克”现象并不单纯表现在进攻与防守范畴，在进攻与进攻范畴同样存在。人们在运动技术的发展过程中始终表现出强烈的目的性，带有强烈的相互克制的战术意识。

(3) 新技术、新打法的连锁效应

新技术、新打法的出现有时会引发连锁效应。在技术、打法演进的过程中存在着出现一项新技术或新打法之后，一系列新技术、新打法随之出现的现象。

例如，排球打法演进过程中“时间差”的出现，开创了个人自我掩护进攻的新局面，因此，在较短时间内“时间差”进攻不仅被移植到不同的进攻点，而且为“空间差”“位置差”(与“时间差”合称为“三差”)的出现提供了契机；乒乓球项目中，自弧圈球技术出现并由之而产生弧圈球打法之后，已相继出现了弧圈结合快攻、快攻结合弧圈等多种打法；羽毛球项目中，自中国队在20世纪60年代创新了平高球、快吊、劈杀等技术之后迅速地形成了多种快速进攻打法；网球项目中截击技术的出现不但丰富了综合型打法，而且为发球上网型打法及随球上网型打法的出现提供了契机。

(4) 技术、打法演进途径的多样化

技术和打法演进的途径多样化。乒乓球、羽毛球、网球、排球项目技术和打法的演进途径从不同的分类角度表现为改良、移植、组合、偶发、设计等多种类型。

4.进攻性技战术与防守性技战术交替发展

在该项群技战术发展的特定阶段，进攻性技战术一般先于防守性技战术发展，而后者的发展又促进前者的发展。从某种角度上讲，战术是技术的有目的的使用过程。由于进攻技战术在训练与比赛中的主动作用，其发展往往先于防守技战术。同时，进攻技战术的提高又刺激了防守技战术的发展。

例如，排球项目中，扣球技术的发展刺激、带动了拦网技术的发展；进攻的个人战术变化和集体战术配合带动了集体拦网战术的不断丰富，而拦网战术的丰富与完善促进了立体进攻战术的出现等。再如，羽毛球项目中，下压控网打法与四方球打法的交互发展也是遵循着以进攻促防守，以防守促进攻这一发展路线。进攻与防守的对立统一是乒乓球、羽毛球、网球、排球技术和打法不断发展的动力。在运动训练和运动竞赛实践中，当进攻和防守处于相对不平衡时，人们为了在比赛中赢得主动权，会积极地去探索、发展新的攻防技战术及打法，改进、完善原有的攻防技战术，以期实现新的平衡。而进攻与防守处于平衡状态，又会激发人们去研究、创造新的技战术及打法，在攻防相对适应的基础上发展其新的不平衡。正是这种项目本身的攻防不平衡－平衡－新的不平衡循环往复的规律，推动各运动项目的技术、打法不断演进。

5.影响技术和打法演进的众多相关因素

影响技术和打法演进的相关因素包括制胜因素、规则因素、工具因素、偶然性因素等。

（1）制胜因素

对专项运动成绩有决定性影响的因素称为制胜因素。制胜因素之间的本质联系构成制胜规律。从根本上看，新技术的出现带动新打法的形成以及新技术的不断完善、成熟的过程是一个想方设法提高制胜因素的单个水平及它们之间的组合水平的过程。制胜因素之间既相互制约又相互依存并可多因素融合于一体，这种内在联系引导、制约着技术和打法的产生及演进。因此，制胜因素内在地规定着技术和打法的发展，根本性地影响着其自身的演进过程。

在比赛对抗中，双方运动员的制约，最终是通过击出球的速度、力量、落点、弧线、旋转这5个物理学要素来实现的。运动员（队）的技术等竞技能力，在比赛中最终要从击出球的时间、空间特征表现出来。

（2）规则因素

一方面，规则具有前瞻导向性，每一次对规则的正确、及时的修订都极大地影响着运动技术和打法的发展。竞赛规则的变化势必会对比赛产生影响，使比赛出现新的特征，引发出新的问题。为了尽快地适应这些新特征，人们会加强研究和实践，设计新的攻防技战术和打法，从而进一步促进专项运动水平的提高。另一方面，相对于不断演进的技术、打法而言，规则的演进又具有短暂的滞后性的特点，即当技术、器材发展到一定阶段后，可能出现一些妨碍运动项目发展的因素，如教练员、运动员会想方设法研发新的技术、器材等，这些新技术、新器材虽符合现有规则的精神，但从长远看并不利于运动项目的发展，其中一些变化会导致比赛的观赏性降低、对抗的激烈程度下降等，因而需要重新修改、补充规则以适应和促进运动项目的发展。修改之后的规则相对于技战术和打法而言又再一次具有了前瞻导向性的特点，这样就再次起到了引领技战术和打法进一步发展的作用。

（3）工具因素

工具的发展在乒乓球、网球等项目技术与打法的发展中扮演了特殊的角色。

以乒乓球项目为例，在世界范围内，胶皮颗粒拍的出现将乒乓球运动带入了旋转的世界，有力地促进了削球技术的发展和攻防战术的演变，确立了削球打法的霸主地位。而海绵拍一出现就扭转了削球打法占主导地位的历史，结束了横拍打法“一统天下”的局面，确立了直拍以攻为主打法的地位。长胶粒球拍、防弧球拍的问世对于提高旋转变化的水平以及丰富乒乓球技术与打法起到了重要的作用。再如，网球的球拍经历了木质球拍－铝合金球拍－碳纤维、玻璃纤维及高级航天、航空材料特制的球拍这一过程。运动员凭借高科技球拍既可以发出200 km/h速度的球，也可以让我们欣赏到底线凌厉的抽杀、网前变幻莫测的截击等技术的魅力。

（4）偶然性因素

乒乓球、羽毛球、网球、排球项目技术和打法在演进过程中存在着很多偶然性因素。

以乒乓球项目为例，国内有学者统计因偶然性因素而引发的技术创新竟占到乒乓球技术创新总数的21%左右。另外，排球技术中的“快板球”就是20世纪30年代我国流行9人排球时，前排队员应急跳起“压球”而偶然使用的，因其具有突然进攻的威力，逐渐提炼成为规范的快板球技术，并由此不断创造出短平快球、平拉开快球、远网快球等一系列的快球技战术。

（三）技战能主导类同场对抗性项群运动技术发展趋势及训练要点

1. 极其重视身体对抗技术并在强身体对抗中运用其他技术

（1）身体对抗技术是最为重要的技术种类

对抗是同场对抗性项群最为重要的特征。身体对抗技术是同场对抗性项群中最为重要的技术种类。这种技术广泛牵涉运动员的体格与体能、心理、时机把握等多方面因素。

强调身体对抗技术有较为深刻的时代背景，即项目发展的规律尤其是比赛的要求使然。“强对抗”是各运动项目在发展过程中呈现出的一种必然趋势。篮球界干脆就将其称为对抗性规律。足球界则视对抗性为本项目的重要特点，认为比赛中双方为争夺控球权，达到将球攻进对方球门，而又不让球进入本方球门的目的，展开短兵相接的争斗，尤其是在两个罚球区附近时间、空间的争夺更是异常凶猛。有文献在研究世界女子手球运动发展特点时将“对抗更加激烈”列为首要的特点。

比赛中激烈的身体对抗要求运动员掌握身体对抗的运动技术，身体对抗技术是应对强对抗与强身体对抗的最重要的支撑或基础。可以说，必须对抗（外在的必然性）→敢于对抗（内在的必要性）→善于对抗（内在的必要性）成为技战能主导类同场对抗性项群现代训练和竞赛实践的必然逻辑。

（2）更加注重“强身体对抗中运用其他技术”的能力

基于对我国与国际先进水平队伍在身体对抗中运用技术的差距的认识，技战能主导类同场对抗性项群运动更加注重“强身体对抗中运用其他技术”的能力。实事求是地看，在篮球、足球、手球、水球项群中，除个别女子项目外，我国均和世界先进水平有较大的差距。在种种差距中，“在身体对抗中运用其他技术的差距”非常突出。

我国在运动训练尤其是运动竞赛实践中与世界先进水平之间存在的巨大差距使我们警醒。在理论研究中，“提高强身体对抗中运用其他技术的能力”的呼声渐长。在强身体对抗条件下进行运动技术训练，也成为技战能主导类同场对抗性项群训练实践的一个主流方向。

2. 合理处理技术全面和位置技术的关系

随着训练水平的普遍提高及训练与竞赛理念的更新，人们提出了全攻全守、立体进攻、立体防守等一系列概念并付诸实践。比赛中位置模糊化的现象经常发生，这种情况直接导致了对运动员技术更加全面的高要求。

在训练中强调技术全面，不仅是运动竞赛的现实需要，而且符合运动技术学习的某些原理。专项运动技术动作群中的各种技术之间往往存在着一定的内在联系，这种内在联系起着相互促进、相互影响的作用。这种作用，我们称之为运动技术的转移。受这类转移的影响，有时，一个似乎不太重要的辅助性技术的掌握，亦往往可能会影响运动员整体技术水平的提高。

技术全面和战术运用有十分密切的关系。“技术是战术的基础”这句训练公理性话语尚包括这样一层含义：技术的全面性决定了战术的多样性。这里必须注意的是，比赛中“位置模糊化”并不能等同于“取消位置”。在篮球、足球、手球、曲棍球、冰球、水球等球类项目中，“位置”是实际存在的。运动员在场上的攻守位置是相对固定的，而位置技术反映的主要是不同位置的技术特征，如中锋技术、前锋技术、后卫技术、守门员技术等。不同位置的技术特征从两个方面表现出来：①位置的专有技术，如中锋的步法、守门员技术等；②对特定技术的要求特别高，如足球中的前卫队员、篮球中的后卫队员的控球技术、支配球技术等。

3. 更为关注“组合技术”

在技战能主导类同场对抗性项群中，根据对手的情况，技术运用除有一定的固定组合形式外，还存在着随机组合形式，由于比赛中情况千变万化，这种随机组合带有很强的应变及创造性质，即在竞赛中往往可能出现平时训练中没有出现过的技术组合。

从某种角度看，随机组合的实践基础是比赛和训练技术的非完全一致性。有文指出：训练需要有千百次的重复和反复的技术磨炼；同时应掌握同场对抗类集体性项目的特殊性，即球队技术和战术在训练和比赛中不可能完全一致，要求运动员在比赛中根据实际情况进行最优选择。要求教练员根据项群的特征，尽可能地接近真实比赛的情景去安排训练内容。还要求运动员具有随机应变、在复杂的环境下迅速正确地做出判断和采取行动的能力。

（四）体能主导类项群运动技术发展趋势及训练要点

与技能主导类项群和技战能主导类项群相比，体能主导类项群中许多运动项目的技术动作更固定，但运动技术对运动员综合竞技水平也起着重要作用，对运动成绩的获得亦有较大的贡献率。

1. 运动技术对运动员综合竞技水平有着重要的影响

毫无疑问，在体能主导类项群比赛中，决定竞技较量结果的首要因素是运动员体能的发展水平，而正确的运动技术可以使得运动员的体能得到有效的发挥。同时，由于体能主导类中许多竞速性的运动项目都要求运动员多次重复同样的技术动作，这便将技术动作细微的差别及其不同运动效果成百上千倍地放大了。运动技术方面的差异是体能主导类教练员和运动员注意的焦点问题之一，也是导致人们对技术问题愈发重视的直接实践动因。

2. 高度重视运动技术的个体差异

德国运动训练学家曼·葛欧瑟曾指出：“每个人与理想的动作模式都有偏差，这是正常的，因为每个人都有自己的个性和特点。技术训练的目的在于使运动员近似地达到理想动作的要求，即每名运动员都应掌握技术当中的重要环节，同时还要保持个人的风格和特点。”技术规范是一种理想的动作模式，是将许多优秀运动员的共同特征集中起来进行的最有代表性的描述之一。在一个特定的时间中，某个运动员是不太可能同时具备所有这些特征的，技术动作很难完全符合技术规范的要求。因此，技术规范作为一种理论抽象，只能为训练指明一个基本方向，而不可能深入每名运动员的技术细节中。对运动员技术特点的重视、保护乃至有目的地加以发挥，是使这些特点发展为特长，从而攀登上世界竞技体育高峰的重要环节。技术的实用性在很多情况下不仅由技术的规范化所决定，还由运动员的个人技术特点所决定。因而在技术训练中，对运动员进行区别对待是极其重要的，由此在技术规范化指出的方向上，让运动员表现出不同的技术特征来。

3. 优先考虑实效性同时兼顾合理性与经济性

运动技术训练首先要考虑实效性，同时必须兼顾合理性、经济性。实效性即力求创造优异的运动成绩；合理性即运动技术应符合生物学及心理学规律；经济性即在求得最大实效性的前提下尽可能节省身体能量。

4. 技术发展以质量提高为主要途径

目前，该项群运动技术的发展以技术质量提高为主要途径，原因如下。

①相对于表现难美性项目、隔网对抗性项目等而言，体能主导类项群运动技术种类相对单一，因而创新技术（在原理、结构等方面有别于原有技术，其价值能在运动竞赛中转换成优异运动成绩的新技术）出现的频数亦相对较低，意即在运动技术发展的历史长河中，以“技术质量的提高”为主要特征的时段也相对较长。特别在目前，该项群的技术已处于相对稳定阶段，因此，如何提高技术质量似乎是业界人士首要考虑的问题。

②在注重技术质量提高的同时，还应十分注重运动技术的创新。从历史上看，几乎每一次技术的创新都对项目的发展带来深远的影响，如跳高的跨越式→剪式→滚式→俯卧式→背越式创新序列，蛙泳的高航式→半高航式→平航式→冲潜式创新序列等。当然，运动技术的创新是客观辩证法与主观辩证法在特定历史时段的有机结合。对此，我们要以积极的态度来耐心等待。

5. 技术的现代科技含量不断增高

导致运动技术中的现代科技含量不断增高的原因有两点：①现代科技的渗入和人们的重视；②田径、游泳、举重运动项目技术种类相对单一，且在比赛中不太可能发生随机组合变异，意即在比赛中运动员运动技术的使用是训练的再现，是一个求同的过程。这样有利于集中科研设备对其中的关键技术进行透彻的研究。例如，苏炳添在2020年东京奥运会男子100 m比赛中以9.83 s的成绩取得突破，科学技术在改进其技术方面发挥了重要作用。

第二节　运动战术能力及其训练

一、运动战术概述

（一）运动战术释义

运动战术指在比赛中为战胜对手或为取得期望的比赛结果而采取的计谋和行动。运动战术应由教练员与运动员在赛前制定，是掌控比赛进程的设计，是应对预期比赛情景的计谋。在比赛中，运动战术则演化为夺取比赛胜利或取得理想比赛结果的行动。

（二）运动战术的构成

运动战术由战术观念、战术指导思想、战术意识、战术知识、战术形式和战术行动等构成。

1. 战术观念

战术观念指对比赛战术概念、战术价值功效及运用条件等认识和思维而产生的观念。战术观念的形成同教练员、运动员所具有的竞赛经验、知识结构、认知特点和思维方式等有密切关系。教练员、运动员的战术观念对其进行战术思考、制订战术计划、实施战术训练等战术活动有着重要的导向意义。

2. 战术指导思想

战术指导思想指在战术观念统领下，根据比赛具体情况提出的战术运用的活动准则。它是基于对战术规律的认识，指导战术行动的规范或模式，明显地体现出战术运用者的战术观念。

战术指导思想是战术活动的核心。采用的战术是否具有很强的针对性和实效性，关键取决于战术指导思想正确与否。

3. 战术意识

战术意识又称战术素养，指运动员在比赛中为达到特定战术目的而决定自己战术行为的思维活动过程。战术意识强的运动员能在复杂多变的竞赛环境中，及时准确地观察场上的情况，随机应变，迅速而正确地决定自己的行动方案（包括个人行动及与同伴的协同配合行动）。

4. 战术知识

战术知识指关于比赛战术理论及实践运用的知识，包括经验性知识和理论性知识两种形态，包括对专项战术运用原则与战术形式、战术的发展趋势、比赛规则对战术运用的制约等方面的了解与把握。

战术知识是掌握和运用具体战术的基础。教练员、运动员制订的战术方案是否合理，运用得是否灵活、机动和有效，往往取决于他们掌握战术知识的广度和深度。

5. 战术形式

战术形式指战术活动中具有相对稳定的形态和结构的行动方式，如篮球战术中的掩护、盯人、联防等形式。

6. 战术行动

战术行动指为达到特定战术目的而采用的动作、动作系列或动作组合。

（三）运动战术的分类

1. 按战术的表现特点分类

按战术的表现特点分类，运动战术可以分为阵形战术、体力分配战术、参赛目的战术和心理战术等。

（1）阵型战术

阵型战术指在集体性项目中以一定的阵型，使每名运动员有一个相对的位置分工，并按一定的要求相互配合，从而构成一个相对完整的阵型去战胜对手的战术行动，如球类项目中进攻及防守的阵型。

（2）体力分配战术

体力分配战术指通过体力的合理分配而谋取胜利的战术行动，在体能主导类项群中的周期耐力性项目如长跑、游泳等项目中运用较多。

当多名同队选手参加同一比赛时，可运用集体配合战术，包括牺牲战术，即二号、三号选手掩护主要选手助其出其不意地夺取最后胜利。

（3）参赛目的战术

体能主导类项群运动员根据自身参赛目的的不同，比赛时分别采用创纪录战术或夺标战术。①创纪录战术指运动员在比赛过程中，以打破纪录或创造个人最好成绩为目标，按预先制定好的速度、重量及用力程度安排进行比赛。②夺标战术指运动员在比赛过程中，以夺取最好或较好名次为目标而采取的战术。此种战术是运动员在奥运会等重大比赛中采用最多的战术之一。

采用上述两种战术通常需具备以下条件：运动员已具备创纪录或夺标的竞技能力水平和适宜的竞技状态，已较好地适应了比赛环境，已较为熟悉主要对手的基本情况。

（4）心理战术

心理战术指通过一些特定的方式和措施，对参赛对手心理上施加影响，使对手不能顺利完成其预定的战术决策和战术行动。随着运动员训练水平的接近，在比赛前和比赛中，运动员个人或集体任何微小的变化都会给对方以心理影响，确立自己的心理优势，扰乱其预先的战术部署，破坏其正常技术发挥。

心理战术的核心是心理干扰，具体来说就是对对手进行威慑、麻痹、迷惑等，以使对手产生心理压力过重、烦躁不安、心理过程紊乱、盲目自信或丧失信心等消极情绪，诱使对手在错误的心理活动支配下进行错误的战术行动。

制造假象、形成错觉是心理干扰常用的手段，可使对手摸不清本方战术意图，从而导致其采用错误的战术行动。

2. 按参加战术行动的人数分类

按参加战术行动的人数分类，战术可以分为个人、小组和集体（全队）战术。

（1）个人战术

个人战术指个人所完成的战术行动。在拳击、摔跤、跆拳道、击剑、乒乓球、羽毛球、网球等项目的单打比赛中，个人战术表现得尤为明显。在篮球、排球、足球、冰球等项目中，个人战术是整体战术的组成部分。

（2）小组战术

小组战术一般指技战能主导类隔网对抗项群（乒乓球、羽毛球、网球）中双打项目两名运动员之间协同配合所完成的战术行动，以及在其他集体性项目比赛中两三名运动员共同完成的战术行动，如篮球比赛中的两人快攻、三人快攻，自行车团体赛中的领先战术等。

（3）集体（全队）战术

集体（全队）战术指赛场上同一运动队中所有运动员按统一的战术方案进行的战术行动。在集体对抗性项目中，集体战术显得尤为重要，合理有效的集体战术往往是获得胜利的关键。

在集体项目中，个人、小组、全队战术是紧密联系在一起的。个人战术是小组战术和全队战术的基础。只有当一个队伍是团结的集体，队里的分工既符合全队的任务又符合每名运动员的个人能力特点时，集体战术才会行之有效。

3.按战术的攻防性质分类

按战术的攻防性质分类，战术可以分为进攻战术、防守战术和相持战术。

（1）进攻战术

进攻战术指利用掌握主动权的机会，通过个人的努力或集体的配合，向对手发动主动进攻所组成的战术行动。

（2）防守战术

防守战术由个人、小组或集体协同配合采取的阻碍对手进攻的战术行动。

（3）相持战术

相持战术指比赛中当双方攻守态势保持相对均衡时，为争得主动、力求场上形势向有利于己方转化而采取的战术行动。

在势均力敌的比赛中，大量存在着相持现象。相持阶段是介于主动与被动之间的过渡环节。在这一环节中，战术运用是否得当，是能否争得主动、避免被动的主要因素，这在高水平的比赛中显得尤为突出。

4.按战术的普适性分类

按战术的普适性分类，战术可以分为常用战术和特殊战术。

（1）常用战术

常用战术又称基本战术、常规战术，是人们在长期竞赛实践中总结出来的、具有较大普适性的战术，如乒乓球的发球抢攻战术、篮球的人盯人防守战术、击剑的防守反击战术等。

（2）特殊战术

特殊战术指比赛中针对特殊对手而专门制定的战术。“一次性效应”是这种战术的显著特征。在争夺名次、出线权等关键性比赛中，特殊战术的有效性是极为重要的。

拓展阅读

定位球战术

常用战术能力是衡量运动员（队）实力的重要指标，而能否制定出行之有效的特殊战术，并使之与常用战术能力融为一体，则是衡量教练员水平的重要标志。

以上介绍了战术基本的分类体系，其在实践中可能出现交叉，如个人战术又可分为个人进攻战术和个人防守战术等。

（四）运动战术能力的影响因素

战术能力指运动员（队）掌握和运用战术的能力，是运动员（队）整体竞技能力水平的重要构成部分。

战术能力的强弱反映在运动员（队）战术观念的先进性、个人战术意识及集体配合意识的强弱、战术理论知识的多少、所掌握的战术行动的质量和数量、运用战术的针对性和有效性等方面。不同竞技项目对战术能力的要求有所不同。技战能主导类格斗对抗性项群、同场对抗性项群、隔网对抗性项群对战术能力的要求最高。

1. 军事学与谋略学因素

“战术”一词原本是军事术语。运动竞赛就其对抗性本质而言，就是一种对局、就是一种博弈。因此，竞技战术的发源、形成及发展，都和军事学、谋略学的影响密不可分。从这个意义上讲，教练员、运动员掌握更多军事学、谋略学的知识，对于认识竞技战术规律和提高知识能力水平，都是十分必要的。

2. 心理学与思维科学因素

心理学与思维科学因素对竞技战术的影响极大。心理能力和思维能力是运动员学习、掌握和运用战术的保证。具体来讲，心理学与思维科学因素包括运动员神经过程、注意品质、智能、学习能力、思维能力等。

3. 形态学与体能、技能因素

在一些项目中，运动员形态特点对战术的采用具有很大的影响。

体能在很多项目比赛中，是采用战术或实施战术配合的重要先决条件。例如，“快”在球类项目比赛战术中起着非常突出的作用，而运动员的速度能力则决定着能否“快”及“快”到什么程度。

从某种意义上讲，战术就是有目的地运用技术。技术风格往往决定着战术风格。战术的多样性决定于技术的全面性，意即灵活多变的战术必须以运动员（队）全面的技术为坚实的基础。在比赛实践中人们已观察到，明知某种战术对对手具有威胁，但因为本方不具备相应的技术能力，无法实现良好的战术意图。这就是说，战术的采用，应充分考虑本方的技术条件。

二、提高运动战术能力的训练方法

战术训练方法的采用应根据专项比赛的要求，应有利于发挥运动员的身体和技术特长，应能充分调动运动员的主动性和积极性。

（一）分解与完整训练法

①分解战术训练法是指把一个完整的战术组合过程划分为若干个相对独立的部分，然后分部分进行练习的方法。这种训练法常在学习一种新的战术配合形式时采用。其目的在于让运动员掌握某种战术配合的基本步骤。

②完整战术训练法是指完整地进行战术组合练习的方法。这种方法常在运动员已具备一定的战术知识和战术能力后，也常常安排在分解战术训练的基础上采用，其目的在于使运动员能够流畅地完成整个战术组合过程。

（二）减难与加难训练法

①减难训练法是指以低于比赛难度的要求进行训练的方法。这种方法常在战术训练的初始阶段采用。例如，同场对抗性项群的球类项目中，最初可在消极防守或不加防守的条件下完成战术练习，待运动员已掌握战术的基本步骤后，逐渐加强防守、提高难度以达到比赛要求。

②加难训练法是指以高于比赛难度的要求进行训练的方法。这种方法的目的是提高运动员在复杂困难的情况下运用战术的能力。采用的方式一般有：限制完成技术动作的空间和时间条件（如限制场地、缩短时间等）；与不属同一级别的高水平运动员或运动队对抗；采用比正式比赛条件更严格、更困难的标准进行训练等。

（三）虚拟现实训练法

虚拟现实训练法是指运用高科技设备，将未来可能出现的比赛场景提前在电脑屏幕上虚拟演示，从而帮助运动员提高预见能力及在各种情况下灵活有效地运用战术的能力的训练方法。可以预计，随着高科技手段在运动训练和运动竞赛中的广泛渗透，虚拟现实训练法也将在更多运动项目中得到采用。

（四）想象训练法

想象训练法是一种心理学训练方法。这种方法是在运动员大脑内部语言和套语的指导下进行战术表象回忆，能够帮助运动员在大脑中建立丰富而准确的战术运动表象。

（五）程序训练法

程序训练法是近年来从教学领域引进的一种训练法。在运用程序训练法进行制胜训练时，除应遵循由易到难、由简到繁、内固定到变异的一般性程序外，还应特别注意编制不同项群战术训练的特殊程序。

①体能主导类项群可考虑采用如下训练程序：不同战术方案选优→重复熟练→不同情况下实施战术训练→在实战条件下进行训练。

②技战能主导类对抗性项群可考虑采用如下训练程序：无防守训练→消极防守训练→积极

防守训练→模拟比赛训练→实战训练。

（六）模拟训练法

模拟训练法是指在获得准确情报信息的基础上，通过与模仿重大比赛中主要对手的主要特征的陪练人员的对练，及通过在与比赛条件相似的环境中的练习，使运动员获得特殊战术能力的一种针对性极强的训练方法。

随着运动训练实践的发展，模拟训练方法的应用范围逐渐扩大。除应用于技能主导类格斗对抗、隔网对抗、同场对抗及轮换攻防对抗性项群的战术训练之外，在体能主导类项群中，为使运动员能针对比赛场地、气候、日程安排等具体情况进行有效的战术准备，模拟训练也在逐渐开展。

（七）实战法

实战法是指在比赛中培养运动战术能力的方法。这种方法可使运动员对战术的理解更为直接、更为深刻。在参加重大比赛前，往往安排一些邀请赛或热身赛等，其目的之一就是演练将在重大比赛中使用的战术，以检验其有效性。

三、战术训练的基本要求

（一）准确把握项目制胜规律

运动训练（包括战术训练）的主要目的是在竞赛中取得优异运动成绩，取得优异成绩的过程实质上就是制胜的过程。而要制胜，就必须遵循制胜规律。这是战术训练最基本的要求，也是形成正确战术观、正确制订战术方案、正确实施战术训练、在比赛中正确运用战术的前提条件。

制胜规律，是指在竞赛规则的限定内，教练员、运动员在竞赛中战胜对手、争取优异运动成绩所必须遵循的客观规律。制胜规律的组成包括两个方面：①制胜因素；②制胜因素之间的本质联系。

对专项运动成绩有决定性影响的因素称为制胜因素。这些因素是人们在对专项比赛的各种特性进行深入研究后归纳总结出来的。我国部分优势竞技项目在认识、发掘和把握制胜因素方面走在其他竞技项目前面，如乒乓球项目总结出“快、转、准、狠、变”制胜因素；排球项目总结出“高、全、快、变”制胜因素等，这也是我国优势竞技项目在一定历史时期能居于世界先进水平的重要原因之一。

技能主导类同场对抗、格斗对抗、隔网对抗及轮换攻防对抗性项群所属各项目的制胜因素具有一个非常明显的特征，即每个因素都包含着明确的战术含义。例如，排球项目中的“高”，除必须选拔“高大运动员”之外，还具有采用“高举高打”“高点强攻”战术的含义；足球、篮球等项目中的“准”，除“投篮准”“射门准”等外，还具有准确地传出“威胁性”球的含义，明显地带有战术色彩。

每个竞技项目中，制胜因素都不是一个或两个，而是一个因素群。若干因素之间，存在着必然性联系，这些联系以不同的方式表现出来，有的互相促进，有的互相制约，有的互相矛盾。例如，篮球、排球项目中的“高”与“快”的关系；网球、羽毛球等项目中“快”与“准”的关系；击剑、拳击等项目中“狠”与“准”的关系等。正确地认识和把握这些关系，才能做到遵循制胜规律，才能有效地进行战术训练。

在认识制胜因素及其关系时，要特别注意各因素内涵的发展情况。例如，目前在对技战能主导类项群隔网对抗项目“快”的理解上，除了以前内涵中已有的球速快以外，人们还从抓适应与反适应（最大限度地适应对手与最大限度地不让对手适应自己）这对主要矛盾出发，赋予“快”以战术变化快（在有效的前提下）、节奏变化快等新的内容。这些都是我们在进行战术训练时应该注意的。

（二）深刻领会战术意识培养的核心作用

战术意识这一特殊思维活动过程由战术信息选择与战术行为决策两个前后为序、紧密相连的部分组成。其具体内容体现在技术运用的目的性、战术行动的预见性、战术判断的准确性，攻防转换的平衡性、战术变化的灵活性、战术配合的协同性、战术行为的隐蔽性等方面。

培养运动员的战术意识是战术训练的中心环节。具体方式通常有：系统了解专项竞赛基本规律与战术特征、比赛中战术变化的规律及正确的应变措施、专项战术的发展趋势，积累专项战术理论及经验知识，大量而熟练地掌握基本战术等。

战术意识的培养与运动员的思维活动密切相关。从某种意义上讲，战术思维是战术意识的核心。因此，运动员的战术思维能力水平决定了其战术意识水平。具体而言，运动员思维的灵活性、预见性和创造性等是其战术意识的决定因素。

从运动训练实践看，“想－练”结合是培养运动员战术思维的行之有效的手段。

（三）着重培养运动员战术运用能力

在运动训练中，应当把培养运动员在各种复杂而艰苦的条件下合理运用战术的能力这一任务放在相当重要的位置上。这也是在战术训练中贯彻“练为战”思想的具体要求。

战术运用的基本要求为：①明确的目的性和针对性。任何战术的运用都必须有明确的目的性，做到有的放矢。战术行动合理、针对性强，做到特定战术解决特定问题。②高度的实效性。战术运用的目的是制胜，因此，应以达到制胜目的为准，力戒华而不实。③高度的灵活性。运动员要根据场上千变万化的局势，灵活机动地坚持运用有效战术，力争主动、避免被动，使战局向有利于本方的方向发展。

（四）处理好个人战术行为与集体战术配合的关系

个人战术行为指运动员在战术活动中表现出的个人行为，是运动员个人战术的直接表现，亦是集体战术行为的基础。

个人战术行为能力可分为个人作战能力和协同作战能力。在集体项目中，个人战术行为的目的或为直接制胜，或为队友创造机会制胜。

个人战术能力培养是提高个人战术行为能力的关键环节。此外，丰富的战术理论知识、结构独特的个人战术体系及由此外化成独特的战术风格，都是提高个人战术能力的必备条件。

集体战术以个人战术为基础并对此加以协调配合。集体战术能力是运动队伍整体竞技能力极为重要的组成部分。在集体对抗性项目中，合理有效的集体战术往往是取得胜利的关键。

集体战术配合是集体战术行为的核心。集体战术配合的构成因素有参与配合的人数、每个人的行动方式、个人行动目的与集体战术配合目的的关系等。

集体战术配合水平取决于两个方面：①运动员在集体战术配合过程中表现出的活动方式的协调程度，亦称为操作形式的协调程度。②战术意识——心理过程的协调，亦称为默契。达到默契程度的集体战术配合行动，往往表现出较大的灵活性和创造性。

集体战术的基本要求为：①严密的组织性，即强调个人战术行为必须服从全队的整体配合。每个运动员都必须遵守战术纪律。战术纪律指为争取比赛胜利而制定的要求每个运动员必须按战术计划行动的强制性规定。战术纪律是战术计划得以有效执行的保证。在战术计划没有被竞赛过程证明为无效且竞赛指挥者没有发出明确修改指令前，战术纪律要求运动员不得无故不执行战术计划。②高度的一致性，即所有队员战术行为的目的应当一致。③高度的协调性，即每个运动员的个人战术行为必须相互协调，以保证全队战术目标的顺利实现。

（五）重视战术组合

随着现代运动竞赛的日趋激烈，战术也在向复合化方向发展，靠单一战术制胜的局面已不复多见。

从某种意义上讲，复合就是组合。能否将多套战术有机地结合起来并在比赛场上极富针对性地使用，是衡量运动员战术水平高低的重要标志。

战术组合可分为程式性组合与创造性组合两种。①程式性组合是指将各种战术行动在空间上、时间上按一定的顺序构成的战术组合。各专项教科书所载战术（配合）多指此种，如足球中的阵型战术，篮球中的联防、盯人战术等。另外，根据特定对手而专门制定的战术组合也可归入此类。②创造性组合指根据比赛临场变化情况，不按固定程式，创造性地将几套战术组合在一起。随机性是这种组合的重要特性。

程式性组合既可表现于训练之中，又可表现于比赛之中；而创造性组合则更多地表现于比赛之中。

程式性组合能力是创造性组合能力的基础。运动员对程式性组合掌握得越多、越熟练，就越能开发创造性组合。

创造性组合能力不能简单地等同于程式性组合能力。后者的神经生理机制可用经典动力定型理论解释，而前者至今尚未得到权威性的说明。虽然如此，运动员在比赛中的创造性却是必须着重培养的能力。

（六）加强战术创新研究

战术创新可分为常用战术创新和特殊战术创新。①常用战术创新是一种基础性创新。常用战术具有较大的普适性，一经创新并在实践中被认可，就可能给专项战术体系带来革命性影响。因而，此种战术创新难度较大。②特殊战术创新是一种实用性创新，具有很强的针对性。它往往是针对特殊对手设计出的某种新战术。教练员、运动员应当把更多的精力放在这方面的研究和实践上。

拓展阅读

几种常见的战术创新技法

四、战术方案的制订

战术方案的制订是赛前战术训练的基础。在制订战术方案过程中，首先要考虑充分发挥本方各方面的优势；其次要考虑抑制对方的长处，不让对方发挥其优势。在集体项目中，要考虑既能充分发挥每个运动员的特点，又有利于展现出最大的整体效应。

（一）战术方案的基本内容

战术方案的基本内容包括：①战术任务和具体目标；②预测对手的战术意图，包括进攻与防守以及心理等；③确定战术原则；④本方（全队、小组或个人）的战术行动，包括具体的任务分工等；⑤预测比赛过程中可能发生的情况及应变预案；⑥适应竞赛环境的措施；⑦赛前战术训练的安排；⑧对本方案的保密要求及赛前隐蔽工作。

（二）制订战术方案的注意事项

1. 及时收集准确的情报

情报在战术方案的制订过程中具有巨大的作用。所谓“知彼知己，百战不殆”，就是通过获取情报来实现的。战术方案的制订应以准确的情报为基础。在现代运动竞赛中，情报是否及时、准确和全面，将直接影响战略决策和战术决策，并进而影响比赛结果。

鉴于情报信息的重要性，有经验的教练员、运动员都会高度重视这项工作。为此，竞赛双方都会尽量地隐蔽相关内容，使对方无从得知本方情况，从而尽量使对方的战术决策陷入盲目状态。有时，竞赛一方还利用多种媒体传播假情报以迷惑对方，使对方情报失准，从而导致对方战术决策失误。在制订战术方案时，

拓展阅读

赛前隐蔽

要充分考虑这一点。

> 有关竞赛对手、竞赛环境的情报内容包括：运动员竞技能力情况及比赛风格，教练员指挥能力及指挥风格，传统打法及近期是否有创新，进攻与防守的特点及比赛中常用节奏，主力队员与替补队员的具体情况，近期比赛的成绩及致因，比赛场地、器材、气候、住宿及饮食情况，比赛日程安排，裁判员情况等。

2. 处理好战略决策和战术决策的关系

①战略决策指对参加一次比赛的全局性问题（主要为比赛目的、战略原则）所进行的决策。竞赛战略决策能力的高低，取决于决策者对竞赛全局的了解程度，包括竞赛规则的限定及灵活区域，竞赛双方的现实状况及可能发展的程度，影响比赛过程及比赛结果的错综复杂的因素及其相互关系，可能出现的偶然情况的预测和应变措施等。

②战术决策指针对比赛中具体情况而进行的决策。相对于战略决策而言，战术决策是局部的。换言之，战略决策是宏观的，而战术决策则是微观的。战略决策只有通过战术决策才能实现。一般说来，战略决策具有相对的稳定性，即竞赛目的、战略原则等不能轻易改变，而且战略决策历时较长。战术决策则具有较大的灵活性，可随竞赛中的具体情况而加以必要的调整。因此，战术决策往往会表现出快速性的特征。

3. 考虑竞赛环境的影响

竞赛环境（包括竞赛场地器材条件、地理气候、裁判员、观众等）是制订战术方案时必须考虑的又一重要因素。

4. 充分利用竞赛规则

严格来说，任何战术的运用都要受到规则的制约。因此，在制订战术方案时，必须考虑规则因素。同时，应充分利用竞赛规则来达到战术目的。

5. 计划性与可变性相结合

战术方案就其实质而言，是一种计划。既然是计划，就必然带有预测性。而比赛中的局面往往瞬息万变，经常可能出现一些即使是再周详的计划也无法考虑到的局面。在这种情况下，如果再按照原有计划进行，便很可能陷入被动，因而需要迅速改变原定计划。对对抗性项目来说，这一点更为重要。

综上所述，战术方案应保持合理的弹性。战术的结构应是一种弹性结构而不是刚性结构，它的表现随比赛场上的变化而有所调整。在现代运动训练中，战术的高度计划性与运动员、教练员创造性的出色发挥两者之间的高度统一，已越来越成为决定比赛结果的重要因素。

总的说来，制订战术方案时：①要考虑战术的针对性和实效性；②要考虑攻守转换的灵活性、运动员对方案的可接受性；③要考虑是否既能发挥每个运动员的特点和创造性，又有利于集体各个成员之间的协同性等。

◎ 思考题

第六章
主要参考文献

1. 什么是运动技术？运动技术是由哪些影响因素决定的？
2. 谈谈对运动技术基本特征的理解。
3. 怎样理解技术训练的基本要求？
4. 结合所学专项，思考运动技术风格的重要性。
5. 怎样理解运动技术的创新？
6. 怎样理解运动战术与技术的关系？
7. 为什么说培养运动员的战术意识是战术训练的中心环节？
8. 分析战术的程式性组合与创造性组合两者之间的关系。
9. 怎样处理好战略决策和战术决策的关系？
10. 为什么说制订战术方案时，既要注意计划性，又要注意可变性？

第七章

运动心理能力、运动智能及其训练

本章导读

运动员的心理能力和运动智能与其体能及技战术能力有着非常密切的关系，它们是相互依存、相互制约、相互促进和相辅相成的。良好的个性品质、必要的心理能力和敏锐的运动智能可以有效地促进运动员体能和技战术水平的提高，也是运动员在比赛中正常或超常发挥的前提和保证。本章在明确运动心理能力、心理训练、运动智能等概念的基础上，重点阐述了运动员心理训练的体系与内容、运动员心理训练的具体方法以及运动员赛前心理调控的特点，同时介绍了运动智能的训练方法和基本要求，从而有针对性地发展和提高运动员的心理能力与运动智能。

本章学习目标

1. 识记与掌握运动心理能力、心理训练、运动智能等概念。
2. 理解心理能力与体能、技能和战术能力之间的关系。
3. 能熟练掌握和运用几种常用的心理训练方法。
4. 能够区分运动员心理训练与思想政治工作的异同。
5. 明确运动智能在竞技体育中的重要作用。
6. 了解影响运动员运动智能发展的相关因素，明确运动员智能训练的基本要求。

第一节　运动心理能力及其训练

一、运动心理能力概述

（一）运动心理能力的释义

运动心理能力是指运动员参加训练和比赛所需要的心理特征。它是运动员竞技能力的重要组成部分。

拓展阅读

“心理”还是“脑理”

人的大脑时时刻刻都在以各种方式几乎控制着机体的每一个生理活动和身体动作。尽管人们很少意识到这一点，也很少发挥大脑的所有潜能，但是我们可以通过有意识的、科学的训练，最大限度地开发大脑的能力。例如，人们可以控制大脑的某些部位的活动（包括自主神经系统的活动），从而在某种程度上减缓心率，降低血压，加快身体各区域的血流，改变体温等。人们也可以训练大脑的运动中枢，使其更准确地控制机体的肌肉系统，如运动竞赛中的许多高难度动作，都表明大脑对复杂运动形式的精确控制能力。

（二）运动心理能力的构成

按照现代心理学的解释，人是作为个体而存在的，人的心理现象主要包括心理过程和个性心理特征两个方面。心理过程是指人的认知过程、情感过程和意志过程；个性心理特征是指人的气质、能力和性格（图7–1）。

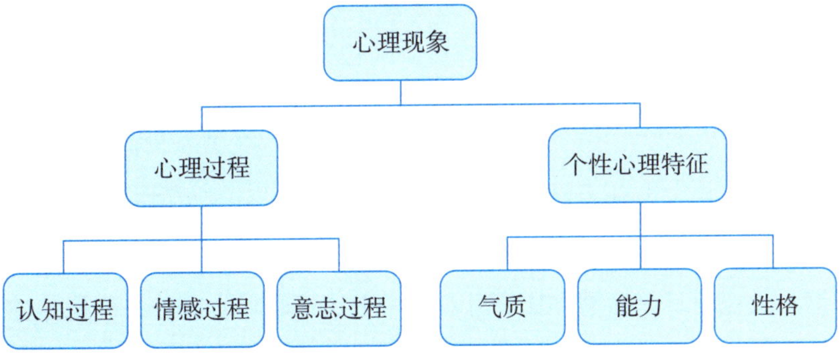

图7–1　心理现象构成示意图

拓展阅读

心理现象构成详解

运动员在训练和比赛中表现出来的认知能力、情感控制能力、意志品质，以及对训练和比赛的态度与积极性，就是运动心理能力。

（三）运动心理能力的竞技价值

运动员的心理能力与其体能及技战术能力和运动智能有着非常密切的关系，它们是相互依存、相互制约、相互促进相辅相成的。

良好的个性品质和必要的心理能力可以有效地促进运动员体能和技战术水平及知识能力的提高，也是运动员在比赛中正常或超常发挥的前提和保证。众所周知，多血质、黏液质的人比抑制质、胆汁质的人更适合于参加运动训练，并常常在比赛中表现出较高水平。对祖国、对人民强烈的责任感，会推动运动员坚持刻苦训练和顽强拼搏，而出色的意志品质则保证运动员的竞技能力在比赛中得到充分的、甚至超常的发挥。

运动员心理过程的特点同样也对其训练及竞赛行为有着巨大的影响。观察力敏锐的运动员善于在比赛中抓住战机，想象力丰富的运动员更富于创造性，而能够高度集中注意力的运动员则在训练和比赛中表现出坚韧不拔的精神。例如，曾28次打破世界纪录、两获奥运会冠军、三获世锦赛冠军，被誉为“撑竿跳女皇”的俄罗斯运动员伊辛巴耶娃（Isinbayeva）在每一次试跳前，都要运用想象技能在头脑中演练成功的过杆动作，然后根据想象的动作试跳，这使她在比赛中能够很好地发挥自己的水平。

反过来，体能和技战术能力以及运动智能又是发展心理能力的载体和物质基础，心理训练必须与体能训练和技战术训练以及相应知识的掌握相结合才能取得良好的效果。例如，“冬练三九、夏练三伏”，以及有些教练员在一次大强度训练课的结束部分还要安排一个万米长跑的训练，与其说这是在训练体能和技战术能力，从其实际效果来看，还不如说这是在进行培养意志品质的心理训练。

俗话说“艺高人胆大，胆大艺更高”，其中也包含着技能与心理之间相互促进的辩证关系。“艺”代表一个人的技能水平，“胆”是指一个人的胆量或胆识，是一种心理品质。高水平的技能有利于形成良好的心理品质，优良的心理品质又会促进技能的进一步提高。例如，在北京冬奥会自由式滑雪男子空中技巧决赛中，中国选手齐广璞在最后一轮高质量跳出了当今世界最高难度动作，以129分的高分力压群雄，中国空中技巧队时隔16年再次拿到该项目奥运金牌，齐广璞让人们看到了“艺高人胆大”。

在竞技体育高度发展的今天，新技术革命的兴起和社会文明在各个领域的飞速发展、通信技术和信息交流的现代化及国际体育竞赛的频繁交流，使运动员在体能、技战术能力以及运动智能方面的差距日益缩小，竞争日趋激烈，比赛胜负常常取决于临场发挥的心理稳定性。现代运动训练和竞赛的实践和科学研究还表明，运动员在消耗巨大身体能量的同时，也要付出巨大的心理能量。运动竞赛不单纯是运动员体能、技能和战术能力的运用，以及运动智能的竞争，也是心理能力的较量。

二、提高运动心理能力的训练方法

（一）心理训练的类别

运动员超常的心理素质和高超的心理技能并不是先天就有的，他们也是通过经验，更重要的是像他们获得体能及技战术能力一样通过系统训练和个人的艰苦努力而形成的。

心理训练与体能训练及技战术训练一样，自身有着极其丰富的内涵。心理训练以发展运动员的心理能力，为训练和比赛作好心理准备作为主要目的和任务。系统的心理训练可以分为两大部分：①基础心理训练，亦称一般心理训练，旨在发展运动员参加训练和比赛所必需的基本心理素质，包括培养良好的个性品质，发展专项心理素质，掌握各种心理技能等；②针对性心理训练，亦称专门心理训练，旨在为某个具体比赛做好心理准备，包括赛前心理动员、赛后心理调整，以及针对某些心理障碍进行的心理训练等。两部分各自又包括不同的内容和方法（图7-2）。

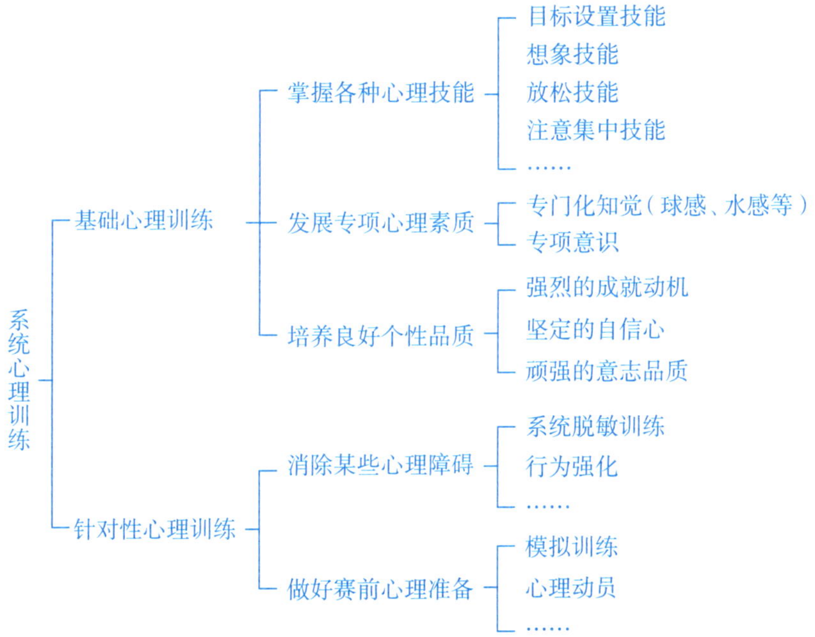

图7-2　运动员心理训练的体系及内容

依其与训练和比赛的关系，还可将心理训练分为赛期心理训练及日常心理训练（或称训练期心理训练）两大类。依特定比赛的需要，所进行的有针对性的心理训练叫作赛期心理训练，包括赛前的心理准备、赛中的心理控制以及赛后的心理调整。通常，赛期心理训练集中于调整运动员的心理过程。日常心理训练则相对偏重于发展各种心理技能、改善运动员的个性心理特征。

一般来说，赛前运动员的体能、技战术能力以及运动智能均相对较为稳定，而其心理活动却非常活跃。心理状态的变化常常会对运动员最终参赛的结果产生巨大的影响。因此在比赛之前，激发运动员强烈的比赛动机，控制其适宜的激活水平，增强运动员的参赛信心，帮助其建立稳定而又灵活的参赛思维程序及参赛行为程序，对于成功地参加比赛，都是非常重要而有益的。

比赛过程中，比赛环境的不断变化会给运动员的情绪以强烈的影响。因此，保持稳定的情绪则成为运动员充分发挥其体能、技能及战术能力水平的关键。它既直接影响着比赛的结果，也是对心理能力的一种高强度，甚至极限强度的训练。

竞赛结束后的心理调节同样是心理训练的重要组成部分。对于比赛的成功者，应充分肯定他们在比赛中积极的情绪体验，同时亦应注意消除由于胜利而掩盖了的比赛中消极的情绪体验，以及由于不能正确对待胜利而产生的自满、松懈等不良的情绪体验。对于比赛失败者，则需力求消除因失败而带来的消极情绪体验，并应寻找和发扬其在比赛过程中的积极的心理体验，以激发其再战求胜的强烈动机。

日常训练过程中的心理训练偏重于改善运动员的个性心理特征。应根据运动员年龄、训练年限以及所处训练阶段的不同，安排不同比例的一般与专项心理训练。基础训练阶段的少年选手，应以改善一般的个性心理特征为主，随着专项训练任务的加重，改善适应于专项特点的训练，竞技需要的个性心理特征的训练安排比重则逐渐加大。

（二）心理训练的方法

1. 想象技能训练

想象技能是指运动员利用头脑中已形成的运动表象进行训练的一种技能。在体育运动中，想象的作用主要表现在以下三个方面：①帮助运动员获得和练习复杂的动作技能；②演练某些特殊的比赛技术和战术；③获得其他心理技能。

想象的刺激与感觉的或真实的刺激在人们有意识的心理活动中具有相同的地位。在正常情况下，人们是通过各种感官从外部环境中接收信息，在大脑进行加工。同样，人们也能从自己的记忆中产生信息，也就是在内部创造自己的环境，大脑也能用处理实际经验的同样方法来处理这种内部环境。因此，想象训练也称为念动训练或意念训练。

2000年悉尼奥运会，我国女子射击运动员陶璐娜是第一次站在奥运会赛场上。在决赛时，陶璐娜的心情很紧张，但是她有效地运用了想象技能。她想着教练的话：要求不高，正常水平范围就可以；想着自己站在70 m高空往下蹦极的情景；想着那么大一个场馆，其实只有自己一个人在那打；想着奥运会自己不仅是主角，更是导演；想着自己正在享受奥运会给自己带来的乐趣……伴随这些想象，她镇定自若，踏踏实实，大胆压扳机，大胆做动作，最终为我国代表团夺得本届奥运会上的首枚金牌，为祖国争得了荣誉。

有一点必须说明，想象并不仅仅是获得视觉形象，而是一个多种感觉的过程。运动员通过想象动员的感觉通道越多，其想象的形象就越鲜明或越强烈。运动员通过想象激发的感觉和情绪的意识越清晰，运动员有效地运用想象的能力就越强。

拓展阅读
提高想象技能必经的3个训练阶段

2. 放松训练

在参加体育活动时，人们经常遇到的一个问题就是肌肉紧张。由于肌肉总是绷得紧紧的，因而常常难以完成所要求的技能动作，有时甚至连一些最简单的动作也做得别别扭扭。此外，肌肉的紧张还会导致情绪和心理的紧张，从而不必要地消耗身体和心理能量，长期处于紧张状态有损身心健康。

学会肌肉放松是保持身心健康的有效手段。下面介绍3种肌肉放松的方法。

（1）想象放松法

这种放松法就是想象自己身处某种觉得非常放松和舒适的外部环境或场所之中。例如，想象自己躺在沙滩上，沐浴着温暖的阳光，凉爽的海风不时拂面而过，海浪有节奏地、像脉搏般地一起一伏；或者，想象自己漫步在丛林中，或是坐在一个僻静小屋里温暖的火堆旁……可以如此做各种想象。其中重要的一点就是想象中的这些地方应该与自己过去曾经体验过的舒适或放松的感觉之间具有某种稳定的联系。这种放松法的原理是：虽然人们不能改变实际的外部环境，但可以在自己的心理上改变当前的外部环境。在运用想象放松法时越能体验到置身此境，就越容易产生放松的效果。

拓展阅读
想象放松练习

曾三获F1赛车世界冠军的杰基·斯图瓦特（Jackie Stewart）在想象时，采用了一种与人不同的新异方法进行放松。每次在临近比赛之前，他就坐在自己的赛车里，想象自己的身体就像一个气球在膨胀，一直膨胀到最大限度；然后慢慢把气放出来，一直到放完为止，让自己体会气球放完气后的放松感觉。在比赛的时候，他也用这种方法帮助自己在身体上和心理上做准备。

（2）逐渐放松法

逐渐放松法是杰克布森（Jacobsen，又译雅可布松）在20世纪30年代提出的一种精心设计的放松程序，这些年来已被人们进行了相当大的修改。它的基本原理就是先学习、体会肌肉中的紧张，然后学习如何逐渐消除这种紧张。其程序是从身体的某一个局部开始，逐渐达到全身放松。

拓展阅读
逐渐放松练习

（3）自我引导放松法

自我引导放松法是逐渐放松训练的一种简化形式，易于运用。在进行这种练

拓展阅读
自我引导放松练习

习时，一边缓慢地、轻松地呼吸，一边通过自我引导在视觉上展现紧张流出体外的形象，逐渐放松身体的各个肌肉群。

自我引导放松的目的就是要逐渐减少使整个身体完全放松所需的时间。在开始的时候，运动员可能需要花10 min的时间来执行这些指令，经过练习之后，所需的时间会越来越少，而放松的程度则会越来越高。在放松每一个肌肉群时，运动员应该用较少的自我引导语把有些肌肉群联合起来，这样实际上只需要几秒的时间就能使身体完全放松。

有人发现将想象放松法和自我引导放松法结合起来效果更好。例如，一个人可能在视觉上展示一个小人儿用一把小扫帚将紧张从相应的肌肉群中清扫出去了；另一个人则可能在视觉上展现出紧张就像是秋天的落叶，而每一次的呼吸则如强劲的秋风将肌肉中的紧张一扫而光。

此外，还有一些其他的肌肉放松方法，如借助仪器的生物反馈放松方法，由他人引导的催眠放松等，可以根据不同的需要而采用。

3. 集中注意力的训练

注意是指人的心理活动对一定对象的指向和集中。注意是成功地完成技能动作和体验竞赛乐趣的另一个至关重要的心理技能。超级的竞赛表现只有在运动员处于最佳能量区域时才有可能出现，其特点就是注意完全集中在完成动作技能的过程而不是别的任何事物。契克森特米哈依（Csikszentmihalyi）指出，只有当注意完全集中在完成技能的适宜因素上时，才可能出现情绪饱满自如的状态。

曾获得9次世界冠军、4次奥运会冠军、创造200 m与400 m世界纪录的美国田径运动员迈克尔·约翰逊（Michael Johnson）在描述自己比赛过程中的注意集中时是这样说的：在竞赛场上我已经学会了屏蔽所有无关的思绪，我只是专注于比赛。我把注意力集中在跑道、奔跑以及我必须做的事情上。现场的观众和其他的对手在我的眼前似乎都不存在，赛场上只有我和跑道。

（1）注意的指向性

拓展阅读

控制注意指向的要领

注意的核心技能之一就是选择适宜的刺激或线索的能力。运动员应该将自己的注意从数不胜数的无关刺激和对抗性的刺激中指向适宜的刺激或线索。例如，足球的中场运动员从后卫得球后，能够迅速观察到对方形成的堵截，确定预先计划的空当是否已打开，看到对方所有的阻挡队员，始终将球处在自己的保护之下，运用正确的策略冲出重围，就是注意选择技能中一种非常突出的技巧。

（2）注意的集中

注意的集中在体育运动的语言中通常是作为同义语使用的，但事实上并不应如此。注意的集中一直被定义为“注意范围的缩小，使注意固定在某些刺激上”和“使注意维持在所选择的刺激上”。为了改进我们在描述注意技能的语言的精确性，注意的集中应该被限制在后面的一种意义上，即在一定的时间内将注意维持在所选择的刺激上的能力，我们通常称之为注意的持续时间。

发展注意的集中是一种自相矛盾的努力。我们知道紧张的注意集中需要大量的心理能量，因为当我们集中于某一对象时，无论时间的长短，我们都会感到心理上的疲劳，以及警觉性的降低。因此，当我们力求改进注意集中的技能时，就面临着一种需要做出巨大的心理努力的任务。然而，正是这种努力导致注意的集中离我们而去。

例如，在东京奥运会射击女子10 m气步枪项目的资格赛中，中国运动员杨倩仅以628.7环的成绩排名第六。决赛中，杨倩第一组射击后成绩为51.9环，排在并列第五位。在落后的局面下，杨倩的注意完全集中在前面的靶心上，心无旁骛，一步一个脚印，迎头追赶，最终逆转战胜对手，摘得东京奥运会首金，并刷新该项目奥运会决赛纪录，也展示了她过硬的注意集中的能力。

注意的集中并不是在开始做某件事时要特别努力，也不是力求去直接将注意集中于某个对象，而是一种不需要做出努力的努力。注意的集中是对我们所关注对象的一种入迷的心理状态。

注意的集中需要使心理活动平静下来或像泊车一样停靠在一定的场所。聪明的运动员可能会提出这样一个问题：“应该将心理活动‘停泊’在什么地方呢？”这是一个很好的问题。心理活动应该“停泊”于何处集中呢？它应该“停泊”于当前，这样不管运动员在何处，总是有一个当前。运动员应该将注意的集中正好“停泊”在当前的任务上，而不是任何其他的事物上。

不同的运动员注意集中的能力水平不同，有的能力较强，有些则能力较弱。同样，有的运动员对分心因素更敏感，如不善于过滤者，因为，他们的注意选择和注意转换的技能也较差。如前所建议的，应改进这些注意技能，控制紧张应激；运动员本身对此也有自己的方法。他们现在唯一所需要的就是练习。注意集中也可以通过一些需要注意集中的任务来对心理活动进行训练，从而使其得到发展。

因为注意集中需要心理上的努力，或者是因为运动员还没有意识到训练这种技能的需要，很多运动员从来就没有按照自己运动项目比赛的时间来练习注意的集中。他们集中注意的练习还局限于某一些竞赛的环节。运动员不应该幻想将自己的身体技能的发展只限于某些竞赛的环节，同样，运动员不应该放弃竞赛以外的这种至关重要的心理能力。

拓展阅读

改进注意集中的要点

教练员应该让运动员明白，注意集中的技能并不是通过咬咬牙、使某些部位的肌肉产生紧张和迫使自己的心理活动指向于当前的任务就能得到提高的。所有这些活动所引起的不是将注意集中于当前的任务，而是将注意集中于注意集中本身。注意集中就是让我们自己专注于此时此刻正在从事的活动。进入情绪饱满自如的状态和促进情绪饱满自如状态的那些程序也会帮助运动员提高注意集中的技能。

4. 意志品质训练

可以说，意志品质就是能使我们去完成那些不愿意完成的甚至可能是讨厌的任务的一种品质。例如，在运动训练或竞赛过程中，当感到疲劳或者承受乳酸堆积引起的疼痛时，我们仍然坚持到底，这就是意志品质的作用。

实践经验表明，那些具有最顽强的意志力的人，即那些能迫使自己克服不利情况（如疲乏）而完成任务的人，往往是最能够发掘自己潜能的人。运动竞赛实际上是斗智斗勇，斗智是指技战术水平的交锋，而斗勇则是意志品质的较量。“狭路相逢勇者胜”，在其他条件相同的情况下，胜利者将是具有顽强意志品质的人。

运动竞赛首先需要的是毅力，其次是进取心和拼搏精神。尽管比赛的情况非常艰苦，但处于主动进攻心理状态的人是不会轻易放弃努力的。放弃努力就意味着失败！

2022年北京冬奥会，31岁的中国自由式滑雪空中技巧运动员徐梦桃第4次出征冬奥会。她若获得一枚奥运金牌，就将实现大满贯。奥运金牌，曾经距她如此之近，又如此之远。在追梦的道路上，徐梦桃先后经历了4次膝部手术，切除了70%的半月板，一双膝盖伤痕累累。几乎每一次重伤都可以让她选择退役，但徐梦桃并没有向挫折低头。就是这样一位伤痕累累的斗士，迎着所有的挫折，终于在北京冬奥会上圆梦，拿到了等待20年的冬奥会金牌！战胜伤病，战胜恐惧，战胜自己，正是这种坚韧不拔的毅力，使这位霸气的姑娘成为中国乃至世界自由式滑雪空中技巧领域足以让人肃然起敬的存在。

拓展阅读

如何培养意志品质

比赛中的表现实际上是平时训练的反映。因此，在训练中，运动员首先要培养永不放弃的精神。运动员在紧张比赛情况下常常会反映出他平时训练中的习得行为，如果平时训练时是消极被动和马马虎虎的，那么他在比赛中也可能表现出同样的态度。因此，意志品质更需要平时的训练和培养。

5. 模拟训练

模拟训练法是运动员心理训练常用的方法之一。由于运动员是针对比赛中可能出现的情况反复进行实战性练习，并在与比赛条件相似的环境下进行训练，故模拟训练又称为适应性训练或脱敏训练。该训练法目的在于提高运动员在竞赛中的临场适应性，习惯比赛环境，在头脑中建立起合理的动力定型结构；同时提高运动员在比赛中的抗干扰能力，帮助运动员始终保持一种稳定的心理状态参加比赛，力争获得优异的比赛成绩。目前，世界各国运动员都普遍采用模拟训练的方法，以便在国际大赛中争取心理优势。

模拟训练常常采用实景模拟和语言图像模拟两种模式。①实景模拟就是根据需要在平时训练中有针对性地复制比赛的环境和条件，使运动员身临其境般感受真实比赛的各种刺激，提高运动员的适应能力。②语言图像模拟就是通过语言和图像提示，让运动员在头脑中描绘未来比赛的情景，想象比赛中可能遇到的各种情况，并且采取有效的方法去应对。

模拟训练的内容包括模拟竞争对手、模拟有倾向性的裁判员、模拟比赛进程、模拟现场观众、模拟比赛环境（海拔高度/风向/气温等）、模拟器材设备、模拟时差等。此外，还有提高身体负荷水平的超量模拟，克服技术障碍的各种模拟。

模拟训练法其特点是设备仿真度高，针对性强，安全性好，训练快速简捷，故效率也比较高。在科学技术快速发展的今天，它发挥了越来越大的作用。另外，日常生活中也可以看到一些模拟的游戏。运用模拟训练法，使一些高难度、高危险性的实验变得安全，减少了实验损失，提高了实验效率。

三、运动员赛前心理调控的特点

（一）典型的赛前状态与调节

由于对比赛的认识、态度、经验和准备情况不同，尤其是心理训练水平和情绪调节控制能力不同，运动员在比赛前会表现出不同的心理状态。根据表现特征，可以将赛前心理状态分为4种，即赛前过分激动状态、赛前淡漠状态、赛前盲目自信状态和赛前战斗准备状态。针对不同的赛前状态，应该进行不同调节与引导。

1. 赛前过分激动状态

赛前过分激动状态是指运动员个体感觉到外界环境对自身提出的要求与自己的实际能力之间客观上存在不平衡，同时感觉到比赛结果对自身具有十分重要的意义时产生的一种身心反应，亦称紧张应激反应。

赛前过分激动的运动员在生理上、心理上和行为上会有如下表现（表7-1）。

表7-1 运动员赛前过分激动状态的相关反应

生理反应	心理反应	行为反应
心率加快	担忧	谈话速度变快
血压增高	觉得头脑中塞满了东西	咬指甲、手足无措
排汗增多	难以作出决定	踮前脚掌
呼吸加速	难以集中注意力	皱眉、愁眉苦脸
肌肉紧张	觉得难以控制自己	浑身发抖
嘴唇发干	注意范围狭小	发音不连贯
小便频繁	有一种“异样”的感觉	不停地眨眼睛

这种状态往往会造成身心能量的大量消耗，比赛中也自然会因体力不足和肌肉失调而造成

动作失误，严重影响技、战术水平的发挥。

针对这种赛前状态，主要的调节手段是尽量减少比赛外部环境的不确定性，淡化比赛结果的重要性，帮助运动员消除“想赢怕输”的心理，用理性思维替代不切实际的消极思维，同时辅以相应的放松技术，避免身心能量的无谓消耗，积极预防或克服这种赛前状态的出现。

2. 赛前淡漠状态

处于赛前淡漠状态的运动员往往表现出情绪低沉、反应迟钝、四肢无力、动作呆滞、意志消沉、对即将到来的比赛缺乏信心，甚至不想参加比赛。

这种状态可能是运动员在以往的比赛中成绩不佳，或者当前的竞争对手实力过于强大，从而对自己缺乏信心造成的；也可能是因为长期训练中身体与心理疲劳的积累，产生了厌倦情绪；还可能是因为运动员害怕受伤，这是一种心理上的自我保护。

由于在心理和生理两个方面的激活水平过低，身心能量得不到充分调动，运动员在比赛中会感到力不从心，技战术水平也难以发挥，自然在比赛中也不会取得理想的成绩。

针对这种赛前状态，首先是激发运动员参赛的动机，增强运动员的自信，设置科学合理的参赛目标，同时要避免生理疲劳、心理疲劳以及伤病的发生。

3. 赛前盲目自信状态

这种赛前状态往往表现为对面临的比赛的困难和复杂性估计不足，因而产生的一种过高估计自身实力、过低估计对手实力的认知和情绪状态。其表现为浮躁、松懈、不愿意冷静思考问题，总认为没有必要动员自己的全部力量也可以战胜对手，相信自己能轻而易举地获胜。因为这种自信不是建立在对参赛双方实力客观合理评估的基础之上，而是一种盲目的乐观，所以运动员一旦在比赛中遇到挫折或不顺，就会由于缺乏心理准备而难以承受，束手无策，情绪一落千丈，不仅不能及时扭转比赛的不利局面，甚至造成连锁反应，溃不成军，最后以惨败的结果告终。

针对这种情况，必须在赛前的训练中注重培养运动员的理性思维，特别是要客观分析自身的优点与不足，平时就要勤于思考、善于思考，克服思维上的懒惰习惯，始终保持清醒的头脑。同时要根据比赛的实际情况，做好赛前各项准备工作。

4. 赛前战斗准备状态

赛前战斗准备状态也叫最佳竞技状态，是理想的赛前心理状态。这种状态的运动员表现出满怀信心、头脑清醒、斗志昂扬、体力充沛、注意集中、思维敏捷、动作协调、兴奋适度、充满创造感和表现欲。它是保证运动员在比赛中最大限度地发挥技战术水平及身体能力的基础或前提。

赛前战斗准备状态的心理要求就是“先胜而后求战”。“先胜后战”的思想，源于《孙子兵法》：“胜兵先胜而后求战，败兵先战而后求胜。”意思是胜利的军队总是先创造获胜的条件，而后才寻求同敌人决战；而失败的军队，却总是先同敌人交战，而后企求侥幸取胜。“先胜后战”，也是准备竞赛和参加竞赛的基本出发点。它所包含的内容有：①在准备和参加竞赛时，在心理上要树立必胜的信心，而不是抱侥幸心理或迷信心理参赛；②在具体比赛方案上要做好周密的计划和安排，不打无准备之仗，不打无把握之仗，即在“战略上要藐视对手，在战术上要重视对手”；③要有科学、辩证的胜负观，客观设置参赛目标，重视比赛结果，更重视参赛过程。

在准备比赛的过程中，我们应该认真对照每个运动员的具体表现，有针对性地采取指导措施，尽量避免赛前过分激动状态、赛前淡漠状态和赛前盲目自信状态等3种不良赛前状态的出现，努力帮助运动员营造战斗准备状态，从而保证运动员在比赛中流畅展示自己的技战术水平，争取优异的比赛成绩。

（二）大赛启幕前干扰对手的心理战

运动员在参加重大比赛前要做好各方面的准备，包括身体机能、技术、战术和心理上的准备。在比赛的关键时刻，运动员心理状态的稳定性直接关系着比赛的胜负，又因在临近比赛前运动员的体能、技术和战术都不会有太大的变化，所以其心理活动的变化显而易见。一些微小的因素有时也会引起运动员心理活动的剧烈震荡。因此，比赛前做好心理准备，保证心理的稳定性，对运动员来说尤为重要。

1.赛前心理战的主要目标

赛前心理战的主要目标是威慑对手或迷惑对手。具有较高实力的运动员参赛前常常采用威慑对手的心理战术。水平明显高人一筹的运动员，可大张旗鼓地通过多种途径显示实力造成舍我其谁、必胜无疑的舆论，给对手以巨大的心理压力，挫败对手的竞争意志。

例如，中国女子羽毛球双打的黄金搭档葛菲与顾俊，1996年亚特兰大奥运会夺冠以后，整整一个周期从未败给外国选手，并一直占据世界排名第一的位置。各种报刊对2000年悉尼奥运会的展望中，无不将这枚金牌视为中国代表团志在必得的囊中之物，这一态势给其他国家的女双运动员造成了巨大的心理威慑，仰视着“不可战胜”的女双王后，许多运动员早就无心恋战了。最后葛菲、顾俊也是如愿蝉联悉尼奥运会女双冠军。

水平相当的选手也常常采用威慑战术，他们着力展示自己的长处，将局部优势予以适当夸张，强调自己取胜的有利条件，力求造成有把握取胜的宣传效果，借以震慑与自己实力不相上下的对手，动摇其求胜意志。

迷惑战术亦为人们在赛前的心理战中所普遍采用。具有不同水平、不同参赛目的的运动员都可运用迷惑战术，扰乱对手的心理状态，为自己取得理想的比赛结果创造有利的条件。

迷惑战术主要用于各种对抗性的运动项目。运动员赛前不让对手了解自己技战术的新招法，造成自己仍会采用老战术、老办法、老阵容的假象，以求比赛中出奇制胜。强手装弱，弱兵示强，用假信息引导对手出现错误的判断和错误的行为，这样就可以为自己或本队创造更多取胜的机会。中国乒乓球队参加世界锦标赛的历史上，有过多次迷惑对手、奇兵取胜的辉煌战绩，这早已成为我国竞技体育界家喻户晓的精彩史话。

2. 制定赛前心理战策略的重要依据

"知彼知己，百战不殆"，语出《孙子兵法·谋攻篇》，它是孙子军事思想重要代表性观点之一，也是赛前心理战的认识论基础。所有的战术都是着眼于解决主观与客观的问题：一方面使自己的主观与客观相一致，另一方面使敌人的主观与客观相分离。而"知彼知己"则是解决所有问题的前提和基础。

"知彼知己"对参赛准备同样具有普遍的意义。赛前做有效的侦察，是制定比赛战术、争取比赛胜利的一项重要措施和前提保证。对参赛对手以及参赛环境的认识和了解越充分、越全面、越深入，就能使战术制定和运用越有针对性，也就更有可能在比赛中掌握主动权，克敌制胜。在国际赛场上，各国为探听对方或别国选手实力，常常展开赛前侦察的"情报战"；同时运用各种手段进行反侦察，以迷惑对手。

特别值得一提的是，中国乒乓球队能够多年来长盛不衰，原因固然是多方面的，但他们在每次大赛前，都尽可能地搜集、了解各国主要对手的各方面的情况，做到"知彼知己"，使自己的主观认识尽可能地与客观情况相一致，有针对性地进行训练和比赛。中国队在每次大赛前都会对中外主力队员技战术状态和不同时期发展趋势进行对比研究，并为运动员进行有效的针对性训练提供了定量的参考依据，使参赛运动员对几乎所有对手的技战术特点都有了充分了解，真正做到了"知彼知己"。

3. 赛前心理战的基本原理

赛前心理战的基本原理主要是利用人们的错觉心理，故弄玄虚，以"假"乱"真"。任何事物都包含现象与实质两个方面。现象是本质在各方面的外部表现，是事物的表面的、零散的和多变的方面，一般是人的感官所能直接感觉到的。本质是指事物的内部联系，是由事物本身包含的特殊矛盾构成的，它深藏于事物内部，人们看不见、摸不着，只能靠理性思维去把握。本质必须通过现象来表现。现象是本质的"显现"，本质决定现象。任何现象都是从特定的方面表现事物的本质，没有离开本质的现象。因此，人们通常都是通过对事物的表面现象来把握事物的本质。

现象有两种：一种是和本质直接一致的现象，叫作"真象"；另一种是和本质不一致，甚至恰好相反的现象，叫作"假象"。假象是从反面表现本质，或者说是本质的歪曲形式的表现。列宁说："假象的东西是本质的一个规定，本质的一个方面，本质的一个环节。本质具有某种假象。"就是说，假象是本质的假象，假象中有本质，它离不开事物的本质。假象也是客观的，是由实际存在的各种条件造成的，不是由人主观任意规定的；是一种客观存在着的事物其本身所具有的本质和现象之间的关系。

通常，人们习惯运用逻辑推理、经验思维方法，从事物的真象来把握本质（真实面）。而假象是从反面表现本质，故用经验思维、逻辑推理是难以识别假象的，甚至把假象当真象，造成对事物实质的认识错误，却自以为是，产生心理错觉。

错觉，在心理学中有一个基本统一的定义，即指人们对外界事物不正确的知觉。错觉概念中的“错”，是指错误，即不正确的意思。“觉”是指人的器官对刺激的感知。实际上，人们对客观事物的认识或认知，一般分为两个阶段，即感性认识阶段和理性认识阶段。感性认识阶段存在错觉，理性阶段（思维）同样可能存在错误。因此，错觉存在于人脑对客观事物认识的全过程。它不仅包括感知觉，而且包括意识中的“内心感受”和觉悟，即人们俗语中的“感觉”（如我觉得这事不是他做的）。这种“感觉”已上升到“意识”的境界，是人脑对客观事物体质规律的间接感觉，不是那种通过感受器对客观世界的个别属性的直接感觉。

心理错觉，能起到混淆人们的视听、扰乱人们的心智、破坏人们对事物本质认识的消极作用。赛前或战前反侦察，通常都是应用思维错觉，因为思维错觉具有间接性、隐蔽性特征，不像感知错觉那样直接，容易被识破、被纠正。认识心理错觉的特点，能帮助我们在认知活动中识别、防止发生心理错觉，并消除其消极作用在自己身上发生。从这个意义上说，对心理错觉运用得适当，也可以将其消极影响转化为积极作用。

军事家正是利用人们这种习惯性的思维方法，采取异常的反向思维方法（有的称逆向思维方法）进行谋略和战术构成。大赛前，教练员和运动员也常用这种方法进行心理战，这就是赛前心理战的基本原理。

4. 赛前心理战的常用手段

根据人们心理活动的共同规律以及参赛对手的个性特点，教练员和运动员在赛前常常设计不同的心理战术，迷惑对手的判断、干扰对手的情绪，鼓舞我方斗志，争取多方支持，为我方在竞赛中取得优异成绩服务。赛前心理战常用的手段有以下几种。

（1）虚则实之

虚则实之就是将空虚、虚假显示实在、真实，用显示威力打击、震撼对手。意思是将没有的、不足的，显出富有、充足有余。对于没有或缺乏的东西，故意虚张声势，示有余力；以次充好，以寡示众，以弱示强，都是虚则实之的应用。

例如，一些运动员（队）在赛前训练中故意公开展示某些高难动作，给其他参赛运动员（队）施加压力；也有一些教练员在赛前新闻发布会上有意向外界透露已经找到了对付某某运动员（队）的办法；其用意都是希望通用这种方法威慑对手。

不过，假象要表现得“真实”可信，当然这个真实是伪装得逼真，比较符合或起码接近正常事物的表现，符合事理。否则，虚假不“真实”，容易引起参赛对手的质疑，被人识破。

（2）实则虚之

实则虚之是说将真实的隐蔽起来，故意显示虚假，让参赛对手产生错觉，上当吃亏。它与“虚则实之”思考原理一样，内容相反而已。在设计战术的过程中，运用逆反思维，将有的示为没有、好的示之以差、“以强示弱”等，都是实则虚之成功的范例。

在赛前，很多教练员、运动员常常采用各种手段，示假隐真。运动员在竞赛中也是尽量不过早地暴露自己的战术意图和行动规律，同时运用娴熟的技术动作（如假动作或隐蔽动作）去扰乱对手的判断，使对手产生错觉，以赢得比赛的主动权。

例如，我国国际象棋优秀选手谢军1991年在与齐布尔达尼泽（Chiburdanidze）争夺世界冠军时，对齐布尔达尼泽的一种走法，在赛前已进行了非常详细的研究，也找到了最佳应对方法。但在实际比赛中当齐布尔达尼泽采用这一走法时，谢军却故意思考了半个小时，“假痴不癫”，使齐布尔达尼泽产生了谢军不熟悉她的走法没有把握应对的错觉，而放松了警觉，陷入谢军的圈套之中，最后谢军赢得了比赛。

隐蔽法也是“实则虚之”的技巧之一，就是利用其他事物遮蔽或隐藏目标的方法。它能起到封锁信息，消除对手感知事物的作用。隐蔽有两种：①一种是直接将客观事物本身（事物的形态）隐蔽起来，使对手感知不到这些事物，产生一种虚无错觉，这种隐蔽方法叫秘密隐蔽法。②另一种是将某事物同其同类事物，或与多样不同事物混在一起，使参赛对手辨别不出该事物；或者将其公开暴露在外，使人们视以为常，不被引起注意，从而起到隐蔽事物的作用。这种“视之不见，听之不闻”的隐蔽方法叫公开隐蔽法。这种提法似乎有矛盾，既然公开，就不存在隐蔽。其实很多公开事物中隐蔽着秘密，即巧妙地利用错觉来掩盖自己的行动的计谋。人们凡对司空见惯的现象，不易产生疑惑和注意，秘密总是隐蔽于暴露的事物里。

（3）虚则虚之

虚则虚之是说本来空虚，又仍然表示空虚，使对方反认为我方充实，不敢轻举妄动。这是战术设计者利用了对手的逆反心理。所谓逆反心理，是指在一定条件下，某一方故意与其对手的意志和愿望背道而驰的心理和行动。要使对方产生逆反心理，必须有两个前提：①战术设计的一方一贯诡计多端或忠厚老实，因此一旦其一反常态，即易引起对方的逆反心理，以虚当实，上当吃亏。②战术设计的一方还必须有胆略。因为明知自己空虚，在强手面前，不但不胆怯，却还显示毫不在乎或毫无准备的样子，是非常冒险的，一旦被对方觉察，以实击虚，则是自取灭亡。

（4）实则实之

实则实之是说本来实在，仍故意表示出实在的样子。它可以产生两种效果：一方面是通过显示“实”可以威慑对手；另一方面也可能使对方以为我空虚，产生心理错觉。在运动竞赛中，一般赛前教练员都不喜欢接受新闻媒体采访。但体操、跳水等一些由裁判员评分的运动项目，教练员有时却乐于在赛前介绍自己的队员，甚至带有一点“吹”的成分。这是为了扩大队员的知名度，争取裁判员的印象分，“实则实之”，避免吃亏。

这一战术的原理同“虚而虚之”。实力相当的对阵双方，一方面在预测对手的策略，另一方面在构思自己的对策，双方完全可能想到同样的对策。这就要求用逆向思维，以预料对方对策的相反方向去构思谋略，才有出其所料的效果。实则实之，正是这种以反示反，即用反向思维利用对方逆反心理所构思的心理战术。用真实显示真实，使对方反以为空虚。

（5）虚实交替、虚实并用

所谓虚实交替、虚实并用，就是先以假当真，使对手上当扑空，一连几次，造成对手思想松懈，然后，以真当假，使对手在不加防范的情况下袭击对方。或者是虚虚实实，真真假假，混淆视听，使对手虚实难分，真假难辨，最后才能达到“攻其不备，出其不意”“出奇制胜”的目的。

拓展阅读

运动心理能力训练的艺术

第二节　运动智能及其训练

一、运动智能概述

（一）运动智能的释义

运动中需要大量的智力活动，智力在运动中的应用就是运动智力。

运动智能是指运动员以一般智能为基础，掌握和运用运动知识来提高竞技运动水平的能力，是运动员总体竞技能力的重要组成部分。

（二）运动智能的构成

1. 从运动智能的产生基础分类

运动智能由一般智能和特殊智能构成。一般智能指人认识、理解客观事物并运用知识、经验等解决问题的能力，包括一系列心理学基础素质：注意力、观察力（感知觉）、记忆力、思维力、想象力、分析判断力等。智力的高低通常用智力商数来表示，这些有见于心理学的内容。

特殊智能是相对于一般智能而言，指人在某一具体方面的智能，如数学、文学、音乐、绘画等方面的智能。例如，人在运动活动中的实际操作能力和适应能力，以及对运动行为的观察力、记忆力和思维力等，这些能力的有机结合，就形成了运动方面的特殊智能。在每个运动行为中，无论是技术动作还是战术行动中都包含着智能因素，智能是影响运动员竞技能力的重要因素之一。

2. 从运动智能的定义分类

运动智能由两部分构成，即掌握运动知识和运用运动知识。掌握运动知识是指运动员从运动训练和比赛的实践中、从书本或教练员等他人的传授中获得相关运动知识，不仅包括理论部分，还包括与肌肉活动相联系的操作部分。运用运动知识是指运动员利用所获得的运动知识来提高其竞技能力，并在比赛中取得更好的成绩，如运用运动训练的原则、方法等知识来提高自己的运动训练水平。掌握运动知识是运用运动知识的前提，运用运动知识提高竞技运动水平是掌握运动知识的目的。

3. 从运动智能所涵盖的知识内容分类

运动智能由不同的知识构成，即多学科的知识、不同性质或形式的知识。具备较高智能水平的运动员能够深入认识和运用运动训练的一般规律和运动专项的特有规律，采用先进的科学知识和训练方法提高和发展身体机能和运动素质，分析和掌握运动技术和战术，配合教练员有效地控制整个训练过程，更快、更好地提高竞技能力。同一内容的知识，既有感性成分，也有理性成分。

（三）运动智能所涵盖的运动知识的构成

体育运动中蕴含着多学科知识。根据不同的标准，可以将运动知识划分为几个大类。

1. 隶属于母学科的运动知识

当人们从各自母学科的角度来认识训练过程时，人们便逐渐形成了与运动训练有关的各个分支科学。一个运动员的成长所涉及的学科有运动人体科学、体育人文社会科学、体育教育科学等。

此外，其他学科领域的现代科技知识也已广泛地参与到竞技体育之中，取得了巨大的成效，有力地支持和引导着竞技体育的更快发展。例如，与运动器械、运动环境等影响运动成绩有关的科学领域有材料学、气象学、计算机等。目前的教练团队正努力把这些分支学科的认识结果运用到运动训练中。

2. 隐性知识和显性知识

不能够用语言表达出来的知识属于隐性知识；能够用语言表达出来的知识属于显性知识。体育活动中，隐性运动知识是运动员完成动作的实践经验、体会；显性运动知识则是对这个动作过程的语言描述。下面以武术动作中的“白鹤亮翅”为例，说明隐性知识和显性知识的主要区别（图7–3）。

隐性知识：用图示表达“白鹤亮翅”动作实践经验。

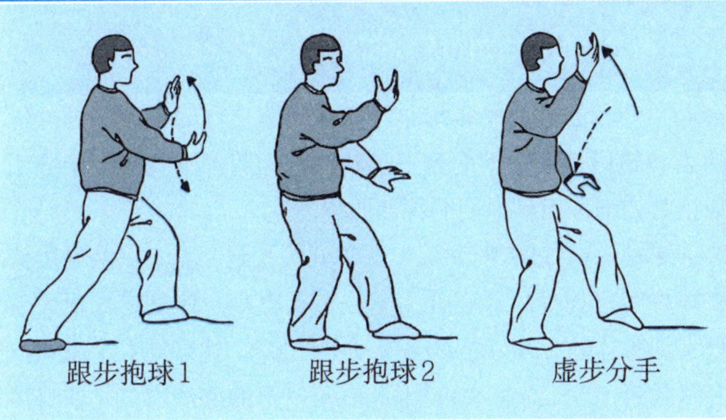

显性知识：用语言表达“白鹤亮翅”动作。

跟步抱球1：右足略进半步，使足尖向东南，全身随坐在右腿上。

跟步抱球2：两手与腰同时而转，右手转下，手心向上；左手转上，手心向下，两手斜对如抱圆球，随即分开。

虚步分手：右臂随腰向西南往上提起，眼神随之，提至右手心转向外，眼神渐渐转向东，左手同时往左分，转至手心向下，左足随提前，脚尖点地，正对东方。此时右腿变“实”。

图7-3　武术套路动作中的“白鹤亮翅”

运动知识的特点之一是与肌肉活动相联系，即会做动作就是拥有了运动知识，它是具体动作本身，而不是抽象的概念。有时，运动员能够做出动作来，但不一定能够用语言表达出做动作的过程。比如，运动员可以很好地完成技术动作、战术动作和心理调适过程，可以准确地观察、判断场上情况，迅速做出决策，但很难用语言来表述这些过程，这些过程就属于隐性运动知识。

随着人们对运动活动规律认识的不断深入，语言水平的提高，在一定条件下，隐性运动知识也会向显性运动知识转化。这种转化也是运动员的运动智能得到提高的标志之一。

3. 程序性知识和陈述性知识

①程序性知识涉及“做什么”和“如何做”。由一系列动作操作构成的运动技能，通过动作表达出来的技术、战术本身，就是程序性知识。运动员能够完成技术动作，表现出各环节动作在一定时间、空间和力量上的特点，或各个环节中身体的位置、动作力量、幅度、方向和速度特点等，说明运动员获得了程序性知识。

②陈述性知识是指可以用语言描述的知识，如动作要领、战术过程的描述。或者说，陈述性知识是关于“是什么”“为什么”“怎么样”的知识，涉及描述客观事物的特点及关系。陈述性知识属于显性知识。

4. 解决不同层面问题的运动知识

“知其然，知其所以然”，是指既知道事物外表的层面，也知道事物本质的层面及其产生的原因。依据不同层面，可以将运动知识划分为对“是什么”“做什么”“为什么”“怎么做”等问题的回答。下面用跨栏训练来说明知识的几个类型（表7-2）。

表7-2　2004年雅典奥运会男子110 m跨栏跑冠军刘翔不同跨栏练习的知识类型

问题	问题层面	可否用语言表达	跨栏动作练习的例子
练什么	外表层面	—	以前，练的是腿的摆动。因为我们从一帧一帧连续的照片上看到的跨栏动作是腿在摆动

续表

问题	问题层面	可否用语言表达	跨栏动作练习的例子
是什么	外表层面	—	培养了奥运会冠军刘翔的孙海平教练早年带队出国比赛时发现，国外优秀短跨选手的髋和腿形都是呈倒胡萝卜形状的，即胯部、腿根部十分粗壮，而下端则相对较细，而且他们的臀部肌肉发达
为什么	本质层面	—	孙海平在一次讲课时说："过去的训练方法讲究练大腿力量，其实是练偏了。要知道在跨栏时，如果仅靠腿部力量去带动整个身体是要耗很大气力的。腿部只占到身体的1/3，用1/3去带动另外2/3，就好比一个小孩拖一个大人，多费劲啊。"孙海平说："因此真正发力的部位应该是在身体的1/2处，也就是臀部了。"
练什么	外表层面	—	接手刘翔后，孙海平也特别注意加强对刘翔臀部肌肉的锻炼。他说："他刚到我队里的时候身体非常单薄，人长得很瘦，现在屁股上这么发达的肌肉完全都是练出来的。尤其他的髂腰肌结实无比，摆腿的时候力量可猛了。"
怎么做	外表层面	隐性知识 程序性知识	
怎么做	外表层面	显性知识 陈述性知识	1.起跑至第一栏技术：要注意起跨的步点，技术好的用七步。 2.过栏技术：起跨攻栏的距离要在2 m左右。腾空过栏时身体尽量下压，尽量挨着栏过去。下栏时起跨腿主动摆正、下压，身体尽量下压、向前探。 3.栏间跑技术：最好用三步跑。 4.最后的冲刺：重心向前，步大的栏间三步，小的四步，换攻栏腿
为什么	本质层面	显性知识	从技术动作的七要素、肌肉解剖、生物力学的角度，深入分析跨栏中起跨步动作的用力特征，就会推出髂腰肌的作用：在近侧支撑时，它的拉力是由下向上前的，收缩时能使大腿屈曲，在跑动中大腿能否快速前摆和高抬与髂腰肌收缩的速度和力量有很大关系。而在远侧支撑时，两侧髂腰肌同时收缩，使躯干前屈和骨盆前倾，为跑动中身体重心积极前送、完成抬腿下压动作，获得向前的速度创造了良好的条件

二、运动智能的竞技价值

现代运动训练与比赛对运动员的运动智能水平的要求越来越高。甚至可以这样说，在某些情况下运动员智能水平的高低是决定比赛成败的关键。因此，每个运动员要充分理解运动智能对训练与比赛的重要意义。

运动智能的提高和认知能力的觉醒，极大开阔了人的视野。在竞技体育中的选材、训练、参赛、管理等方面，有许多突破旧有观念的例子。

（一）提高运动员的综合竞技能力

运动员的运动智能是其综合竞技能力的组成部分，它有助于有效地提高运动员体能、技能、战术能力和心理能力，有助于提高运动员的综合竞技能力水平。

具有较高运动智能的竞技运动员，更能够准确地领会教练员的意图，善于正确地理解先进的合理的运动技术，从而明显地缩短学习和熟练掌握运动技巧的过程；他们能够更为迅速、准确地把握运动战术的精髓和实质，在比赛中善于灵活机动地运用战术；他们具有较多的心理学知识，善于动员和控制自己的心理活动，从而保证在竞技中更为出色地发挥已有的竞技水平，表现出更高的总体竞技能力。

教练员不仅要有丰厚的训练理论基础知识和实践训练方法，还要有国内外最新的训练和科研成果，以开阔视野、更新执教观念，以及创新训练理论、方法、手段。

（二）提高运动员的竞技认知水平

运动智能直接影响运动员的认知能力和思维能力。运动员的竞技认知水平的提高，会全面增强其对于专项竞技的特点和规律的认识和把握，为运动员进行科学训练和成功参赛提供坚定的理论基础，科学地指导训练和参赛实践。

比如，有些人常常能够看到问题的本质，对看到的事物做各种对比，通过现象去思考事物的根本属性、问题的根源。而另一些人则只看表面，浅尝辄止，知其然，不知其所以然。

再如，以前我们的体能训练器械少，多靠自重训练。现在有了各种新式器械，花样繁多，那么，该怎么练？怎样变更训练方法？现代训练与传统训练有哪些异同？怎样用合理的手段，达到最佳效果？现在随处可见的“战绳”“推轮胎”“牛角包”等练习手段到底是练什么素质？对这些问题予以认真思考，正确认识，即有助于逐步提高竞技认知水平。

（三）把握专项竞技能力的特点和规律

运动智能直接影响运动员对专项的理解和认识程度，有助于运动员在训练中准确地理解训练原则、内容、方法和安排的科学原理，提高训练质量，达到更好的训练效果。

具有较高运动智能的竞技选手，对于本专项竞技的特点和规律有着较为深刻的把握，对于训练的理论和方法也有更准确的认识和体验。因此，他们在训练中就能够正确地理解教练员的训练意图，能够以自觉的行为，配合教练员高质量地完成预定的训练计划，从而使得提高运动员总体竞技能力的训练任务更好地完成。

1. 提高认知和解决问题的能力

只有提高了认知能力，才能提出更多的为什么，才能想方设法去认识和解决问题。

例如，在理解体能和技术的关系上，有些教练员认为自己的项目是技能主导类项目，应该多练技术，因此忽视了体能训练。然而，仔细分析教练员评价优秀运动员“技术好”的用语，就会发现，在建立了正确的动作模式之后，运动员技术需要体能的支撑。试看以下案例：

在武术正踢腿技术的描述中，柔韧性表现在“勾脚尖、脚尖触头、两手力撑、动作舒展”等方面，速度、爆发力表现在“起腿速度快”，灵敏、协调性表现在“两腿交替踢”等方面。在排球扣球技术的描述中，“猛、软”是说速度和爆发力，“巧”是指对力量大小的控制能力，“流畅”“僵硬”是指协调性。在足球传球技术的描述中，协调性与灵敏表现在“碎步调整”，下肢力量与稳定性表现在“单腿支撑”，核心力量表现在“身体绷紧”，柔韧性表现在“反向伸展”，爆发力表现在“快速把球传出”。在举重抓举技术要领“稳、准、狠、近、快、低、展、高”的背后，都潜伏着体能的概念：力量耐力、力量节奏、爆发力、动作速度、动作模式。这些案例都表明正确地掌握技术离不开体能的支撑。

2.挖掘和创新训练方法

现代科技知识越来越广泛地参与竞技体育之中，取得了巨大的成效，有力地支持和引导着竞技体育的更快发展。

例如，以前教练员仅凭肉眼判断技术动作，现在可以通过穿戴式传感器或肌电图设备，随时从肌肉活动数据的变化判断肌肉的兴奋与收缩状况，用于分析技术动作，以及所产生的力和功；也可通过人工智能视觉识别技术实现无干扰的视频采集方式，获取相关数据，用于判断动作姿态是否符合正确的发力模式。

再如，自由式滑雪空中技巧运动员的落地站稳非常关键，但如何站稳？在增强腿部力量的同时，运动员在落地时刻的身体重心、雪板与地面所形成的夹角都会影响到站稳的姿态，那么，如何让这个夹角保持在安全范围内？这就要通过分析训练数据追溯整个动作序列（图7-4）。事实上，当运动员出发时，身体的前倾会作用于整个动作周期，并最终影响落地的角度，因此，在出发时保持身体的前倾程度，是运动员提升落地成功概率的技巧之一。

图7-4　自由式滑雪空中技巧运动员连续动作图

（四）有助于运动员成功参赛

运动智能是最基本的心理过程，直接影响人的认知能力或思维能力，是改变行为的基础。对于参赛运动员来说，运动智能直接影响比赛中竞技能力的充分发挥。运动智能的提高有助于运动员在竞赛中更好地运用科学知识，实现理想的参赛目标。

比如，赛前的准备活动要达到什么程度？有些运动员准备活动做得不够充分，导致在比赛开始阶段不能进入状态。这与运动员对于肌肉用氧的运动生理学认知有关。如何克服“想赢怕输”的杂念？这与运动员如何看待比赛、如何看待参赛的初心、调整自己参赛动机的性质和强度等运动心理学认知有关。其他如控制情绪、提高专注度等，也是如此。

影响比赛结果的因素很多，有运动员自身和对手的竞技能力水平、比赛发挥情况，比赛结果的评定行为，运动员的竞技状态，以及运动损伤，营养，参赛风险的规避方案制订，竞技信息的收集和处理，观众、气候、场地等环境因素等。提高运动智能将有助于运动员直面各种风险，充分发挥自己的竞技能力。

三、运动智能的训练方法

运动智能的训练是一个长期的教育过程，需要考虑多种因素：获得知识和运用知识、知识的不同类型和不同来源、运动智能的心理学基础、运动智能的影响因素以及运动智能训练的基本要求和原则。

（一）一般智能的训练方法

运动智能的提高是以一般智能为基础的。提高影响智能的各个因素，如提高运动员的观察力、记忆力、思维能力等是提高运动智能的基础。

1. 观察力训练

观察是受思维影响的有目的的知觉活动。观察的基础是感觉。观察力是运动员应具备的主要智力因素，培养运动员观察能力十分重要。运动场上的信息多是转瞬即逝的。观察能力低，往往见到快速变化的景物会眼花缭乱，无所记忆，得不到思维材料，由此引发的行为只能是盲动。人在长期观察周围事物的过程中，掌握了观察方法，养成了观察习惯，形成有个性特点的观察能力。培养运动员观察力的最基本方法就是在比赛、训练时经常布置观察任务、传授观察方法、培养观察习惯。初次布置观察任务时，应做好准备，列出计划，明确任务，指明观察重点、程序以及写观察报告等。当运动员掌握了观察方法之后，应及时布置观察任务，提出更高的观察要求。

2. 记忆力训练

记忆是以识记、保持、再认和回忆的方式对经验的反映。记忆是运动员重要的智力因素。人的记忆分为形象记忆、情绪记忆、逻辑记忆、运动记忆。无论哪种记忆都是由感知记忆开始，经短时记忆的强化转化为长时记忆的。

记忆力训练就是发展记忆敏捷性、持久性和迅速正确再现等品质。发展记忆力的做法有：经常布置记忆任务，如记一场比赛成绩、一场比赛情景或一组连续动作形象；复述、回忆记忆材料；及时把感觉记忆转化为短时、长期记忆；学习记忆方法，掌握记忆术；注意有助于增强记忆力的记忆，如赛前布置记忆任务、经常提问等都会引起注意，调动运动员的积极性，从而增强运动员记忆力。

3. 思维训练

思维是智力的核心成分。思维训练的任务就是掌握思维规律，学会熟练运用思维，提高思维能力。

思维的主体是大脑，思维是运用思维工具，对思维材料进行创造性加工的过程。思维材料的占有量，思维工具的运用程度，都受思维主体——脑发展水平的限制。因此，思维训练终极目标是发展脑的结构功能。

人的思维有逻辑思维、形象思维和灵感思维3种活动方式。可通过对比赛进行分析预测、对赛场信息进行加工综合、对运动技术进行评述等方法发展运动员的逻辑思维能力。

应在平时加强形象记忆力和想象力训练。例如，组织两个人或多个人做动作反应性练习，让其学会区别真伪，从中总结经验；让其在头脑中设计动作，联结动作；加强理论教育，明确现象和本质之间的联系；有意识地利用图表、图形讲授知识。要重视培养运动员的直觉能力，在训练中注意启发运动员发掘即兴的灵感，鼓励运动员说出自己的奇思妙想，培养他们创造性的灵感思维。

在思维训练中，对思维速度的训练至关重要。很多运动项目是在高速运动中进行的，在激烈的竞争中思维速度慢，便意味着失去时间、失去战机、失去取胜的机会。加强思维速度训练的基本方法是限时完成思维任务，学会简化思维步骤，拓展思路，养成注意力集中的习惯。

（二）运动智能的训练方法

运动智能训练的主要途径是传授和接受知识、掌握技能和开发智能。

知识是人们实践活动的结晶，是客观事物的属性、联系及规律在人们头脑中的反映。运动员占有知识，要通过领会、理解、巩固、运用等环节，把“脑外”的知识储存在头脑里，这一过程就是开发智能。体育技能的获得也离不开智能的活动。

占有知识、掌握技能与开发智能三者互为条件。智能的开发离不开知识与技术，运动员占有知识与提高技能也离不开智能的活动。但智能的开发又与知识的占有与技能的提高有所区别。在传授知识、技能的同时，为达到开发智能的目的，必须使运动员积极动脑，开展领会、理解、巩固、归纳、判断、推理等一系列思维活动，使知识、技能“智能化”，使智能活动融于知识占有和技能掌握的活动之中。

1.获得各类知识的方法

不同类型知识的获取途径不同。一般文化知识、运动通用知识和运动专项知识各有其获得途径。

（1）学习一般文化知识的方法

我国适龄运动员都有机会接受相应的基础教育，这是获得一般文化知识的主要来源。

这种学习一般是分享前人的理论知识成果，经常采用的形式与方法有教师讲解辅导、小组讨论、完成作业、专题研究、阅读自学报纸。由于学习者文化层次高低的不同，学习的组织形式与采用的方法会各有侧重。

（2）结合训练实践获得专项运动知识的方法

运动员学习掌握专业理论知识的特殊要求在于紧密结合运动训练的实践，取得实际效果。科学训练理论应该是源于训练实践，高于训练实践，进而有效地指导训练实践。因此，学习专业理论知识一定要结合训练实践，特别是自己的训练实践来进行。

拓展阅读

结合训练实践获得专项运动知识

（3）掌握通识运动知识的方法

科学的运动训练活动要求它的从事者具有丰富的、多领域的科学知识，如运动生理学、运动解剖学、运动心理学、体育社会学、体育美学等体育科学学科的知识。

可以在体育运动院系中系统学习每个运动专项都需要的竞技体育相关学科的课程。还可以通过日渐发达的媒体学习。

拓展阅读

掌握通识运动知识的参考途径

2.提高运用知识水平的方法

培根的名言“知识就是力量”并不是说知识本身可以产生力量，而是说将知识运用于实践当中，产生巨大的效果。

（1）将学到的知识运用于运动实践中

竞技体育中，周而复始的训练和比赛过程就是一个学习、实践，再学习、再实践的过程。在这个过程中，运动员不断将所获得的经验、知识运用到训练和比赛中去。

训练前，有些运动员准备活动做得不够充分，在正式训练的前半部分，身体仍然处于准备活动的状态，导致运动员认为自己已力竭，但在训练的后半部分又有体力了。这是为什么呢？其中涉及的主要运动知识包括有氧工作能力的生理基础和人体的生理惰性。

第一，有氧工作能力的生理基础涉及呼吸系统摄入氧气、血液循环系统运输氧气，以及肌肉系统的代谢机制（图7-5）。

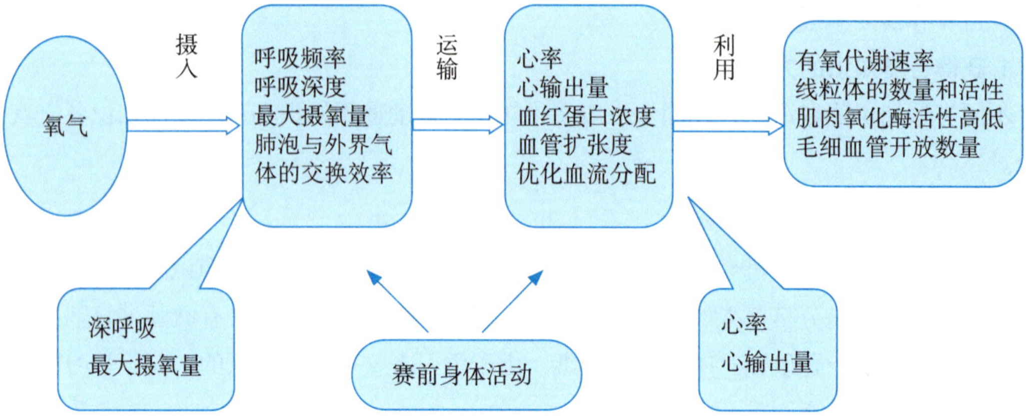

图7-5　准备活动中氧气的作用

①氧气摄入即氧气由呼吸系统进入体内。此阶段涉及呼吸频率、呼吸深度、最大摄氧量、肺泡与外界气体的交换效率等。②氧气运输即吸入的氧气通过血液循环系统到达身体各部位，特别是运动目标肌肉。此阶段涉及心率、心输出量、血红蛋白浓度、血管扩张度、优化血流分配等，以确保氧气优先供给活跃的肌肉组织。③氧气利用即肌肉将氧气转化为能量（ATP），这涉及在细胞内进行的有氧代谢速率、线粒体的数量和活性、肌肉氧化酶活性高低、毛细血管开放数量等，以加速氧气扩散至肌细胞的速度。

第二，生理惰性是指运动开始时内脏器官机能动员较慢的现象，主要表现为心血管和呼吸系统的调节滞后。如开始跑步时，肌肉很快投入工作，但心跳加快、呼吸加深加快等心血管和呼吸系统的调节则需要数分钟才能达到与运动强度相匹配的水平。

因此，理解和运用好上述运动知识，有助于运动员积极主动地做好准备活动，从而快速提高内脏器官的机能水平，减少乳酸堆积，延缓疲劳，减少因生理惰性带来运动初期出现的胸闷、气短等现象。

（2）认真做好专题总结，吸取经验教训

对运用专业理论知识于训练实践的工作情况应及时进行深入的专题总结，这是提高应用水平的另一个重要方法。通过科学的总结，可以对理论的认识更加深刻，对于实践的解析更加准确，从而把认识提高到新的层次、新的水平。

教练员、运动员都应注意提高自身运用科学方法的水平，要学好逻辑学、科学方法论，以及体育统计、实验设计、调查访问等具体科学方法，这是进行科学总结和从事科学研究工作必不可少的。比如，中国射击队在大赛前根据以往的经验教训，集思广益，列出在比赛中可能会出现的突发事件，并设计应对方式，做好充分的赛前准备工作。又如，很多运动员（队）都有赛后要求运动员对比赛进行总结的传统，运动员回视自己过去的经验，分析其积极或消极的作用，并据此对未来提出改进的设想。

（3）夯实认知基础，提高认知能力

认知能力是后天习得、慢慢丰富起来的，受到原生家庭、学校、社会、文化等因素的影响。比如，多读好书，扩展和稳固知识框架；观察事实全面，表达实施准确；分析问题深刻、清晰而不纠结，归因合理及判断、决策准确；博采众长而避免认知固化、固执己见，不断创新而避免懒思、避免故步自封。

人与人的差别，通常不是在于智力，也不是在于能力，而是在于认知能力的差别。比如，看待事物的眼光长短、视野宽窄、思维深浅、格局大小、站位高低，以及情绪控制和表达适当与否、兴趣多寡、理想远近。认知不同，看到的世界就会不一样。认知能力决定行为选择，决定人生的高度和远度。

（三）运动智能训练的基本要求

运动员智能训练水平的高低受到多种因素的影响，需要妥善处理以下因素。

1.提高学习积极性和目的性

①应明确专业理论知识的作用，并主动自觉地在自己的训练实践中予以应用，这是提高其应用水平的重要前提。其应用的具体方法：一是由实践找理论，二是学理论找实践。根据训练实践的需要，去学习、寻找有关的理论知识，学习、理解、掌握后即用于训练实践，从而提高理论知识的运用能力。启发运动员积极思维和参加运动智能训练的自觉性，提高其对学习理论知识和发展运动智能的意义的认识。比如，运动员在实际训练和比赛中所获得的经验，或感性认识、隐性知识，经过运动员自己反复琢磨、认识和归纳，总结成在一定范围使用的规律，也就是从经验、感性认识上升为理性认识，或从隐性知识转化为显性知识。

②根据训练实践的需要，去学习和运用知识。学习目标明确，运用的针对性强，便于解决实际问题。例如，我国速滑科研人员为了更准确地控制负荷强度，移植了游泳及中长跑运动员的成功经验，运用血乳酸指标控制负荷强度，测定了速度滑冰运动员127个常用手段负荷后的血乳酸峰值，并据此制定了一些优秀选手负荷强度的定量指标，有效提高了训练质量。

③在系统的理论学习中发现问题，主动改进训练，这是提高理论知识应用水平的另一种重要方法。例如，艺术体操教练员从美学理论中学习到“不对称图形”的美学价值，进而主动在集体成套动作的编排中，设计了若干不对称队形，提高了整套动作的表现力。

2.遵守教育学原则

（1）整体性和个性化原则

整体性是知识结构上的专博兼顾，广采百家。个性化是因人而异，根据对象实际情况选择内容，确定所用方法。运动智能训练应根据对象实际情况（文化水平、专业基础知识水平、年龄、身心发展特点等）选择内容，确定方法及分量，有目的、有计划、有系统地施加影响。

（2）层次性和动态性原则

层次性是各种知识在数量和质量之间合理配比。从低到高，划分基础层次、中间层次和最高层次。动态性则是与时俱进、不断自我调节的动态结构，即要跟上竞技体育发展的步伐。

3.将运动智能训练列入训练计划

运动智能训练是整体训练的一部分，应将运动智能训练列入训练计划之中，它在计划中应占有一定的比例。

4.建立运动智能训练的评估和考察制度

应逐步建立运动智能测定、评价的制度。对运动员运动智能评定目前还没有一套更好的办法，实际工作中做得也不多，应进一步研究解决。对运动员运动智能评定应多结合训练与比赛实践过程进行，在实践活动中考查运动员的运动智能水平；也可以组织专门的测验和考查，然后给予评定。

◎ 思考题

1.运动心理能力与体能、技能及战术能力是何种关系？
2.常用的心理训练方法有哪些？如何运用？
3.运动员的心理训练与思想政治工作的异同有哪些？
4.运动智能与运动知识在竞技体育中有什么作用？
5.哪些因素影响运动员运动智能的提高？

第七章
主要参考文献

第八章

运动训练负荷

本章导读

运动训练目标和任务实现的根本动力在于运动训练负荷的施加与作用。为此，运动训练活动组织实施过程中的重点就是精准、系统、科学的设计与实施。本章主要介绍运动训练负荷的释义、结构与类型，重点介绍运动训练负荷设计与实施的依据、要求和主要模式，对运动训练负荷监控与评价指标和基本方法进行了简要介绍，最后对不同项群的训练负荷特征进行了概括总结。

本章学习目标

1. 重点了解运动训练负荷的内涵与结构。

2. 学习、掌握运动训练负荷设计与实施的依据和基本要求。

3. 了解当前运动训练负荷设计与实施基本模式，能够根据不同训练对象和项目，结合不同单元（课）或不同阶段（周期）的目标与任务以及内容的需要和实际设计与实施训练负荷，从而科学、有效地指导运动训练实践。

4 基本掌握运动训练负荷监控与评价的方法，熟悉不同项群训练负荷的特征，指导训练负荷的设计与实施。

5. 充分认识与感受运动训练负荷对运动员、教练员和一般人群对增强适应与抗压能力、意志品质拼搏精神培养的意义，并能够将其融入运动训练活动之中。

第一节 运动训练负荷概述

运动员竞技能力的挖掘、获得、发展与表现，乃至教练员执教能力的发展与表现，都是他们在特定的时间里承受专门运动训练负荷进而适应环境的过程与结果。因此，要实现训练目标、控制训练过程和提高训练绩效，首先要认识运动训练负荷的定义、意义、结构与类型。

一、运动训练负荷释义

运动训练活动主要通过身体练习来实现。一定时间里的身体练习量度和强度对运动员机体产生刺激作用，并产生应答，也形成相应训练效应。中外学者大多是将运动负荷与运动训练负荷的性质、形式、功能同等看待的。哈雷从（训练）负荷[1]具有刺激功能（生理学、心理学范畴）提出，能够产生训练效果，能够发展、巩固或保持训练状态的刺激是训练负荷。马特维也夫则强调训练负荷的刺激结果，即人体在生理学、心理学范畴的应答水平。他认为，训练负荷是指与安静状态相比，由完成练习所引起的功能活性的追加值，即负荷是应答水平的变化值。我国的《汉语大辞典》将负荷归为动力、机械设备以及（动物）生理组织范畴，是指设备或组织在单位时间担负的工作量或某一物体承受的重量。过家兴、田麦久、延烽、胡亦海等均认同刺激是运动负荷的本质属性，并将其定义为以身体练习为基本手段对运动员有机体施加的训练刺激，或者是刺激与应答增量的总和。

根据中外运动训练学、运动生理学、运动心理学等关于运动负荷的界定，我们将运动训练负荷定义为：运动训练活动中，为了挖掘与发展竞技能力，运动员身体所承受的运动负荷。运动训练负荷的本质是训练刺激大小或强弱及其机体应答效应大小与效果。运动训练负荷的意义是使运动员满足与适应外部环境或条件（当下训练和未来比赛竞技需要），使运动员产生竞技适应。

对运动训练负荷及其本质的认识和运动训练负荷设计方法的运用是运动训练理论的基本问题，也是对运动训练理论“练多少”的必须回应，更是我们遵循与实践运动训练适宜负荷原则的基础。

二、运动训练负荷结构与类型

运动训练负荷由反映运动训练目标、内容、方式的训练量和训练强度构成。训练量是身体练习的“多少与大小”；训练强度是单位时间里身体练习量和练习“质或程度”。

如图8-1所示，运动训练负荷的构成要素是时间、距离、高度、远度、次数、组数、套数、轮次、重量、质量、频率和功率等。训练负荷量是以上诸要素在一个时间点上单个组合总

[1] 亦称负载或载荷。

量，如1 min、1 m、1次、1组、1套、1轮、1 kg等；或一段时间里多个要素组合的总量，如1组1次，每组间隔30～45 s，共2～3组；或1次1 kg，每次间隔15 s，共2～3次；或1次1 min，每次间隔45 s，共1～2次……训练负荷强度则是在规定时间里完成特定的工作量。1 min完成1组与1 min完成2组同样性质（量与质量）的练习强度不同。多次、多组练习每次（组）间隔时间长短不同，其负荷强度也不同……在训练过程和训练负荷的监控评价中，一般采用生理生化指标、心理学指标以及训练学指标来进行测量、分析。

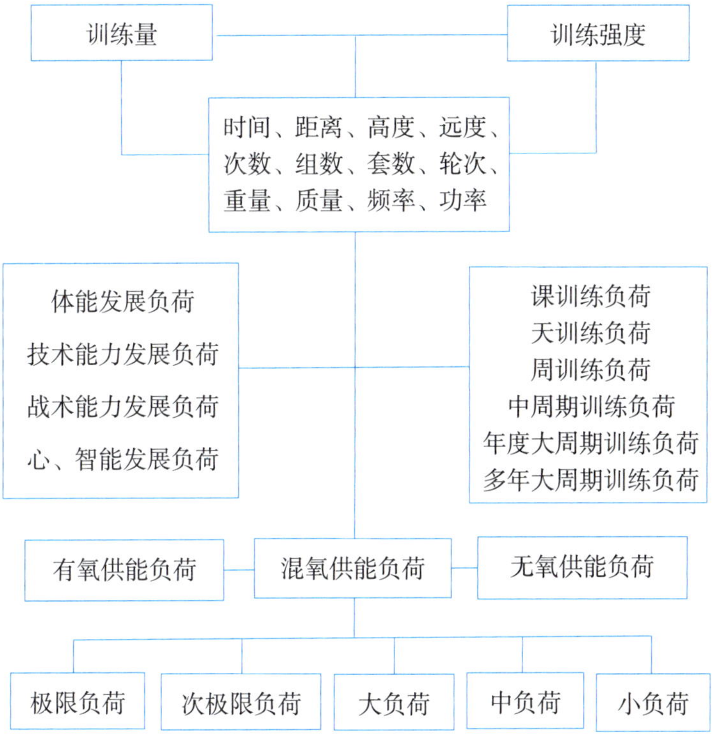

图8-1 运动训练负荷要素及其构成

运动训练负荷有多种类型。①按照身体练习的目的任务，有体能，技术能力，战术能力和心、智能发展负荷。②按照运动训练过程时间维度，有课训练负荷、天训练负荷、周训练负荷、中周期训练负荷、年度和多年大周期训练负荷。③按照机体供能方式，有无氧、混氧和有氧供能负荷。④极限、次极限、大、中、小负荷是运动训练中常用的定性描述。

第二节 运动训练负荷设计与实施

运动训练计划是关于运动员、教练员训练目标、内容、方法手段、负荷、场地器材等诸方面在未来训练活动中的设想与规划。运动训练负荷设计与实施是关于运动员进行训练活动时完成一般和专门的训练负荷量度的设想规划和组织安排。

一、运动训练负荷设计与实施的主要依据

（一）训练过程控制理论

运动训练过程控制是教练员和运动员共同参与的过程。其中，运动训练目标定位、任务确定、方法运用、过程设计最终通过训练负荷设计与实施来体现训练过程的合理性、有效性和科学性，最终实现对运动员竞技状态的控制和调节。

教练员需要根据运动员当下或未来竞技能力水平发展需要确立针对性、可操作、可量化的训练目标与任务，并选择、设计与运动员个体需要、专项特征和训练目标任务匹配的训练方法手段，进而通过训练负荷的精准设计与系统控制，实现对运动员竞技能力发展和竞技状态转移控制的最高目标。

在运动员的运动生涯全过程中，不同阶段、不同时期的性质不同，运动员训练目标、任务也不同，训练负荷量与训练负荷强度的比例与节奏设计也不同。全程性多年训练过程的基础训练、专项提高、最佳竞技和高水平竞技保持4个阶段的训练负荷目标、方法与量度特征不同（表8–1）。

表8–1 全程性多年训练过程不同阶段训练负荷目标、方法与量度特征

阶段	训练负荷目标特征	训练负荷方法手段特征	训练负荷量度特点
基础训练阶段	身体健康与一般运动素质发展，承受一般训练负荷	平稳上升形；小量和中量、中小强度的过程	以训练量的积累为主；训练负荷的多样性和趣味性
专项提高阶段	器官系统机能水平不断增强，专项训练负荷适应不断深化	波浪形；中等量和较大强度的逐渐递增	有节奏地以较快速度和较大幅度提高训练量和强度
最佳竞技阶段	专项负荷适应能力增强与稳定，适应比赛负荷需求	波浪形和阶梯形；大量、大强度	冲击“生理极限”，最大限度地挖掘运动员的内在潜力
高水平竞技保持阶段	采取适宜负荷保持体能储备，消除产生衰退的消极因素	波浪形；中等量、大强度	训练量相对减少，训练强度相对稳定，更加重视大强度成功率的表现

4个阶段的主要任务及负荷特点

①基础训练阶段的主要任务是依专项需要发展一般运动能力，其负荷特点是循序渐进、留有余地；②专项提高阶段的主要任务是提高专项竞技能力，其负荷特点则是逐年增加、逼近极限；③作为最重要的核心阶段的最佳竞技阶段的主要任务是创造专项优异成绩，因此负荷特点是在高水平区间起伏；④高水平竞技保持阶段的主要任务是努力保持专项竞技水平，负荷特点则是保持强度、明显减量。

在一个完整的大周期中，不同时期训练负荷的设计与实施既与运动员自身发展需要有关，也与参赛活动有关。准备期的主要目标和内容是提高运动员体能、技能和战术能力，形成适宜的赛前竞技状态，为比赛做好准备。由于多注重主导竞技能力的训练，主要采用持续训练法和间歇训练法，因此采用大负荷量、较小负荷强度的训练负荷设计与实施。比赛期的负荷强度依比赛特点而定，赛间训练负荷应根据不同运动项目、不同竞赛日程、运动员竞技状态水平，多

采用积极或被动的休息与调整为主。恢复期的训练负荷设计与实施以主动或自然降低负荷强度，保持适宜的负荷量为前提，为下一大周期做好准备。

课与小周期是运动训练过程的基本单位。旨在发展体能训练课的训练负荷是提高一般或者专项体能，或者有氧、无氧运动能力时，其负荷方法以持续、间歇为主。旨在技战术习得、改进和完善训练课的训练负荷设计实施时，应以分解、完整和重复训练方法为主。

基本训练周的训练负荷设计与施加模式主要有3种：一是增加负荷量，同时保持强度不变或相应下降；二是提高负荷强度，同时保持负荷量不变或相应地减少；三是负荷量和负荷强度均保持不变，通过负荷累加效应给机体更深刺激。基本训练周的负荷设计与实施还需要考虑运动员训练适应、恢复状况等因素。

赛前训练周主要通过保持和提高训练强度和适当或较大幅度降低训练量来实现。这是基于适应与超量恢复的基本原理，也是基于适应比赛强度，避免过度疲劳，良好竞技状态的形成的需要。虽然不同的赛事赛制形成了不同的比赛周，且不同比赛周持续时间长短不同，但是比赛周期间的训练，亦称赛间训练的训练负荷，主要表现为训练强度和训练量的交叉或节律性安排。这一时期的训练以服务比赛、解决比赛中已经发生或未来可能发生问题的针对性训练为前提，因此整体上看是以调整性为主要负荷设计与实施模式。

恢复周旨在使运动员消除和减少比赛负荷形成的疲劳，总体上是通过多样化的恢复手段和方法，减小负荷量和负荷强度，促进身体的快速恢复。

总之，运动训练是一个复杂而系统的工程，通过训练目标、任务、手段、方法和训练负荷的协同，最终实现科学合理的训练过程控制。

（二）训练生理学理论

人体运动过程是机体与外界环境产生能量交换的过程。能量代谢涉及人体体内能量产生、转换和利用过程。运动训练负荷设计实施涉及运动负荷的调整。不同的运动负荷会对能量代谢产生不同的影响。低强度负荷运动主要动用脂肪作为能量来源，而高强度负荷运动则主要依靠碳水化合物供能。例如，在耐力训练中，运动员会进行长时间、低强度负荷的运动，以促进脂肪的利用和提高耐力。在力量训练中，运动员会进行短时间、高强度负荷的运动，以刺激肌肉生长和促进力量增加。为了发展与提升运动员竞技能力，运动训练负荷的设计实施应该以提高能量物质储备，同时不断提高机体能量供应和能量利用能力为前提。

糖类、蛋白质、脂肪三类主要能量物质为机体利用是通过磷酸原系统、糖酵解系统和有氧系统三大供能系统供给实现的。这三大供能系统有着不同的能量供应功率（单位时间内的能量供应量）和能量供应能力（总能量供应量）。在运动训练中，人体各个能量系统几乎是同时开始动员的，只是各自达到最大输出功率需要的时间不同，且作用时间也有交叉。因此，各供能系统的供能比例很难准确定量。在实践中，我们习惯将以磷酸原与糖酵解供能为主的训练称为无氧训练，将糖氧化供能为主的训练称为有氧训练，将较长时间、较大强度的训练称为有氧、无氧混合训练。尼曼（Niemann）总结了不同运动时间全力运动的强度以及有氧代谢、无氧代谢供能占比（表8–2）。

表8–2　运动员在不同时间全力运动能量供应比例

指标	全力运动时间					
	<35 s	35 s ~ 2 min	2 ~ 10 min	10 ~ 35 min	35 ~ 90 min	90 ~ 360 min
强度（最大摄氧量）	> 100	100	95 ~ 100	90 ~ 95	80 ~ 95	60 ~ 70
有氧代谢比例/%	< 5	20	60	70	80	95
无氧代谢比例/%	> 95	80	40	30	20	5
肌糖原消耗比例/%	< 10	10	30	40	60	80
心率/（$b \cdot min^{-1}$）		185 ~ 200	190 ~ 210	180 ~ 190	170 ~ 190	150 ~ 180
血乳酸/（$mmol \cdot L^{-1}$）	< 10	18	20	14	8	4

运动员训练过程中，训练强度越大，机体单位时间内所需能量物质就越多，人体运动可持续的时间就越短。因此，不同运动项目的运动方式、比赛方式决定了运动员的能量代谢的主要方式不同。

拓展阅读

训练适应

运动训练过程是人体运动中能量供应与利用能力和水平的改善和提升，进而为技术技能的习得、发展与表现提供物质基础的过程。从这个角度来说，运动训练的目标就是提高能量供应能力和能量利用能力。了解能量代谢和负荷设计实施的原理，可以帮助教练员更好地安排与实施训练计划，以达到更好的训练效果。

运动训练活动过程遵循着“刺激–能量消耗–疲劳产生–负荷取消–超量恢复”的机制和规律。“刺激–适应–恢复”这一模式主导并促进着运动训练活动的运行。雅科夫列夫（Yakovlev）依据负荷后人体肌糖原出现下降、恢复和超量恢复现象及其特性来解释运动训练对人体机能的作用。他认为，人体内环境平衡的打破与改变首先是负荷的作用效果，同时能够使机体，主要是肌肉系统产生超量恢复。1977年，他提出了“刺激–疲劳–恢复”的单因素超量恢复模型，用来反映以机能变化为代表的运动能量消耗与再生的现象。在运动负荷施加以后，机体的疲劳和适应是先后还是同时出现的呢？拜尼斯特（Banister）认为，疲劳和适应两种效应是同时出现的。于是他在雅科夫列夫的单因素模型基础上提出了“疲劳–适应”的双因素模型。

单、双因素模型解释了在大负荷作用下，疲劳曲线高于适应曲线。随着负荷的下降，两条曲线逐渐交汇。这一交汇点被认为是最佳竞技状态的临界点。雅科夫列夫和拜尼斯特的超量恢复理论阐明了运动训练能够不断改善与发展机能的机制，描述了疲劳与适应之间的关系及其特征，为运动训练活动中训练方法和训练负荷的安排提供了理论基础。在运动训练负荷的设计与实施中，应该遵循训练适应规律，不断促进训练适应性的产生，提高训练适应性。不同项目、不同运动员、不同时期的训练，应该根据训练目标、运动员现实状态、训练环境安排不同水平和不同强度的负荷。

运动性疲劳与运动损伤是竞技训练难以避免的现象。运动训练负荷和疲劳与损伤、训练适应、竞技状态成为一种“共生体”。运动训练负荷的设计与实施必须考虑运动员机体疲劳程度和恢复水平，特别是要考虑运动员激烈或竭力运动后的自我修复能力。运动员训练疲劳效应和运动员恢复能力与运动员个体机能水平、运动技术熟练程度、不同训练时期与阶段、不同训练目的及训练内容有关，也与运动员的训练水平有关。

二、运动训练负荷设计与实施的要求

（一）突出训练负荷的专项性

运动项目有其专门的、特定的运动形态、运动方式和比赛方式。①运动形态主要包括运动项目的动作方法形态、场地器材形态。②运动方式主要包括运动项目的运动时间和供能方式。③比赛方式是指一定比赛规则下的比赛方法。运动形态是区分运动项目所有特征的基础。不同的运动项目都有其不同的运动形态、运动方式和比赛方式，或者虽然有相同的运动形态，却有不同的运动方式和比赛方式。运动训练负荷的设计与实施，必须以运动项目的专项特点作为基本依据之一。

运动项目特征是关于运动项目在运动形态、运动方式和比赛方式上区别于其他运动项目在形态结构和运行结构方面特点的总和。专项特征就是以运动形态（动作与技术形态）特征为基础，以运动形态、运动方式和比赛方式及其机制区别于它项的典型特点；是一个运动项目特点的集中表现；是区别不同运动项目的主要标志。专项特征主要通过运动形态、运动技术、运动时间、供能方式和比赛方式几方面来反映某一运动项目固有的时间、空间特点。分析专项特征首先必须分析运动方式特征，主要是运动形态，即动作技术特征；其次是运动时间特征，即运动时间和这一时间所需的供能方式特征；最后是分析比赛方式特征，即比赛过程和结果评定规则与方法特征。

运动项目特征决定了该项目运动员运动训练活动中负荷的内容、方式、手段与节奏。篮球、手球、排球、冰球、棒球等项目因为动作技术方法、场地器材质地与规格、规则规程的差异而表现出不同的动作技术、运动时间、供能与比赛方式特征。这些同场对抗项群的项目十分强调运动员技战术的训练质量，特别是在直接对抗条件下身体的快速力量表现、合理有效技战术的表现，故在训练中负荷的方式与手段选择上以满足情景多样性为前提，重视不同情景下技战术最佳表现的训练负荷强度安排。在规定距离内通过计时长短决定运动成绩的跑步、游泳、自行车、速滑等体能主导类运动项目的训练负荷安排时，要考虑提升体能的绝对水平，进而保证运动员在最大强度负荷下尽力保持合理运用技战术的负荷方式和手段。在体操、射击、跳水、花样游泳等技能和技心能主导类项群的运动员训练中，以运动员完成高质量、高难度技术动作为前提进行多轮次负荷安排。

全程性多年训练活动的总目标、总任务和不同时期阶段的分目标、分任务是训练活动安排首先必须考虑和明确的要素。因为人体运动适应过程和运动能力发展是一个渐进性、阶段性的变化过程，所以训练活动必须通过安排不同时期与阶段目标任务下的不同层级的节律性负荷施加来实现不同时期和阶段的目标。

在训练负荷安排中，不同阶段的周、天训练次数，每天训练时间，完成专项技术的单个和成套动作次数都有非线性的递增变化。田麦久根据比赛和训练的需要，将赛前专门准备阶段划分为加量阶段、加强度阶段和连续比赛阶段（图8-2）。在加量阶段，训练量（实线）是阶梯式上升，而训练强度（虚线）变化不大；在加强度阶段，训练强度是呈阶梯形上升，而训练量则是阶梯式下降。在比赛阶段，如果每周均有比赛，在周末时因为负荷强度最高，所以赛间训练以保持一定的量，降低强度为基本要求。当然，训练负荷的安排也要根据不同的比赛性质和运动员的实际进行。

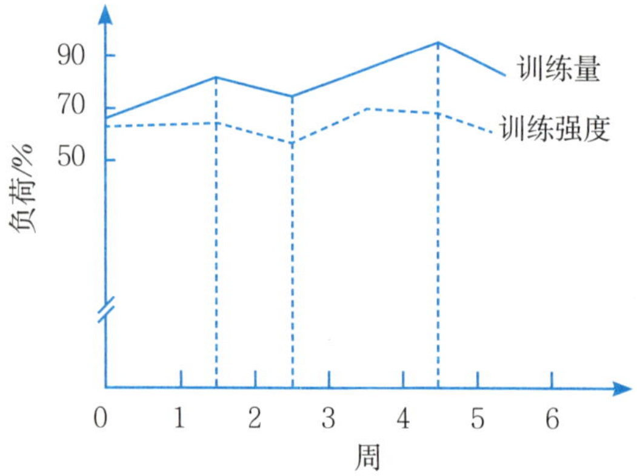

（a）加量阶段训练负荷变化趋势

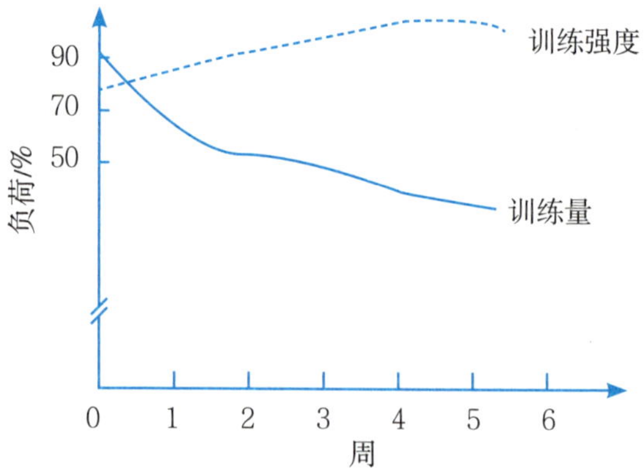

（b）加强度阶段训练负荷变化趋势

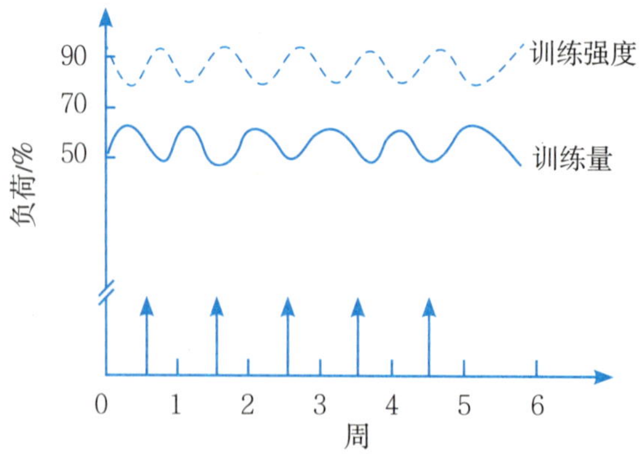

（c）连续比赛阶段训练负荷变化趋势

图8-2 加量阶段、加强度阶段和连续比赛阶段的负荷变化趋势

（资料来源：田麦久. 论运动训练计划[M]. 北京：北京体育大学出版社，1999.）

过早的、不当的专项化训练之所以被诟病，就是因为基础训练阶段的负荷的安排超出或脱离了特定时期和阶段的目标与任务，也背离了少年儿童生长发育的基本规律。不同时期和阶段的目标任务以及运动员的竞技状态变化决定着训练的内容与方法选择，也决定着训练负荷的大小、节奏和趋势。

（二）强调训练负荷的个性化

运动员训练的需要与提高训练、参赛效益之间的矛盾是推动运动训练活动运行与发展的动力。不同的运动员对竞技能力的发展有着不同的需要，这是运动员高度个性化的人格特质与运动特质所致。个性化训练就是指教练员针对不同项目运动员竞技能力结构和成功参赛需求，根据每个运动员的身心特点和训练目标，全面地、整体地选择适宜的训练内容、负荷、方法和安排的训练过程与行为。

运动员的形态、机能水平、心理水平不同，承受不同负荷的条件和能力也不相同。训练量的大小、强度的高低及其对机体的作用都必须与运动员的性别与年龄相适应。如果目标、形式、内容和运动员的性别、年龄脱节，就不能够产生相应负荷效应，或者产生过度疲劳，乃至直接引发伤病等现象。

“人体生长发育的年龄规律”是运动员多年训练过程阶段划分的主要依据之一，也是运动训练负荷安排的重要依据。运动员的个人特点，包括性别、日历年龄、生物年龄与训练年龄、竞技水平、生理和心理特点、身体状况、训练情绪等都对训练负荷的安排提出了不同的要求。同一名运动员在不同阶段、不同时刻的训练状态以及不同训练环境和训练条件也对训练负荷的组织和实施提出明显不同的要求。因此，必须以运动员前次训练适应结果和现实状态来安排每次课或一个中小周期的运动训练负荷。

拓展阅读

训练变量5要素

（三）保证训练负荷的专门性

不同阶段、不同时期的训练目标的递进或变化，训练内容的变化和多样化，训练方法的专门性与多样性都对训练负荷的设计产生影响。不同技艺、能力的发展（内容）应该有其专门的训练方式方法，这就需要在设计训练负荷时要考虑训练方法的专门性。

不同的训练方法发展不同的运动素质，同时有不同的负荷特征（表8–3）。为了发展某种专门能力，必须采用持续、重复、间歇等训练方法。一般来说，持续训练法的负荷是量大强度小；重复训练法的负荷是量小强度大；间歇训练法的负荷是量与强度均较大。间歇训练法负荷量的大小与负荷强度的高低可有多种组合，不同训练方法形成了一定的运动负荷节奏，以适合运动员机体保护性机制和机体适应机制。

表8-3 不同训练方法发展运动素质的负荷特征

训练方法	持续训练法	间歇训练法		重复训练法
负荷特征	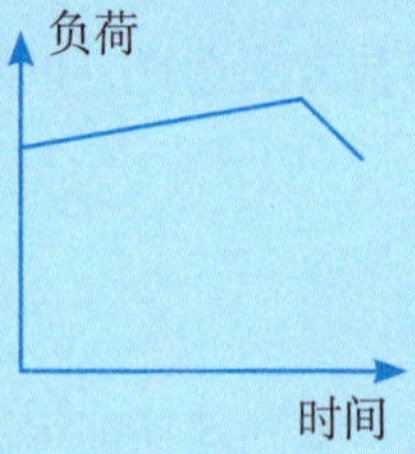	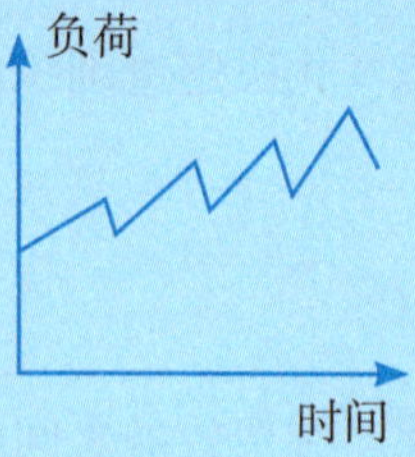		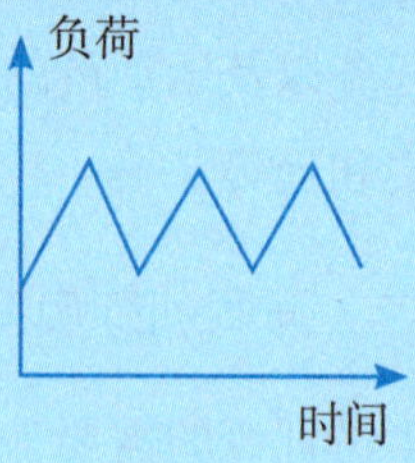
练习量	大	中 大	中 小	小
练习强度	小	中 小	中 大	大
间歇	无	休息不充分		休息充分
体能发展重点	一般耐力、力量耐力	一般耐力、力量耐力 速度耐力、专项耐力		最大力量、快速力量 速度耐力、最大速度

资料来源：田麦久．论运动训练计划[M]．北京：北京体育大学出版社，1999.

三、运动训练负荷设计与实施模式

（一）经典型负荷模式

马特维也夫的训练分期理论是基于竞技状态变化规律提出的年度或多年训练阶段划分方法与策略。该理论根据运动员比赛和发展的双重需要，建立起单、双和三（或多）峰（周期）的年度或多年训练周期安排。这一安排同样适合于准备某一重要或主要比赛时的中小周期的训练设计。

拓展阅读

年度或大周期训练方案（普拉托诺夫）

“单、双、多”型周期安排中最重要的内容就是训练负荷的针对性、节律性变化设计与实施。马特维也夫和普拉托诺夫的年度训练单双峰模式是经典的负荷模式。这种模式以训练时间长短为基础，以重要和主要比赛时期为准绳，相应划分出准备期、比赛期与调整期。特别要指出的是，在双周期和多周期负荷模式中，两两之间的调整期的意义不仅仅是一般意义上的恢复，还有与下一周期的准备期紧密衔接的任务。“单、双、多”训练负荷安排就是以此为依据，形成负荷量与负荷强度交替，波浪形发展的负荷模型。

周期理论遵循了竞技状态发展的基本规律，也遵循了运动适应规律，提出将年度作为一个训练时间单元时，训练负荷变化的基本态势。这一基本负荷安排是为了满足10—11月份（单周期）的主要或重要比赛的需求。当上下半年各安排有主要或重要的比赛时，年度周期划分为两个大周期，由此形成双周期的训练负荷模式。这一基本负荷安排是为了满足5—6月份与10—11月份（双周期）的主要或重要比赛的需求。

单峰、双峰负荷模式适合于那些体能储备要求很高，或者年度比赛次数相对较少，或者年内需要参加如奥运会、世锦赛等重大赛事的运动员（队），也适合于处于基础训练与专项提高阶段初期的青少年运动员（队）。以此类推，可以建立一个3个及以上多个周期的训练负荷多峰负荷模型。

显然，在不同项目、不同运动员的训练比赛活动中，特别是当今赛事频繁的背景下，单峰和双峰负荷安排难以满足他们的需要。例如，在非赛会制的洲际、国家联赛中，比赛场次是以周为最小单位的，其准备、比赛和调整压缩在一周之内，其训练负荷节奏更加紧凑。即使那些参加年度分站赛和大奖赛的运动员，在一个赛季里的训练周期也是以月（3～5周）为基本单位进行的，也仍然体现了极强的训练负荷节奏。

（二）渐进式负荷模式

运动员全程多年竞技过程包括基础训练、专项提高、最佳竞技和高水平竞技保持4个阶段（田麦久）和相邻两个阶段形成的3个链接区间（徐刚）。田麦久、徐刚提出的全程多年“四阶段三链接”是基于运动员生涯的自然规律和长期发展诉求提出的。“四阶段三链接”的训练负荷整体呈现逐渐增长，即一种“渐进式”负荷模式。这一模式反映了训练负荷水平是因为运动员生长发育和多年训练目标、任务的进阶而不断增加或提高，以满足训练与参赛的实践需要。显然，“四阶段三区间”的“渐进式”训练负荷模式也是由多个时间维度下的“区间性”“阶段性”训练负荷所构成的。“渐进性”和“区间性”的训练负荷模式具有发展性和阶段性特点。在发展性和阶段性、“渐进式”训练负荷模式下，形成以训练量为主，或者以训练强度为主，或者训练量与训练强度并重的3种负荷安排基本模式。

普拉托诺夫将这一过程细化为初始、预备基础、专项基础、提高成绩、能力最大化、保持高水平、成绩降低和退出高水平成绩等8个阶段。他对8个阶段中的前7个阶段的训练负荷安排做了一般性安排（图8–3）。

在运动员的竞技生涯中，运动员的训练和参赛所占时间份额不同，整体而言是训练长于比赛。为此，安排、组织运动员的训练活动是其运动生涯的基础与主体内容。训练负荷的安排基本遵循循序渐进的原则，故以年度为单位的训练量和训练强度呈现交替非线性上升、稳定和下降的态势。一般训练、辅助训练、专项训练在整个运动生涯中占比不同，其年训练时间也有一定的曲折变化。

在基础训练阶段（初始与预备阶段）的年训练时间从100～250 h到600 h，其中一般和辅助训练占比达到85%～95%，而专项训练占比在15%以内。专项提高（专项基础与提高成绩）阶段年训练时间在800～1 400 h，其中专项训练占比也提升到40%～60%。在最佳竞技（能力最大化）阶段的年训练时间在1 400 h上下，其专项训练占比达到66%。高水平竞技保持阶段年训练时间由1 400 h下降到1 200 h，其辅助训练和一般训练较最佳竞技阶段提高2%～4%，而在竞技保持阶段后期年训练时间会有所降低，但是幅度并不大，仍然在1 000 h左右。

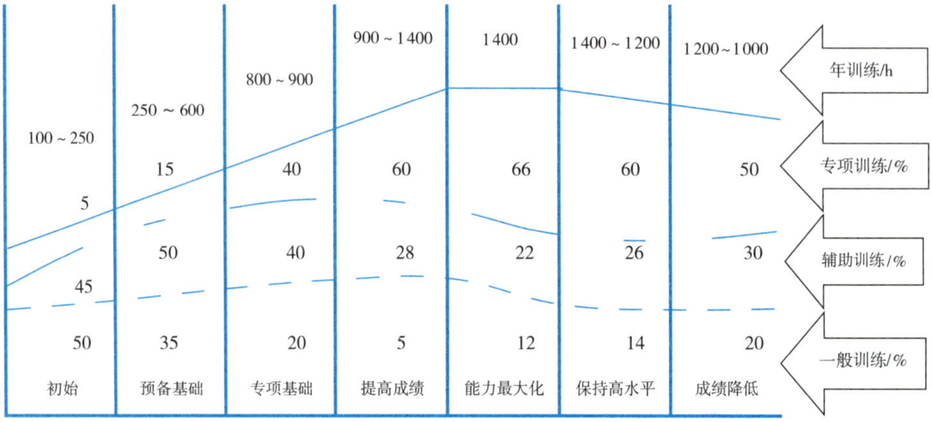

图8-3　多年训练过程中一般、辅助与专项训练占比

（三）稳健型负荷模式

如何保证运动员既能够适应特定强度的负荷，又能够保证他们可持续胜任长期的大强度训练活动，也就是人们常说的运动员能够在训练过程中，负荷“上得去，下得来”，安排合理的负荷节奏至关重要。为此，“练”与“调”成为不同时期、不同水平运动员的通用负荷安排思路。

为了保证训练活动的有效性和可持续性，特别是在极限或次极限负荷后，运动员的迅速恢复及其与后续训练的有效衔接，一般都会采用“练调交互”的训练负荷模式，即通过“2个大负荷周+1个小负荷周”这一基本模块来具体实施。这一模块较适用于体能主导类项群所属大多数项目，以及技能主导类、技战能主导类项群的项目以发展体能为主的训练安排之中。对于处于不同阶段，具有不同训练水平的运动员而言，在一般准备期、赛前专门准备期都可以考虑“练二调一”或“两练一调”和“一练一调”的负荷安排模式。图8-4是对基本准备周、赛前准备周、比赛周以及恢复周的负荷量和负荷强度交替变化的整体安排模式。这一模式通过“加-保-减”量和“提、保和降”强度的方式来满足不同周型训练目标与任务的需要。

目前，在高水平运动员的训练比赛的实践中，普遍采用的是将总共6周的赛前训练时间分为2个为期3周的阶段，采取练2周、调整1周的两个循环周期。这种模式将“练”与“调”相结合，保证运动员既能在训练中达到比赛强度要求、实现预期训练目标，又能够在训练后有充分的调整时间，避免过度训练的发生。在特定时期，如赛前准备与强化期的训练负荷安排可以采用“冲击型”和“平缓型”两种模式：①“冲击型”是指在这一阶段中，从开始的中等运动负荷直至最大运动负荷，然后下调运动负荷至中低训练强度；②“平缓型”则是以相对恒定的负荷贯穿整个强化期。不同任务的周训练，负荷量与强度的安排亦有不同的特点。

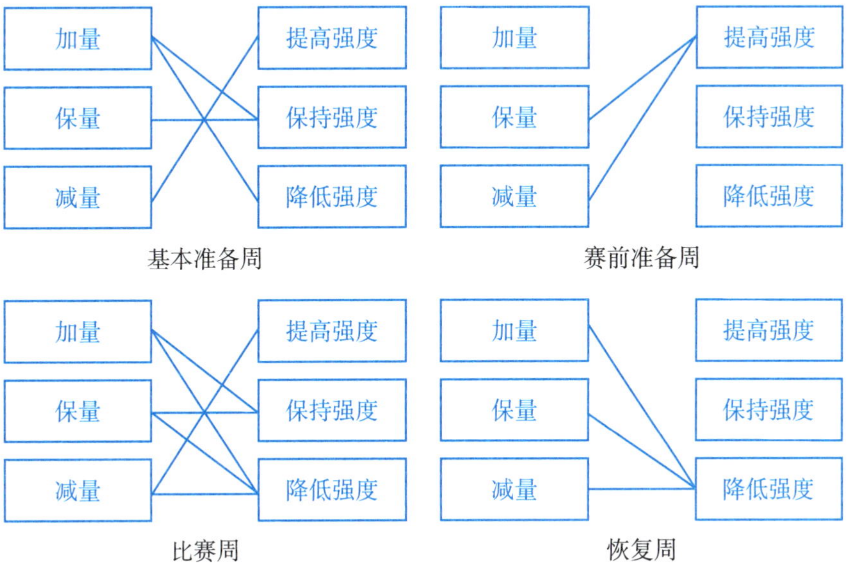

图8-4　不同周型训练负荷的变化

（资料来源：田麦久. 关于运动训练过程的系统研究[J]. 体育科学，1988（2）：21-26.）

斯蒂芬·塞勒（Stephen Seiler）的“两极化训练模式”建议，约80 %的（专项）训练负荷都在小于75%心率强度或训练课次（量）范围，另外20%则为中等强度和高强度。这是由于低量高强度训练比中等量和强度的力量训练更能提高耐力和力量。耐力和力量训练中采用低量高强度和高量低强度负荷最适于优化机体适应性。

“两极化训练模式”广泛应用于皮划艇赛艇、自行车、游泳等运动项目高水平运动员的耐力训练中。一般采用低于乳酸阈的强度（占总训练时间或训练总距离的75%～85%），或明显高于乳酸阈的强度（15%～25%），而很少采用乳酸阈强度（约5%）（图8-5）。这是因为过多达到乳酸阈强度的训练可能会产生交感神经的过度负荷。高水平耐力运动员的训练应该以低强度和多样化的训练为主，同时配合以少量的高强度训练，这样能减少对机体的刺激压力。

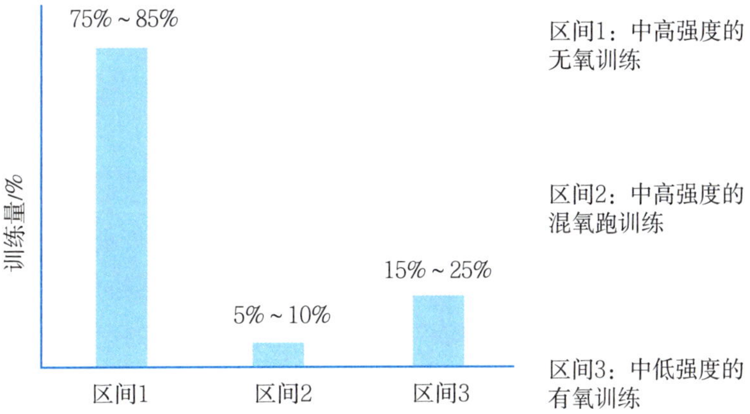

图8-5　两极化训练负荷安排模式

金字塔训练模式强调越是低强度的训练占训练总量比例越高，越是高强度训练占训练总量比例越低。在年训练总量中，中低强度的无氧训练占比60%～75%，中高强度的混氧训练占比15%～25%，中低强度的有氧训练占比为5%～10%。(图8–6)。

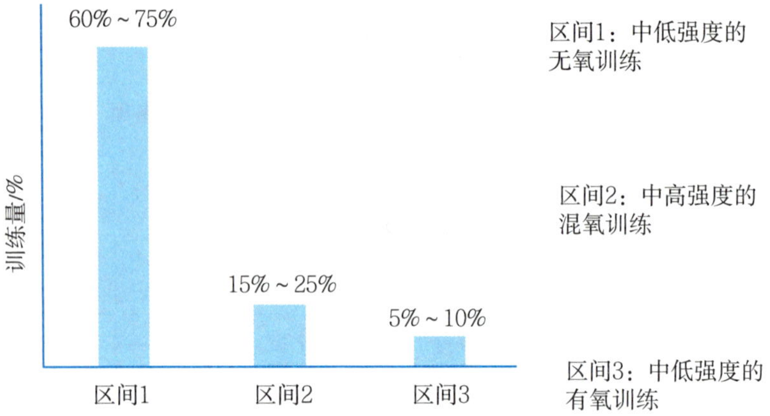

图8–6　金字塔训练负荷安排模式

（四）精准型负荷模式

无论是为了解决运动员训练中重要问题的一般准备训练，还是为了某一重要赛事的赛前强化，或者赛季前的专门准备，都十分强调负荷安排的精准性。其目标任务都是要改进某一能力，或者是在未来比赛中创造理想成绩。

如图8–7所示，在测验和准备中周期里没有一般训练的内容，主要以专项训练为主，每天训练的总时数为3～5h，训练负荷整体上是逐渐降低的。在赛前中周期的3周里，每天训练时数为1～3h，训练总量是全年最大水平的50%～60%，但是其训练强度可以达到最大。

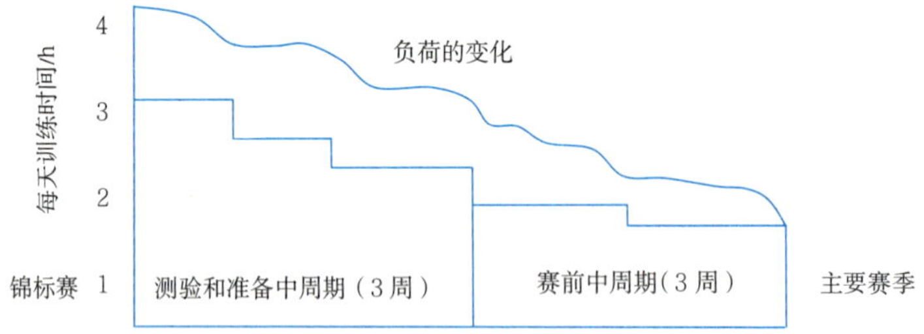

图8–7　直接针对重大比赛的训练负荷安排

对于处于基础训练阶段和专项提高阶段早期的运动员来说，赛前集训可以5周为一个阶段，分别将基本训练周和恢复周、赛前诱导周与比赛周进行有节奏的安排。在方案一中，在恢复周的周末安排测验，以检验基本训练周的效果和当前运动员的竞技状态水平，并通过赛前诱导周给予强化。在方案二中，则是基本训练周和恢复周进行一个重复，然后直接面对比赛（图8–8）。

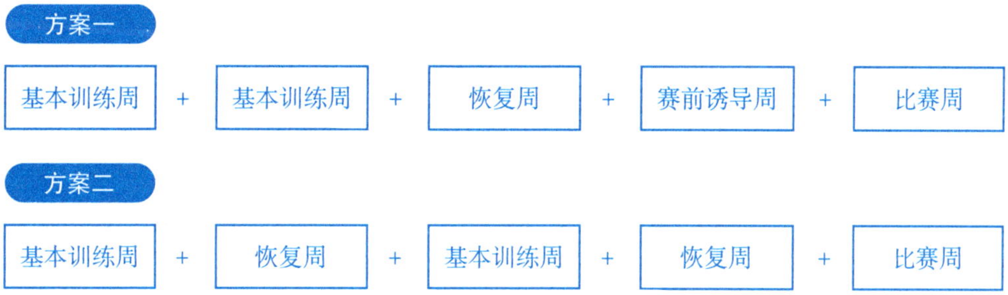

图8-8　初级水平运动员赛前5周集训的训练负荷安排

（资料来源：田麦久. 论运动训练计划[M]. 北京：北京体育大学出版社，1999.）

赛前集训的时间长短要考虑到项目及其比赛特点。以体能主导类项群为例，大多数项目运动员的赛前专门准备时间可以是4～8周，另外再安排有1～4周的调整或减量训练时间。

在大多数集体球类项目的赛前集训安排中，关键技术的解决，技战术的磨合与强化是重点任务。由于体能与技战能训练的比重及节奏直接影响运动员竞技状态的形成，这一阶段是通过加强技战术训练来达到良好技术状态，通过体能训练促进来保持运动员的体能状态。

赛前减量训练是一种特殊的精准型负荷模式。其目的是实现机能状态的超量恢复，促进运动员竞技状态的提高。一般来说，赛前减量阶段持续1～4周。对于大多数项目而言，赛前减量主要通过针对性减量、赴比赛地点的旅行及其调整、赛场环境适应等方式实现。赛前减量的生物学机制是代偿机制，即肌糖原供应的超量代偿作用。赛前减量训练的实施通常是为了适应不断增加的比赛次数对运动员的作用。

霍马德（Houmard，1994）的研究表明，田径径赛项目运动员周训练量减少70%～80%时，反映其有氧运动能力的最大吸氧量和最快跑速可以保持10～28天不降低。在次极限强度下，跑的经济性和运动后血乳酸浓度，在减少训练量70%～90%后的6～21天呈现出保持，甚至是提高状态。但谢普利（Shepley，1992）的研究却认为，高训练强度、小训练量的7天赛前减量训练后，疲劳的时间明显延长。

关于游泳、自行车、铁人三项等体能主导类耐力性项目的诸多研究都证实了，上述安排或者机能水平明显提高，或者疲劳感明显下降，或者运动成绩提高。有报道甚至认为，减量50%时要比减量30%和80%时的运动成绩提高5%。大多数情况下，在赛前减量训练期间应减少40%～60%的训练量，如果减量训练之前的训练量很高，可减少更多的训练量（60%～90%）。当训练量减少时，训练强度应保持在减量训练之前的80%以上。减量训练应持续8～14天。在减量训练期间应该保持或略微增大训练强度，以维持运动员在减量训练之前所获得的生理适应。有研究表明，在中长跑、游泳、自行车等项目中，通过赛前减量训练，运动员竞技水平能够提高1%～3%。

赛前减量训练提出与实施的实质是，解决大训练量或高强度训练后竞技能力提高同时疲劳程度加深与最佳或适宜竞技状态形成和保持之间的矛盾。赛前减量训练时间长短要综合考虑运动员疲劳程度、减量训练的负荷安排、专项运动特点等有关因素，如疲劳程度较深可适当减少训练时间，必要时减量训练中也可安排高强度的专项练习。减量时间过短，运动能力和运动成绩增长效果不明显；而减量时间过长，则会对运动员的专项运动能力产生负面的影响。所以一般而言，根据不同项目和不同对象，可以安排4～28天的时间进行减量训练。主要采用非线性的逐渐减量模式，而一般不采用阶梯式减量模式。一些体能主导类项群的运动员赛前4周的减量训练阶段一般原则是保持中等负荷水平，降低减量周之前的大强度训练引起的机体疲劳水平，并能够代偿性地恢复，达到超量恢复。

赛前减量负荷模式有助于调整和控制好运动员的赛前、赛中竞技状态，使他们既能够适应高强度的训练负荷，也能够满足比赛中创造理想成绩的需要，因此受到广大运动员、教练员和科研人员的高度关注与重视，已成为国内外许多项目高水平运动员大赛前准备和年度训练计划安排的手段之一。

第三节　运动训练负荷的项群特征

基于竞技能力、动作结构和运动成绩评定方法进行项目分类而构建的项群训练理论体系，勾勒了不同项群的共有特征，也比较了不同项群的训练特征与比赛特征。毫无疑问，关于训练负荷特征的概括与认知及其理论也是项群训练理论中重要的内容之一。

一、运动训练负荷项群特征概要

运动项目特征、不同阶段目标任务和运动员竞技状态决定了训练负荷的安排。不同项群训练负荷的安排通常也有着各自的特点。不同项群训练负荷特点是基于不同项群所属各个项目的运动方式和比赛方式而形成的。①体能主导类项群的竞速项目都是周期性项目。比赛中依据运动员在速度、耐力等维度的绝对水平大小而评定其运动成绩，故其训练负荷更加强调的是某一项目的专项化程度。②技能主导类所属各项目虽然大多属于非周期性项目，而由于对动作技术难度和表现力的要求，其训练负荷更多强调成套动作的成功率。③技心能主导类项群所属各项目训练负荷安排重点强调负荷条件下自控能力的发展。④技战能主导类项群所属项目是非周期性技战能项目，其十分强调在各种不同的直接或间接对抗中完成技战术的训练负荷承受能力。在集体项目中还极其重视队员之间完成组合与协同时所承受的负荷。不同项群大周期中阶段训练的安排要点见表8-4。

表8-4　不同项群大周期中阶段训练的安排要点

项群	训练安排要点
体能主导类	专项化程度的变化 训练强度与训练量的变化
技能主导类	单个动作到成套动作的完成过程 单个和成套动作成功率
技心能主导类	空射到实射的转换 提高并完善定向的自控能力
技战能主导类	技战术积累及针对性选用 组合训练与成队训练 实战性对抗训练及热身赛安排

二、体能主导类项群的训练负荷特征

以发展和表现力量、速度和耐力为主要竞技能力的体能主导类项群，虽然运动方式和比赛方式的特殊性，疲劳程度、恢复时间长短有所不同，但无论是初级水平还是高水平运动员，其训练负荷施加都是遵循循序渐进的基本原则进行的。即使是在技术、战术训练中，其负荷安排与施加也必须基于体能水平最大和最高效发挥这一前提。从表面上看，以走、跑、骑、游、划、滑等运动方式为主的运动项目的成绩评定是以计时为唯一方式，但是因为有“人-介质”的相互作用，对运动员的技能、战能、心理能力、运动智能等要求也相当高，只是其技、战术运用环境相对固定。为此，此类项群所属各项目的训练总是以体能训练为向导，强调绝对训练强度水平的施加，同时也结合项目与个体的需要，在不同时期安排不同的负荷节奏。在这一类项群的训练负荷安排时，“两练一调”成为一种常用的基本模式。

①在基础训练阶段，体能主导类项群各项目的训练负荷总体上坚持循序渐进的原则，以基本技术学习与掌握，发展多种运动能力为主要目标，主要采用阶梯式递进的训练负荷模式，课、周的训练时间、次数逐渐增加。②进入专项提高阶段，运动员身心发展达到一定水平，每课、每周的训练时间、次数增加，训练强度的次数也有所增加，这一阶段训练负荷可采用递增波浪式模式。③进入最佳竞技阶段，可根据比赛次数增多、重要比赛及赛事性质、伤病及其状况来决定训练负荷，跳跃式和波浪式是这一阶段的主要负荷模式。④高水平竞技保持阶段的训练负荷则以训练量的适当降低和训练强度的必要保持的“波浪式负荷模式”为主。

速度性项群所属项目的运动员在比赛中是以尽可能高的强度完成比赛的，因此其训练负荷安排应以不断提高训练强度为核心。对于已达到熟练掌握专项技术的最佳竞技阶段的高水平运动员来说，他们的专项训练则应采用大强度负荷，以巩固技能，提高体能。快速力量性项群所属项目的运动员进行专门练习和专项技术练习时都以保持较高训练强度为主。耐力性项群所属项目的运动员在训练中首先必须遵守那些具有普遍意义的负荷原则，即训练强度是其训练负荷的核心。由于该项群所属项目的运动方式大多为周期性运动，训练内容相对单一，因此训练负荷较大。在训练中，要努力提高对于训练负荷完成质量细微变化的敏感度。通过变换训练内容、变换负荷节奏来减轻运动员的心理负担，保证训练质量。

总体而言，在这一项群的训练中，训练量的变化曲线高峰先于强度的变化曲线高峰。在一个训练大周期中，准备期阶段负荷特点是量和强度逐渐增大，其中以量为主，达到全年最高。赛前准备阶段的总训练量减少，强度超过或达到比赛要求，正式比赛前两周根据情况适当调整，赛前3天一般不安排大负荷量训练，训练课的强度大、时间短，总训练时间减少1/2～1/3。赛前2～3天，可适时变换训练内容，避免赛前训练量与训练强度同步增加，这是适应和保证发挥最佳竞技状态极为重要的一环。调整期的训练量和训练强度都有所下降，此时保持一定训练活动，以积极性休整为主。

拓展阅读

青少年运动员负荷安排要点

三、技能主导类项群的训练负荷特征

本项群各类项目主要通过动作（套路）技术的难度和艺术表现力来决定成绩，故体能训练和技术训练都是通过单个、成套动作的完成数量与质量来予以实现的。由于这一项群的比赛有团体和个人项目（如体操、艺术体操、花样游泳、花样滑冰、蹦床等），也有不同比赛方式的安排（如跳水、武术），且比赛时间相对较短，一个运动员需要参加多个小项、多个轮次的比赛，特别是不同运动形态（体操、艺术体操小项）之间的转换以及比赛成绩评定的不确定性，因此运动员必须最大限度地高质量完成每一个小项和每一轮的比赛，方能确保优异成绩的获得。为此，旨在提高短时间内高强度的高质量比赛专门能力的训练负荷的安排，是以负荷强度和负荷节奏为中心实施的。

运动员在准备期或者非赛季的训练期多以基础体能和新的多个或成套技术的学习巩固完善为主要任务，其训练负荷以量的积累为主。在大赛前的准备期则是以“成套动作质量”为最高目标，故其负荷强度显著提升。

总体而言，本项群的赛事次数和连续比赛时间相对较少或较短，其高强度“动作技术质量”和艺术表现力相结合的运动成绩评定方式，决定了运动员多采用高强度为主的“金字塔”负荷施加模式。①在基础训练和专项提高阶段的训练负荷多通过“负荷量”的施加，以实现动作技术掌握与稳定的目标。②最佳竞技阶段的主要特征表现为高难动作数量、优质套路及其在总数量中所占的百分比增加，以及注意负荷后的适宜恢复。③高水平竞技保持阶段则以保持连续比赛能力，保持已有专项负荷强度水平的训练安排为主。

四、技心能主导类项群的训练负荷特征

在这一项群中，表现准确性子项群所属项目的运动方式和比赛方式特征要求运动员在比赛中必须精细地完成动作技术，并保持高度的稳定性。在训练中，往往采用中等量度的训练负荷进行体能发展。其中，对于射击射箭运动员而言，以上肢为主的身体托举枪和弓的时间长短对于运动员长时间保持身体稳定程度和瞄准与击发精细程度有重要影响。这是因为无论是托举还是瞄准都与击发这一精细动作相连，决定其击发效果的首要因素是注意力、稳定性水平。因此，在这一项群的训练负荷安排中，负荷的增加要密切结合运动员的技术与心理的适应水平。

技心能主导类项群的训练中，技术训练和心理训练占比要远大于体能和战术训练，所以学习与掌握、改进基本技术训练中安排中等强度的负荷是适宜的。在侧重改进和提高技术、提高击发的稳定性时，可采用大、中、小相结合的负荷安排，以中等负荷为主体进行训练。在大负荷的训练后，要积极采取有力的恢复措施消除精神和体力的疲劳，为运动员机体机能的恢复和提高奠定基础。

五、技战能主导类项群的训练负荷特征

技战能主导类项群包括隔网对抗性、同场对抗性、格斗对抗性和轮换攻防对抗性4个子项群。

1. 隔网对抗性项群

此项群各项目主要的特点是双方无肢体接触，无固定总比赛时间。运动节奏快，体能分配和技战术节奏变化快，外界对运动员击球等技战术实施的干扰性大，对情绪、注意力、判断力等要求高。因为隔网，场地空间相对不大，每次攻或防的单元时间短暂，但是回合较多，因此呈现出短时高强度为主的负荷特征。为此，在本项群的训练负荷设计与实施时，一般通过多球与不同方向运动的击球结合能力训练成为主要负荷内容，以提高运动员在快速变化运动场景下的准确、精细完成动作技术的能力。

2. 同场对抗性项群

此项群所有项目的运动方式与比赛方式决定了运动员在规则容许范围内在适度的身体接触下发挥体能水平，有效完成技术战术。同时，它十分强调个体竞技能力与团队竞技能力的契合。尽管各子项比赛时间不同，但运动员在赛场上的活动方式是一样的，即比赛速度变化很大，有时冲刺疾进，有时动作缓慢，甚至停顿放松。根据这一活动特点，负荷量和负荷强度大大增加，在普遍重视负荷量的同时，更突出负荷强度，并力争在许多训练课中，使负荷强度接近或达到比赛强度，使运动员适应激烈比赛的需要。

3. 格斗对抗性项群

此项群所属项目的训练负荷因为运动方式和比赛方式都是一对一的动力性（击打、抱摔）和静力性（控制对手）运动，比赛时间相对较短，比赛、训练强度极高，所以大多数情形下的

训练负荷是极限强度和次极限强度交替，以实现完成单个技术及其所需体能的发展。总体而言，对训练时间、训练量、间歇时间和对抗强度需要有准确的控制。训练负荷的安排一般会采用大、中、小相结合的方式，有节奏地实施。

4. 轮换攻防对抗性项群

此项群的主要运动方式是击打、抛接，比赛方式为攻防不同步，且有一定的时间间隔。棒垒球、板球项目的进攻是以攻方1人击打与垒上球员（或在门之间）的跑位来实现的。此时，运动员的判断与反应能力以及与击球运动员的默契配合水平对运动成绩有很大的影响。冰壶、台球项目的攻防则完全不同步，一方进攻，另一方则处于相对休息状态。所以，本项群这些项目的训练负荷安排应当强调运动员负荷的长间歇节奏，也就是较长时间暂停状态结束后机体的再调动能力。

总体而言，技战能主导类项群所属项目的训练负荷安排是以准确、有效地完成动作技术和灵活执行战术方案为前提的，其负荷内容与负荷节奏在不同的阶段有不同的表现。在准备期阶段，更多地追求较大训练量的技术训练。在强化期阶段，则是注意提高追求技术训练的训练强度。赛前非常注重模拟对手或者适应专门比赛环境的训练，其训练强度接近比赛水平。

第四节　运动训练负荷的监控与评价

运动训练活动过程及其结果受多种因素影响。教练员制订的训练计划在实施过程中会受一些客观、主观原因干扰，导致训练效果与预定目标出现偏差。教练员、科研医务人员必须运用专门的监控手段措施，及时调控与纠偏，使训练回到预定目标轨道或者根据需要重新调整训练负荷，力求实现最佳训练效果。

一、监控与评价的目的与意义

（一）目的

实现对运动员运动训练过程的精准控制是运动训练负荷监控与评价的根本目的。主要体现在以下五点。

1. 保障训练的科学性与有效性

通过对运动员相关指标的监控与对比，进行负荷与机体反应的匹配度评价，诸如实时记录运动员的训练量、强度、心率变异性、乳酸浓度等指标，可避免疲劳积累、运动损伤或过度训练综合征或无法激发机体适应性，导致训练效果不佳的两极分化问题，确保训练刺激与机体恢复处于动态平衡，使每一次训练都能有效促进运动员的运动能力提升。

2. 实现运动员个性化训练调整

不同运动员的个体差异（如年龄、体能基础、恢复能力、专项特点等）决定了其适宜负荷的阈值不同。通过持续监控个体对负荷的反应（如主观疲劳感、客观生理指标变化），可针对性调整负荷参数（如增减训练量、改变强度分布），制订“一人一案”的个性化训练方案，避免“一刀切”式训练导致的训练效率低下或健康风险。

3. 预防运动损伤与过度训练

通过实时监测如周训练总时长、大强度训练频率等负荷指标及睡眠质量、皮质醇/睾酮比值、肌酸激酶水平等机体恢复指标，可提前预警负荷超限风险，及时降低训练强度或安排减量期，将运动损伤和过度训练消灭在萌芽阶段。

4. 评估运动训练计划的有效性

通过系统评价负荷实施后的效果（如运动成绩、专项能力测试指标、生理机能变化），可验证原计划的合理性（如负荷递增节奏是否符合运动员发展阶段），并为下一阶段计划调整（如增加强度或延长周期）提供数据支撑，形成“计划—实施—监控—评价—调整”的闭环反馈。

5. 精准调控运动员竞技状态

通过监控不同周期内负荷的变化（如竞赛期降低训练量但提升强度）及运动员机能状态（如血红蛋白、最大摄氧量、反应速度等指标），可精准调控负荷节奏，确保运动员在关键或重要比赛期达到最佳竞技状态。

（二）意义

运动训练负荷监控与评价不仅是技术手段的更新与迭代，还是推动运动训练从“经验主导”向“科学主导”转型的核心支撑，其意义主要有以下四点。

1. 提升运动员竞技水平与运动寿命

科学的负荷管理能最大化激发运动员的潜能，同时减少不必要的健康损耗。例如，通过监控负荷-恢复关系，可避免年轻运动员因过早承受过高负荷导致的“早衰”，或帮助老运动员通过调整负荷维持竞技状态，延长运动生涯。

2. 推动运动训练理论与实践的融合

负荷监控与评价需要生理学、生物力学、运动心理学等多学科理论的支撑（如利用心率变异性分析自主神经功能、通过乳酸阈判断有氧/无氧能力），而实践数据的积累又反哺理论的完善（如不同项目负荷特征的数据库建设）。这种“理论指导实践-实践验证理论”的循环，推动了运动训练学的不断发展。

3. 保障运动员健康与运动安全

过度训练和运动损伤是运动员职业生涯的主要威胁。通过监控负荷的“量”与“质”（如大强度训练后的恢复时间），可降低损伤风险，保障运动员的身体健康，这也是体育“以人为本”理念的重要体现。

4.优化团队资源配置与决策效率

运动训练负荷监控与评价的数据可辅助教练团队、医疗团队和科研团队协同工作，并能提升整体训练效率，避免资源浪费。

当前，由GPS系统、加速度计、陀螺仪及磁力计共同组成的三轴惯性加速度传感器进一步推动了运动监控向实时性和精细化的发展。惯性动作分析（inertial movemen analysis，IMA）及运动员负荷则是近几年国内外对集体球类项目运动员训练和比赛负荷监控的新技术和新方法。而IMA的使用弥补了GPS只能对运动员位移变化的监测的不足，实现了对运动员训练和比赛中，特别是在各类加速、减速及变向等快速移动中的能量消耗及其对影响的监控。

二、监控与评价主要方法

运动训练负荷系统是训练情景下运动员完成练习的量度、强度等各要素之间形成的相对稳定的关系。运动的时空特征决定了运动负荷的性质与作用，也决定了其实施的内容、方式、途径。运动训练有练习性质和量度大小的区分，于是形成了不同类型的训练负荷及其测量评定和监控指标。我们常常采用生理学、生物化学、心理学、训练学的指标去评定、诊断、安排和控制训练负荷。在运动生理学、运动训练学理论中，往往将脉搏、乳酸、注意范围、情绪状态等指标作为负荷进行测量和评价。当然，这是在一定的身体练习之后，通过生理和心理应答水平的测量来推论负荷安排的合理性、有效性、科学性。

常用运动训练负荷的测量统计方法有强度区间累积时间法、课次目标心率法、跟踪记录法、训练日记分析法和课次主观疲劳评价法等。强度区间累积时间法是对训练过程中的原始心率数据按强度区间进行时间统计；课次目标心率法是对训练课次的平均心率按强度区间进行统计；跟踪记录法是跟踪记录训练过程并按强度区间进行时间统计；训练日记分析法是对运动员的训练日记进行统计分析；课次主观疲劳评价法是对整堂训练课次主观疲劳度的评分（不同疲劳程度分别对应 0 ~ 10）与课次持续时间的乘积进行统计分析。

强度区间累积时间法和跟踪记录法对间歇训练课次中的强度训练和间歇进行了区分；课次目标心率法和课次主观疲劳评价法将间歇训练课次中的强度训练和间歇作为一个整体进行统计。

目前，国内外基本认可的人体运动（训练）强度大小是以最大吸氧量百分比、最大心率百分比和最大重复次数百分比来共同确定的。运动康复医学领域的学者提出了“急性负荷”“慢性负荷”等概念。依据慢性负荷计算中是否包含急性负荷，慢性负荷计算可以分为耦合和非耦合两种。如某运动员在最近1周的急性负荷为4，前1、2、3周的负荷分别为1、2、3，则慢性负荷耦合=1+2+3+4=10，慢性负荷非耦合=1+2+3=6（霍林等，2014）。

运动强度由储备心率和权重因子两个因素决定。传统方法主要采用最大心率百分比和权重分子进行计算。为了能够尽可能地简化训练冲量（training impulse，TRIMP[1]）的计算过程，

[1] TRIMP由训练时长与训练强度（以平均心率表示）的乘积得出。

爱德华兹（Edwards）等将心率区间的概念融合到 TRIMP 的计算中。首先判断运动员的心率所处心率区间，该区间是由最大储备心率和静息心率共同决定的，然后再考虑运动时间，最后将各个心率区间的TRIMP进行相加得出总TRIMP。TRIMP 的应用场景得到了扩展，不仅在集体项目、间歇训练等训练场景下都能够使用，而且在对运动负荷的准确监控和预防超负荷运动等方面也极大地增强了 TRIMP 的实用性。

除了基于心率的 TRIMP 计算方法，福斯特（Foster）等发现，在主观体力感觉等级表（rating of perceived exertion，RPE） TRIMP 的计算过程中，利用 RPE 量表能够尽可能降低操作难度。RPE计算方法的优势集中在间歇训练和抗阻训练等中等负荷训练方法中。

VBT（基于速度的训练）是一种针对抗阻训练的自主调节形式，通过调整训练负荷可以计算个体运动表现的日常波动性。当肌肉表现出因代谢压力而引发的波动时，VBT可以识别当下训练负荷的合适性，有助于确定最佳速度和负荷特征，以提高训练的特异性。VBT还可提供即时反馈，激励和提高运动表现。

虽然博格（Borg）的RPE和自主调节渐进阻力练习（APRE）也是有效的负荷评定方法。但是，RPE和APRE都要求执行训练计划后才能进行调整。VBT则具备其他自主监控训练方案无法提供的优势。此外，线性位置传感器和基于加速度计的技术使VBT更容易实施。

三、监控与评价主要指标

（一）训练学指标

1. 训练负荷的量与强度指标

训练负荷量的监控与评价主要针对运动员从事练习的时间长短、距离大小、重量轻重等。具体来说，负荷量是训练或练习所持续的时间（包括单个和总时间），练习的次数或组数和总次数，练习时身体或局部身体发生的空间位移（距离、远度和高度）等。训练负荷量还可以是一次训练课，或一个时期训练的总时间和身体练习时间的比值，亦即练习密度。这些指标都是可以量化衡量的，有助于更准确地评估学生在体育课中的负荷量。

训练负荷强度的监控与评价主要针对运动员练习的单位时间内完成的训练量，练习完成的质量、难度等。训练负荷强度指标主要有密度、速度、远度、高度、难度等。一般来说，密度越大，强度越大；速度越快，强度越大；远度越远、高度越高，强度越大。

在评价训练强度时主要采用两种方法。第一种是以绝对成绩确定其强度，如100 m跑，10 s的强度比11 s强度大。第二种则是用相对成绩确定相对训练强度，即某次练习的实际成绩与该运动员最佳成绩的比值，公式如下：

$$\text{百分比强度}=\frac{\text{最佳成绩}}{\text{训练成绩}}\times 100\%$$

周期性项目中，以翼项平均跑速与专项平均跑速为基础，计算翼项跑的平均速度占专项跑速的百分比（田麦久，1978）：

$$相对强度=\frac{翼项平均跑速}{专项平均跑速}\times 100\%$$

一次课的强度用大强度训练总量占所有同类练习总量的百分比表示：

$$相对强度=\frac{大强度训练总量}{同类所有练习总量}\times 100\%$$

德洛姆（Delorme）的1RM负荷强度设计与评价方案较为直观和便捷，如6～12RM即“最多能够重复或连续举起6～12次的重量”。一般而言，1RM每减少2.5%，重复次数就增加1次。最大重复次数与练习强度的关系见表8-5。

表8-5　最大重复次数与练习强度的关系

项目	1RM百分比/%												
	100	95	93	90	87	85	83	80	77	75	70	67	65
次数	1	2	3	4	5	6	7	8	9	10	11	12	15

注：引自美国体能协会相关研究（2011）。

2. 专项技战术负荷指标

以上关于训练量和强度的评价无疑对于了解和掌握训练负荷施加精准程度有重要的帮助。但是，不同项目运动员的专项训练负荷不仅是练习量和强度的测量与评价，还需要对专项技战术完成中的负荷进行测量与评价。进行这类评价时，一般采用反映该项目特征的主要动作方式和核心技术为主要指标。技战能主导类部分项目运动员专项技战术评价指标见表8-6。

表8-6　技战能主导类部分项目运动员专项技战术评价指标

项目	指标
乒乓球	总得分数、发球得分率、制胜球数、非受迫性失误数、平均击球速度、平均发球速度、发抢（接抢、相持）段得分率
羽毛球	总得分、发球得分率、接发球得分率、扣杀得分率、网前得分、高远得分、劈吊得分、推挡得分、主动得分、连续得分、主动失误、连续失误
网球	一、二发成功率，一、二发得分率，非受迫性失误次数，主动得分，网前截击得分，破发率，总得分数，ACE数量，发球速度
排球	总得分，扣球得分率，拦网得分率，发球得分率，救球总数，有效传球，无效传球，有效接发球成功率，破攻率，二传成功率、一攻（反攻、保攻、推攻）成功率
篮球	总得分，每节得分，二、三分球命中率，罚球命中率，进攻篮板球次数，进攻失误次数，防守篮板球次数，盖帽次数，助攻次数，抢断次数，犯规次数，防守失误次数，快攻次数及成功率
足球	控球率、射门次数、射正次数、任意球次数、传中次数、传中成功率、攻入前场30 m区域次数、成功攻入前场30 m区域次数、攻入禁区次数、成功攻入禁区次数、突破次数、反击次数、传球次数、传球成功率、传球（短、中、长）总数、助攻总数、抢断拦截次数、争顶球次数、角球次数

专项训练负荷包括负荷的专项性、供能系统的主导性、专项技术的复杂性与难度、动作技术完成的协调性等。①负荷的专项性是指运动员训练中的专项性质及其与比赛负荷的量和强度，供能系统的主导性是指练习时肌肉工作是何种供能系统在产生作用；②专项技术的复杂性和难度是指技术结构的复杂程度与动作技术的规范程度与难易程度；③动作技术完成的协调性是指运动员任何难易程度的动作技术时的协调性程度。一般来说，专项性程度越高，人体承受的负荷总水平就越高。以有氧代谢供能为主的练习负荷的量大，强度则相对较小，以无氧或混氧供能为主的练习负荷的强度大，量则相对较小。专项技术的难度越大，完成动作技术的协调性越低，则其训练负荷水平越大。这里要指出的是，动作技术的规范程度、完成动作技术，尤其是专项技术的协调性水平越高，完成训练量和强度的总量会因为节省化、高效化而变小，但是其承受负荷的能力越强。

在体能主导类项群的一些周期性项目中，动作协调的复杂性即技术动作难度较为简单，对训练负荷的影响较小，不像在技能主导类表现难美性项群和技战能主导类对抗性项群的运动项目中，动作协调性的复杂程度一般都决定着负荷大小与比赛的结果。但在评价运动负荷时也不能只看运动项目的协调性和复杂程度，如技能主导类表现难美项群的跳水、体操、艺术体操等项目的动作技术是复杂的，且具有较高难度，但是其负荷水平不一定比走、跑、游、骑、划、滑这些动作技术相对单一且难度相对较低的项目高。所以说有些情况下，技术动作的难易程度并不一定能决定负荷大小。

运动员在这一周期中，都会获得一个初始的“起始重量”，然后相应地调整负荷，以确保能够保持规定的速度。哈尔比利（Harbili）和阿尔普泰金（Alptekin）的研究发现，当动作正确完成时，速度峰值出现在第二次高翻或抓举的顶部。因此，峰值速度有助于确定运动的关键时刻，因此是成功的一个更明确的决定因素。

目前，运动技术分析实时跟踪与评定系统越来越广泛地运用到训练监控活动之中。这些测量与评定系统以运动学、技能学、生物力学的原理与方法，利用专门的仪器设备解析运动技术的准确度、复杂性与难度，但是还未能将其与训练负荷水平密切关联，难以定性地分析训练负荷。

（二）生物学指标

运动训练负荷的生物学评定主要以记录运动员在不同运动中机体物质代谢产物的变化情况来反映运动负荷的大小。在运动训练实践中较为实用，并具有可操作性的监控与评定训练负荷的指标主要有心率、血压、尿蛋白、血红蛋白、肌酸激酶、血乳酸、血尿素氮、睾酮、皮质醇等。这些指标在运动员训练和比赛中有变化，且各项生化指标所代表意义也不同。例如，血红蛋白可评测运动员身体机能和营养状况，肌酸激酶可评定运动强度和身体机能，血乳酸可评定运动强度和恢复情况，血尿素氮可评定负荷量、恢复情况和身体机能，睾酮/皮质醇可评定身体机能和疲劳情况。

1. 最大摄氧量

最大摄氧量百分比（%VO_2max）是评估人体氧气利用能力的一项重要指标。它表示一个人在最大运动强度下，每分钟能摄取的氧气量。这个数值越高，说明一个人的心肺功能越好，身体的耐力越强，能够更好地适应高强度的有氧运动。

最大摄氧量是评价有氧能力最常用和最有效的方法，是反映人体有氧运动能力的重要指标。高水平最大摄氧量是高水平有氧运动能力的基础。

最大摄氧量的测量结果可以指导训练计划，提高身体的有氧耐力。例如，高强度间歇训练（HIIT）可以有效提高心肺功能和最大摄氧量，因为它可以使心脏和肺部在短时间内不断地接受高强度负荷，从而提高心肺系统的适应能力。模拟高海拔训练也可以有效提高身体对氧气的利用效率，从而增强最大摄氧量。

因此，最大摄氧量是一个综合反映人体有氧能力的重要生理指标，对于评估人体健康状况、指导体育锻炼、提高运动表现等方面都具有重要意义。

2. 心率

随着训练强度的增加，心率也会升高，而以同样的强度持续运动超过2～10 min，心率就停留在一定水平上，达到稳定状态。有关研究已证实，在运动中，负荷在递增至次最大负荷过程中，即达到稳定状态之前，心率变化范围介于110～180次/min区间时，心率与训练强度之间基本上是呈线性相关。因此，可以通过测定运动时的心率来推测训练强度大小。

例如，通过记录运动员24h总的心率次数评价运动应激的程度。有研究对德国滑雪队的训练观察发现，优秀运动员的每日总心率为85 000次，而大强度训练时则超过105 000次，休息日则为72 000次（吉尔曼，1996）。

通过靶心率评定特定工作时负荷的大小具有一定的参考价值。靶心率是指通过有氧运动提高心血管循环系统的机能时有效而安全的运动心率。靶心率范围在60%～80%的最大心率之间。一般来说，运动心率低于靶心率的下限，则训练强度过低，效果不明显。若训练强度高于靶心率上限，则此时脂肪供能不足，将会分解蛋白质。蛋白质储存于肌肉中，则会导致基础代谢降低。靶心率是判断有氧运动的重要依据。基本公式为：

靶心率 = 220− 年龄 = 最大心率 − 安静心率 = 运动心率 × 100%+ 安静心率

1975年，班尼斯特（Banister）首先提出了TRIMP这一概念，其计算公式为：

$$\text{TRIMP} = t \times \Delta HR_{ratio} \times e^{1.92 \times \Delta HR_{ratio}}$$

其中，t为训练课持续时间，单位为min；ΔHR_{ratio} =（运动时平均心率 − 安静心率）/（最高心率 − 安静心率）；e为自然对数的底≈2.718。

2003年，吉亚西亚-拉莫斯（García-Ramos）基于男女性别差异，提出了一种新的计算方法：

$$\text{TRIMP} = \sum_{int=1}^{n} t_{int} \times k \times \Delta HR_{ratio}$$

其中，男 $k = 0.64 \times e^{1.92 \times \Delta HR_{ratio}}$；女 $k = 0.86 \times e^{1.67 \times \Delta HR_{ratio}}$；$t_{int}$ = 每个时间间隔的持续时间，单位为min。

由于不同运动方式负荷及其效应的连续性和阶段性，多与生理生化指标相结合，同时也是为了简化算法，1994年，爱德华兹（Ewards）引入了心率区间概念。后来，卢西亚（Lucía）根据不同摄氧量和乳酸阈值水平阶段时的心率，确立了有不同权重系数的心率区间负荷计算方法。公式为：

$$\text{TRIMP} = \text{TRIMP}_{\text{区间1}} \times 1 + \text{TRIMP}_{\text{区间2}} \times 2 + \text{TRIMP}_{\text{区间3}} \times 3$$

其中，$\text{TRIMP}_{\text{区间n}}$为各所在区间的训练冲量，算法为$\text{TRIMP}_{\text{区间n}} = t_n \times \Delta HR_{ratio} \times 0.64e^{\text{D} \times \Delta HR_{ratio}}$，D=1.92（男）或1.67（女），$t_n$为区间持续时间，单位为min；区间1：HR < 70%VO_2max，血乳酸浓度 < 2.5 mmo/L；区间2：HR = 70%VO_2max，2.5 mmo/L < 血乳酸浓度 < 4.0 mmo/L；区间3：HR > 70%VO_2max，血乳酸浓度 > 4.0 mmo/L。

3. 血乳酸

大量的研究证实，运动中乳酸的生成与训练强度密切相关，所以通常用血乳酸来评定运动负荷的强度、训练效果和代谢功能。

随着训练强度的增加，在随时间变化的乳酸曲线上，存在着两个非线性偏离点，大约在血乳酸4 mmol/L处，出现第二次非线性偏离点，该偏离点所对应的最大摄氧量的百分数、功率或运动速度称为乳酸阈值。乳酸阈值与有氧能力存在着高度的相关，随着耐力水平的提高，乳酸曲线明显右移，乳酸阈值增大。不同项目的运动员所具备的耐力水平不同，其乳酸阈值也不同。

在短时间剧烈运动时（如1 ~ 3 min全力跑），血乳酸浓度可达到15 mmol/L以上；短时间间歇运动时，血乳酸浓度最高可达32 mmol/L。同时，训练水平也可以影响运动后血乳酸浓度，在长时间耐力运动后，血乳酸浓度上升较少。速度性运动项目的优秀运动员，运动负荷达到一定水平时，血乳酸最大浓度值也升高；耐力性运动项目的优秀运动员，在完成相同运动负荷时，其血乳酸浓度值就相对较低。不同个体参加同一运动项目的运动，乳酸生成量也不同，运动后人体内乳酸的消除速率也不同，这一现象与训练负荷和人体代谢能力密切相关。

4. 血尿素氮

运动时，尿蛋白的分解代谢加强，尿素生成增多。一般在运动30 min内，血尿素氮的变化较小，只有在长时间较大强度的运动时，血尿素氮的变化才比较明显。研究表明，训练负荷的大小与训练前后的血尿素氮变化值相关。大负荷运动前后，运动员的血尿素氮值变化均在

1 ~ 3.5 mmol/L范围内。一般来说，当运动后血尿素氮值增加超过3 mmol/L时，说明训练负荷偏大，运动员已达疲劳阈值；当增加值在2 mmol/L左右时，虽然运动负荷较大，但是运动员可以适应；当血尿素氮变化值为1 mmol/L时，说明其运动负荷较小。

运动引起肌酸激酶等指标的变化与运动负荷的强度、持续时间、运动类型、个体差异都有着密切的联系。

由于运动引起的生化指标的特征和规律不同，因此在测量时需要精确地掌握测定的时间与过程。血乳酸的测定一般在运动后1、3、5 min，尿蛋白的测量在运动后20 min，血尿素氮和肌酸激酶的测量在运动后即刻，而血红蛋白则要在清晨安静状态下进行测量。有的生化指标单独用运动后的值来评定运动负荷，有一定的误差，需要追踪测量，并且测量运动前后的变化值更有效果。有的生化指标只测定一两次也不能说明问题，必须多次、反复测试才能准确判定。

综合评定训练负荷时，还应视运动员年龄、竞技水平等具体情况而定，以确保生化指标选择、测定、评价的有效性。在评定短时间内的运动负荷时，一般主要测定血乳酸和血尿素氮，同时以尿蛋白和肌酸激酶作为辅助指标；在评定周期性或阶段性运动负荷时主要对血红蛋白、血尿素氮和肌酸激酶等指标进行测定，以血乳酸为辅助指标。

在运动训练中，由于运动者年龄、性别、体质、健康状况和训练水平等条件的不同，即使承担同样的运动刺激，所引起的生理效应也是不同的，故在应用运动生理生化负荷指标对训练负荷进行监控时，应充分考虑各种影响因素。由于影响训练负荷的因素是多方面的，单一生物学指标评定训练负荷往往有一定的局限性。训练负荷的生物学评定应是多指标、多层次、多因素的整体综合评定，才可起到相互补充、扬长避短的作用，从而更科学地掌握和指导运动训练过程，提高训练效果。

（三）心理学指标

在运动训练中，运动员受施加负荷的作用，会引起情绪、意志、注意力、动机等方面的一系列变化。这些变化会使运动员神经系统产生一定的应激反应，从而造成一定的心理能量消耗。相对于生理生化指标，训练负荷大小的心理指标的度量较难，并具有更大的不确定性。目前，一般采用注意力集中程度、握力时间估计、焦虑量表等手段进行测试评价动机、认知、情绪等心理水平。

1. 动机

对于长期从事竞技训练活动的运动员而言，需要不断激发其参与训练和比赛活动的动机，以保持足够的应对训练与比赛的心理能力。但是，训练中过于强烈的动机水平又会造成心理压力的增大。心理压力的增大会导致运动员认知水平发生变异，由此也增加了无效负荷水平。目前，张力为的“运动动机量表”、盖伊（Guay）的“运动情景动机量表”较为广泛地运用于运动员动机水平的测量。

2. 认知

运动员对训练和比赛活动的认知决定了其参与训练和比赛的态度。在主动与被动完成训练与比赛活动时，一些运动员往往将失败归因于任务太难、运气不好等，于是极有可能在压力之下放弃主观努力。相反，若把失败归于可控的、不稳定的内部因素，运动员就可能把压力化为动力。

3. 情绪

虽然训练过程中的情绪状态及其影响不如比赛活动中情绪变化所产生的影响大，且可调控性也会更大；但是，较长时间负面情绪的积累也势必影响运动员完成训练活动的质量与效果。一般采用焦虑量表对运动员的情绪进行测量。

4. 注意力

通常采用“舒尔特表”测定运动员注意力的水平，要求测试者以最快速度按递增顺序找到并指出随机排列在表上的25个数字。在正常情况下，运动员会用25 ~ 30 s完成，心理负荷越大，完成此项任务的时间越长。

5. 主观感知

主观疲劳感知程度是运动时机体自身对运动负荷的主观感觉程度，通常分为6 ~ 20级，当评分为12 ~ 16 min时，代表训练具有积极的作用。RPE等级表的划分涉及了从最轻强度到最剧烈强度的全部感觉范围。

◎ 思考题

第八章
主要参考文献

1. 简述运动训练负荷的要素及其分类。
2. 运动训练负荷设计与实施的依据有哪些？其关系如何？
3. 结合实例对一种训练负荷安排模式进行描述说明。
4. 在观察、了解和掌握校内或院内某一项目运动队（员）的训练基础上，安排适合其实际的某一阶段和某一次课的训练负荷，并提交该项目的教练员。在适当时间后访谈教练员，对该训练负荷安排进行调整优化。
5. 利用课余时间观察某一项目运动队（员）的训练活动，对其某一阶段或某一次课的训练负荷进行测试与评定，并提交一份训练负荷分析报告。

第九章

运动训练方法及其应用

本章导读

本章分别阐述了运动训练方法概述、运动训练常用方法及其应用、运动训练控制方法及其应用和运动训练手段分类及其应用。运动训练方法概述一节主要阐述训练方法的定义与意义、训练方法的演进与变革、训练方法的分类与构成。运动训练常用方法及其应用一节主要阐述分解训练、完整训练、重复训练、间歇训练、持续训练、变换训练、循环训练和比赛训练等8种方法及其应用。运动训练控制方法及其应用一节主要阐述模式训练方法及其应用、程序训练方法及其应用。该节分别从应用原理、基本结构、基本特点、应用方式和应用案例5个角度，阐述了模式训练法和程序训练法的相关原理与应用方法。运动训练手段分类及其应用一节主要阐述了训练手段的构成与分类、训练手段的选择与要求。该节从多角度提出训练手段的分类依据和实践应用的基本要求。

本章学习目标

1. 能够掌握运动训练方法、运动训练手段的定义，认识运动训练方法的历史演进特征和重要变革特点。

2. 基本掌握运动训练常用方法的基本理论和实践应用。

3. 基本了解运动训练特殊方法的基本理论和实践应用。

4. 基本理解模式训练方法及其应用的基本理论。

5. 基本领会程序训练法及其应用的基本理论。

6. 基本掌握设计和遴选训练手段的基本要求，将本章方法应用知识与专项运动实践紧密结合。

第一节 运动训练方法概述

一、运动训练方法的定义与意义

（一）运动训练方法的定义

运动训练方法是指在运动训练的实践中，根据运动训练的科学原理，为完成运动训练任务，提高竞技运动水平，实现科学训练目标所采取的途径和办法。运动训练方法既是运动训练过程总体设计和制订计划必须设置的重要内容，又是运动训练过程具体实践和落实任务必须采用的实施工具，更是运动训练过程、控制进程和纠正偏态必须应用的有效手段。

这种训练中，科学的运动训练方法是教练员指导运动员完成训练任务所采用的有效办法，是运动训练基本原理应用于实践中的各种途径与办法的具象反映，是运动训练过程中各种训练手段和方式的高度概括。训练方法包括具体实践的操作方法和阶段过程的控制方法两类。实践中，教练员特别重视训练方法的类别与内容，十分重视训练方法的功能与价值，高度重视训练方法的设计与应用。因此，从认识论角度，科学地揭示运动训练方法及其功效非常重要。

现代运动训练方法不仅集中反映着具体实践中，旨在完成具体训练实践任务和承载负荷刺激效力的操作方法；也明确包含着训练过程中，旨在承担训练阶段进程任务和控制训练过程方向的控制方法；更是高度蕴藏着训练理论中，将训练成功经验与科学训练原理融为一体的科学思想。教练员通过运动训练方法，将科学训练原理、训练理论有计划、有步骤地贯彻到相应训练过程和具体训练实践之中。现代竞技运动实践表明，任何一种训练方法的诞生和完善，既是运动训练实践成功经验的高度总结，也是科学训练原理实践应用的效力体现，更是未来新型训练方法得以创新的发展平台。显然，训练实践与训练原理是运动训练方法产生的源泉。实践中，教练员特别重视训练方法的构成和要素，十分重视训练方法的搭配和衔接，高度重视训练方法的研发和应用。

（二）运动训练方法的意义

科学地认识和掌握运动训练方法的意义十分重大。①有助于深刻认识运动训练的基本原理，如条件反射基本原理、能量代谢基本原理、运动适应基本原理、超量恢复基本原理等；有助于深刻理解运动训练的基本理论，如运动技能形成理论、竞技状态形成理论、训练过程分期理论、运动训练基本原则等。②有助于科学掌握训练实践的具体方法，如分解训练法、完整训练法、重复训练法、间歇训练法、持续训练法等方法；有助于科学掌握具体方法中的练习手段，如各类跑、跳、投、爬、滚、翻、转的动作及其固定或变异组合的身体练习。③有助于深刻认识训练过程的控制方法，如模式训练法、程序训练法、CAD训练法等工程性方法；有助于辩证认识具体方法和控制方法在单元训练之课和阶段训练过程中的各自功效和相互关系。显然，从辩证法角度，科学地采用运动训练方法及其手段格外重要。

二、运动训练方法的演进与变革

根据奥林匹克运动简史，结合单项运动发展简况，可将运动训练方法的发展历史分为6个时期，即千年古代奥运时期、文艺复兴运动时期、现代奥运复兴时期、两次世界大战时期、苏美奥运对抗时期和现代科技助训时期（图9–1）。

其中，千年古代奥运时期是指公元前776年起，到公元394年止的历史时期；文艺复兴运动时期主要是指文艺复兴运动、思想启蒙运动和第一次工业革命早期，即14世纪中期到19世纪初期；现代奥运复兴时期是指19世纪初到20世纪初的现代奥林匹克复兴时期；两次世界大战时期是指第一次世界大战开始，到第二次世界大战结束的历史时期；苏美奥运对抗时期是指苏联首次参加奥运赛事到苏联解体的历史时期；现代科技助训时期主要是指现代科技主要成果应用于近几十年的竞技运动发展时期。运动训练方法的演进历程的划分，旨在便于概论运动训练方法的重点变革。

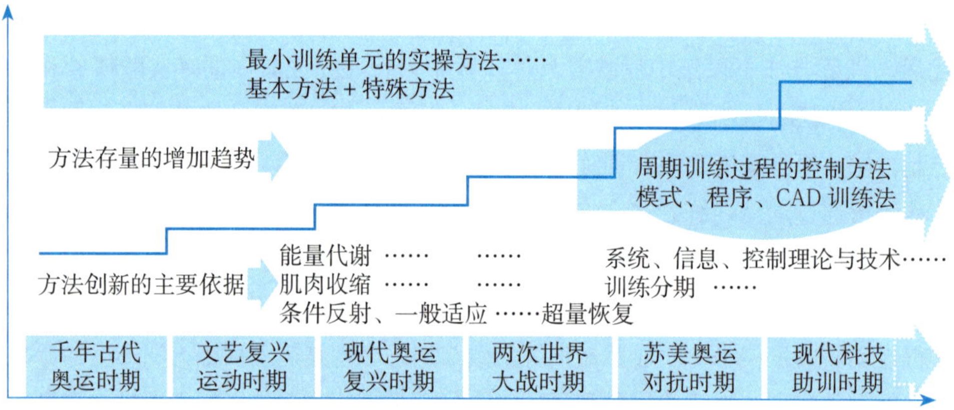

图9–1　现代运动训练方法的演进阶段

（资料来源：胡亦海. 现代运动训练方法的演进及其启迪[J]. 中国体育教练员，2021，29（4）：3–8.）

（一）千年古代奥运时期

千年古代奥运时期的有关运动训练方法鲜见文字记载。但是来自古代奥运遗址的不少出土文物，有着不少早期人类生存、狩猎、争斗、角技过程中身体练习的图案记载。这些图案生动地展现了各种跑动、跳跃、投掷、爬行、滚动、翻越和旋转动作元素的身体练习，也充分地反映了早期竞技运动和训练方法的具体表现。当然，有关运动训练方法的最早文字记载当属盖伦（Galen）的有关论述。盖伦通过考察公元前6世纪奥运摔跤冠军米洛（Milo）的训练经历（图9–2）得到启示。据称当时米洛每天抱着一只小牛犊训练直到这只小牛完全长大。盖伦正是据此提出了肌力训练方法和负荷渐进原则。古代奥运选手的训练多与古代医学相关，因此有关运动训练方法的一些表述，散见于古代医学运动处方的字里行间。此点，在斐洛斯脱拉德

（Philostratus）和盖伦著作中曾有较为详细论述。

图9-2 米洛的训练

（二）文艺复兴运动时期

文艺复兴运动时期是奥林匹克思想经过千年至暗岁月，逐渐开始转入复苏的时期。随着思想启蒙运动和第一次工业革命的兴起，运动训练方法的经验凝练思路逐渐向依托科学机理的思想方向演变。这一时期涌现出了一批研究成果，如1858年威廉·拜福德（William Byford）所著的《肌肉锻炼的生理学、病理学和治疗学》，1860年尤斯图斯·冯·李比希（Justus Von Liebig）和克劳德·贝尔纳（Claude Bernard）提出的有关新陈代谢作用的新概念，1836年韦伯兄弟出版的《人走、跑器官的运动力学》等，都是有关训练原理的代表性成果。重要的是，这一时期已发明了现代奥运会中多达20项运动项目（图9-3）。这些运动项目的发明和推广不仅为现代奥林匹克提供了复兴工具，也为运动训练方法创造了发展条件。应该说这一时期的科学研究和项目发明，为运动训练方法的发展提供了理论与实践的创新土壤。

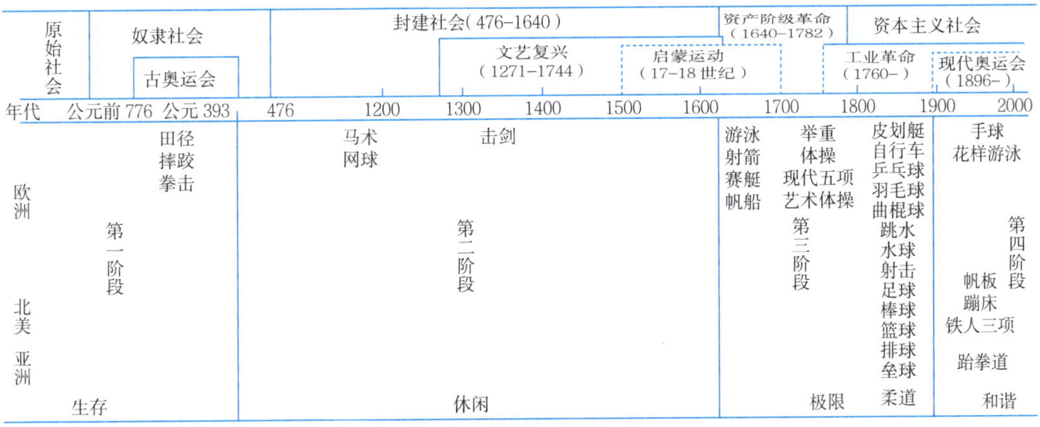

图9-3 奥林匹克运动项目的起源与发展

（资料来源：胡亦海.现代运动训练方法的演进及其启迪[J].中国体育教练员，2021，29（4）：3-8.）

（三）现代奥运复兴时期

现代奥运复兴时期是现代奥林匹克运动正式以国际化、制度化构建的时期。现代奥林匹克运动经过英国、法国、德国近一个世纪的本土操演，最后在顾拜旦的筹划下于1896年在希腊如约重生。由于这一时期现代竞技运动的项目正在定型，因此普适性的基础研究开始走向专项性的应用研究。例如，1888年乔治·科尔布（George Kolb）研究并出版的《运动生理学：最大肌力运动对生理学的贡献》，就是其中的代表性成果。类似这样的成果，为运动训练方法的创新与发展，提供了理论基础。罗伯塔·帕克（Roberta Park）在其撰写的《英美选手的训练（1800—1914）》一书中，提到过这一时期有关运动训练具体方法的主要构成要素，即练习手段种类、练习手段选择、练习手段顺序、练习手段负荷、每种练习次数、练习动作速度、每种练习组数、每组练习时间、肌肉收缩类型、组间休息时间、组间休息方式等要素。显然，帕克已经提出这一时期具体运动训练方法的框架结构。

（四）两次世界大战时期

两次世界大战时期是现代运动训练具体方法的初创时期。这一时期，对于现代运动训练具体方法作出杰出贡献的当数芬兰运动员帕沃·努尔米（Paavo Johannes Nurmi）、瑞典教练古斯塔夫·霍尔默（Gösta Holmér）和德国教练沃尔德马尔·格施勒（Woldemar Gerschler）等人。其中，20世纪20年代的帕沃·努尔米，利用手表定速和全程定时方式，创造了具有较高强度的“匀速持续训练法”；20世纪30年代中期的古斯塔夫·霍尔默，利用自然环境和速度游戏，创造了可发展不同代谢能力和强度的“法特莱克训练法”。20世纪30年代后期的德马尔·格施勒，主要以发展心脏功能为导向，以心率指标为应用依据，创造了“间歇训练法”。后来，人们在此基础上，陆续发展了具有组织特点的“变换训练法”和“循环训练法”等。应该说，基本训练方法的主体是在这一时期基本形成的。

（五）苏美奥运对抗时期

苏美奥运对抗时期是现代训练科学思想的勃发时期。由于众所周知原因，奥运体坛已成为他们“较量”的平台。这一时期的奥运历史表明：苏联总体占据优势。苏联学者为此贡献的训练理论至今仍具影响。例如，20世纪50年代雅克夫列夫（Yakovlev）发现的“超量恢复”的机理，为训练负荷科学安排、训练频度合理布局、奥运项目赛程设计，提供了现代科学训练原理。再如，20世纪60年代马特维也夫提出的“分期训练”理论，为训练过程科学划分、训练计划嵌套设计、运动员的长期发展（LTAD）的规划制定，提出了现代科学训练的理论基础。又如，伯恩斯坦（Bernstein）提出的人体“运动控制”理论，诺伯特·维纳（Norbert Wiener）提出的“控制论”思想；20世纪70年代著名教练彼得罗夫斯基（Petrovski）所创造的训练模式和程序等范例，为运动训练控制提供了现代科学思想。

苏美奥运对抗时期是现代运动训练控制方法的诞生时期。这一时期，对于我国影响较大的是模式和程序两种训练方法。苏联短跑选手博尔佐夫（Borzov）采用教练彼得罗夫斯基研制的训练模式（表9-1）和训练程序，一举夺得1972年奥运会男子100 m、200 m跑项目的桂冠，使这两种方法风靡世界并受到效仿（表9–2）。模式训练法多以数学公式、几何函数表现的训练模式为依据，程序训练法多以内容关联、构件逻辑体现的训练程序为依据。前者以定量的发展指标体现，后者以定性的逻辑程序表现。两种方法诞生初期注重的是，阐述训练模式和训练程序的基本理论；发展至今重视的是，制定模式训练和程序训练的专项应用。目前，两种方法特别强调检查手段、评定标准、训练手段的科学应用。检查手段多为高新检测设备，评定标准多有鉴别功能，训练手段多是纠正偏态工具。另外，两种方法更加强调训练过程的控制应用。

表9–1　短跑训练模型　　单位：s

速度/（$m \cdot s^{-1}$）	30 m途中跑	30 m起跑	60 m起跑	100 m起跑	200 m起跑
12.0	2.5	3.4 ~ 3.6	6.3 ~ 6.5	9.8 ~ 10.0	20.1 ~ 20.3
11.5	2.6	3.5 ~ 3.7	6.4 ~ 6.6	10.0 ~ 10.2	20.5 ~ 20.7
11.1	2.7	3.6 ~ 3.8	6.5 ~ 6.7	10.2 ~ 10.4	20.9 ~ 21.1
10.7	2.8	3.7 ~ 3.9	6.7 ~ 6.9	10.5 ~ 10.7	21.5 ~ 21.7
10.3	2.9	3.8 ~ 4.0	6.8 ~ 7.0	10.7 ~ 10.9	21.9 ~ 22.1
10.0	3.0	3.9 ~ 4.1	6.9 ~ 7.1	10.9 ~ 11.1	22.3 ~ 22.5

表9–2　男子三级跳远的发展模式指标（冠军模型）

项目	训练模式的指标		
三级跳远	15.50 ~ 16.00 m	16.00 ~ 16.50 m	17.20 ~ 18.00 m
跳远	6.70 ~ 7.10 m	7.20 ~ 7.55 m	7.80 ~ 8.10 m
身高	1.78 ~ 1.83 m	1.80 ~ 1.85 m	1.82 ~ 1.88 m
体重	65 ~ 72 kg	73 ~ 78 kg	75 ~ 85 kg
40 m冲刺（站立起跑）	5.10 ~ 5.30 s	4.80 ~ 5.00 s	4.50 ~ 4.70 s
60 m冲刺（站立起跑）	7.40 s	7.10 s	6.80 s
立定跳远	2.85 ~ 3.00 m	3.00 ~ 3.20 m	3.25 ~ 3.45 m
半蹲	50 ~ 90 kg	100 ~ 140 kg	150 ~ 200 kg
高翻	40 ~ 60 kg	80 ~ 90 kg	120 ~ 140 kg

这一时期的后期，欧美为了赶超苏联开始借助现代科技。其中，引起我国轰动的当数美国女排教练塞林格（Selinger）采用的“电脑训练法”（又称微机辅训法）。他当年采用此法，将1980年之前排位很低的美国女排，快速带到了1984年洛杉矶奥运会的亚军之位。随着时代进步，目前国际上研发的“data volley”分析排球战术、技术的通用系统，就是微机辅训法的最新研究成果。经过2019年、2021年世界女排联赛的应用，表明该通用系统可以有效整合统计数据的视觉反馈和信息再现，可以有效捕捉选手得分失分的技术关联和逻辑关系，可以有效分析各个进攻选手的战术配合和技术打法，可以快速通过手机App或电脑获得对手的瞬时赛事有关表现信息。总之，该通用系统效果颇佳。

苏美奥运对抗时期是现代运动训练具体方法的高创时期。这一时期，随着训练科学的逐渐形成，训练原理的逐级揭示，训练理论的逐阶深化，训练经验的逐步凝练，训练方法得到显著发展与完善。例如，间歇训练法衍生出了高强性、强化性和发展性等亚型；循环训练法创造出了流水式、轮换式和分组式等方式；高原训练法变化出了高住低练、低住高练、高住高练等亚类，并创造低氧训练法。同时，一批新的方法相继出现，例如，日本女排教练大松博文创造了比赛训练法及其亚类；苏联田径教练员维尔霍山斯基（Verkhoshansky）创造了冲击训练法及其手段（图9–4）；美国游泳教练康西尔曼（Counsilman）革新并完善适合游泳项目的等速训练法、低通气训练法、间歇训练法等。显而易见，苏美奥运对抗时期的竞争导致运动训练方法演变的基本特点是工艺方法得以不断创新、工程方法得以陆续创建、工具方法得以相继创造。

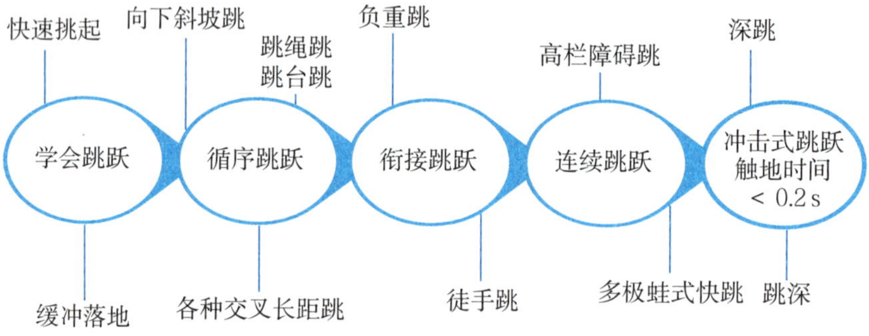

图9–4　冲击式训练及其相关训练程序

（资料来源：胡亦海. 现代运动训练方法的演进及其启迪[J]. 中国体育教练员，2021，29（4）：3–8.）

（六）现代科技助训时期

现代科技助训时期是现代运动训练工具的科技创新时期。随着体育科学的发展和运动科学的形成，奥运的商业运行和竞技的职业发展，科学的原理引导和科技的工具创新，国际体育领域出现了大批具有科技元素的训练设备。这些设备的出现，如气阻训练、液压训练、振动训练等训练器材，极大地提高了训练质量。另外，训练设备的信息传感技术、遥控传输技术、空间定位技术、数码摄像技术、动作捕捉技术、轨迹追踪技术、虚拟现实技术、增强现实技术、动画设计技术、视频解析技术、数据深挖技术、云处理分析技术、机器人制造技术、专项软件分析技术等科技手段的出现与应用，不仅有效地提高了运动训练具体方法的应用质量，而且有机地促进了运动训练控制方法的应用精度，同时有序地缩短了高水平运动员的培养周期。可见，借助定位信息捕捉系统等现代科技手段可显著提高运动训练的质量。

拓展阅读

苏炳添背后的秘密武器

现代科技助训阶段是现代运动训练方法的综合运用时期。运动训练方法及其手段犹如中医草药，各有特性亦有不足。换言之，单凭某一方法难有显著成效。因此，根据项目特征、训练分期、阶段目标、现实状态、方法效力等因素，善于及时配置不同训练方法的要素、用法、配比与时间，是优秀教练员的重要执教艺术。教练员掌握各种训练方法的应用原理至关重要。例如，掌握技能形成原理，便于应用分解训练法；掌握能量代谢原理，便于应用混氧训练法；掌握肌肉收缩机制，便于应用等动训练法；掌握红细胞的机理，便于应用高原训练法；掌握水质密度特点，便于应用水中训练法；掌握专项运动特征，便于应用变换训练法；掌握系统控制原理，便于应用程序训练法；掌握信息控制原理，便于应用模式训练法。由此可见，这一时期的高水平教练员应该学会在经典理论中求创意，在训练方法中求创新，在基本手段中求创造。

三、运动训练方法的分类与构成

（一）运动训练方法的两个族群

基于训练方法的工艺性质和工程性质，我们可将运动训练方法分为两个族群，即具体方法和控制方法。显而易见，运动训练方法的这种分类，正是现代训练方法沿着单学科纵深发展之路、多学科融合发展之道和跨学科合作发展之理，逐渐演变成为两种不同族群的结果。其中，具体方法主要作用于最小训练单元；控制方法主要作用于阶段以上训练过程。具体方法可分常用和特殊两类训练方法；控制方法可分模式和程序两类训练方法。具体方法具有工艺性质，控制方法具有工程性质。显然，了解和掌握具体方法与控制方法的各种功能及两者之间的辩证关系尤为重要。

运动训练具体方法与控制方法的区别

前者主要应用于最小训练单元之中，后者主要应用于各个大周期、中周期（阶段）的训练过程之中；前者主要反映在最小训练单元的训练教案和实施之中，后者主要体现在阶段以上训练过程的训练计划和实施之中；前者是落实训练课任务的工艺方法，后者是落实阶段训练任务的工程方法；前者主要置于课的训练方案与实施，后者主要置于阶段训练计划与实施；前者实施的结果直接影响训练课的质量，后者的实施结果直接影响至少一个阶段的效果；前者的系列实施就是后者的过程有机积累，后者的控制实施是为前者的训练指明方向；显然，运动训练具体方法和控制方法，分别完成的是训练课的训练任务和阶段以上训练过程的训练任务。

（二）运动训练具体方法及其构成要素

运动训练具体方法的主要构成因素是：练习动作及其组合方式、运动负荷及其变化方式、过程安排及其变化方式、信息媒体及其传递方式、外部条件及其变化方式等。其中，练习动作及其组合方式是指为完成具体训练任务而进行的身体练习及其组合方式；运动负荷及其变化方式是指各种身体练习所施加的刺激及其变化形式；过程安排及其变化方式是指训练课中的安排及其变化形式；信息媒体及其传递方式是指指导信息的载体及其信息传出方式；外部条件及其变化方式是指各种训练工具、环境因素及其变化。实践中，运动训练具体方法的核心构成因素是：练习动作及其组合方式、运动负荷及其变化方式、过程安排及其变化方式、训练工具及其变化方式等。这些因素的不同组合及其变化可以形成多种具有不同功能的运动训练具体方法。正因如此，选用适宜的运动训练具体方法有助于提高训练课的训练质量。

运动训练具体方法的构成要素具有不同的影响权重。例如，常用方法中的分解训练法的练习动作、练习顺序、讲解示范的影响权重可能较大；重复训练法的练习动作、练习顺序、负荷安排的影响权重可能较大；变换训练法的动作组合、过程安排、组织教法的影响权重可能较大；循环训练法的练习顺序、负荷安排、器械布局、组织教法的影响权重可能较大；比赛训练法的比赛组织、规则要求和负荷强度的影响权重可能较大。因此，运动训练具体方法中常用和特殊的两类方法，对于提高身体机能、身体素质、运动技术和运动战术具有不同的功能。通常认为：常用方法中的重复训练法、间歇训练法和持续训练法是运动训练常用方法中的基础方法，其他方法都是由此演变而来的组织方法；特殊方法中的一些方法都是利用特殊设备、环境而进行具体训练的方法。因此，了解和掌握运动训练具体方法的构成要素及功能意义重大。

（三）运动训练控制方法及其构成要素

运动训练控制方法的主要构成因素是控制依据、检查手段、评定标准和训练手段。通常，任何一种运动训练控制方法都由这4个要素组成。其中，控制依据是指中周期或阶段训练过程的训练目标，其功能主要是引导运动训练过程的发展方向；检查手段是指查验训练效果的工具统称，其功能主要是检测运动员训练结果的真实程度；评定标准是检查现实训练结果与既定目标之间的鉴别工具，其功能主要是客观鉴别训练目标与训练结果之间的差异性质；训练手段是纠正运动员训练偏态的训练处方，其功能是根据训练目标与训练结果之间的差异性质实施纠偏训练。实践中，运动训练控制方法的控制依据、检查手段、评定标准和训练手段的功能各自不同，并有机地针对不同训练过程实行闭环式的控制路径和机制，进而对阶段及以上运动训练过程实行全过程和全要素定量或定性的控制训练。

运动训练控制方法的构成要素具有不同的影响功效。例如，控制依据是训练目标的系统细化，决定着运动训练的具体路径和目标，因此需要精心设计和科学论证；检查手段是训练效果的质检方法，决定着运动训练的检验质量，因此需要检查精度和科学检测；评定标准是训练质量的鉴别工具，决定着运动训练的质量甄别，因此需要系统制定和科学比较；训练手段是训练过程的具体练习，决定着训练过程的具体实施和纠偏，因此需要针对设计和合理配置。运动训练控制方法正是利用系统的控制依据，科学地把握住训练方向；正是利用科学的检查手段，客观地了解到训练状况；正是利用可靠的评定标准，真实地发现训练结症；正是利用有效的训练手段，能动地解决了训练问题。显而易见，运动训练控制方法的应用正是现代竞技运动科学训练的重要标志。因此，了解和掌握运动训练控制方法的构成要素及功能意义重大。

第二节　运动训练常用方法及其应用

如前所述，运动训练具体方法又包括常用训练方法与特殊训练方法。本节介绍运动训练常用方法的释义及应用，特殊训练方法不在本章中进行介绍。常用训练方法主要包括分解训练法、完整训练法、重复训练法、间歇训练法、持续训练法、变换训练法、循环训练法、比赛训练法。限于篇幅，其他常用方法可以参见本书其他章节或其他书籍介绍。

一、分解训练法及其应用

（一）分解训练法的定义及类型

分解训练法是指将动作、技术或战术过程分成若干环节或部分，然后按环节或部分分别进行训练的方法。分解训练法与分解教学法不同。前者注重形成技巧的过程，后者注重初步学会的过程；前者是后者的发展，后者是前者的前奏。分解训练法强调关键环节、细节、要素的有机划分和重点训练与衔接训练。分解训练法基本类型共有4种，即单纯分解训练法、递进分解训练法、顺进分解训练法和逆进分解训练法，见表9-3。分解训练法的4个亚类方法各自具有不同的功能，因此选择此法时应该结合专项特征和技战术特点。

表9-3　分解训练方法基本类型及其特点

类别	合成步骤图解
单纯分解训练法	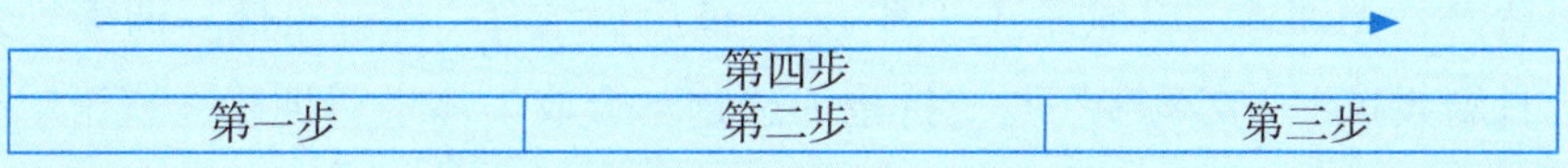
递进分解训练法	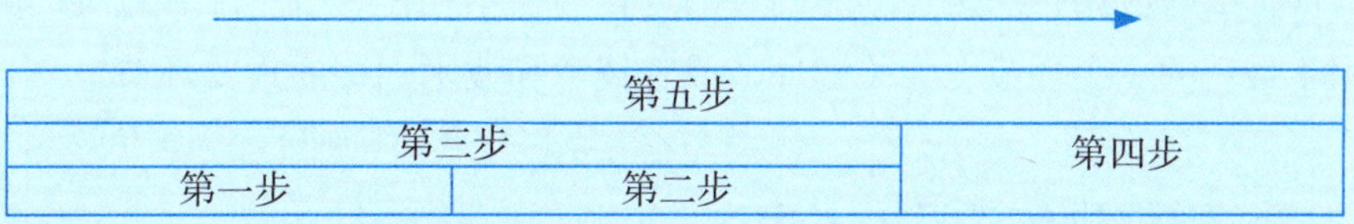
顺进分解训练法	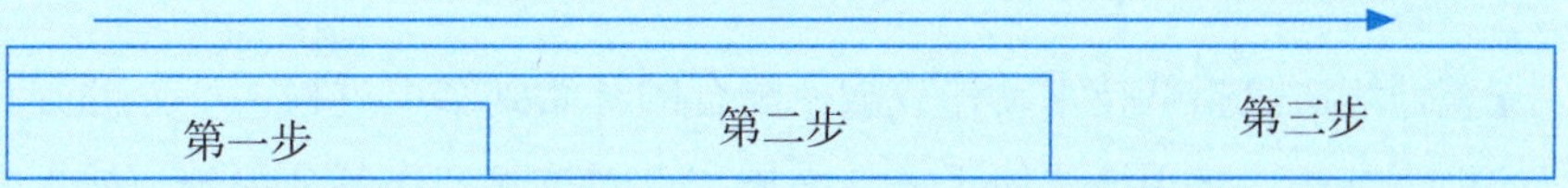
逆进分解训练法	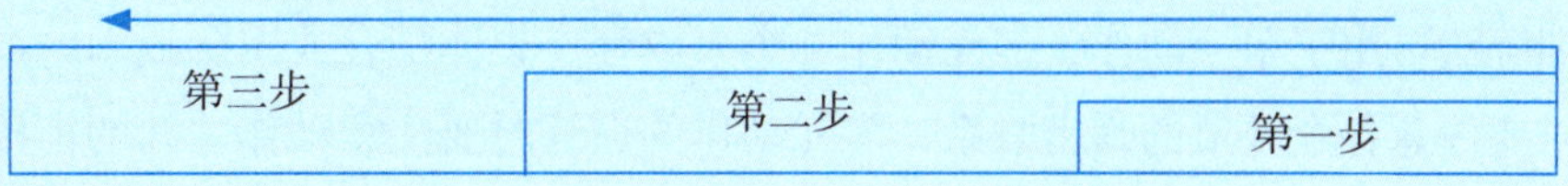

注：▭为合成步骤，——▶为合成方向。

（二）分解训练法的应用

应用单纯分解训练法，需首先把技术动作或战术过程分解。单纯分解训练法的应用特点是：分解的技术动作和战术配合相对复杂，分解后的各个部分可以独立训练。练习的顺序不必特别要求，以便教练员安排训练。例如，采用此法进行标枪技术训练，可将整个标枪技术过程分解成3个部分，即持枪加速跑、最后交叉跑和挥臂投掷。练习顺序是：先练“持枪加速跑”再练“交叉跑”然后练“原地挥臂投掷”，待前一部分掌握后可接着训练后一部分。也可打乱顺序专门练习各个部分，最后把各个部分合成一体训练。

应用递进分解训练法，需把训练内容分成若干部分后，先练第一部分；掌握后再练第二部分；掌握后，将第一、第二两部分合成一体训练；掌握两部分后，再练第三部分；待掌握后，将三部分合成一体训练，直至完整地掌握技术或战术。此方法对相邻环节的衔接部分高度重视。例如，标枪训练时，可先练“持枪加速跑”，掌握后再练“交叉跑”，然后将“持枪加速跑”与“交叉跑”两环节合成进行训练。以此递进训练，直到掌握整个标枪技术。显然，递进分解训练法的应用目的，是逐步地合成技术动作或战术环节的过程。

应用顺进分解训练法，需把训练内容分成若干部分，按照动作出现先后顺序训练，即先练第一部分，然后在第一部分基础上再练第二部分，接着在前两部分基础上练第三部分。如此步步推进，直至完整地掌握技术或战术。例如，标枪训练的训练顺序是：先练“持枪加速跑”，掌握后再将 “持枪加速跑”与“交叉跑”环节衔接一体训练，掌握后再将“持枪加速跑”“交叉跑”和“挥臂投掷”环节衔接一体训练，直至完全地掌握完整的标枪技术。显然，顺进分解训练法较易形成良好概念、动作顺序、动力定型和战术意识等。

应用逆进分解训练方法与顺进分解训练方法相反，应用时可以把训练内容分成若干部分，先训练最后部分，逐次训练到最前部分，如此进行直至掌握完整技术或战术。例如，技术训练的进程是：先训练“原地挥臂投掷”，掌握后再结合“挥臂投掷”训练“交叉步”，掌握后再将“挥臂投掷”“交叉步”与“持枪加速跑”合成一体进行训练，直至掌握完整的标枪技术。这种训练法的应用特点是：训练内容的进程与技术动作、战术配合过程的顺序恰恰相反；经常运用于最后的一个环节，为关键环节或者技术和战术训练的重要环节。

二、完整训练法及其应用

完整训练法是指从技术动作或战术配合的开始到结束过程，不分部分和环节，完整地进行练习的训练方法。运用该法便于完整掌握和巩固技术动作各个部分和战术配合的内在联系。完整训练法可用于单一动作、多元动作、个人成套、集体配合或团队战术的训练。单一动作的训练时要注意各个环节的紧密联系；多元动作的训练时要注意动作之间的衔接；个人成套动作的训练时要注意全套动作的节奏性和流畅性；集体配合或团队战术的训练时要注意多人多种技术的有机串联和个人多种技术的有机衔接。

完整训练法对于规范技术动作、形成运动技术、拓展运动技能、提高运动技巧，具有其他方法难以替代的作用。①初级训练阶段，通过完整训练法，可以促使练习动作的结构规范性地展示，促使运动技术的环节有机性地连接，促使运动技能的储量拓展性地扩充。②高级训练阶段，通过完整训练法，可以促使运动技术的串联灵活地变化，促使运动战术娴熟地衔接，促使运动技术升级为重大赛事所需的运动技巧，促使各种战术形式转化为各种战术变化。由此可见，完整训练法的意义十分重大。

三、重复训练法及其应用

（一）重复训练法的定义及类型

重复训练法是指多次重复同一练习，两次（组）练习之间安排相对充分休息的练习方法。该法分为短时间、中时间和长时间3种类型，并具有不同的特点（表9–4）。选择和采用重复训练法时，应根据专项运动特征、训练课的任务而定。通过同一动作或同组动作的多次重复，有利于运动员掌握和巩固技术动作并发展和提高身体素质。构成重复训练法的主要因素有单次（组）练习的负荷量、负荷强度及每两次（组）练习之间休息时间。休息方式通常采用肌肉按摩。

表9–4　重复训练法基本类型及其特点

参数	基本类型		
	短时间重复训练特点	中时间重复训练特点	长时间重复训练特点
负荷时间	< 6 s	6 ~ 30 s	30 s ~ 2 min
负荷强度	最大	次大	较大
间歇时间	相对充分	相对充分	相对充分
间歇方式	走步、按摩	抖动四肢、按摩、深呼吸	抖动四肢、按摩、深呼吸
供能形式	磷酸原系统为主	磷酸原系统和快速糖酵解系统的混合供能	慢速糖酵解系统为主

（二）重复训练法的应用

1. 短时间重复训练法的应用

短时间重复训练法普遍适用于磷酸原系统供能条件下爆发力强、速度快的运动技术和运动素质的训练。例如，排球单个扣球技术动作练习，足球单个射门技术动作或者篮球接与传、接与投技术动作的组合练习，拳击各种直拳、勾拳的练习或组合练习。一次（组）练习负荷时间最短（约在6 s内），负荷强度最大，磷酸原系统为主的供能是其最鲜明的特点。此方法可有效提高负荷强度很高的单个技术关键动作的质量，提高运动员磷酸原系统的供能能力和有关肌群的收缩速度和爆发力。

2. 中时间重复训练法的应用

中时间重复训练法普遍适用于磷酸原系统和快速糖酵解系统供能条件下的运动技术、战术和素质的训练。例如，多种技、战术的串联技术练习，单个技术动作的变异组合练习，成套动作的固定组合练习等。一次（组）练习的持续负荷时间通常为6 ~ 30 s；体内乳酸含量会随着负荷时间和负荷强度的增加而增加，负荷强度与负荷时间呈负相关。此方法可有效提高磷酸原系统和快速糖酵解系统供能条件下速度素质、速度耐力和力量耐力、耐酸能力以及疲劳状况下的技术稳定性。

3. 长时间重复训练法的应用

长时间重复训练法主要适用于慢速糖酵解系统供能为主条件下的运动技术、战术、素质的训练。例如，技战能主导类运动项群多种技战术的串联练习、一次（组）负荷持续时间为30 s ~ 2 min的各种运动素质的练习等。一次（组）练习的持续负荷时间通常在30 s ~ 2 min。此法可有效提高运动员以慢速糖酵解系统供能为主的混合代谢能力，可有效提高慢速糖酵解混合供能状态下速度耐力和机体耐酸能力以及技战术应用的熟练性和稳定性。实践中，此法若与间歇、持续训练法有机结合效果更好。

四、间歇训练法及其应用

（一）间歇训练法的定义及类型

间歇训练法是指对练习过程的间歇时间具有严格规定，使机体处于不完全恢复状态下，反复进行训练的练习方法。该法可使运动员的心脏功能得到明显增强；可使糖酵解与磷酸原的混合代谢下的供能能力，或糖酵解与有氧代谢混合供能能力得以有效的发展和提高；可使运动员在激烈对抗和复杂困难的比赛环境中能够稳定和巩固技术动作；可以确保运动员在保持较高强度的情况下具有持续运动的能力。该法的基本类型主要分为3种，即高强性间歇训练法、强化性间歇训练法和发展性间歇训练方法。其中强化性间歇训练法又分为A型和B型两种。间歇训练法基本类型及其特点如表9-5所示。

表9-5　间歇训练法基本类型及其特点

参数	基本类型及其特点			
	高强性间歇训练法特点	强化性间歇训练法特点		发展性间歇训练法特点
		A型	B型	
负荷时间	< 40 s	40 ~ 90 s	90 ~ 180 s	> 5 min
负荷强度	大	大	大	中
心率指标	95% ~ 100%HRmax	90% ~ 95%HRmax	85% ~ 90%HRmax	80% ~ 85%HRmax
间歇时间	不充分	不充分	不充分	不充分
间歇方式	走、轻跑或其他	走、轻跑或其他	走、轻跑或其他	走、轻跑或其他
间歇心率（次/min）	120	120	120	110
供能形式	快速糖酵解系统为主	慢速糖酵解系统和慢速糖酵解系统的混合供能	慢速糖酵解系统和有氧代谢系统的混合供能	有氧代谢系统为主

（二）间歇训练法的应用

1. 高强性间歇训练法的应用

高强性间歇训练法是发展快速糖酵解为主的混合供能能力和心脏功能的一种重要训练方法。此方法适用于体能主导类速度耐力性或力量耐力性运动项群的素质、技术训练，同时适用于技战能主导类对抗性项群中的素质训练和技战术训练。一次（组）练习负荷时间在20～40 s，负荷强度心率指标多在95%～100%HRmax次/min，间歇时间以心率降至120次/min左右为开始下次（组）练习的依据。此法可有效提高此类供能条件下的速度耐力、力量耐力和耐酸能力。

2. 强化性间歇训练法的应用

强化性间歇训练法是发展慢速糖酵解或慢速糖酵解与有氧代谢系统混合供能能力和心脏功能的一种重要训练方法。此方法适用于如篮球、足球各种技术串联的练习，羽毛球、网球各种衔接技术的练习，摔跤、拳击各种技术打法的练习等。体能主导类中短跑、中短游项目更是广泛运用此法。此法可分A、B两型。A型方法有利于提高磷酸原系统与慢速糖酵解系统混合供能下的速度耐力、力量耐力素质和技战术应用能力；B型方法有利于提高慢速糖酵解系统与有氧代谢系统混合供能下的速度耐力素质、力量耐力素质和耐力性竞技能力。

3. 发展性间歇训练法的应用

发展性间歇训练法是发展有氧代谢为主的供能能力、一般有氧代谢能力和心脏功能的一种重要训练方法。

发展性间歇训练法适用于需要较高耐力素质的项目的训练。类似赛艇、皮划艇、游泳、速度滑冰、中长跑等需要较高有氧代谢能力的运动项目，往往借助此法提高有氧负荷强度和有氧代谢能力，甚至比赛成绩约为1 min的体能主导类周期性项目也常用此法。此外，技能主导类对抗性运动项群中也常常采用此法，如篮球、五人制足球的“三对三”攻防转换训练、格斗项群中的“一对二”格斗训练、球类运动的多球训练等。

五、持续训练法及其应用

（一）持续训练法的定义及类型

持续训练法是指负荷强度较低、负荷时间较长、无间歇地连续进行训练的练习方法。练习时，平均心率应在130～170次/min。该法主要用于发展一般耐力或动作细腻的技术训练，可使机体机能在较长时间的负荷刺激下产生稳定的适应，使内脏器官产生适应性变化，提高有氧代谢能力和有氧运动强度，进一步为提高无氧代谢能力及无氧运动强度奠定坚实基础。由此可见，该法应用意义重大。该法可分为3种基本类型（表9-6），即短时间持续训练法、中时间持续训练法和长时间持续训练法。

表9-6 持续训练法基本类型及其特点

参数	基本类型		
	短时间持续训练法	中时间持续训练法	长时间持续训练法
负荷时间	5 ~ 10 min	10 ~ 30 min	> 30 min
心率强度	80% ~ 85%HRmax	75% ~ 80%HRmax	65% ~ 75%HRmax
间歇时间	没有	没有	没有
动作结构	基本稳定	基本稳定	基本稳定
有氧强度	最大	次大	适中
供能形式	有氧代谢系统为主	有氧代谢系统为主	有氧代谢系统为主

（二）持续训练法的应用

1. 短时间持续训练法的应用

短时间持续训练法可广泛应用于体能主导类项目的素质训练，也适用于技战能主导类运动项群中动作强度适中的素质、技术和战术训练工作，如排球中传球、防守等组合技术练习，篮球（足球）中接球、运球、传球、投篮（射门）等攻防技战术的练习。此方法可有效提高运动员以有氧代谢为主的供能能力和该供能状态下所表现出来的速度耐力和力量耐力，有效提高攻防战术的转换性、攻防技术的衔接性和强度变换的节奏性。此方法与间歇训练方法结合可提高有氧供能为主的运动强度。

2. 中时间持续训练法的应用

中时间持续训练法普遍适用于技战能主导类运动项群中多种技术的串联、攻防技术的局部对抗、整体配合战术或技术编排成套的技术或战术训练，以及体能主导类耐力性运动项群的素质训练。中时间持续训练法具有两种典型练习形式：匀速持续训练和变速持续训练。其中匀速持续训练是一种主要发展有氧代谢供能能力的形式，而变速持续训练是一种主要发展混合供能能力的形式。相对而言，后者的负荷强度与变化均高于前者。

3. 长时间持续训练法的应用

长时间持续训练法对于耐力性运动项群具有直接的训练价值。实践中，长时间持续训练法具有3种典型的变化形式，即匀速持续训练、变速持续训练和法特莱克训练。其中，前两种与中时间持续训练法的主要不同之处是：匀速、变速持续训练负荷强度相对更低，负荷时间相对更长。法特莱克训练法是一种在自然环境下利用不同地形，以发展有氧代谢系统为主、适当发展有氧与无氧代谢系统混合供能能力为己任的耐力训练方法。此法的应用特点是：运动路线不固定，负荷时间较长；运动速度快慢变化不具有明显的节奏性；运动员心里的感受相对轻松。

六、变换训练法及其应用

（一）变换训练法的定义及类型

变换训练法是指一种对运动负荷、练习内容、练习形式实施变换，以提高运动员积极性、适应性和应变性的重要训练方法。该法是根据对抗性项群的多变性、运动技术的变异性、运动战术的变化性、运动能力的多样性等特性提出的。该法可使机体产生与有关运动项目相匹配的适应性变化，使运动员不同运动素质、运动技术和运动战术得到系统的发展，有助于提高运动员运动战术的应变能力、技术串联和衔接技术能力。该法可分3种（表9-7），即负荷变换训练法、内容变换训练法和形式变换训练法。

表9-7 变换训练法基本类型及其特点

参数	基本类型		
	负荷变换训练法	内容变换训练法	形式变换训练法
负荷强度	变化最大	可变或不变	可变可不变
动作结构	相对固定	变换	固定或变换
供能形式	多种代谢形式之间变换	某种代谢形式供能为主	某种代谢形式供能为主

（二）变换训练法的应用

1. 负荷变换训练法的应用

负荷变换训练法是一种功能独特的重要训练方法，不仅适用于身体训练，而且适用于技、战术训练。由于负荷强度与负荷量的变化具有多种不同搭配形式（图9-5），因此负荷变换的训练方式也是多种多样的。此法的应用特点是：降低负荷强度，利于学习和掌握运动技术；提高负荷强度及密度，使机体适应比赛的需要。此方法通过变换动作的负荷强度、练习次数与时间、练习质量、间歇时间、间歇方式和练习组数等变量方式，使机体适应比赛强度的变化，获得与比赛相符的运动适应以及与之相配的运动能力。

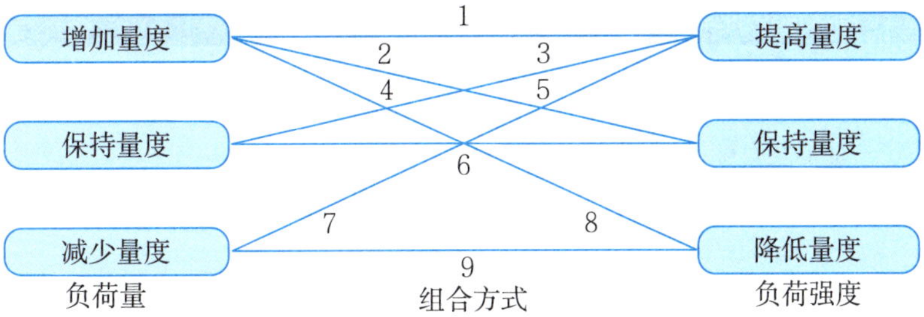

图9-5 负荷量与强度变化的几种组合形式

2. 内容变换训练法的应用

内容变换训练法是技能主导类项群中广泛应用的一种重要训练方法。此法主要适用于对抗性项群各种技术串联和衔接技术的练习。此法的应用特点是：练习内容的动作结构可为变异组合或固定组合，技术串联或衔接技术的训练负荷性质多为无氧代谢为主，练习动作的用力程度符合专项要求。此法可使训练内容符合专项运动的实战需要，使训练内容的变化种类适合技战术应用的要求，使练习内容之间的变换符合实际比赛变化的需要，进而提高运动员比赛的应变能力。此法若与间歇训练法结合效果更好。

3. 形式变换训练法的应用

形式变换训练法是技战能主导类项群中更为广泛应用的重要方法。此法通常用于球类运动的场地、线路、落点和方位的变换上。例如，隔网类运动项群中的发球练习，通常要求发出各种不同直线、斜线、前排、后排的球；同场类运动项群中的各种交叉换位，通常可以形成“掩护”或“反掩护”的不同战术形式。当然，经常变换不同训练场所往往会促使运动员对不同环境的比赛场地尽快产生适应。此法的应用特点是：通过变换训练环境、训练气氛、训练路径、训练时间、训练内容和练习形式等因素，使各种技术更好地串联和衔接起来，使运动员产生新的刺激，激发较高的训练情绪和产生强烈的表现欲望。

七、循环训练法及其应用

（一）循环训练法的定义及类型

循环训练法是指根据训练的具体任务，将若干练习手段设置为相应的若干个练习站（点），运动员按照既定顺序和路线，依次完成每站（点）练习任务的训练方法。通过该法可有效激发运动员训练情绪、累积负荷“痕迹”、刺激不同体位。该法的构成因素有：每站点练习内容、每站点运动负荷、练习站点安排顺序、练习站点之间间歇、每遍循环的间歇、练习站点数与循环组数。实践中说的“站点”是指该法的练习手段。该法的基本类型可分3种（表9-8），即循环重复训练法、循环间歇训练法和循环持续训练法。

表9-8 循环训练法基本类型及其特点

参数	基本类型		
	循环重复训练法	循环间歇训练法	循环持续训练法
循环过程	间歇充分	间歇不充分	基本无间歇
负荷强度	最大	次大	较小
负荷性质	速度、爆发力	速度耐力、力量耐力	耐力
供能形式	磷酸原系统为主	糖酵解系统为主	有氧代谢系统为主

循环训练法中的一个循环内，若各个练习点是以一种无间歇方式衔接，那么这几个练习点的集合可称为练习“段”。循环训练法的组织形式可分3类，即流水式、轮换式和分配式。其中，流水式做法是：建立若干练习站（点）后，运动员按一定的顺序，周而复始地进行循环练习。轮换式做法是：将运动员分成若干组后，各组同时间在各自练习站点练习，然后，按规定轮换练习站点。分配式做法是：设立较多的练习站点，教练员可据实情，指定运动员在特定若

干练习站点内进行训练。循环训练法的关键是组织安排。循环训练法的应用示意图见图9-6。

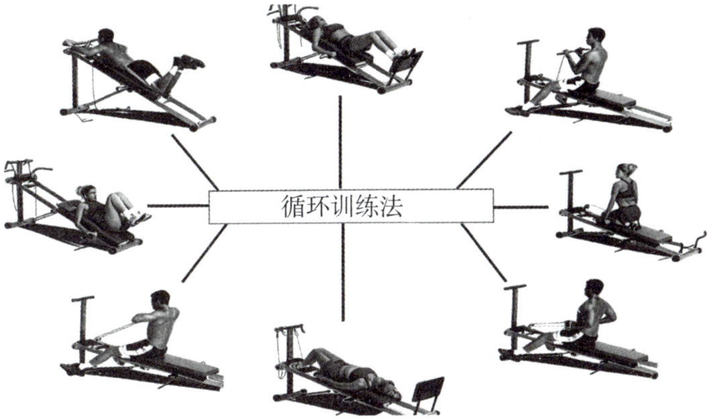

图9-6　循环训练法的应用示意图

（二）循环训练法的应用

1. 循环重复训练法的应用

循环重复训练法是指按照重复训练法的要求，对各站点之间和各组循环之间的间歇时间不做特殊规定，以使机体得以基本恢复，并全力进行每站点或每组循环练习的方法。此法可用于运动素质、运动技术的训练。例如，可以将大型联合训练器中的不同器材设为练习“站”，根据每站负荷要求，依次实施运动素质的循环训练。技术训练亦是如此。此法的应用特点是：可熟练规范练习动作，练习顺序符合比赛特点，间歇时间较为充分，便于训练组织与安排等。此法对于提高运动技术、速度素质、力量素质等竞技能力颇有意义。

2. 循环间歇训练法的应用

循环间歇训练法是指按照间歇训练法的要求，对各站和各组之间的间歇时间做出特殊规定，以使机体处于不完全恢复状态下进行练习的方法。例如，可将多种身体练习设为若干个训练“站点”，并将各“站点”串联成不同的“段”，实施循环间歇训练。这种方法可用于素质训练或技战术的训练中。此法的应用特点是：将各种练习设置为“站”，各站的负荷强度较大，一“站点”或一“段”的负荷时间至少20 s，间歇时间较不充分。其应用目的是：提高糖酵解系统的供能能力，催化竞技能力尽快形成适宜的竞技状态。

3. 循环持续训练法的应用

循环持续训练法是指按照持续训练法的要求，各站点和各组之间不安排间歇时间，用较长时间进行连续练习的方法。例如，将隔网项目中的扣球（杀、吊）、拦（截）、传（挡、推、防）等技术练习编排成技术衔接，将同场对抗性项目中的运球、传球、接球、投篮（射门）或跑动、接球、投篮（射门）或跑动、策应、传球、投篮（射门）等练习内容编排成技术串联，持续往返循环而练。此法的应用特点是：各站构建成“段”，负荷强度相对较低，持续时间5 min以上，组织方式可采用流水式或轮换式，以便提高有氧代谢能力。

循环训练法的优劣

一般认为，循环训练法的优点：一是有利于促进力量和耐力素质发展；二是适合大多数运动项目的训练安排；三是可以根据选手水平和年龄适度调整；四是身体练习动作简单，便于选手完成任务；五是可有多种练习选择，便于选手保持训练热情。循环训练法的不足：一是需要设置专门的训练设备或器材；二是需要较为充足的训练空间和路径；三是需要安全的监控设施和保护设施协助监控和保护；四是虽然有助于发展力量素质，但并不是发展爆发力、最大力量的最佳方法。

八、比赛训练法及其应用

（一）比赛训练法的定义及类型

比赛训练法是指在近似或真实的比赛条件下，按照比赛的规则和方式，以提高训练质量为目的的训练方法。比赛训练法源于游戏训练方法。该法的应用目的是激发运动心理能量，提高运动训练质量。该法是根据人类竞争和表现意识、竞技能力的形成规律和适应原理、现代竞技运动的比赛规则等因素而提出的一种以赛代练或以赛促练的训练方法。此法有助于形成竞技能力、保持竞技耐力和促成良好的竞技状态。比赛训练法分为4种（表9-9），即教学性比赛训练法、检查性比赛训练法、模拟性比赛训练法和适应性比赛训练法。

表9-9　比赛训练法的基本类型及其特点

参数	基本类型			
	教学性比赛训练法	检查性比赛训练法	模拟性比赛训练法	适应性比赛训练法
比赛规则	正式规则或自定规则	正式规则或自定规则	正式规则	正式规则
比赛环境	相对封闭	封闭或开放	封闭或开放	开放
比赛过程	可人为中断	不可中断	不可中断	不可中断
比赛内容	整场或整套或局部	整场或整套或局部	整场或整套	整场或整套
比赛对手	队友或对手	对手或自己	队友或对手	对手
比赛目的	以赛代练或促练	以赛代练或促练	以赛代练或促练	以赛代练或促练
比赛裁判	临时指定	正式指定	临时或正式指定	正式指定

（二）比赛训练法的应用

1. 教学性比赛训练法的应用

教学性比赛训练法是指在训练条件下，根据专项比赛基本规则或部分规则，进行专项练习的训练方法。例如，运动队内部之间的对抗性教学比赛，不同训练程度运动员之间的让先性教学比赛等，都可视为此法的应用。此法的应用特点是：可采用部分比赛规则进行局部配合的训练；比赛环境相对封闭，便于集中精力训练；比赛过程可以人为地中断以便指导训练。此法可激发运动员训练激情和负荷强度，提高技术串联和衔接技术的熟练程度，强化局部或整体配合的密切程度，激励运动员产生强烈的竞争意识和综合运动能力。

2. 检查性比赛训练法的应用

检查性比赛训练法是指在模拟或真实的比赛条件下，严格按照比赛规则，对赛前训练过程的训练质量进行检验的训练方法。检查性比赛训练法适用的范围很广，包括专项运动成绩、主要影响因素、运动负荷能力、运动技术质量及训练水平检查性比赛等。检查性比赛训练是在比赛或类似比赛的条件下进行训练质量的检查，重大赛事之前便于发现问题和解决问题。有经验的教练员经常采用此法检验训练效果。该法主要应用于检验训练质量，寻找薄弱环节，分析失利因素，提出解决方案，提供改进训练工作的反馈信息。

3. 模拟性比赛训练法的应用

模拟性比赛训练法是指在训练的条件下，模拟真实比赛的环境和对手，并严格按照比赛规则进行的比赛训练方法。模拟比赛环境中的不良因素对于提高运动员的竞技能力是至关重要的。比赛环境中的不良因素，如比赛噪声、观众起哄、裁判员偏袒、对手干扰、组织紊乱、赛程变更、气候变化等，都可能影响运动员水平的正常发挥。因此，有意识地在训练过程中采用此方法，可以为重大比赛中运动技术的正常发挥奠定心理基础，增强运动员心理抗压能力，加强训练的针对性和比赛的预见性，深入挖掘运动员运动潜力。

4. 适应性比赛训练法的应用

适应性比赛训练法是指在真实比赛条件下，力求尽快适应重大比赛环境的训练方法。适应性比赛训练方法的应用形式较多，如邀请赛、访问赛、对抗赛以及表演赛等，都可作为适应性比赛训练方法的运用形式。一般地说，适应性比赛前应有一套赛前准备、赛中实施及赛间调整的方案。此方法的应用特点是：通过真实比赛环境，与真实的对手或模拟的对手进行比赛，可以提前发现影响重大赛事成绩的关键问题，促进各项竞技能力因素实现高质量匹配，促使运动员产生旺盛的竞争欲望和逐步形成赛前良好的竞技状态。

采取比赛训练法是现役高水平运动员经常采用的一种训练方法，更是提高运动员的训练质量或经验的一种训练方法，同时是实现以赛代练或以赛促练功能和目的一种训练方法。因此，为了提高比赛训练法的应用质量，必须按照参赛要求，提出相应的参赛目标；制定参赛流程，提出相应的准备程序；假设诸多情景，提出应对的策略措施；提出检查要求，提出相应的竞技指标；写出赛后总结，提出未来的改进措施等。该法应用的目的是在赛事中发现问题，又在赛事中解决问题。唯有如此，才能收到实战的效果。

第三节　运动训练控制方法及其应用

一、模式训练法及其应用

模式训练法是一种依靠训练信息指标从宏观上控制运动训练过程的训练控制方法，即根据信息理论，运用数学方法，将各种影响专项运动成绩的指标参数与不同运动成绩之间构成具有定量关系的训练模式和评定标准，并据此对训练过程实施控制的方法。模式训练法的基本功能是：便于教练员将某个训练阶段和具体发展目标、训练内容置于系统控制的状态之下；便于教练员科学地诊断现状，修正目标，纠正偏态，从而可将训练过程置于反馈控制的状态之下。

（一）模式训练法应用原理

模式训练法的应用原理主要是由信息采集基本理论、信息分析基本理论和信息传递基本理论等组成的信息学理论。其中，信息采集基本理论十分强调信息来源的代表性和真实性，即强调信息来自具有标志性的客体；信息分析基本理论特别强调信息分析的科学性和关联性，即强调信息分析具有定量性的特征；信息传递基本理论格外强调信息传递的时效性和比较性，即强调信息传递具有可靠性的特点。由此可见，模式训练法的构建与应用，应该依据的是信息论的理论与方法。唯有如此，方可有效地控制训练过程。

（二）模式训练法基本结构

模式训练法的基本结构主要是由训练模式、检查手段、评定标准、训练手段4个构件组成（图9-7）。训练模式是训练过程目标的发展体系，检查手段是采集运动训练现实状态的信息工具，评定标准是检验现实状态与训练模式之间差异性质的依据，训练手段是根据训练模式所提出的身体练习。

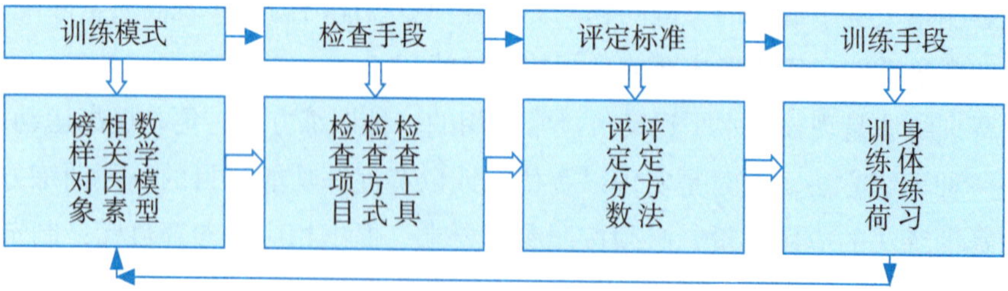

图9-7　模式训练法的基本结构

训练模式基本构件由榜样对象、相关因素和数学模型3个要素组成：榜样对象是指最优秀运动员；相关因素是指影响运动成绩提高的主项因素；数学模型是用数学方式表述因素与运动成绩之间的一种定量关系。

检查手段基本构件由检查项目、检查方式、检查工具3个要素组成。其中，检查项目可按竞技能力及其因素划分；检查方式涉及群体、个体和环境等诸多因素；检查工具可按物理性质分类，可分为电测、机测、光测、磁测、化测等工具。三者的高度结合形成了称为检查手段的信息采集工具。实践中，无论采取何种检测手段，务必注意检测的指标应该真实地反映运动员的最高水平，为此一定要在接近比赛的环境下进行检查或检测，否则所测信息可能是一种真实的伪标。这种伪标对于科学训练有百害无一利。

评定标准基本构件由评定分数和评定方法两个要素组成：标准分数是采用数理统计方法或其他数学方法将训练模式标准化，以便了解运动员现实状况所达到的水平；评定分数和评定方法共同甄别运动员现实状态与训练模式间的差异程度，其主要的功能是提供训练监控和客观评价的重要依据。实践中，通过检查性手段采集到运动员相应信息后，将信息指标转化成评定分数进行比较，随后，将评定分数带入评定方法内各个公式，就可判断运动员综合、均衡发展的水平。

训练手段是指身体练习及其训练负荷。当检查手段与训练手段高度一致时，检查手段就是训练手段。通常，教练员往往将最能反映项目特征的训练手段作为模式训练法的检查手段，目的是便于发现问题和解决问题。这是运动训练长期实践总结的经验。如果检查手段与训练手段不一致，教练员希望研究者提供诊断清单和训练处方。实践中，优秀教练员十分明白，这里所指的训练手段，实际上是“训练处方”中的代表性手段。希望模式训练法中的检查手段能够与训练手段高度一致，以易于发现问题和解决问题。

（三）模式训练法基本特点

模式训练法的基本特点有3个：一是信息化特点。模式训练法以训练模式为控制依据，以评定标准为监督依据，以检查指标为检查工具，以训练手段为处理依据，将整个训练过程置于信息控制之下。二是定量化特点。模式训练法所依据的训练模式与评定标准均具有定量特点，将整个训练过程置于数字控制之下。三是循环性特点。模式训练法实际上是将设计、实施、监控3个过程组成并重复循环于整个训练过程之中，由于模式训练法与运动训练工程的实施特征具有相似性，因此该法的应用具有训练工程实施的特点。

（四）模式训练法应用方式

模式训练法的应用过程实际上是一种闭环式过程，其应用过程如图9–8所示。模式训练法应用的精髓之处是：教练员通过正向控制通道，运用训练模式、训练手段控制运动员竞技能力的发展方向；通过反馈调控通道，运用评定标准、评定结果了解运动员现实情况，以便修正指导方案或根据训练模式目标提出新的训练方案。经过如此多次闭环式的控制过程，使训练结果科学地、逐渐地逼近训练模式指示的预定目标。

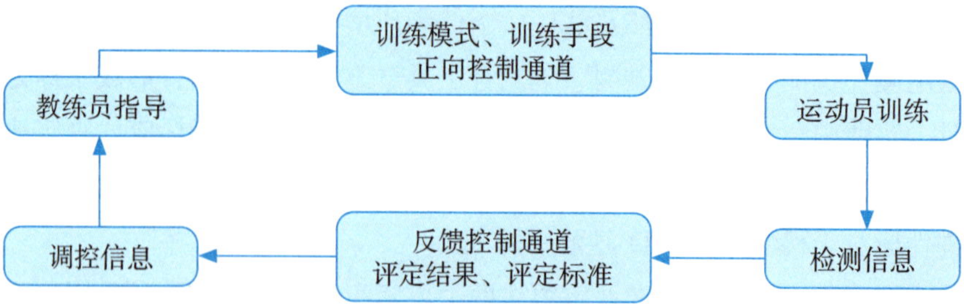

图9-8　模式训练法应用过程

表9-10、表9-11是弹跳力训练数学模型及训练模式，表9-12、表9-13是评定方法和控制步骤，表9-14是拳击运动员运动素质发展模式。模式训练法的应用至少需经3个步骤：①按照检测项目检测，并对照评分标准找出与检测成绩对应的标准分数，同时按照“综合性、均衡性、适应性”计算方法评出等级，确诊运动员现实状况；②根据训练模式确定下一阶段发展目标和训练重点，选择训练手段，实施模式训练；③在计划的时间按照检测项目要求再次检测，并重复第一、二步骤。由此循环往复地向前推进。

表9-10　弹跳力发展的数学模型

类型	逐步回归方程（预测数学模型）	相关性（F）	P	SD
助跑弹跳	Y=18.411 35+2.093 3X_1+60.255 14X_2 +0.413 351 8X_3+0.368 894 3X_4	0.860 3	**	2.4 cm

注：Y=助跑弹跳，X_1=负重深蹲，X_2=半蹲快起，X_3=连续纵跳，X_4=原地弹跳；**表示非常显著。

表9-11　助跑弹跳训练模式（节选）

评定标准	Y/cm	X_1（系数）	X_2（系数）	X_3/cm	X_4/cm
56.25	79.5	2.033	0.116	59.7	68.9
53.69	78.5	1.992	0.114	58.9	67.9
51.21	77.6	1.95	0.112	58.0	66.9
48.81	76.7	1.908	0.110	57.2	65.9
46.49	75.7	1.867	0.108	56.3	64.9
44.25	74.8	1.825	0.106	55.5	64.0
42.09	73.9	1.784	0.103	54.6	63.0
40.01	73.0	1.742	0.101	53.7	62.0
38.01	72.0	1.701	0.099	52.9	61.0
36.09	71.1	1.659	0.097	52.0	60.0
34.25	70.2	1.618	0.095	51.2	59.1
32.49	69.2	1.576	0.093	50.3	58.1
30.81	68.3	1.535	0.091	49.4	57.1
29.21	67.4	1.493	0.089	48.6	56.1

表9-12　助跑弹跳水平评定计算方法类型

项目	类型		
	综合发展水平	均衡发展水平	适合发展水平
计算方法	$Hn=\dfrac{H_1+H_2+H_3+H_4}{4}$ Hn：弹跳力各因素综合发展水平 $H_1 \sim H_4$：4项检测成绩的单项标准分数	$SD=\sqrt{\sum_{i=1}^{4}(H_i-H_n)^2/n}$ Hi：各项检测成绩的单项标准分数 Hn：综合发展程度	$DF=Hn-F$ DF：各因素综合水平与弹跳成绩适应程度 Hn：弹跳力各因素综合水平评定标准 F：弹跳实测成绩对应标准分数
评定标准	高等水平≥27.280 0 中等水平≥20.723 6 低等水平＜20.723 6	均衡≤2.235 2 基本均衡≤5.105 不均衡＞5.105	吻合：$-0.98 < X < 0.98$ 基本吻合：$0.981 \leqslant X \leqslant 1.71$ $-0.98 \geqslant X \geqslant -1.71$ 不吻合：＜−1.71 技差

注：X=助跑弹跳测量值。

表9-13　助跑弹跳检测模式训练控制步骤与结果

步骤	检查	助跑弹跳检测项目				弹跳高度		训练水平		
		X_4	X_3	X_2	X_1	Y	Y_1	综合	均衡	适合
1	检测成绩	50	42	0.066	1.32	63	61.2	20.6	2.18	0.24
	标准分数	21	19.5	18.41	23.45	20.35		低等水平	均衡	吻合
2	结果成绩	52	46	0.083	1.38	64.8	65.9	25.4	2.1	0.9
	标准分数	23.3	24.8	28.3	25.1			中等水平		吻合

注：Y_1＝实测弹跳高度。

表9-14　拳击运动员运动素质发展模式

分值	X_1	X_2	X_3	X_4	X_5	X_6	X_7	X_8	X_9	X_{10}	X_{11}
60.0	7.080	62.00	103.80	667.0	2.530	34.00	14.32	29.29	183.0	85	48.360
61.5	7.054	61.87	103.40	665.3	2.545	34.25	14.53	29.59	184.1	86	48.903
63.0	7.028	61.74	103.10	663.5	2.560	34.50	14.73	29.89	185.2	87	49.446
64.5	7.002	61.62	102.80	661.8	2.575	34.75	14.94	30.19	186.3	88	49.989
66.0	6.976	61.49	102.40	660.0	2.590	35.00	15.14	30.49	187.4	89	50.532
67.5	6.950	61.36	102.10	658.3	2.605	35.25	15.35	30.79	188.5	90	51.075
69.0	6.924	61.23	101.80	656.6	2.620	35.50	15.55	31.09	189.6	91	51.618
70.5	6.898	61.10	101.40	654.8	2.635	35.75	15.76	31.39	190.7	92	52.161
72.0	6.872	60.98	101.10	653.1	2.650	36.00	15.96	31.69	191.8	93	52.704
73.5	6.846	60.85	100.80	651.3	2.665	36.25	16.17	31.99	192.9	94	53.247
75.0	6.820	60.72	100.50	649.6	2.680	36.50	16.37	32.29	194.0	95	53.790

续表

分值	X_1	X_2	X_3	X_4	X_5	X_6	X_7	X_8	X_9	X_{10}	X_{11}
76.5	6.794	60.59	100.10	647.9	2.695	36.75	16.58	32.59	195.1	96	54.333
78.0	6.768	60.46	99.79	646.1	2.710	37.00	16.78	32.89	196.2	97	54.876
79.5	6.742	60.34	99.46	644.4	2.725	37.25	16.99	33.19	197.3	98	55.419
81.0	6.716	60.21	99.13	642.6	2.740	37.50	17.19	33.49	198.4	99	55.962
82.5	6.690	60.08	98.80	640.9	2.755	37.75	17.40	33.79	199.5	100	56.505
84.0	6.664	59.95	98.47	639.2	2.770	38.00	17.60	34.09	200.6	101	57.048
85.5	6.638	59.82	98.14	637.4	2.785	38.25	17.81	34.39	201.7	102	57.591
87.0	6.612	59.70	97.81	635.7	2.800	38.50	18.01	34.69	202.8	103	58.134
88.5	6.586	59.57	97.48	633.9	2.815	38.75	18.22	34.99	203.9	104	58.677
90.0	6.560	59.44	97.15	632.2	2.830	39.00	18.42	35.29	205.0	105	59.220
91.5	6.534	59.31	96.82	630.5	2.845	39.25	18.63	35.59	206.1	106	59.763
93.0	6.508	59.18	96.49	628.7	2.860	39.50	18.83	35.89	207.2	107	60.306
94.5	6.482	59.06	96.16	627.0	2.875	39.75	19.04	36.19	208.3	108	60.849
96.0	6.456	58.93	95.83	625.2	2.890	40.00	19.24	36.49	209.4	109	61.392
97.5	6.430	58.80	95.50	623.5	2.905	40.25	19.45	36.79	210.5	110	61.935
99.0	6.404	58.67	95.17	621.8	2.920	40.50	19.65	37.09	211.6	111	62.478
100	6.378	58.54	94.84	620.0	2.935	40.75	19.86	37.39	212.7	112	63.021

资料来源：胡亦海，于联志.我国拳击奥运集训队员运动素质训练监测指标的研究[J]. 北京体育大学学报，2004（8）：1118–1121.

注：X_1 = 50 m跑，X_2 = 400 m跑，X_3 = 600 m跑，X_4 = 3 000 m跑，X_5 = 立定跳远，X_6 = 30 s连续蹲起，X_7 = 15 s左旋，X_8 = 30 s仰卧起坐，X_9 = 1 min击打沙袋，X_{10} = 1 min跳绳，X_{11} = 30 s俯卧撑。

二、程序训练法及其应用

程序训练法是一种依靠训练内容系统和一定的、严格的逻辑顺序性控制运动训练过程的控制性方法，是教练员根据系统理论和逻辑方法，按照训练过程的时序性和训练内容的系统性特点，将训练内容分层地、有序地、逻辑地编制成为训练程序，并制成相应的评定标准，随后在实践中根据训练程序和评定标准对训练过程实施控制的方法。程序训练法的基本功能是：便于教练员将训练过程置于科学控制、系统控制与反馈控制的状态之下。

（一）程序训练法应用原理

程序训练法的应用原理主要由系统构建基本理论、系统关联基本理论和系统动态基本理论等组成的系统论理论。其中，系统构建基本理论十分强调系统构建的系统性和完整性，即强调系统构建具有整体性的特征；系统关联基本理论特别强调系统要素的层次性和关联性，即强调系统内部具有逻辑性的特征；系统动态基本理论格外强调系统要素的权重性和时序性，即强调系统内部具有可调性的特点。由此可见，程序训练法的构建与应用，应该依据的是系统论的理论与方法。唯有如此，方可有效地控制训练过程。

（二）程序训练法基本结构

程序训练法的基本结构主要由训练程序、检查手段、评定标准、训练手段4种构件组成。其中，每一个构件又由不同的要素组成。程序训练法以训练程序为控制依据。训练程序的基本构件则由训练内容、时间序列、联系形式3个要素组成。其中，训练内容是指运动训练的机能训练、素质训练、技术训练、战术训练、心理训练、智能训练等6个系统训练内容。这是编制训练程序的内容基础。

训练程序的编制要求将庞大复杂的训练内容，系统细化成诸元最小内容因子，然后才能构成具有关联性、逻辑性、系统性特点的训练程序。例如，构建跳高技术训练程序的前提，就是要把跳高技术细化成诸元最小内容单元。其步骤是：首先将跳高技术细化为准备、助跑、踏地、起跳、腾空、过杆、落地等7个环节；其次将环节继续细化，如将助跑环节细化到步幅、步点、步频等细节；最后将每一细节从轨迹、重心、角度、速度、节奏等要素继续细化直至最小诸元。可见，系统地细化要素是构建训练程序的关键。

训练程序中的时间序列通常是指将训练过程与内容诸元有机排序与衔接。训练程序要求必须将整个训练过程分解成有机相连的时间段落，以便将特定的最小训练内容诸元置于特定的时空之中，使不同的训练内容通过时间序列有机联系起来。

联系形式通常指在特定的时间范畴内不同训练内容诸元衔接的方式，或者不同时间范畴内不同训练内容诸元的衔接方式。这种方式分“直线”和“网络”两类联系方式。显然，训练程序强调训练过程中的任何时空域值内，都有相应的训练内容诸元与之对应，以便有步骤地推进训练进程。

（三）程序训练法基本特点

程序训练的基本特点：一是系统化特点。程序训练法实施的整个过程以训练程序为控制依据，以评定标准体系为监督和检查工具，并将训练过程置于系统控制的状态之下。二是定性化特点。程序训练法所依据的训练程序具有鲜明的定性化特点，以便教练员能够抓住训练过程中的主要矛盾或矛盾的主要方面。三是程序化特点。由于训练内容规划在训练程序的过程之中，故训练过程中的任何训练内容的确定或变更，实质上是在严格检查、监督和评定之下进行的。显然，这种特点将有助于科学地控制整个训练过程。

（四）程序训练法应用方式

程序训练法的应用过程类似于模式训练法，也是一种闭环式的控制过程。两者不同的是：前者的控制依据是训练程序，后者的控制依据则是训练模式。程序训练法的应用过程如

图9-9所示。程序训练法应用的精髓之处是：教练员通过正向控制通道控制运动员竞技能力的发展方向；通过反馈控制通道了解运动员的现实情况，进而不断完善指导方案或训练程序；然后再次进入程序训练使训练结果不断逼近训练程序指示的预定目标。显然，专项运动各种竞技能力及其构成竞技能力的细节标准是制定训练程序的关键。

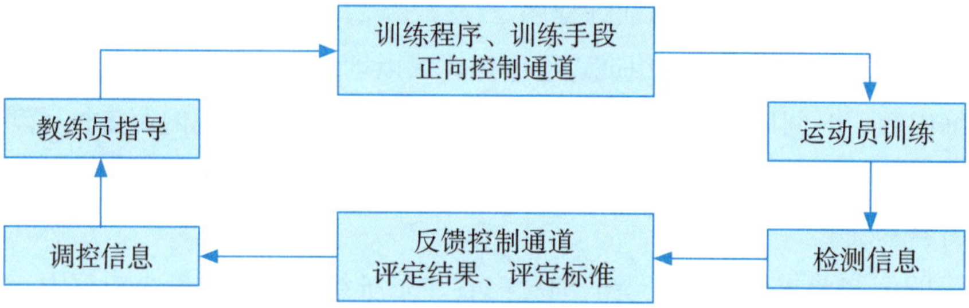

图9-9 程序训练法应用过程

（资料来源：胡亦海. 现代运动训练过程控制方法主要特点的多元性比较[C]//中国体育科学学会. 第五届全国体育科学大会论文摘要汇编. 武汉：武汉体育学院，1997：355.）

（五）程序训练法应用案例

本案例摘自中国田径集训队投掷组所设计的女子铁饼技术训练程序范例。现将训练程序的设计要点简介如下。一是厘清技术结构、环节、要素的时空关系；二是梳理训练目标、内容、规格的内在关系；三是理顺训练周期、训练阶段、训练单元的时序关系；四是将明确的训练目标、训练内容、质量标准，植入不同的训练过程之中；五是构建不同时期的“直线型”或“网状型”训练程序；六是依据训练程序和评定标准逐阶控制训练。应用表明，如此这般会使训练过程更渐清晰、训练环节更加有序、训练细节更加突出。

拓展阅读

案例最前沿

第四节 运动训练手段分类及其应用

一、训练手段的构成与分类

运动训练手段是指在运动训练过程中，以提高某一竞技运动能力或完成某一具体训练任务所采用的身体练习。运动训练手段是具体的有目的的身体活动，是运动训练方法的组成成分，也是运动训练理论的具体体现。实践中，教练员、运动员都是通过采用具体的训练手段，体现相应训练的思想，反映相关方法的功能，完成相对具体的任务，提高相应竞技的能力。由于训练手段本身就是一种身体练习，因此训练手段的构成要素主要是练习动作的各个要素。换言之，实践中的任何训练手段具有一切人体运动的动作结构特征。

运动训练手段可以依据不同标准，建立不同分类体系。例如，按照竞技要素分类，运动训练手段可分为机能、素质、技术、战术、心理、智能等训练手段；按照专项作用特点分类，运动训练手段可分为一般性、辅助性、专项性等训练手段；按照功能特点分类，运动训练手段可分为功能性、功力性、功效性等训练手段；按照适用范畴分类，运动训练手段可分为竞技性、健身性、休闲性、康复性等训练手段；按照动作形态分类，运动训练手段可分为“跑、跳、投、爬、滚、翻、转”等训练手段；按照结构特点分类，运动训练手段可分为周期性、混合性、固定性和变异性等训练手段。可见训练手段的分类多种多样。

训练手段的基本结构可从身体练习的动作形态、动力特征、动作结构和动作过程4个视角予以解析。其中，动作形态主要体现额状、垂直和矢状轴的动作形态；动力特征主要体现在力的支点、力的大小和力的方向3种要素；动作结构主要包含动作姿势、轨迹、时间、速度、速率、力量及节奏7种要素（图9-10）；动作过程可分为开始、进行和结束3个阶段。以爬拉动作测功仪训练为例（图9-11），其动作过程可分为准备、伸臂、划臂、拉臂、抻臂和还原几个环节，每一环节的细节又由若干要素组成（图9-12）。

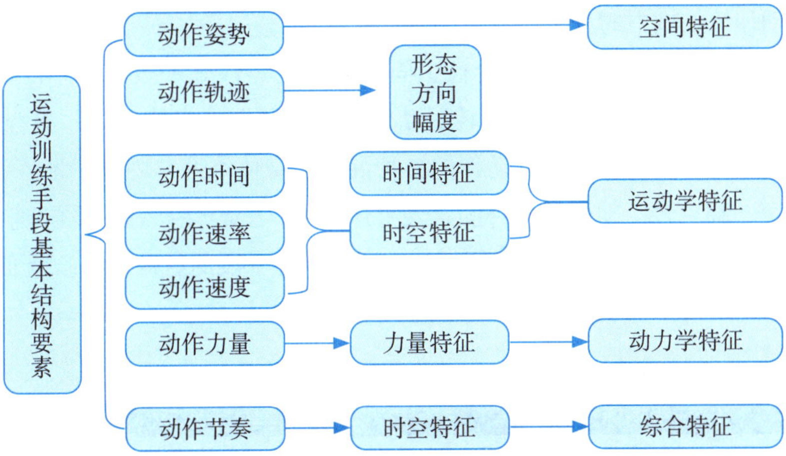

图9-10 训练手段构成的基本要素

图9-11 爬拉动作测功仪训练

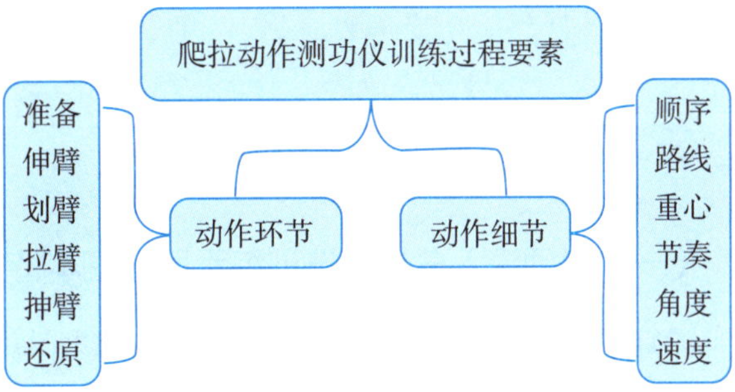

图9-12 爬拉动作测功仪训练过程要素

实践中，任何训练手段都有动力学和运动学等特征。训练手段结构上的任何要素的变化，都会引起和形成新的训练手段。因此，现代科技与方法的应用可以创造出无穷多的训练手段。当然，这些要素的异化也会引起训练手段的异化。因此，必须按照相关技能动作、技术动作和技巧动作的要求，严格规范身体练习的动作（又称动作模式）。同时，必须深刻认识训练手段具有多元、多样、多种形态的基本特点。只有科学认识和理解不同训练手段的功效和特点，才能有助于分层提高专项运动项目的竞技能力。

随着现代科技的不断进步，训练手段也日趋丰富。例如，机械类手段群可分为杠杆式、滑轮式、链条式、气阻式、液压式和振动式等训练手段；悬挂类手段群可分为悬臂式、悬带式和悬布式等训练手段；弹力类手段群可分为拉伸式、弹簧式、抗阻式和移动式等训练手段；绳梯类手段群可分为各种移动步法、移动跳法和移动手法等训练手段；仿生类手段群可分为鳄鱼式、猿猴式、巨蜥式、青蛙式、跳羚式、袋鼠式、鸵鸟式、猎豹式、犬马式等训练手段。这些特殊训练手段群的出现，使运动训练的手段形态、负荷强度得到极大拓展。

另外，随着康复器材和健身器材的市场开发，一批旨在提高人体克服功能性障碍能力的训练器材应运而生。这些康复训练领域的功能性器材，如瑞士球、药球、软药球、实心球、波速球、平衡盘、弹力带、弹力绳、战绳、绳梯、滚动筒和障碍架等，逐渐地引入运动训练领域，更加丰富了运动训练领域中的有关训练手段的工具宝库。

本节将训练手段分为周期性、混合性、固定性和变异性等手段（表9–15）。周期性训练手段包括“跑、跳、投、爬、滚、翻、转”动作的各种周期性身体练习；混合性训练手段包括“跑、跳、投、爬、滚、翻、转”动作的各种混合性身体练习；固定性训练手段包括“跑、跳、投、爬、滚、翻、转”动作的各种固定性身体练习；变异性训练手段包括“跑、跳、投、爬、滚、翻、转”动作的各种变异性身体练习。运动训练手段的这种分类，旨在最大限度地反映训练手段的动作结构、基本特点和运动形态。

表9–15　训练手段的分类体系

一级指标	二级指标	具体手段范例
单一动作结构类	周期性	跑、跳、投、爬、滚、翻、转动作的各种周期性身体练习
	混合性	跑、跳、投、爬、滚、翻、转动作的各种混合性身体练习
多元动作结构类	固定性	跑、跳、投、爬、滚、翻、转动作的各种固定性身体练习
	变异性	跑、跳、投、爬、滚、翻、转动作的各种变异性身体练习

二、训练手段的选择与要求

（一）必须深入分析所选训练手段的基本特征

必须深刻认识“跑、跳、投、爬、滚、翻、转”等7种运动元素的意义。这些运动元素的动作质量，犹如do（1）、re（2）、mi（3）、fa（4）、sol（5）、la（6）、si（7）的音阶质量，或者犹如赤、橙、黄、绿、青、蓝、紫的色彩质量，实际上决定着竞技能力的基础。这些运动元素及其变化的动作质量可以有效地奠定技术基础，极大地丰富技能储量，及时地转为技巧表现，能动地产生创新技术。因此，准确掌握这些运动元素的规范动作及其变化，具有极高的价值。

（二）必须深入分析所选训练手段的结构特征

必须深刻剖析各个训练手段的动作要素、构成环节、整体结构及其变化形式，以便掌握和规范这些训练手段的动作形态、运动过程和变化方式。以跑步为例，跑的练习手段有基本的动作结构和相应的变化形态，如小步跑、高抬腿跑、前踢腿跑、后踢腿跑、交叉步跑、后蹬腿跑和后退跑等。这些练习手段既有一般基本跑步练习手段的结构与形态，也有各种独特跑步的结构与形式。因此，必须形成并选择那些具有规范形态的练习手段方有意义。

（三）必须深入分析所选训练手段的功效特征

功能、功效是两个重要的物理学概念。不顾词源或语境会很容易混淆二者。基于康复训练理论的功能训练与运动训练理论的功效训练的目的完全不同。前者强调功能性训练，目的是对受伤部位进行功能性的恢复训练，以使患者尽快复原能力。后者强调功效性训练，目的是对运动能力进行增效性的提升训练，以使运动员尽快提高能力。当然，随着功能性手段在运动训练领域的应用，人们发现此类手段亦有预防运动损伤的作用。因此，对功能性手段应给予高度重视。

（四）必须深入分析所选训练手段的专项特征

换言之，必须掌握相关手段的动作姿势、轨迹、时间、速度、速率、力量与节奏等要素的参数，以便所选手段能在运动结构上符合专项运动技术的环节或细节需要，如鞭甩乒乓球练习符合排球快球的技术训练需求；或者能在运动机能上符合专项运动机能的收缩或供能需要，如长距离的滑雪练习符合赛艇运动的机能训练需求；或者能在运动技能上符合专项运动技巧的形成与发展需要，如鱼跃前滚翻练习符合足球门前的鱼跃头顶球的技巧训练需求。

（五）必须深入分析所选训练手段的阶段特征

根据LTAD的阶段划分，启蒙训练阶段的手段应该促使选手产生训练兴趣，基础训练阶段的手段应该引导选手掌握多元技能，学习训练阶段的手段应该引导运动员掌握专项能力，学会训练阶段的手段应该引导运动员掌握专项技能，学会竞争阶段的手段应该引导运动员掌握专项竞技能力，学会取胜阶段的手段应该引导运动员形成参赛竞技状态，保持佳绩阶段的手段应该引导运动员保持参赛竞技能力。总之，不同训练阶段中的手段选择与要求，应该因时而异。

（六）必须深入分析所选训练手段的监控特征

实践中，许多专项运动的身体练习既有负荷刺激的效力，亦有检测监控的功力。因此，为了达到检查和监控运动训练效果的目的，必须科学选择能够反映专项素质、机能、技能、战术水平的训练手段作为训练监控的检测手段。早在20世纪80年代，我国各个运动项目就构建了专项素质测试水平的检查性测试手段体系。这些测试手段就是典型的专项身体练习。由此可见，各个运动项目的体能测试手段的遴选，必须具有专项检测特征的身体练习。

综上，工欲善其事，必先利其器。现代竞技运动训练目标，最终需要依托适宜的训练方法方可实现。由此可见，深刻理解运动训练具体方法、训练手段的应用方式及它们之间的辩证关系显得尤为重要。具体方法的合理掌握和选用，有助于提高课的训练质量；控制方法的科学掌握和选用，有助于提高过程训练质量；训练手段的有效掌握和选用，有助于提高动作训练质量。总之，实践中提高训练效益和质量的有效通则是：根据训练实际，科学选用那些因地制宜、功效对症、功力显著、功能多样的训练方法和手段。

◎ 思考题

1. 试论运动训练方法的概念、结构要素、类别及功能。

2. 试论运动训练手段的概念、结构要素、类别及功能。

3. 举例说明运动训练具体方法中某一训练法的定义、类别及其专项中的应用。

第九章
主要参考文献

4. 举例说明运动训练控制方法中某一训练法的定义、功能及其专项中的应用。

5. 试论运动训练常用方法中各个训练法的主要区别之处。

6. 试论运动训练控制方法中两种训练法的主要异同之处。

第十章

多年运动训练计划的制订与实施

本章导读

本章围绕优秀运动员多年训练计划的制订与实施，主要讨论运动员多年训练过程的阶段划分与链接模式，分析全程性多年训练过程的年龄特征、训练目标、训练内容、负荷安排等，以及基础训练阶段、专项提高阶段、最佳竞技阶段、高水平保持阶段等4个区间性多年训练阶段的训练目标与任务、训练内容、训练负荷、参赛安排要点等。

本章学习目标

1. 比较全面地了解培养优秀运动员的多年训练过程的必要性及意义。

2. 掌握多年训练的层次结构与阶段划分。

3. 掌握全程性多年训练计划的年龄特征、训练目标、训练内容、训练负荷特征，以及基础训练阶段、专项提高阶段、最佳竞技阶段、高水平保持阶段4个区间性多年训练计划的目标与任务、训练内容、训练负荷、参赛安排要点等。

4. 培养科学制订多年训练计划、全面把握多年训练过程的能力。

第一节　多年训练计划概述

在现代竞技体育的激烈竞争过程中，运动员必须具备高层次的、全面的专项竞技能力才能取得优势地位，由此决定了培养优秀运动员必然要经历一个长期而持续的训练过程。多年训练计划是培养高水平竞技选手的重要训练设计，是运动训练计划体系中全局性的理论纲要。

一、制订多年训练计划的必要性与理论基础

运动训练计划的制订与实施是组织运动训练的核心环节，也是对运动训练过程实施科学控制的重要手段之一。尤其是对于培养优秀运动员的训练过程来讲，运动员的竞技能力需要在10年甚至更长的时间里不断提升，其间可能遇到各种因素的影响；要想保证训练的成效、实现长期的发展，更加需要对训练过程做好长期的系统规划。

（一）制订多年训练计划的必要性

事物的发展具有复杂性和多变性的特征。因此，为了实现预期的目标，我们必须对各项工作的组织过程进行系统规划与周密设计，以便更好地组织各项工作的实施，控制各项工作按照既定的发展方向有序进行。

运动训练是以促进运动员竞技能力持续发展为目标的组织工作，持续两年以上的训练过程即称为多年训练。通过科学的训练活动，可以最大限度地挖掘运动员的竞技潜力，全面发展运动员的竞技能力，为运动员在各类比赛中创造优异成绩奠定重要基础。而随着世界竞技体育事业的不断发展，各个运动项目、各级各类比赛的竞争更加激烈，要求运动员具备更高水平、更全面的竞技能力。由于运动员的竞技能力由多种要素构成，各个要素的发展需要较长的时间，因此培养优秀运动员必然经历一个长期的训练过程。而且，运动训练过程涉及的人员多、持续的时间长，具有较高的复杂性，在训练前就需要对训练过程进行全面规划。因此，为了更好地调控持续多年的训练过程，制订科学的多年训练计划就显得至关重要。

训练计划是在运动训练过程开始之前，对训练活动预先做出的理论设计。训练计划建立在对运动员竞技状态诊断的基础之上，目标在于设计运动员竞技状态的转移通路。通过运动训练计划的科学制订，组织者把训练目标具体细化为若干个紧密联系的训练任务，可以确保参加训练活动的教练员、运动员以及科研人员与医务保障人员等统一思想认识；在明确的训练目标与训练任务的指引下，实现训练组织行动的高度统一与紧密协同，以便更加有效地控制运动训练活动的进程，快速、高效、持续地发展运动员的竞技能力，为创造优异的运动成绩奠定坚实基础。因此，科学地设计和实施计划也成为训练能够获得好的效果的一个重要前提。

（二）制订多年训练计划的理论基础

1. 遵循运动训练的客观规律

训练计划体现着运动训练活动中的基本对策，需要依照客观规律进行设计。运动训练规律是指运动训练系统内部各构成因素之间，以及它们与训练系统外部的各个相关因素之间，在结构与功能上的本质联系和发展的必然趋势，是客观存在且不依人的主观意愿改变的。根据这些客观规律，人们制定了运动训练的基本原则，设计了基本的训练方法和手段。在制订训练计划时必须遵循这些规律和原则，才能取得理想的训练效果。尤其是对于多年训练来讲，涉及的时间长、影响因素多、存在变数大，更加需要全面遵循运动训练的客观规律，确保运动训练过程的连续性与阶段性的辩证统一，由此促进运动员竞技能力的长期、持续发展。

2. 做好起始状态的科学诊断

运动训练是连续进行的，运动员的现实状态是训练过程的出发点，后续训练设计需要充分考虑运动员前期训练及参赛的情况，根据运动员竞技能力的发展水平做切合实际的训练安排。因此，在训练开始前，需要对运动员的现实状态做全面而科学的诊断，由此对训练指标的确定、训练阶段的划分等提供重要的依据。在这个过程中，教练员需要重点关注运动员的竞技能力水平，以及前期相关的运动成绩与训练负荷等。

3. 确立训练指导思想及训练目标

全面发展运动员的竞技能力是训练活动的最终目的，包括运动成绩指标、竞技能力指标和训练负荷指标的提升。训练目标体系由彼此协调的、不同级别的目标构成，是制订训练计划的重要依据。为了获得理想的训练效果，必须以运动员（队）的实际情况和运动项目的竞技特点为基础，以科学预测结果为依据，建立结构合理、层次清晰、联系紧密的训练目标体系，确定明确的训练指导思想，为训练计划的科学制订与实施奠定基础。

4. 注重竞技能力的全面协调发展

系统的发展具有时空统一性，在时间维度上表现为发展的持续度，在空间维度上则表现为数量维的发展度和质量维的协调度。运动员竞技能力系统的持续发展，既表现于空间维度上的各竞技要素的数量增长以及竞技能力系统结构的质量提高，也表现于时间维度上的竞技能力发展的持续性。

运动员的训练过程持续多年，不同时期的训练目标和任务之间彼此协同，为创造最优成绩的终极目标服务。与此相对应的是，在制订不同层次的训练计划时，要充分考虑不同层面的计划与计划之间、计划内部各内容之间的彼此协调。训练计划所包括的竞赛安排、负荷确定、内容选择及各种指标的选取等都应体现终极目标统一的原则，下一层次的计划必须参照上一层次的计划。

运动员的体技战心智等子项竞技能力要全面均衡的发展，就要根据个人先天的竞技潜力和对其未来竞技发展前景的预测，设计适宜的竞技能力结构目标模式。通常需要经过多年的系统训练，才能有效地促进运动员竞技能力全面与特长的协调发展，成功地实现其个体竞技能力的结构目标模式。

研究表明，不同年龄段的运动员对于各种竞技子能力的发展有着不同的敏感度。因此在不同年龄阶段加强相应竞技子能力的训练常常会取得更好的效果。在多年训练过程中，需要对运动员竞技能力全面与特长的协调发展做出科学的规划。在不同的训练阶段，有序地安排发展不同子能力的比例，既要保持竞技能力结构板条相对均衡地得到发展，也要密切关注保持运动员特长能力的优先态势。训练中需要扬长补短，而在比赛中，则应该扬长避短，充分重视运动员专项竞技能力特长的发挥，减少其短板对总体竞技能力的不利影响。

5. 保证训练计划的相对稳定和适宜变更

训练计划是对运动训练过程的前瞻性设计，是建立在科学预测基础之上的整体规划，保持训练计划实施的稳定性是训练活动有序运行的基本保证，有利于确保持续多年的长期训练过程的前后贯通，实现运动员竞技能力的长期、全面发展。

与此同时，事物的变化是绝对的，不变则是相对的。训练计划是对一个尚未进行的训练过程的理论预设，在训练实施过程中可能面对各种情况的变化。尤其是多年训练计划，由于持续的时间长，必然会涉及相对更多的可变因素，需要根据新情况对训练安排做相应的调整。因此，运动员在训练环境发生变化的情况下，根据具体情况对原计划进行适当的修改和调整是完全必要的，也是保证训练计划科学性的客观需要。

6. 重视多学科的科技支撑

运动训练过程是一个复杂的系统工程。在运动员竞技能力的发展过程中，影响因素很多且富于变化；运动员的身心状况、训练环境等都会对训练产生直接的影响，需要通过多学科的协同攻关，才能充分借助科技的力量，厘清运动训练的特征，确保训练的科学性与系统性。因此，现代运动训练需要借助多个学科的方法和手段，才能实现对竞技能力发展的有效调控。作为对训练过程的理论规划，训练计划的设计需要教练员与相关学科的科研人员进行协作，从多个学科的不同角度，为计划的制订和实施提供有益的信息，充分保证训练计划的科学性与有效性。

二、多年训练过程的阶段划分与链接模式

一般来讲，运动员的竞技生涯可以持续比较长的时间，其中竞技能力的全面发展，始终都是运动训练的核心。为了实现竞技能力的长期、持续发展，训练过程应该是连续进行的，不应该有明显的间断。与此同时，各个专项运动员的竞技能力，在不同年龄阶段又具有不同的发展特点。

在训练过程中，各个时期的训练紧密相连，要实现的最终发展目标整体一致；但由于训练目标和训练任务不同，所选择的训练内容、训练负荷、训练方法等总是有着不同程度的差异。

因此，为了全面实现运动训练的目标，协同各个时期的训练活动，组织者必须对持续多年的训练过程进行系统的规划，根据专项竞技特点把训练划分成不同的阶段；既要重视各个阶段的训练特点，又要保证各个阶段训练之间的紧密衔接，从而保证训练的系统性，实现运动员竞技能力的持续发展。

（一）多年训练过程的阶段划分

1. 多年训练过程的序列层级

运动员的竞技能力包括很多因素，培养一名优秀运动员是一项长期的系统工程，一般需要8～10年，甚至更长的训练时间。运动员从开始参加训练，到停止竞技训练活动的完整过程，是一个目标统一、联系紧密的完整组织体系。与此同时，在不同的训练时期，运动员参加训练的目标与具体任务不同，适用的方法和手段也不一样。也就是说，运动员在运动生涯的多年过程中，不同时期的训练，具有不同的特点。正是因为这个原因，现在运动训练既是一个完整的长期发展过程，也具有典型的阶段性特点；既要保证统一的发展目标，也要强调不同阶段训练的针对性与实效性。由于运动训练过程具有连续性与阶段性的特点，对于长达十几年的训练过程进行合理的阶段划分，就成为一项非常重要的工作。根据运动训练过程的核心目标与时间特点，可以把运动员的训练过程分成多年训练、年度训练、大周期训练、周训练、课训练等多个层级。

其中，多年训练过程又根据持续年份的长短，可以分为两个层次，即全程性多年训练过程和区间性多年训练过程。其中，全程性多年训练过程是指运动员从开始参加竞技训练，经过系统训练达到个人的竞技高峰，直到最终退役的整个发展过程；区间性多年训练过程则是指全程性多年训练过程中具有特定任务的、阶段性的多年训练过程，一般会持续2～6年的时间。由此，运动员的多年训练，形成了竞技运动训练的多层级训练过程体系（表10–1）。

表10–1　多年训练过程的两个层次及基本任务

层次	时间跨度/年	基本任务
全程性多年训练	10 ～ 20	系统培养高水平运动员
区间性多年训练	2 ～ 6	完成阶段性训练任务或准备并参加一轮大赛

资料来源：徐刚. 运动员全程性多年训练过程中的区间链接机制[D]. 北京：北京体育大学，2005.

2. 多年训练过程的4个阶段

运动员从开始参加运动训练，到停止竞技训练活动的完整过程，是一个完整的体系。与此同时，训练过程中的不同时期又具有不同特点。

多年来，相关学者从一般训练、项群训练和专项训练3个层面对运动员的多年训练过程进行了研究。各项研究对训练阶段的划分虽然有所差别，但是，对于运动训练过程阶段性特点的认识是基本一致的，都体现了“早期启蒙—打好基础—全面提高—实现最佳—保持水平—终止生涯”的基本组织构架。其中，田麦久总结前人研究成果，在充分考虑不同项目竞技特点的基础上，系统地提出了以最佳竞技阶段为核心的、运动训练全过程的四阶段组织模式（表10-2）。

表10-2　全程性多年训练过程的阶段划分

训练阶段	年限/年
基础训练阶段	3～5
专项提高阶段	4～6
最佳竞技阶段	4～8
高水平保持阶段	2～5

资料来源：田麦久. 关于运动训练过程的系统研究[J]. 体育科学，1988（2）：21-26.

田麦久提出，可将运动员的全程性多年训练过程分为基础训练阶段、专项提高阶段、最佳竞技阶段、高水平保持阶段。各个阶段有着不同的训练目标和训练任务，进而对训练内容和运动负荷安排有着不同的要求。同时，从整体上来讲，几个阶段又构成了运动员长期竞技发展的整体，具有统一的发展目标与发展任务。

江永华（2008）对中国高水平短距离自行车运动员的竞技生涯的研究发现，该项目女子运动员各阶段训练的持续年限有明显的专项特点。其中，运动员的最佳竞技阶段年限最长，一般能够保持4～7年，平均年限接近5年；高水平保持阶段是最佳竞技阶段之外延续最长的区间（3～6年），比全部运动项目运动员的平均年限（2～5年）维持得更长，说明该项目运动员能够在更长的时期里保持比较高的竞技水平（表10-3）。

表10-3　女子短距离自行车全程性多年训练各阶段年限（n=18）

阶段	年限区间/年	平均年限/年
基础训练阶段	2～5	3.67
专项提高阶段	2～5	3.53
最佳竞技阶段	4～7	4.97
高水平保持阶段	3～6	3.81

资料来源：江永华. 我国高水平女子短距离自行车运动员全程性多年训练不同阶段的专项训练手段及负荷特征[J]. 北京体育大学学报，2009，32（2）：57-62.

在此基础上，构成区间性多年训练过程的各个年度训练过程，都有着特定的训练目标与具体安排。例如，雅典奥运会女子摔跤72 kg级冠军王旭，备战奥运会的4年训练设定为“基础年-积累年-提高年-突破年”，体现了“循序渐进，稳步推进”的特点，进而对各个阶段的主要训练任务也做出了针对性的设定。由此，每个年度训练都有特定的核心任务，形成了一个有机整体，服务于阶段性训练目标的实现。

（二）多年训练过程的区间链接模式

事物发展都要经历从简单到复杂、从低级到高级的过程。在高级发展阶段中，总是包含着前期发展阶段的部分要素，从而形成紧密衔接的整体发展过程。

1.运动训练过程中的衔接问题

运动员的竞技能力由体能、技能、战能、心能和智能等要素构成；各组成要素之间彼此联系、互相作用，具有典型的系统性特征，其发展要经历一个长期而持续的、循序渐进的过程。在运动训练过程中，无论是哪个时间层级的训练阶段，相邻两个阶段总是密不可分的；前一阶段训练是后一阶段训练的基础，后一阶段训练则是前一阶段训练的延续。换句话讲，后续的训练活动总是在前期训练活动所产生的训练效应的基础上进行；要想实现最佳的竞技发展，就必须保持运动员各个阶段训练效应的统一与连续，保证各个训练阶段之间的紧密衔接。由此，相邻两个训练阶段的连接部分就具有非常重要的组织意义，而不同时间层级的训练过程之间的衔接问题也表现出不同的特点。

2.多年训练过程的链接模式

全程性多年训练过程由若干区间性多年训练过程组成。各个区间性多年训练都有自身的训练特点，同时相邻的两个区间也具有一定程度的共性特征；尤其是在两个区间的连接段落，各种训练活动总是兼具前后两个区间的训练特点。也恰恰是这个段落的训练承担了实现运动员训练转换的任务，使得运动员可以从一个区间顺畅地转入下一个区间的训练。

在运动员的多年训练过程中，两个阶段中间的过渡时期称为链接区间，特指相邻两个区间性多年训练过程之间互相交叉重叠、兼具前后两个阶段特点的训练时期，包括链接Ⅰ区、链接Ⅱ区和链接Ⅲ区。

链接区间的训练同时具有相邻两个阶段的训练特点，是相邻两个区间性多年训练过程之间紧密连接的“桥梁”。在给运动员施加训练刺激、发展竞技能力的基础上，链接区间的训练关键在于实现训练的流畅转换，保持训练的连续性，提高训练的组织效益，这对于保证运动员多年训练的持续发展具有重要的意义。因此，对于全程性多年训练过程来讲，连接段落的训练是实现运动员竞技能力持续发展的重要保障。

在全程性多年训练过程中，相邻的两个区间性多年训练过程的竞技需要不同，持续的时间和组织特点各异，这决定了相邻的训练阶段之间的系统发展关系具有一定的差异性，由此也就导致了两个训练阶段之间重叠的方式和表现形式有所不同。由此，4个区间性多年训练过程，在实现转换的过程中体现出渐变特征，通过3个链接区间紧密地联结成为一个相对均衡而又错落有致的、系统的整体，从而形成了一个两两交叉重叠的嵌套链接模式（图10-1）。

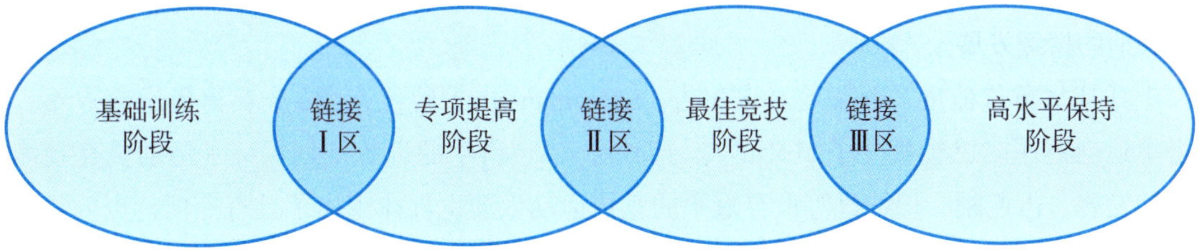

图10-1　全程性多年训练过程的嵌套链接模式图

（资料来源：徐刚.运动员全程性多年训练过程中的区间链接机制[D].北京：北京体育大学，2005.）

第二节 全程性多年训练计划的制订与实施

一、全程性多年训练计划的实践指导意义

（一）系统调控长期的训练过程

现代竞技运动水平不断提高，竞争日益激烈，对运动员的竞技能力提出了越来越高的要求。要培养高水平运动员，科学的选材与系统的多年训练是必经之路。在优秀运动员的竞技发展过程中，构成运动员竞技能力的各个方面都需要经过长时间的专门训练，才能得到明显的提高。

其一，运动员的体能是基本运动能力，主要表现于力量、速度、耐力等各项运动素质，其发展需要一个长期的过程，需要系统规划训练过程，训练内容、方法、负荷安排等方面应保持必要的连续性，由此保证体能水平的持续提高。

其二，在各个项目的比赛中，运动员需要掌握和完成各种类型的技术动作。各种类型的动作，需要身体各个部位的共同参与；要提高技术动作的完成质量与动作效率，各个系统的协同配合至关重要，需要通过多次的重复练习，才能使技术动作达到自动化程度，这就意味着运动员发展技术能力的任务是长期而艰巨的。

其三，运动员战术能力的培养涉及战术理念的建立，战术意识的养成、战术行为的熟练等多项内容，必须经过多年的磨炼，才能逐渐形成科学的认知及与同伴默契的配合。

其四，现代体育比赛的竞争日趋激烈，而艰苦的训练和激烈紧张的竞赛需要运动员具有良好的心理品质。高度发展的心理自控能力、自我激励能力和集中注意力的能力等，都需要在合理规划的多年训练过程中才能得到有效发展。

其五，现代竞技体育活动对竞技选手运动智能的要求不断提高，运动员必须通过多年的学习、培养，通过在生活中和竞技活动中的反复历练，才能有效地提高自身的运动智能。

也就是说，运动员需要全面提升多方面的竞技能力，而每项能力的提升都需要通过足够时间的专门训练才能实现，并且可能会受到各种因素的影响而出现不同的训练效果。因此，需要对多年训练过程进行系统的规划与设计，科学制订多年训练计划，才能保证运动员的竞技能力实现长期的持续发展。

土耳其举重“神童”苏莱曼马诺尔古（Süleymanoğlu）曾经连续3次获得奥运会冠军。他获得奥运会冠军时已经接受了11年的专门训练，多年科学的训练规划保证了运动员竞技能力的长期发展。占旭刚、穆特鲁等世界冠军的竞技运动生涯也都体现出了具有专项特点的长期训练特征（表10–4）。

表10-4　男子举重世界冠军及奥运冠军的阶段性训练年限

姓名	获得世界冠军年龄/岁	训练年限/年	获得奥运冠军年龄/岁	训练年限/年
唐灵生（中国）	24	10	25	11
占旭刚（中国）	19	9	22	12
迪马斯（Dimas，希腊）	21	11	21	11
弗拉德（Vlad，意大利）	21	11	21	11
穆特鲁（Mutlu，土耳其）	20	11	23	14
苏莱曼马诺尔古（土耳其）	15	5	21	11

资料来源：杨素冠. 优秀举重运动员全程性多年训练的阶段性特征[D]. 北京：北京体育大学，2004.

许多优秀运动员的实践表明，运动员在比赛中取胜的关键是竞技能力的综合表现，而竞技能力的全面提升建立在科学合理的运动训练基础之上。各种训练内容的合理结构、不同阶段训练重点的安排，都需要通过制订多年训练计划来加以科学规划，对运动员训练过程的科学控制是提高训练水平的根本保障。

（二）有序实现竞技能力的全面发展

运动员机体的生长发育具有典型的时间性特征和序列性特征。在训练过程中，构成运动员竞技能力的体能、技能、战能、心能、智能等要素，都有适宜发展的最佳年龄段，因此要抓住各项能力发展的最佳时机，通过相应的训练高效发展各项能力。此外，竞技能力各个要素之间具有紧密的彼此关联，内部结构具有明显的层次性，这就决定了竞技能力的发展具有时间上的序列性。

优秀运动员的训练时间持续多年，涉及的因素多以及彼此之间的关系紧密而复杂，这就决定了需要制订多年训练计划并从整体上规划运动员竞技能力的长期发展过程，由此才能更为高效地提升运动员的专项竞技能力，保证运动员在比赛中不断取得优异成绩。

以竞技体操为例，运动员要想在世界大赛中取得优异成绩，必须掌握高难度的成套技术动作，需要具备高水平的体能水平，还要具有稳定的心理素质。而在历时十几年的训练过程中，要系统安排各项能力要素的有序发展，处理好基本技术与高难度技术的关系，要控制好训练负荷量与强度的合理配比，都需要通过制订科学的多年训练计划来实现（表10-5）。

表10-5　体操运动员多年训练各阶段的训练特征

训练阶段	主要训练任务
启蒙训练阶段	1. 培养体操意识和兴趣，养成良好的训练习惯； 2. 发展协调、灵敏、柔韧性等素质，培养时空感知能力； 3. 进行体操基本动作、基本技术和基本姿态的训练
基础训练阶段	1. 系统进行基本技术训练，熟练掌握“基础难度动作”； 2. 培养女子优美形态、节奏感和表现力，强化美的意识； 3. 增加一般身体素质训练，培养竞技体操专门化感知觉

续表

训练阶段	主要训练任务
专项提高阶段	1.进行专项化身体素质训练，着重提高专项竞技能力； 2.单个动作训练向联合及成套动作训练过渡； 3.培养技术创新能力，发展较高难度动作及潮流难度动作； 4.参加相应级别的比赛，积累比赛经验
最佳竞技阶段	1.根据发展趋势，高标准完成成套动作，进行技术创新； 2.注重身心恢复，加强运动伤病预防与体能恢复； 3.培养坚强意志品质，提高心理稳定性与自我调控能力； 4.加强战术意识训练，提高实战能力及连续比赛能力； 5.女子运动员注意体重控制与形体保持
高水平保持阶段	1.注重技术细节雕刻，加强成套动作的节奏与美感； 2.解决身体和技术训练的主要矛盾，提高综合竞技能力； 3.结合体操规则变化，调整心态，继续参赛

资料来源：韩军生. 我国优秀体操运动员全程性多年训练的阶段划分和阶段性特征研究[D]. 北京：北京体育大学，2006.

二、全程性多年训练计划的主要内容

（一）训练目标设定

运动员的竞技生涯一般持续时间较长，不同项目又有所区别。但是，各个项目运动员参加训练的最终目标，都是全面提高竞技能力进而在比赛中充分发挥并获得优异运动成绩。全部训练活动都是围绕着运动员竞技能力的持续发展和表现而展开的。由于运动员的竞技能力涉及多个要素，其发展又具有典型的发展规律性，因此需要在整体发展目标统一的基础上，有针对性地设定不同阶段的训练目标。

全程性多年训练过程的几个阶段，围绕着训练核心目标展开，并分别承担着一定的训练任务，从基础训练阶段的全面发展、打好基础，到专项提高阶段的提高专项竞技能力，进而在最佳竞技阶段对竞技能力进行整合，达到最佳状态并获得优异的比赛成绩，乃至最后在高水平保持阶段延长竞技寿命直到最后退役（表10-6）。

表10-6　全程性多年训练过程的训练任务安排

训练阶段	主要任务
基础训练阶段	全面发展基本运动能力
专项提高阶段	全面提高专项竞技能力
最佳竞技阶段	创造最佳运动成绩
高水平保持阶段	保持专项竞技水平

在运动员的多年训练过程中，相邻的两个训练阶段总是密不可分的：前一阶段是后一阶

段的发展基础，后一阶段则是前一阶段的发展延续。在系统设定的训练目标和任务体系的指引下，各个训练阶段通过训练内容、方法以及负荷安排等方面的有序安排实现彼此的协调，使得各个区间的多年训练过程共同构成了一个有效提高运动员竞技能力，使运动员获得并保持竞争优势的系统发展过程，实现各个训练阶段之间的统一与紧密衔接。

（二）训练年龄特征

运动员各项身体机能的发育，以及人体生物适应的自然规律，决定了优秀运动员的多年训练过程具有明显的年龄特征。运动员开始参加训练的年龄、进入专项训练的年龄、保持竞技高峰水平的年龄以及竞技能力开始下降的年龄，都有普遍规律，同时又具有典型的专项特点和个人特点。在最适宜的年龄阶段，使运动员处于最佳的专项竞技水平，是运动训练的最终目标，也是决定整个运动训练过程年龄特征的主要依据。

我国著名篮球运动员姚明和王治郅的多年训练阶段划分，是教练员基于运动员机体能力发展的时间性特征所做的总体设计，是对于运动员多年训练过程的系统规划（表10–7）。

表10–7　姚明和王治郅多年训练阶段划分表

训练阶段	姚明		王治郅	
	年度	年龄/岁	年度	年龄/岁
早期基础训练阶段	1988—1993	8 ~ 13	1985—1991	8 ~ 14
专项基础训练阶段	1994—1996	14 ~ 16	1992—1993	15 ~ 16
专项提高阶段	1997—2000	17 ~ 20	1994—1996	17 ~ 19
最佳竞技阶段	2001—2011	21 ~ 31	1997—2015	20 ~ 38

注：参考陈兰波《我国优秀篮球运动员的成长与培养》（2006）整理。

多年来，由于项目特点以及运动训练理论与实践水平的不断提高，在部分运动项目中出现了优秀运动员年轻化以及运动寿命延长的趋向。其中，像体操、跳水、花样游泳、花样滑冰等以完成复杂高难又具有美感的技术动作为主的表现难美性项目，突出地呈现了优秀运动员年轻化的趋向。而像射击、射箭等对运动员心理有更高要求的项目，以及田径、皮划艇等更加强调体能的项目，运动员可在相对更大的年龄表现出顶级水平。

范斌通过对比分析2004—2016年4届奥运会各个项群奖牌运动员的平均年龄发现，体能主导类项群奖牌运动员的平均年龄为25.55岁，技能主导类为22.48岁，技心能主导类为28.57岁，技战能主导类为26.52岁，奖牌运动员的平均年龄存在稍稍增大的趋势（表10–8）。

表10–8　不同项群奖牌运动员平均年龄比较　　单位：岁

一级项群	二级项群	平均年龄	平均年龄
体能主导类	快速力量性	25.75	25.55
	速度性	24.65	
	耐力性	26.26	
技能主导类	难美性	22.48	22.48

续表

一级项群	二级项群	平均年龄	平均年龄
技心能主导类	准确性	28.57	28.57
技战能主导类	隔网对抗性	27.21	26.52
	同场对抗性	26.85	
	格斗对抗性	25.50	

在北京奥运会上获得男女体操团体冠军的中国队的运动员中，6名男子运动员从5岁开始参加训练，经过大约13年的系统训练，在18岁时首次成为世界冠军；而6名女子运动员在5岁左右开始训练，经过将近11年的系统训练，在16岁时首次成为世界冠军（表10-9）。

表10-9　北京奥运会中国体操队运动员训练年限统计

运动员		训练起始年龄/岁	首次成为世界冠军	
			年龄/岁	训练年限/年
男队	李小鹏	5	16	11
	肖钦	5	18	13
	杨威	5	19	14
	黄旭	5	18	13
	陈一冰	5	22	17
	邹凯	5	18	13
女队	程菲	5	17	12
	何可欣	5	16	11
	江钰源	4	16	12
	杨伊琳	5	16	11
	邓琳琳	6	16	10
	李珊珊	4	16	12

我国优秀短道速滑运动员曲春雨7岁开始参加训练，19岁进入国家队，20岁获得世锦赛冠军。2022年北京冬奥会上，25岁的曲春雨与队友一起获得短道速滑男女混合2000 m接力项目的金牌，此时她已经参加了18年的运动训练（表10-10）。

表10-10　优秀短道速滑运动员曲春雨相关信息表

开始训练年份	进入国家队年份	获世锦赛冠军年份	获冬奥会冠军年份
2003年	2015年	2017年	2022年

注：参考曲春雨《我国优秀短道速滑运动员曲春雨备战2019—2020赛季世界杯训练安排研究》（2022）整理。

（三）训练内容安排

在多年训练过程中，主要训练内容根据训练阶段的不同而表现出不同的特点。①基础训练阶段主要在于全面培养运动员的基本运动能力，训练内容以协调能力和基本技术为主。②专项提高阶段和最佳竞技阶段，要发展决定专项竞技能力的首要因素，全面提高专项竞技能力，体能主导类项目主要是发展专项运动素质，技能主导类项目主要是发展专项技能，技战能主导类项目主要是发展专项技能与战术能力，技心能主导类项目则主要是发展专项技能与心理品质。③在高水平保持阶段，则需要把运动员心理稳定性的保持和提高放在训练的首位，延长运动员竞技寿命。与此同时，运动员竞技能力的要素在各个训练阶段中的作用和比重也是不同的。

黄新河（1988）针对技能主导类表现难美性项群的研究指出，运动员的基本动作训练贯穿于多年训练的始终，但在不同阶段训练中所占的比重有较大差别。其中，运动员基础训练阶段中，基本动作训练占比为69.19%，而专项提高阶段则为34.07%。因此，在运动员从基础训练阶段转入专项提高阶段时，一定要保证基本功训练的渐进设计，力求实现两个阶段训练的紧密连接。由此帮助运动员打下扎实的基本功，使他们顺畅地转入下一个训练阶段，为后期运动员的竞技发展提供重要的动力源泉。

场地自行车是一项周期性运动，体能水平对运动员至关重要。但是，运动员的骑行技术对体能的保持与发挥同样具有非常重要的意义。在短距离自行车运动员的技术体系中，起动、站立式骑行是自行车运动员的基本专项技术，也是每个阶段专项技术训练的必要内容。而在全程性多年训练过程的各个阶段训练中，专项技术训练内容的侧重点各有不同，但是起动技术和站立式骑行技术始终是专项技术训练的重要内容。下面以我国高水平女子短距离自行车运动员专项技术训练内容的阶段性安排为例进行简要介绍，见表10-11。

表10-11　我国高水平女子短距离自行车运动员专项技术训练内容的阶段性安排

阶段	专项技术训练内容
基础训练阶段	起动技术、踏蹬技术、站立式骑行技术、途中控车技术、尾随技术
专项提高阶段	起动技术、站立式骑行技术、超车技术、弯道技术、弯道防守技术、弯道进攻技术、慢骑技术
最佳竞技阶段	起动技术、站立式俯冲、超车技术、弯道防守技术、弯道进攻技术
高水平保持阶段	起动技术、站立式俯冲、超车技术、弯道防守技术、弯道进攻技术

资料来源：江永华.我国高水平女子短距离自行车运动员全程性多年训练不同阶段的专项训练手段及负荷特征[J].北京体育大学学报，2009，32（2）：57-62.

在短距离场地自行车项目的比赛中，运动员的骑行速度是决定运动成绩最重要的因素。因此，在训练中提高运动员的专项速度能力是提高专项运动成绩的关键，也是各个阶段主要的训练任务之一。相关研究显示，我国女子运动员在专项速度训练过程中，主要采用小传动比骑行、摩托车牵引等一系列“借助外界条件减小阻力”为主的训练手段，全面提高骑行速度。各个阶段的主要训练手段有所差别，但是又具有共同的特点，整体上体现出了连续性的特征，与各个阶段的训练目标和训练任务的整体设定紧密联系。下面以我国高水平女子短距离自行车运动员专项速度的训练手段及其特征为例进行简要介绍，见表10–12。

表10–12　我国高水平女子短距离自行车运动员专项速度的训练手段及其特征

阶段	专项速度训练手段	特征
基础训练阶段	公路：快频率冲下坡、小转动比骑行 场地：125 ~ 250 m、150 ~ 200 m加速，场地俯冲；100 ~ 200 m、125 ~ 500 m，小传动比俯冲，小传动比骑行；摩托车牵引200 m、250 m	借助外力减小阻力为主，提高蹬踏频率
专项提高阶段	场地：高频率骑行，小传动比骑行，骑行俯冲100 m、125 m、166 m、200 m、250 m加速；摩托车牵引200 m、250 m骑行；比赛时的传动比骑行；加速跑60 m、100 m 公路：快频率冲下坡200 m，下坡小传动比骑行200 m，俯冲100 m、166 m，小转动比骑行	借助外力减小阻力为主，提高蹬踏频率；增加传动比，提高使用较大传动比的能力
最佳竞技阶段	场地：男女100 ~ 500 m对抗，场地多人配合125 ~ 250 m俯冲，高速对抗250 ~ 500 m，尾随男队员；摩托车牵引200 m、100 ~ 500 m、125 ~ 375 m骑行；单人俯冲60 m、100 m、200 m，小传动比骑行，俯冲60 m、100 m，比赛时的传动比骑行 公路：摩托车高速牵引，小传动比骑行，冲下坡	多人配合、男队员对抗，增加难度，制造比赛环境，发展比赛所需要的骑行速度，更接近比赛的要求
高水平保持阶段	场地：摩托车牵引250 ~ 500 m，加速100 m、200 m、300 m，男女100 m、200 m、500 m冲刺，短距离俯冲（100 m、200 m、250 m）；250 m比赛、尾随男队员200 m 功率车：加阻30 s、40 s、60 s的间歇训练	通过场地、功率车等多样化的训练手段，保持专项手段

资料来源：江永华. 我国高水平女子短距离自行车运动员全程性多年训练不同阶段的专项训练手段及负荷特征[J]. 北京体育大学学报，2009，32（2）：57–62.

（四）训练负荷安排

在多年训练不同的阶段，为了实现阶段性的训练目标，需要在训练计划中有针对性地安排适宜的负荷量和负荷强度。其中，基础训练阶段的重点在于打基础，运动员能够承受的负荷有限，需要着眼于运动员的长期发展，合理控制训练负荷。进入专项提高阶段的运动员，需要全面发展专项竞技能力，而且已经可以承受较大的专项训练负荷，要紧密结合专项特征和运动员的个性特点，保证运动员专项能力的全面发展。例如，跳水运动员的专项提高训练就体现了这一特点（表10–13）。

表10–13　跳水运动员专项提高阶段的训练负荷

年龄段	全年训练周数	周平均训练次数	周平均训练时间/h	年平均训练总时间/h	陆上水上训练比例
9 ~ 10岁	46	6 ~ 7	12 ~ 14（业余） 24 ~ 28（跳水学校）	不少于650（业余） 不少于1 000（跳水学校）	6：4
11 ~ 12岁	46	6 ~ 8	24 ~ 28（跳水学校） 30 ~ 35（专业）	不少于1 000（跳水学校） 不少于1 500（专业）	5：5

资料来源：唐玉成，周继红，刘大庆，等. 我国全程多年跳水运动训练过程控制研究[J]. 体育文化导刊，2011（1）：59–63.

在最佳竞技阶段，运动员的身体已经具备承担更高水平训练负荷的能力；为了参加高水平的比赛，运动员往往在训练中要承受更大的负荷。因此，这个阶段训练负荷的安排，接近运动员的负荷极限；也正是在这个过程中，运动员的机体受到了更高水平的训练刺激，竞技能力逐渐达到了最高水平。到了高水平保持阶段，运动员的机能水平开始下降，训练负荷的安排更要根据运动员的个体状况来设计，训练的强度可以保持很高的水平，但是总体的负荷量通常要明显减少。

在对运动员的多年训练进行规划时，对周训练次数的安排也体现着区间性的阶段特征。由基础训练阶段到专项提高阶段，周训练的课次是逐渐增加的；而由竞技高峰发展阶段转入高水平保持阶段，周训练的课次则逐渐减少。举重运动员的多年训练安排就体现了这个趋势，无论是训练天数还是训练时数都有渐进性的变化（表10-14）。

表10-14 世界优秀举重运动员多年训练参数对比表 单位：天

训练参数	训练阶段			
	基础训练阶段	专项提高阶段	最佳竞技阶段	高水平保持阶段
全年训练天数	224	260	280	300
月训练天数	20	24	26	26
全年训练次数	224	370	420	450
全年训练总时数	224 ~ 336	555 ~ 740	840 ~ 1 050	900 ~ 1 125

资料来源：杨素冠. 优秀举重运动员全程性多年训练的阶段性特征[D]. 北京：北京体育大学，2004.

在各个训练阶段中，各类比赛是运动员竞技发展历程的重要组成部分。组织者需要结合各个阶段运动员的发展特点，合理设定比赛的水平和次数等，使得训练和比赛成为有机的统一体。根据《全国青少年奥运项目教学训练大纲3》的要求，我国篮球运动员各个年龄阶段正式比赛的场次有一个框架式的设定，也体现了循序渐进的特点（表10-15）。

表10-15 篮球各年龄阶段比赛场次统计表

项目	年龄/岁				
	7 ~ 8	9 ~ 12	13 ~ 17	18 ~ 19	20 ~ 25
组别	启蒙组	儿童组	少年组	青年组	成年组
比赛/(场·年$^{-1}$)	游戏性比赛	20 ~ 30	30 ~ 40	40 ~ 50	60 ~ 80

注：参考国家体育总局竞技体育司《全国青少年奥运项目教学训练大纲3》（人民体育出版社，2008）整理。

第三节 多年训练各阶段训练计划的制订与实施

一、基础训练阶段训练计划的制订与实施

在运动员的多年训练过程中，每一个特定的阶段都构成一个训练区间。对两年以上的一个

特定时间段的训练过程的设计称为区间性多年训练计划。

（一）训练目标与内容

1. 训练目标与任务

儿童开始参加基础训练的年龄，与运动项目的竞技特点息息相关。为了使有才能的运动员从一开始就能得到系统的科学训练，教练员应该对少年儿童3～5年的基础训练进行统一筹划，制订出区间性的多年训练计划。

运动训练是一个长期的发展过程，运动员专项能力的发展建立在一般运动能力的基础之上。因此，在基础训练过程中，基本任务是发展运动员的多种运动能力；要根据人体机能的发展规律，全面发展基本运动技能，学习和掌握多种运动项目的基本技术。通过多样化的练习和参加初级的比赛，培养运动员的一般心理品质，并相应地发展其基本运动素质。

2. 主要训练内容

在运动训练理论研究和训练实践中，日益重视协调能力的作用，把协调能力看作发展运动员技能和战术能力的基础。儿童时期正是发展协调能力最有效的时期。运动员在基础训练阶段，应将发展协调能力的训练放在首位。在发展协调能力训练内容的配置中，还要注意不同年龄的适宜训练内容。德国学者葛欧瑟认为，儿童从5～6岁起，即可有效地发展节奏感，继而应安排发展灵活性、反应及空间定向能力的练习，9岁起可着力提高其平衡与准确能力。

此外，在发展各种运动素质的训练内容配置上，随着运动员年龄的不断增长，应该按照柔韧性—有氧耐力及反应速度—最大速度及速度力量—最大力量、无氧耐力及力量耐力的顺序进行安排，以实现各项运动素质的有序发展。

为了确保基础训练阶段的训练效果，保证运动员多年训练的系统性，结合竞技体育可持续发展的客观需要，我国相继编写了各个奥运项目的青少年教学训练大纲，此后又结合运动项目的实际情况进行相应的完善。根据各个专项的竞技特点以及我国青少年的生长发育特点，青少年教学训练大纲比较系统地规划了基础训练阶段运动员的训练过程。以青少年男子体操运动员的基础训练安排为例，见表10-16。

表10-16　青少年男子体操运动员的基础训练安排

阶段内容	7～8岁	9～10岁	11～12岁
训练时间/年	2	2	2
全年训练总周数	40	43	45
平均每周训练次数	6	7	7
每周训练总时数/h	15	18	18～20
每个训练组理想运动员人数/人	6～8	6	4～6
每个训练组配备教练员人数/人	1	1	1

注：参考国家体育总局竞技体育司《全国青少年奥运项目教学训练大纲3》（人民体育出版社，2009）整理。

又如，《青少年男子体操教学训练大纲》将7～12岁的基础训练划分为7～8岁、9～10岁、11～12岁3个阶段，强调了专项基础动作的教学方法与组织步骤，设定了各个阶段的训练周数、训练次数、训练时数等，突出强调了各个年龄阶段训练安排的连贯性与整体性（表10–16），为保证青少年运动员竞技能力的持续发展创造了有利条件。

再如，《中国青少年速度滑冰训练教学大纲》也对运动员各个年龄段的训练进行了整体设定，确保青少年速滑运动员的训练取得成效，并促进青少年速滑运动员长期、持续发展（表10–17）。

表10–17　青少年速滑运动员各年龄段训练安排

训练参数	阶段		
	启蒙培养阶段	基础教学阶段	提高训练阶段
年龄/性别	10岁以下（男） 9岁以下（女）	11～14岁（男） 10～13岁（女）	15～18岁（男） 14～18岁（女）
训练时间/min	50～90	90～120	120～150
全年训练周数	40～42	42～44	44～48
周训课次数	3～4	4～6	6～10
年训练次数	120～160	160～200	240～384
冰上/陆上训练比例	50∶50	50∶50	60∶40

注：参考国家体育总局青少年体育司、国家体育总局冬季运动管理中心《中国青少年速度滑冰训练教学大纲》（北京体育大学出版社，2017）整理。

（二）训练负荷与参赛安排

1. 训练负荷特征

训练负荷是运动训练中最基本、最活跃的因素，贯穿运动员训练的整个过程。运动员的形态、机能、素质的改善，专项技术的掌握与完善，战术配合的熟练等，都需要在有节奏的递增负荷刺激下才能实现。基于人体的生物适应性，基础训练的负荷安排要充分考虑少年儿童运动员的承受能力，通过施加比例适宜的训练负荷，促使运动员各种能力产生定向性变化。

在基础训练阶段，安排少年儿童运动员的训练负荷时必须严格遵循循序渐进的原则，使有机体通过"增加负荷—适应—再增加—再适应"的过程逐步产生新的生物适应现象，进而有效地提高运动员的竞技能力。由于少年儿童运动员年龄较小，还处于身体发育的过程之中，身体承受负荷的能力还比较差，过度的负荷会对他们的机体系统造成严重的损害，甚至葬送他们的运动前程，由此需要特别慎重地安排适宜的训练负荷。根据我国的具体条件和儿童训练的组织方式，对于一般基础训练阶段的儿童，以一周2～4次训练，每次1～1.5h为宜；对于进入专项基础训练阶段的少年儿童，则以一周训练4～6次，每次1～2h为宜。

体操运动员是以等级的技术概念来划分技术水平的，优秀体操运动员技术水平的提高是一个长期而艰苦的训练过程，并且具有显著的阶段性特征，反映出运动员从初级训练阶段走向高级阶段的长期发展过程。根据从实践中总结出来的我国优秀体操运动员成长规律，我国教练员对基础训练阶段的负荷进行了有针对性的规划，比较详尽地设定了青少年运动员年度训练的周数、每周训练的次数以及时数等，为有效地控制运动员的发展创造了良好的条件。根据《体操》教材（1991年）的数据可知，初级阶段运动员（男子6~9岁、女子6~7岁）的主要训练任务在于选材和启蒙，每周训练次数基本设定为男子6次、女子4~6次；中级前期阶段运动员（男子10~12岁、女子8~9岁）的主要训练任务是打好专项基础，每周训练次数为男子6~8次、女子6次。

《中国青少年赛艇训练教学大纲》中，对两个训练阶段运动员的训练时间与训练负荷进行了比较全面的设定，体现出两个训练阶段之间的差别以及紧密衔接的特征（表10-18）。

表10-18　赛艇项目青少年运动员各年龄段负荷安排

内容			初级训练阶段（13~15岁）	中级训练阶段（16~18岁）
训练时间	每周训练次数		5 ~ 6	7 ~ 10
	每课训练时间/h		1.5 ~ 2	2 ~ 2.5
	年度训练总次数		200 ~ 250	300 ~ 450
训练负荷	一般与专项比例		6 : 4	4 : 6
	年度专项总量/km		1 200 ~ 2 000	3 000 ~ 4 000
	年度力量训练		90 ~ 130次	130 ~ 135次
			30 ~ 45min/次	45 ~ 60 min/次
			全年70 ~ 80 h	全年90 ~ 130 h
	年度跑步量/km		350 ~ 450	550 ~ 650
	负荷比例	跑步	有氧训练95%	有氧训练95% ~ 90%
			混合训练5%	混合训练5% ~ 10%
		专项	有氧训练87% ~ 93%	有氧训练86% ~ 92%
			混合训练10% ~ 5%	混合训练10% ~ 5%
			有氧训练3% ~ 2%	有氧训练4% ~ 3%
		力量	1.以徒手和最大力量的50%进行 2.速度力量和力量耐力为主的力量训练	1.循序渐进以中小重量耐力和速度训练为主 2.适量的大重量练习需严格控制在75% ~ 90%重量范围内

注：参考国家体育总局青少年体育司、国家体育总局水上运动管理中心《中国青少年赛艇训练教学大纲》（北京体育大学出版社，2017）整理。

2.参赛安排特点

对于青少年运动员，竞赛负荷应该与基础训练阶段的训练负荷保持一致，予以科学安排。由于青少年运动员的竞技能力发展还不够全面，机体能够承担的训练和参赛负荷的能力相对较弱，因此特别要注意竞赛水平和竞赛负荷的循序渐进，更多着眼于促进运动员竞技能力的全面发展，注意结合少年儿童运动员的身体发育与能力发展特点，避免给运动员造成过大的参赛负荷。

在青少年足球运动员的训练和比赛过程中，特别强调顺其自然地发展运动员的专项技能和创造力，严格控制训练负荷，体现出训练次数少、时间短、强度小的特点，以适应青少年足球运动员竞技发展的规律，收到良好的训练成效。参加比赛的场次、时间等都是根据青少年运动员的竞技能力发展特征而进行系统的设定与组织（表10–19）。

表10–19　青少年足球运动员训练和比赛安排

年龄/岁	周训练次数	每次训练时间/min	周比赛次数	比赛时间/（min · 次$^{-1}$）	每年比赛场数	比赛时间占比
10 ~ 12	4	90	–	–	10 ~ 20	50%
12 ~ 14	4	90	2	45	20 ~ 30	50%
14 ~ 16	4	90	2	60	30 ~ 40	50%
16 ~ 18	4	90	4	60	50	60% ~ 70%

资料来源：程公. 拉德足球训练观点及方法[J]. 沈阳体育学院学报，1998（1）：14–16.

二、专项提高阶段训练计划的制订与实施

（一）训练目标与内容

1. 训练目标与任务

经过3 ~ 5年的基础阶段训练之后，运动员的基本运动能力得到全面发展，逐渐进入专项提高阶段。在这个过程中，体操、跳水、花样滑冰等少年项目运动员通常从10 ~ 12岁起，田径、自行车等成人项目运动员从14 ~ 16岁起，开始集中精力发展专项竞技能力。一般情况下，经过4 ~ 6年系统的专项训练，可以使运动员的身体能力得到比较充分的发展，熟练地掌握专项运动技术，并形成适应激烈比赛所必需的心理品质，开始进入最佳竞技阶段。

2. 主要训练内容

在前期训练的基础上，运动员在专项提高阶段首先要发展决定专项竞技能力的主导因素。例如，对于田径、游泳、举重、自行车等体能主导类项目，首先要发展运动员的专项素质，同时要不断完善专项运动技术；对于体操、跳水、花样滑冰等技能主导类项目，首先要发展运动员的技术水平，进一步打好全面的技术基础，其次要继续增强运动素质；对于射击、射箭等技心能主导类项目，以及击剑、拳击、排球、篮球等技战能主导类项目，除了技术之外，心理能力和战术能力也是训练中必须重点发展的竞技能力要素。

中国著名体操运动员、奥运会男子跳马冠军楼云从浙江少体校进入国家集训队的第一年，教练员并不急于让他学习高难度动作，而是特别强调了基本功练习，单杠回环一天要练500个。这种训练帮助楼云打下了扎实的基本功，使他顺畅地转入下一个训练阶段，为后期两次获得奥运会冠军的竞技发展提供了重要的动力源泉。

处于专项提高阶段的举重运动员，需要始终坚持一般身体训练，保持并不断提

升基本运动能力。但是，一般身体训练的比例逐年下降，专项身体训练的比例逐年上升，二者之间的比例大致维持在3：7。土耳其举重神童苏莱曼马诺尔古在12～14岁完成了为期3年的专项提高阶段的训练，其训练任务的核心就是“提高专项技术水平和专项力量水平”。在专项技术训练中，他特别注重体会专项的运动感觉和精确用力的技巧，通过反复练习逐渐形成牢固的动力定型。

我国优秀女子乒乓球运动员世界冠军牛剑锋通过对自身的研究指出，自己13～16岁处于专项提高阶段，每周训练时间合计达到34h。其中，技术训练31h，约占91%；体能训练3h，约占9%。从数据中可以看出，技术训练在乒乓球运动员的训练中受到高度重视，主要原因就在于乒乓球属于技能主导类项目，技术能力从根本上讲是竞技能力的核心，也是运动员职业生涯取得成功的重要基石。

（二）训练负荷与参赛安排

1.训练负荷特征

优秀运动员的训练经历告诉我们，在多年训练过程中，确定适宜的训练负荷节奏具有战略性意义，对运动员竞技能力的长期发展至关重要。进入专项提高阶段，运动员已经具备了基本的身体能力，可以承受相对较大的训练负荷。对此，要紧密结合专项特征和运动员的个性特点；有些运动员的训练负荷可以逐年提高，有些则应波浪式发展。

我国优秀的自行车运动员奥运会银牌获得者江永华研究发现，在专项提高阶段的训练过程中，高水平女子自行车短距离项目运动员的负荷体现出逐渐增加的趋势，为下一阶段的训练打下了重要的基础。从整个4年的发展过程来看，年度负荷呈现波浪式的变化趋势，体现了现代运动训练负荷安排的特点，也保证了运动员竞技能力的持续发展。

根据贾远航的研究可知，冬奥会速度滑冰冠军、我国优秀速滑运动员张虹2000—2008年处于个人竞技生涯的专项提高阶段，训练中重点是提升有氧耐力，目标在于打破个人的速度极限，为后期进入最佳竞技阶段奠定基础（表10-20）。

表10-20　优秀速滑运动员张虹专项提高阶段的训练负荷特征

要素	特点
负荷内容	速度、有氧耐力专项力量及专项技术的训练
负荷强度	大负荷量、高强度训练
负荷特点	重点在动作速度、有氧耐力训练及冰上技能训练

资料来源：贾远航. 我国优秀女子短距离速滑运动员全程性多年训练的阶段性特征研究[D]. 长春：东北师范大学，2018.

2. 参赛安排特点

关于参加比赛的安排，由于运动员还处于竞技能力的全面发展阶段，一方面运动员需要参加一定数量的竞技性比赛，有效促进竞技能力的发展；另一方面，这个阶段运动员所能承受的比赛负荷仍然保持一定限度，需要根据运动员能力的发展节奏，与训练负荷的安排相统一，保证运动员阶段训练的全面发展。一般来讲，参赛安排是以运动员准备和参加一次或一组重大国内国际比赛为单位予以规划和组织实施的，主要参加青年比赛、全国和国际青年运动会等。

三、最佳竞技阶段训练计划的制订与实施

对于高水平运动员来讲，最佳的竞技年龄处于最佳竞技阶段与高水平保持阶段，是创造优异成绩的关键时期。例如，针对4年一届的奥运会和全运会，教练员会安排一个为期4年的训练规划，以便全面备战综合性运动会这种大型比赛，而这4年的训练安排也就构成了一个完整的区间性多年训练计划。

（一）训练目标与任务内容

1. 训练目标与任务

最佳竞技阶段是运动员竞技生涯最重要的训练阶段，在这一阶段运动员竞技能力处于最高水平，要参加各种重大的比赛并争取好成绩。皮划艇运动员费舍尔（Fischer）、羽毛球运动员张宁、射击奥运会冠军王义夫等许多优秀运动员的竞技运动生涯，表明优秀运动员的最佳竞技阶段一般可延续4～8年，有的甚至会更长。

参加重大比赛并争取优异的运动成绩，是运动员在最佳竞技阶段的核心目标。这个阶段的训练紧密围绕重点比赛来规划，运动员集中发展专项竞技能力，同时加强竞技能力的全面发展；在此基础上，运动员还要注意完善对于项目发展规律的认识，提高参赛能力，从而更好地完成各种比赛任务。由于奥运会等重要的大型综合性运动会，其举办多数以4年为一个周期，区间性多年性训练计划也常以4年为单位，进而又分成若干个年度训练计划。

雅典奥运会女子摔跤72 kg级冠军王旭，备战奥运会的4年训练设定为“基础年—积累年—提高年—突破年”，体现了“循序渐进，稳步推进”的特点（表10–21）。

表10–21　王旭备战雅典奥运会的训练阶段与训练任务表

年度	阶段划分		主要任务
	冬训	夏训	
基础年	2000年11月—2001年3月	2001年5月—2001年10月	加强基本功练习，提高技术动作稳定性，提高基础素质水平
积累年	2001年11月—2002年4月	2002年5月—2002年9月	加强身体素质练习，提高身体机能水平，提高综合实力

续表

年度	阶段划分		主要任务
	冬训	夏训	
提高年	2002年10月—2003年5月	2003年6月—2003年9月	加强专项辅助练习，进一步提高技术水平，加强实战能力
突破年	2003年10月—2004年5月	2004年6月—2004年8月	加强针对性训练，提高综合实力，强化实战能力，提高抗干扰和应变能力，做好奥运参赛准备

注：参考《王旭的技术特点及备战雅典奥运会的周期训练安排》（2009）整理。

2. 主要训练内容

处于最佳竞技阶段的运动员需要参加各种类型的高层级比赛，面对日益激烈的竞争环境。运动员需要在持续的比赛中尽可能地保持较高水平的竞技状态，而专项竞技能力必须始终处于最佳的状态。

范斌的研究发现，在2004、2008、2012、2016年4届奥运会中，849名耐力性项目男子奖牌运动员的平均年龄为26.48岁，628名女子奖牌运动员的平均年龄为26.03岁，总体来讲获奖年龄呈现出稳中有升的基本特征，一定程度上反映出耐力性运动员竞技年龄增大的发展趋势，说明运动员的运动寿命有所延长。

2000年与2004年两届奥运会女子跆拳道冠军陈中备战北京奥运会的区间性多年训练过程划分为基础恢复年、专项提高年、竞技突破年3个时期（表10-22）。在备战工作的核心训练阶段，系统规划了训练时间以及训练内容比例，为参加北京奥运会奠定了重要的能力基础。

表10-22 陈中备战北京奥运会的训练阶段与训练比例表

训练参数		阶段划分					
		基础恢复年（2007年6月20日—8月12日）	专项提高年（2007年8月13日—2008年6月22日）				竞技突破年（2008年6月23日—8月23日）
时间/天		54	84	89	77	65	62
训练比例/%	基础能力	60	50	60	40	30	10
	专项能力	30	30	30	30	30	30
	竞赛能力	10	20	10	30	40	60

资料来源：卢秀栋. 优秀跆拳道运动员陈中备战三届奥运会的实践探索[D]. 北京：北京体育大学，2010.

（二）训练负荷与参赛安排

1. 训练负荷特征

运动员进入最佳竞技阶段之后，由于多年承受高强度负荷与参加高水平激烈竞赛的影响，常常出现伤病的问题。因此，在这一阶段训练中，要特别注意细致地安排训练负荷，通常呈现

“波浪式”并保持明显的节奏。为此，需要结合专项训练的关键环节，对训练负荷进行全面的监控和评价。以艺术体操为例，在竞赛期需要全面调控训练负荷，针对专项训练的核心要素进行系统分析与评价。其中，有关负荷量的评价指标主要包括单个动作数量、联合动作数量、成套动作数量以及训练总时间、纯工作时间等。评价负荷强调的指标主要包括高难度动作数量比例、优质高难度动作完成比例、优质套动作完成比例、长套和超长套动作训练效果、心率和恢复期等。

需要指出的是，并不是所有的运动员都能经历个人的最佳竞技阶段。过小或过大的训练负荷、训练内容的选择及其程序安排的不当，都会影响运动员竞技能力的顺利发展，使运动员的竞技潜力得不到充分挖掘和发挥，从而不能在竞技高峰年龄区间表现出个人最高的竞技水平。因此，最佳竞技阶段的训练负荷安排至关重要，而负荷强度则更是直接影响训练效果的关键要素。

在中国举重队备战2008年北京奥运会的最后一个年度周期中，重点运动员的训练以负荷强度为主旋律，体现出“高强度、快节奏、小步子”的特点，负荷强度和负荷量搭配合理，为运动员在奥运会上取得优异成绩打下了良好的基础。

2. 参赛安排特点

在最佳竞技阶段，运动员处于竞技生涯的最重要时期，具备全面而强大的竞技能力，能够承担较大的训练与参赛负荷，而持续参加重大比赛并取得优异成绩，是这个阶段运动训练的重要特征；运动员要参加的比赛次数多、水平高、成绩要求高，这些都对运动员的训练与参赛的协同安排提出了很高的要求，需要结合实际做系统的参赛安排。

2008年中国乒乓球队在年度训练和比赛安排中，充分结合北京奥运会的比赛特点和参赛需要，有针对性地安排了2次封闭性训练，分别持续10周左右，收到了良好的训练效果（表10–23）。

表10–23　中国世界级乒乓球运动员2008年度的训练和比赛安排

日期	阶段	参加赛事	目的
1月6日—3月2日	微缩大周期	斯洛文尼亚公开赛；第49届世锦赛（团体）	加强针对性训练，培养参赛竞技状态
3月3日—6月20日	赛事密集期	奥运会亚洲预选赛、亚洲杯、中国公开赛、日本公开赛、韩国公开赛、新加坡公开赛	提高综合竞技能力，保持较高竞技水平，针对比赛解决个别技战术问题
6月26日—8月24日	微缩大周期	第29届北京奥运会	加强针对性训练，培养良好竞技状态，做好适应性训练，全力参加奥运
9月	调整和恢复性训练	男、女世界杯；中国公开赛	积极恢复调整，适应新规则，尽快投入正常训练
10—12月	联赛期	中国乒超联赛；全国锦标赛；职业巡回赛总决赛；世界冠军总决赛；女子挑战赛	以赛促练，保持技战术水平，解决个别技战术问题

资料来源：赵霞.我国世界级乒乓球运动员高水平竞技阶段的训练特征[D].北京：北京体育大学，2010.

随着世界竞技体育的发展，各类高水平比赛数量增多、水平提升、竞争更激烈，优秀运动员的参赛需求与参赛任务也相应地增多，比赛之间的间隔缩短、备战时间相对减少，这使得科学安排运动员的参赛计划，成为各个项目优秀运动员重点关注的问题之一。焦静娅（2016）的研究发现，世界优秀羽毛球女子单打运动员平均参赛站数为13～17站，参赛场次为41～52场，参赛站数、场次与运动员的参赛成绩没有确定的线性关系，但是参赛数量的多少对运动员的成绩、积分会有一定的影响。

四、高水平保持阶段训练计划的制订与实施

（一）训练目标与内容

1. 训练目标与任务

在度过自己的竞技高峰年龄区间之后，运动员的身体能力开始下降，心理产生疲劳感，对参加竞技比赛、创造优异成绩的激情有所下降；再加上训练伤病积累，以及社会因素的影响，可能使运动员产生退出竞技舞台的想法。实际上，这个阶段的运动员仍然具有全面的竞技能力。尤其是随着现代科技的发展以及在训练中的广泛应用，运动员的训练效率提高，恢复情况良好，伤病预防与治疗的有效性提升，这可以确保运动员的训练系统而有效，在较长的时间里保持相当高水平的竞技水平，进而能够继续参加重大比赛并取得好成绩。因此，在现代竞技体育领域中，日益重视延长优秀运动员的竞技生涯，而高水平保持阶段的训练组织则至关重要，核心目标就在于"保持专项竞技水平"。

2. 主要训练内容

在高水平保持阶段，首先要努力保持和提高运动员的心理稳定性，激励他们继续参加训练、比赛并创造优异成绩的进取动机。在此基础上，根据专项竞技的需要，安排相应的身体素质训练和技术训练，延缓运动员竞技能力的消退。同时，还要加强相关理论的学习，充分利用丰富的实践经验和理论知识，有效地参加运动训练和竞赛，延长竞技寿命。我国优秀射击运动员王义夫曾经6次参加奥运会，2004年在雅典奥运会上再次夺得金牌时已经43岁，这说明心理稳定性的训练非常重要。

乒乓球世界冠军牛剑锋指出，自己在高水平保持阶段（2005—2009年）的综合实力有所下降。为了有效延长竞技高峰的时间，其体能训练基本保持一日两练，训练效率有所提高。而在心理方面，牛剑锋自我感觉训练比较投入，心理压力和紧张感降低，能够客观辩证地对待比赛结果，为取得好成绩提供了良好的思想保障。

奥运会亚军江永华专题研究了我国高水平女子短距离自行车运动员的训练安排，在高水

平保持阶段充分重视运动员竞技能力的全面保持。例如，专项力量的训练手段强调全面性，采用场地练习、公路练习、练习台练习、功率车练习等多种练习手段。在高水平保持阶段的训练中，具体手段主要包括公路和场地训练中的原地和半原地起动、功率车上大传动比的骑行（加挡位）等，次要手段主要包括场地训练中的增加传动比骑行、大传动比起动150～250 m等；辅助手段包括力量器械综合练习（表10–24）。

表10–24 我国女子短距离自行车运动员高水平保持阶段专项力量的训练手段

项目	训练手段类别		
	主要手段	次要手段	辅助手段
具体手段	公路、场地：原地、半原地起动 功率车：大传动比（53：15 ～ 12）骑行（加挡位）	场地：增加传动比骑行、大传动比起动150 ～ 250 m	力量器械综合练习

资料来源：江永华. 我国高水平女子短距离自行车运动员全程性多年训练不同阶段的专项训练手段及负荷特征[J]. 北京体育大学学报，2009，32（2）：57–62.

（二）训练负荷与参赛安排

1. 训练负荷特征

在高水平竞技保持阶段，运动员训练的负荷通常低于专项提高阶段和最佳竞技阶段。运动员更多地根据自我的实际情况，灵活地掌握和控制训练过程。江永华分析发现，女子短距离场地自行车的运动员，在高水平竞技保持阶段的训练负荷仍然保持波浪式的年度趋势，但是负荷总体明显低于最佳竞技阶段，主要是在保持一定强度的基础上降低训练量，力求延长训练和竞赛年限。

贾远航的研究指出，我国优秀速度滑冰运动员张虹在高水平保持阶段的训练任务，主要在于保持高水平的竞技状态；训练中以发展反应速度、混氧耐力和相对力量为主，负荷量度较上一阶段稍有下降，但仍保持训练的大强度。运动员自身竞技水平处于顶峰的后期时，更注意训练的方法与内容，避免受伤的风险（表10–25）。

表10–25 优秀速滑运动员张虹高水平保持阶段的训练负荷特征

要素	特点
负荷内容	一般5月份开始准备训练，进行专项训练、冰上训练、赛前准备等
负荷强度	大负荷量中等强度
负荷特点	重点在最大速度、耐缺氧能力及各项技术相互适应性

资料来源：贾远航. 我国优秀女子短距离速滑运动员全程性多年训练的阶段性特征研究[D]. 长春：东北师范大学，2018.

潘立聪的研究则指出，我国高水平游泳运动员进入高水平竞技保持阶段的年龄平均为男子22.3岁、女子20.6岁。运动员高水平竞技保持阶段的训练安排具有灵活性与针对性特点，训练节奏变化明显，更加注重运动员生理及心理疲劳的恢复。

2. 参赛安排特点

处于高水平保持阶段的运动员，其竞技水平仍然处于较高的水平，具备在重大比赛中取得优异成绩的基础。与此同时，运动员的身体机能稍有下降，同时可能存在伤病，对于训练和参赛都具有一定的影响。因此，这个阶段的运动员结合自身的实际情况，仍然会选定重点比赛，进而紧密围绕重大比赛安排训练和参赛计划，一般情况下年度比赛相对减少，确保在最重要的比赛中处于最佳竞技状态。

第四节　链接区间训练计划的制订与实施

在区间性多年训练的总体设计中，将运动员基础训练阶段与专项提高阶段之间的链接区间简称为链接Ⅰ区；将专项提高阶段与最佳竞技阶段之间的链接区间称为链接Ⅱ区；将最佳竞技阶段与高水平竞技保持阶段之间的链接区间称为链接Ⅲ区。

一、链接Ⅰ区的训练安排

（一）训练任务

基础训练阶段与专项提高阶段在训练目标和任务方面的差别，主要在于一般训练和专项训练在训练过程中的地位。在链接Ⅰ区训练中，最重要的任务在于实现从基础训练阶段的“以全面训练为主”，向专项提高阶段的“以专项训练为主”的转换。

从奥运会女子100 m自由泳冠军杨文意多年训练的周课次安排可以看出，在基础训练的后期逐渐增加训练的课次和训练量，每周训练次数逐渐增加到7次。在进入优秀运动队后，教练员也很重视两个阶段训练的链接，并没有马上增加负荷的课次，第一年每周安排9次课，第二年才增加到10～12次，保证了运动员逐渐适应专项提高阶段的训练，为后期竞技能力的持续发展打下了良好的基础（表10–26）。

表10–26　杨文意早期训练的周课次

年度	1980	1981	1982	1983	1984	1985	1986	1987
周课次	4	6	7	7	7	9	10～12	12～14

注：参考严伟莉《杨文意的早期训练》（1993），聂宜英《对杨文意在上海游泳队期间的训练分析》（1993），周明《论短距离自由泳女子运动员的多年训练与调控》（1989）整理。

（二）训练内容

在链接Ⅰ区的训练中，为了实现运动员从“以全面训练为主”向“以专项训练为主”的转换，要特别注意各项训练内容的整体效果，尤其是一般训练内容和专项训练内容的比例。其中，身体基本运动能力是运动员竞技能力的基础性要素，必须贯穿于运动训练的始终。身体机能和运动素质的差异决定了两个阶段运动员所能承受的体能训练方式有所差异，所采取的体能训练内容也有相应的差别；要求在链接Ⅰ区的训练过程中，重视体能训练内容的循序渐进。例如，难美性项群运动员的基本动作训练要贯穿多年训练过程的始终，但是在基础训练阶段和专项提高阶段的训练中所占的比重有较大的差别。因此，转换阶段一定要保证基本功训练的渐进设计，力求实现两个阶段训练的紧密连接。

（三）训练负荷

基础训练阶段和专项提高阶段的训练负荷差别相对较大。由于运动员生长发育的特点，基础训练阶段的训练强度相对较小。在运动员由基础训练阶段向专项提高阶段转换时，训练负荷的变化比较明显。为了能让运动员适应专项提高阶段的高强度训练，在链接Ⅰ区的区间转换训练中就要特别注意逐渐提高训练的负荷强度；在遵循循序渐进原则的基础上，使运动员尽快适应高强度的专项训练，避免在专项提高阶段的训练中无法适应。

另外，基础训练阶段的负荷节奏变化较小，当运动员进入专项提高阶段时，运动员负荷节奏的变化幅度有所加大，还体现出不同程度的个人特点，有的逐年提高，有的则呈波浪式发展。因此，在链接Ⅰ区的训练中，要注意适当增大训练负荷的变化，一方面通过这种变化增加运动员承受的训练刺激，提高训练效益；另一方面也要提高运动员适应负荷变化的能力，为更好地适应专项提高阶段的训练奠定基础。澳大利亚优秀男子100～400 m自由泳运动员索普（Thorpe）曾经获得5枚奥运金牌，他早期的训练安排体现了从基础训练阶段到专项提高阶段的系统安排与紧密衔接（表10–27）。

表10–27　索普早期训练负荷安排

阶段	年龄/岁	每周训练次数	周游量/km
基础训练	9～10	2次	9岁：2～3 10岁：3～4
	11～12	开始3次，后增加为5次	11岁：4～6 12岁：15～18
专项提高	13～14	7～9次	13岁：20～30 14岁：40～50

资料来源：温宇红. 高水平游泳训练的个性化需求与组织方略[D]. 北京：北京体育大学，2006.

二、链接Ⅱ区的训练安排

（一）训练任务

链接Ⅱ区处于专项提高阶段与最佳竞技阶段之间，训练的主要任务是实现从“提高专项竞技能力”到“充分展现竞技能力创造优异运动成绩”的转换，引导运动员尽快适应持续的大负荷训练。例如，土耳其举重神童苏莱曼马诺尔古曾经连续3次获得奥运会的冠军，运动寿命更是长达23年，他在专项提高阶段与最佳竞技阶段的训练规划就充分体现了运动训练的一般规律（表10–28）。

表10–28　苏莱曼马诺尔古的训练安排

训练阶段	年龄/岁	主要训练任务
专项提高阶段	12 ~ 14	提高专项力量水平 提高专项技术水平
最佳竞技阶段	15 ~ 21	创造最佳成绩

资料来源：杨素冠. 优秀举重运动员全程性多年训练的阶段性特征[D]. 北京：北京体育大学，2004.

（二）训练内容

专项提高阶段与最佳竞技阶段在训练内容上具有相同的序列性，但是在具体内容安排上存在不同程度的差异。其中，日益激烈的竞争使得运动员参赛的心理压力也增大，心理能力对比赛的影响也就更大，很多时候还会成为决定性的因素。在雅典奥运会上，韩国女子射箭运动员朴成贤最后一箭的满环夺冠、美国选手埃蒙斯（Emmons）在男子步枪3 × 40决赛最后一弹憾失金牌等都是典型的例证。

因此，在安排从专项提高阶段向最佳竞技阶段进行转换的链接训练时，需要充分重视两个阶段在心理能、技能训练等方面的差异，在链接Ⅱ区的训练中有意识地加强运动员的心理训练，提高运动员耐受大负荷的能力；另外还要逐渐增加运动员参加较高水平比赛的机会，让运动员在比赛中得到锻炼，提高承受参赛压力的能力。

（三）训练负荷

在专项提高阶段，运动员的竞技能力处于快速发展期，训练负荷大多是逐步提高的。最佳竞技阶段是运动员全程发展的核心环节，也是运动员竞技发展的最高级区间。在这一阶段，运动员所面临的竞技目标以及已经具有的竞技能力要求的训练大强度，这是专项提高阶段的训练强度所不能比拟的。

以举重运动员的多年训练为例，在专项提高阶段的训练负荷主要以中量中强度为主，而在最佳竞技阶段的训练负荷则以大量、大强度为主。因此，在对最佳竞技阶段进行训练规划时，要特别注意负荷节奏的变化，要根据实际情况采取有张有弛的方式，一般情况下采用波浪式或者跳跃式的安排会更为合适。

为此，在链接Ⅱ区的训练中，要有意识地适度加大运动员的训练强度，切实调整运动员的负荷节奏，保证运动员逐渐适应最佳竞技阶段的负荷安排规律，通过Ⅱ区的链接训练引导运动员顺畅地转入最佳竞技阶段。

三、链接Ⅲ区的训练安排

（一）训练任务

处于高水平竞技保持阶段的运动员，仍然具有比较高水平的竞技能力。尤其是近年来各种高科技手段的广泛应用，助力延长优秀运动员的竞技寿命。因此，链接Ⅲ区的训练任务主要在于实现“创造最佳成绩”向“保持竞技高峰”的转换，要考虑如何利用训练的顺畅链接为后期的竞技保持创造良好的条件。

当然，由于竞技高峰已过，运动员承受训练负荷的能力和机体恢复的能力减弱，故高水平竞技保持阶段的训练负荷必然要比前期有明显的变化，同时还要更加重视训练监控与训后恢复，保证运动员不会因为过度疲劳和伤病导致训练的异常间断。因此，在链接Ⅲ区的训练中，需要重点解决的转换问题就是训练负荷的调整与机体恢复问题。

（二）训练内容

最佳竞技阶段与高水平竞技保持阶段同属于运动员的高水平训练阶段，在训练内容方面有较多相似的地方。最佳竞技阶段训练的首要内容是各个项目的主导竞技能力，如体能主导类项目的专项运动素质、技战能主导类项目的专项技战术等，而高水平竞技保持阶段训练的首要内容则是心理的稳定性，由此相应的训练方法和训练手段也会发生一定改变。

因此，在链接Ⅲ区的训练内容安排上，要特别重视心理训练的安排，一方面要提高运动员的心理承受能力和心理稳定性，力争创造好成绩；另一方面要着力减小运动员在训练中的心理负担，激发他们继续投身竞技训练和参加比赛的热情。

（三）训练负荷

由于机体能力的变化，运动员在高水平竞技保持阶段的总体训练负荷通常会低于最佳竞技阶段的训练负荷。链接Ⅲ区的训练更多地要注意结合运动员的实际情况，一方面适当减少负荷量，努力保持较高的负荷强度；另一方面要注意变换负荷节奏，更多采用“波浪式”的安排，必要时还可以采用“跳跃式”的形式，促使运动员在总体负荷水平下降的前提下适应训练负荷的变化，力求取得新的突破。

◎ 思考题

1. 为什么要制订多年训练计划？
2. 基础训练阶段的训练负荷特征有哪些？
3. 最佳竞技阶段的参赛安排有什么特点？
4. 链接区间的训练具有哪些作用？
5. 如何整体设定全程性多年训练的阶段目标？

第十章
主要参考文献

第十一章

年度运动训练计划的制订与实施

本章导读

年度训练计划是多年训练计划的组成，是运动员进行全年度运动训练重要的指导性文件。高水平运动员年度训练计划的主要目的是在全年训练时间内根据该年度参赛特点和任务，在现状诊断的基础上，基于辩证协同思想的运动训练原则，最大限度地提高运动员的竞技能力，力求使运动员在年度重要比赛中以最佳竞技状态取得优异的运动成绩。

在制订年度训练计划时，应做好训练大周期划分，并分为几个训练中周期，安排年度训练计划，以使整个大周期在符合训练时期或者阶段主要任务的前提下更加系统化，保证负荷的最佳动态变化，使各种训练方法合理搭配、教育学作用因素与生物学因素相适应、前后统一，最终提高各种能力和表现。

本章学习目标

1. 了解处于不同训练阶段的运动员，由于不同的年度参赛目标，其年度训练安排的不同。

2. 了解运动员竞技能力水平随着人体生物节律变化的特征，掌握按竞技状态的提高、保持和下降3个时相，将训练大周期中划分为准备期、比赛期和恢复期的规律。

3. 掌握以主要比赛日期为标定点，以“倒计时”充填式方法向训练过程回程方向确定主要比赛阶段和比赛时期，准备期以至完整的训练大周期的方法。

4. 掌握大周期训练计划各阶段的要点，包括各阶段训练目的任务、内容、方法手段及负荷特点。

5. 了解年度训练中的大周期安排数量与运动员比赛数量及重要程度的关系。
6. 了解中周期训练的类型以及板块训练在中周期训练中的特殊性。

第一节　年度训练计划制订的依据

年度训练计划是根据运动员该年度的比赛任务、训练目的等对运动训练过程安排的规划，也是教练员、训练管理部门检查、总结训练情况的重要文件。制订年度训练计划，首先要明确该年度在多年训练过程中所处的位置和基本任务，然后根据运动员现实状态诊断的情况，确定该年度应达到的运动成绩指标、竞技能力指标和运动负荷指标。同时，根据本年度重要比赛日程，对全年运动训练过程进行分期，根据运动员人体生物节律周期变化特点和竞技状态发展规律安排各阶段的训练内容、运动负荷、训练方法与手段。

运动员竞技能力的现实状态是一切计划活动的起点，自然也是制订年度训练计划的重要依据。关于运动员竞技能力的诊断问题，前文已有详述，读者可参照有关章节内容学习，不再赘述。本节着重解析多年训练不同阶段的年度参赛特点和训练目标，以及年度训练过程中人体竞技能力状态的节律变化两个方面的问题，论述其对制订年度训练计划的影响。

一、年度参赛特点和训练目标

年度训练的结构和内容在该年度现实状态的基础上，受该年度所处多年训练阶段的参赛特点和训练目标所制约。例如，在多年训练的基础训练和专项提高阶段中的年度训练安排上，主要目标是在少年儿童全面协调发育和提高健康水平的基础上，为他们将来更安全地进行运动训练创造竞技能力各方面的前提条件，故在年度训练中要相对均衡地完成运动员体能训练、技战术训练和心理训练等方面的任务。这和多年训练的最佳竞技阶段和高水平竞技保持阶段的年度训练安排是有着明显区别的。在最佳竞技和高水平竞技保持阶段中，为了达到最高的运动成绩并顺利地参加比赛，更强调个性化发展的任务，以最大限度地发掘运动员个人能力。结合我国竞技体育的举国体制特点，国内优秀运动员根据全年面临的比赛来安排年度训练和参赛，大致有3种情况：①全年可能参加的比赛是奥运会、全运会或者一年两次的锦标赛、杯赛等，总体上比赛次数比较少，全年训练工作主要集中于备战这些比赛上；②全年参加大约几十场的职业联赛，如足球、篮球等，这样的比赛次数从国内情况来看已属比较多，全年训练工作主要集中在开赛前的备战和持续几个月的赛中训练；③全年参加国际国内10多场重要比赛，间隔时间各不相同，全年训练集中在备战其中一场或若干场重大比赛以创造最高成绩。

（一）基础训练阶段年度参赛特点和训练目标

基础训练阶段是运动员参加运动训练所要经历的第一个阶段，通常为3～5年。每一年的年度训练计划各有其特点，运动员很少参加正式比赛，主要参赛行为是在队内进行完整专项技战术练习、游戏或参加较少的低年龄段的初级比赛。基础训练阶段初期的1～2年，每年的年度训练计划中，不设定相应的年度参赛目标和任务，每个年度训练目标应围绕该阶段竞技能力提高的总任务分解并展开。

例如，基础训练阶段的第一年，可以在提高健康水平的基础上，从培养基本姿势到改善关节的活动度、稳定度以及神经–肌肉控制能力，从掌握基本动作技能（位移技能、平衡技能和操控物体的技能）着手，介绍专项技术和战术。第二年年度计划应当进一步培养这些初涉专项的运动员良好的姿态、适宜的关节功能及较佳的运动模式，使运动员能够经济高效地完成基本动作和专项基本技术。

依据各专项运动员不同的成长特点，基础训练阶段的最后一年（第三年或第四、第五年），为运动员向专项提高阶段的过渡年份，每年的年度训练可以计划参加一些初级比赛，这样有利于运动员一般心理能力的培养并帮助运动员形成对运动项目的完整认识。但不需特意对这类比赛划分大周期并培养运动员最佳的竞技状态，训练负荷量和强度都不宜过大。在训练内容安排上，由于该阶段训练的专项化程度较低，基本技术动作未完全定型，在比赛中神经系统的过度兴奋以及疲劳可能导致技术动作变形。每个年度的体能训练更强调适应环境的健康教育和人体动作功能性的发展，从心肺功能的提高、基本姿态的培养到身体素质的增强，每年都要渐进地进行训练。

（二）专项提高阶段年度参赛特点和训练目标

专项提高阶段一般持续4～6年，经过该阶段训练运动员在各方面开始趋于成熟，已经具备了在比赛中取得优异成绩的基础。但在上一阶段（基础训练阶段）末期和本阶段（专项提高阶段）的第1～2年，在年度参赛和训练的安排上，可以参加同年龄层次的对应比赛，但数量不宜过多，切忌制定较高的比赛成绩目标，拔苗助长。年度参赛安排不一定按照比赛日程，应将比赛视作检查训练效果及提高训练强度的手段，而不以在比赛中争胜负为主要目的。专项提高阶段在第二年以后的年度竞赛安排上，应注意竞赛难度与竞赛负荷的循序渐进，与训练负荷特征变化相一致，避免出现负面效应。在年度大周期安排上，本阶段的运动员大都为在校学生，受每学年学期的限制，往往寒暑假是比赛的集中期，故年度训练计划的分期也具有这种特点，学生考试期间为调整期（一年2次），随后是准备期或比赛期。因此，有些运动学校和业余体校将这一阶段的运动员训练进行年度双周期的分期安排。

专项提高阶段的主要训练目标由一般运动能力训练转向专项竞技能力训练，训练内容以专项需要为导向，以提高专项所需要的竞技能力为该阶段训练的总目标，同时要注重从基础训练向专项训练的过渡。

例如，技能主导类项群运动员的基本动作训练贯穿于全年训练的始终，但是在运动员从基础训练阶段转专项提高阶段时的第一个年份中，应该保证年度训练计划中基本功训练的渐进设计，力求实现两个阶段训练的紧密连接，帮助运动员打下扎实的基本功，使他们顺畅地转入专项提高训练阶段。体能主导类项群要注意一般体能与专项体能的变化。例如，举重运动员一直要坚持一般身体训练。但是，在专项提高阶段中，年度训练计划中一般身体训练的比例逐年下降，专项身体训练的比例逐年上升，至专项提高阶段的后期，二者之间的年度比例大致维持在3∶7。

（三）最佳竞技阶段年度参赛特点和训练目标

最佳竞技阶段的年度参赛特点是使运动员全年以较佳（非最佳）的竞技状态参加持续时间较长的联赛或以最佳竞技状态参加年度重要比赛并取得优异的运动成绩。此阶段年度训练计划的主要目的是在全年度训练时间内根据该年度参赛计划和任务，在现有基础上最大限度地提高运动员的竞技能力，在以重大比赛日程为基本时间线的基础上，按照发展竞技状态的规律性设置和安排年度训练大周期。在最佳竞技阶段的第一年和第二年，参加重要比赛场次不宜过多，以适应调控竞技状态的身体变化和提高对自身状态的感知能力。第二年以后的年度训练可根据参赛次数和性质，合理安排以较佳竞技状态或最佳竞技状态参赛（详见本章第三节）。

最佳竞技阶段的训练目标是整合竞技能力并达到最佳竞技水平，调控竞技状态，以在特定的时间点获得最佳竞技表现，创造最佳优异成绩。这一阶段第一、第二年的年度训练中，运动员应在专项提高阶段的基础上，更加熟练地掌握专项运动技战术，充分挖掘体能潜力并达到高水平专项适应，具备参加艰苦训练与激烈比赛所必需的心理品质。第二年以后的年度训练更加集中于专项竞技能力的主导要素的提高，注重运动员个人特点和运动队团队风格培养，发展运动员“绝招”“必杀技”；在此基础上，还要注意完善运动员对于项目发展规律的认识，提高其参赛能力，从而使其更好地完成各种比赛任务。

这一阶段的年度训练中，要特别注意细致地安排运动员极限训练负荷潜力的挖掘。大周期训练负荷变化同样呈波浪形，有张有弛，保持明显的节奏，但幅度更大。负荷强度是这一阶段影响训练效果的关键要素。最佳竞技阶段的年度训练，运动员不仅要连续承受极限强度训练，还要参加各种重要比赛，对运动员竞技状态的调控是意义重大的训练和科研课题，运动员和管理人员要根据不同的年度参赛目标进行合理的年度训练分期，保证运动员既能在国家需要的重大比赛中发挥最佳水平，又能应付相对较多场次的商业性或职业比赛。比如，职业网球运动员在准备期和恢复期也安排一定数量的高水平比赛，准备期和恢复期称为赛事型准备期和赛事型恢复期。同时，提高运动员的心理耐受能力也是该阶段年度训练重点关注的问题。

（四）高水平竞技保持阶段年度参赛特点和训练目标

随着体能开始下降，伤病的积累，以及生活、社会因素的影响，高水平竞技保持阶段的运动员心理会产生倦怠感，训练、比赛的意愿降低。而实际上，这个时期运动员仍然保持相当高的水平，能够继续在比赛中取得好的成绩，继续为国家或所在地区争得荣誉。高水平竞技保持阶段的运动员年度参赛次数随年龄增长逐年减少，一般可根据需要，有重点地选择参赛；年度训练过程安排、大周期的划分进一步合理化并和参赛策略更加契合，这种安排有助于在全年形成次数不多，但可能更加突出的最佳竞技状态。

在高水平竞技保持阶段，运动员年度大周期安排不宜过多，大周期之间的过渡期可适当延长，准备期功能性训练和康复性手段增多。训练安排灵活多变，最具个性化，更有针对性。年度训练负荷仍然保持波浪式趋势，但是负荷总体明显低于最佳竞技阶段，其负荷特点主要是在保持一定强度的基础上降低训练量，力求延长训练和竞赛年限。除了限制负荷总量的增长以外，可以分阶段地增加竞技能力主导因素的辅助因素训练，如针对体能主导类项群项目运动技战术、赛场经验等的进一步完善等；还可以在训练中改变训练手段和方法的组成，利用不同的训练大周期方案交替等方式减少运动员的职业倦怠感。

在这一阶段，在制订每一个年度训练计划时，设法保持和提高运动员的心理稳定性，以国家荣誉和物质奖励的方式，激励他们继续参加训练、比赛和力求创造优异成绩。同时，运动员应该加强训练理论的学习，充分利用自己丰富的实践经验和所学的理论知识，和教练员充分协商，不断改进年度训练计划，更有效率地参加训练和竞赛，延长自己的竞技寿命。

二、人体竞技能力状态的节律变化

（一）人体生物节律的周期性变化特点

人体生物节律指个体生理和心理功能的周期性变化，是人体一种具有时间性变化规律的生命现象，它周期性地影响人体机能能力的外部表现特征。人体生物节律分为体力节律、情绪节律和智力节律。每个周期分为高潮期和低潮期，从高潮期向低潮期过渡，或从低潮期向高潮期过渡的日期称为临界日。处于不同时期，人体将表现出不同的状况。人体生物节律周期性变化自动调节和控制着人体的行为和活动，认识运动员竞技能力的生物节奏规律，并利用这一规律预测运动员的机能状况和合理安排运动员的年度训练周期十分必要。

1.体力节律

体力节律的周期为23天左右。处于高潮期时，运动员机体各系统技能处于较高的状态，体力充沛，运动能力强。低潮期时，运动员力量、耐力等运动素质相对表现出一种衰退状态。临界日时，运动员则表现抵抗力低、免疫功能差。因此，通常认为在体力高潮期可以进行大运动量、高强度训练，进入大运动负荷阶段；在体力低潮期与临界期，运动员往往出现成绩下降、技术动作变形、发挥失常等情况，教练员应主动调整训练，适度减少运动强度以免造成运动损伤。

值得注意的是，人体是一个统一的整体，各种生物节律均会从不同的角度对人体产生不同性质和不同程度的影响，每种生物节律周期主要影响某一方面的机能状态，但同时对其他机能状态也会产生一定的互补和制约作用。因而每个人体所表现出来的机能状态实际上是各种生物节律影响的综合效应，但其中必有一种或两种是起主导作用的。

2. 情绪节律

情绪节律的周期为28天。人体生物节律中的情绪节律是反映人体精神、心理情绪的，具有很大的主观能动作用和影响力。情绪周期处在高潮期的高峰阶段时，人的行为及对待问题的态度表现为积极和富有建设性。运动员在训练中表现为情绪高涨、精神饱满；而情绪周期处于低谷时运动员情绪低落，精神易疲劳，这时教练员要注意对运动员情绪的调动，耐心做好运动员思想教育工作。

情绪控制是运动员运动训练中非常重要的环节，情绪好坏不仅直接影响训练效果，而且对体力、智力周期起到影响与制约的作用。例如，运动员处于情绪高峰期而体力处于低谷期，体力高峰时能完成的技术动作此刻却不易完成，因此运动员常常在精神、情绪很兴奋的状态，也就是通常说的“假兴奋”状态下，去做一些力所不及的事情，容易产生运动损伤，在这一阶段教练员需要适时调节训练节奏，可以将这一阶段作为调整期或作为进入下一个阶段的过渡时期，防止运动员因体力状况不佳引起情绪波动或自伤事故的发生。

3. 智力节律

智力节律的周期为33天左右，高潮期时人的大脑思维比较开阔，记忆力强，综合、判断、推理、分析能力都处在较高水平状态。智力节律运行到临界期时，人的注意力涣散，思维迟钝，工作中极易出现差错。在运动训练中，运动员的智力水平很大程度上决定了他们在训练中对教练员指导的接受能力和自我控制能力，也决定了他们在比赛中是否能审时度势，熟练地运用在训练中获得的技战术能力，把握战机，夺取胜利。对复杂技术的学习和难度动作的练习，应选择在智力高潮期进行，可以起到事半功倍的效果。同时，在智力高潮期，运动员对教练员部署的技战术贯彻明显优于低谷期，这在一些集体性的项目中尤为重要。因此，教练员必须了解掌握运动员当前智力周期情况，以此来指导运动员的训练与比赛。

（二）运动员竞技状态发展规律

高水平运动员年度训练计划的主要目的是在全年度训练时间内根据该年度比赛特点和任

务，在现有基础上最大限度地提高运动员的竞技能力，力求使运动员全年以较高的竞技状态参加持续时间较长的联赛或在年度重要比赛中达到最佳的竞技状态，取得优异的运动成绩。年度训练计划中，在以重大比赛日程为基本时间线的基础上，按照发展竞技状态的规律性设置和安排年度训练大周期是主要的措施。

1. 竞技状态的定义

竞技状态是运动训练学理论与实践中的核心概念之一，是运动员在训练过程中对其在身体、生理、技战术和心理等方面所达到水平的主观、定性描述。由于人们对竞技状态认识视角的不同，目前，对竞技状态定义主要出现两种不同的观点。

一种是以马特维也夫为代表的观点：竞技状态是指运动员针对取得该训练阶段最好成绩所处的最佳准备程度状态，也被称为竞技状态的“专指”视角。这种最佳准备程度状态具有相对性，在时间维度上是在训练大周期范围内，是在特定阶段存在，在空间维度上则为训练学、生物学、心理学等整体性特征的综合。因此，只有运动员在训练程度及比赛的准备程度上针对比赛的最高成绩达到各个方面（身体、技术、战术、心理等）的统一，才能说该运动员处于竞技状态之中。马特维也夫指出，竞技状态是在训练大周期限度内，经过专门的训练安排，才可能获得的一种针对在重大比赛中获得优异运动成绩的、整体性的最佳准备程度状态。他提倡区别竞技状态与正常的训练程度状态。随着运动员参加系统训练的时间发展，按照适应规律性，其训练程度不断提高，表现出来的状态也不断提升。但这并不是竞技状态，而只是训练程度状态。竞技状态是在已达到的训练程度基础上建造起来的“上层建筑”；训练程度状态是高原，竞技状态是高原之上的顶峰（图11-1）。这一上层建筑（顶峰）不但从层次上比已达到的训练程度（高原）更高，而且是直接针对在重大比赛中获得优异成绩做准备，因而称为最佳准备程度状态。竞技状态的获得需要经过形成、保持和暂时消失的发展演变过程。而且，竞技状态是一种短时间存在的状态。试图长时间保持它不但不可能，而且没有必要，因为竞技状态仅仅针对在重大比赛中以更大概率获得优异运动成绩。

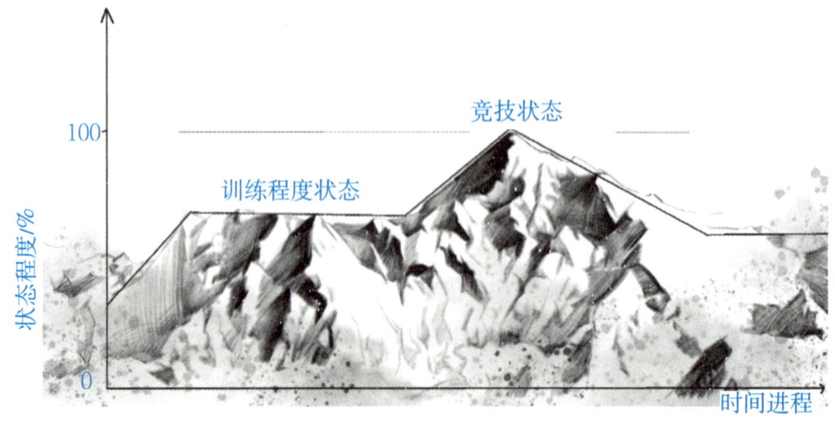

图11-1　竞技状态与训练程度状态的关系

（资料来源：马海峰，吴瑛. 基于“竞技状态”的中国特色运动训练过程安排理论[J]. 上海体育学院学报，2022，46（3）：39-49.）

另一种被普遍接受的是以田麦久为代表的观点：竞技状态是指运动员参加训练和比赛的准备与现实状态。将竞技状态释义为运动员竞技水平的即时状态，即竞技状态所要表达的是运动员竞技能力的状态，无论是比赛时的状态，还是在训练中的状态，都是运动员竞技能力在那个时刻的即时状态，都是运动员竞技能力在不同时段的客观存在。运动员的竞技状态随时存在，有时表现得好，有时表现得差，但都是运动员训练或比赛过程中的一种状态、一种针对比赛最高成绩的准备程度。而运动员在重大比赛中创造优异成绩所处于的最适宜、最理想的参赛准备状态则是最佳竞技状态。最佳竞技状态是指竞技状态的最高阶段，竞技状态是最佳竞技状态的前提和基础。加拿大学者图德·O.邦帕也有着同样的观点（表11–1）。

表 11–1　竞技状态的分类

竞技状态分类	达到上年度本人最高运动成绩的百分比
最佳竞技状态	> 98%
一般竞技状态	96.5% ~ 98%
较差竞技状态	95% ~ 96.5%
很差竞技状态	< 95%

注：译改自BOMPA T O，HAFF G G.Periodization：Theory and methodology of training[M].5th ed. Lower Mitcham：Human Kinetics，2009.

相对于马特维也夫等的最佳准备状态的“特指”定义，这种诠释可以称为“泛指”的释义。其明确指出竞技状态是运动员参加训练和比赛的现实状态，存在于运动训练和竞技参赛的全过程之中，不断地发生着动态的变化，有着不同程度、不同水平的多种表现。因此，竞技状态的发展演变过程也不宜再表述为形成、保持和消失，而应表述为提高、保持与下降3个时段（表11–2）。

表11–2　竞技状态特指与泛指概念表述的差异

类型	定义	发展阶段	程度表述
特指	运动员在训练大周期内获得的针对运动成绩的最佳准备程度状态	形成—保持—消失	有或无
泛指	运动员参赛的准备状态	提高—保持—下降	高或低

注：改编自田麦久《运动训练理论核心概念的界定及认知的深化》（2020）。

因此，“特指”的竞技状态的发展演变过程，也是“泛指”的最佳竞技状态的形成过程。本章所表达的竞技状态，即延续这种泛指的竞技状态内涵。

2. 最佳竞技状态变化的3个阶段与训练大周期

最佳竞技状态是运动员在相应训练大周期中身体、技术、战术、心理等方面针对期望比赛成绩而达到有机统一与和谐，是在一个训练周期（阶段）中连续发展变化的过程。因此，运动训练是运动员竞技状态提高至最佳竞技状态的前提。人体在训练负荷下的生物适应过程，不仅是长期的，也是分阶段实现的。机体对一次适宜训练负荷的反应，可分为工作、适应、恢复和训练效应消失等几个阶段。在更长时间的跨度内，如几个月至一年的训练过程中，运动员机体能力的变化同样经历着不同的阶段，这就是竞技状态的提高、最佳竞技状态保持和竞技状态下降3个阶段。

（1）第一阶段：竞技状态的提高阶段

该阶段主要是通过系统的基础性训练，不断提高决定运动员最佳竞技状态的各种竞技能力，尤其在训练内容、负荷量与强度等方面都必须以提高运动员的综合竞技能力（体能、技战术能力、心理能力、运动智能和思想作风等）为核心，保障提高运动员机体功能可能性总的水平，帮助运动员全面发展身体和心理意志素质，建立与改造必要的运动技能，从而初步形成最佳竞技状态。需要强调的是，随着人们对运动训练本质认识的深入以及为了满足竞技体育发展的需要，这一时期在训练安排，尤其是训练负荷安排中，在负荷量增加的同时应保持适当大的专项负荷强度，以提高运动员的竞技状态。在这一阶段，运动员可能取得一些较好的运动成绩，但不会取得最佳运动成绩。

（2）第二阶段：最佳竞技状态保持阶段

在运动员最佳竞技状态初步形成以后，本阶段的任务是进一步发展和保持最佳竞技状态。一方面，尽可能地继续提高构成最佳竞技状态的稳定性因素中竞技能力各个组成成分，提高各种专项比赛能力，整合与完善已获得的竞技能力组成成分；另一方面，要使已提高的竞技状态保持在一个较佳的水平，在重大比赛时达到最佳竞技状态，并创造优异运动成绩。在这一阶段，总体上的竞技状态保持在一个较佳的水平，但是由于运动员多以不同的目的参加不同等级的比赛，实际上竞技状态会出现一定的波动，往往会围绕参加一些重要的比赛形成几个最佳竞技状态的高峰，而竞技状态的最佳水平应出现在该阶段中最重大的比赛中。

（3）第三阶段：竞技状态下降阶段

运动员不可能始终处于最佳竞技状态。机体在高度的紧张动员之后，必然要进入一个调整阶段，以便在生理上和心理上得到充分的恢复，然后重新动员起来进入新的训练阶段。这一阶段的特点是改变了训练适应性过程的方向，机体的功能制式改为向康复性水平发展。

以上所述的最佳竞技状态包含3个阶段的客观规律性，不仅成为设置覆盖整个发展最佳竞技状态过程的训练大周期，而且成为从训练大周期中划分出准备期、比赛期和恢复期的自然依据（表11–3）。

表 11-3　最佳竞技状态的阶段性发展与训练大周期的时期划分

最佳竞技状态发展过程	生物学基础	训练任务	训练时期
提高	适应性机制： 机体对外界刺激的适应性现象	提高竞技能力，促进最佳竞技状态的形成	准备期
保持	动员性机制： 心理/生理能力充分动员，各系统高度协调	发展稳定的最佳竞技状态，参赛创造好成绩	比赛期
下降	保护性机制： 机体自动停止积极的应激反应	积极恢复，消除心理与生理疲劳	恢复期

注：改编自田麦久等《运动训练学》（2006）。

第一，训练大周期被赋予了发展最佳竞技状态的任务，从时间上它应当覆盖发展最佳竞技状态整个过程所需要的时间。也就是说，训练大周期的设置首先应当遵循发展最佳竞技状态的客观规律，其次才是兼顾具体的比赛日程。

第二，依据最佳竞技状态客观上存在的3个阶段的现象，相应地在训练大周期中划分出3个时期——准备期、比赛期和恢复期。准备期对应竞技状态提高阶段；比赛期对应最佳竞技状态保持阶段，使其出现在重大比赛时刻，力争以最大概率获得优异运动成绩；而恢复期则对应竞技状态下降阶段。

运动员表现最佳竞技状态的构成因素主要包括两类：一类是稳定类因素，主要是指运动员机体在形态、生理、生化和心理潜能方面的状态。这些方面的状态都是通过较长时间形成的，因而相对较为稳定，不易消失，即使几天甚至几周不训练，也不会有明显的、大幅度的下降。另一类是不稳定类因素，主要指中枢神经系统的工作能力，包括运动员的心理、精神和思想状态。这种能力极易受外界因素的影响而发生迅速变化，对临赛前竞技状态及短期和瞬时最佳竞技状态的形成与调控影响很大。这两类因素虽有不同，但却紧密相关。只有在这两方面因素都处于较高水平时，运动员才有可能形成最佳竞技状态。

3. 最佳竞技状态的调控

运动员通过准备期科学系统的训练，其训练水平和竞技能力都得到大幅度提高，初步形成了较佳的竞技状态与创造优异运动成绩的可能性。运动员能否在重大比赛中表现出优异运动成绩，这与他是否在比赛中处于最佳竞技状态有直接的关系。因此，通过科学调控，使运动员在重大比赛或关键场次的比赛中处于最佳竞技状态，也是赛前训练中重要的任务。

（1）运用超量恢复的规律进行调控

实践证明，运动员的机体在大负荷刺激后通过合理的调节所获得能量的超量恢复，是形成体能方面最佳竞技状态的条件。运用超量恢复规律调节竞技状态主要有以下方法。

赛前训练中对运动员进行大负荷刺激，促使机体出现训练适应。这种适应主要包括身体机能的训练适应和神经、心理的训练适应。赛前加大负荷训练的小周期时间安排首先要考虑大负荷训练后的机体恢复的可能性，应根据重大比赛的性质与特点（比赛的重要性、比赛持续时间等）进行合理的安排，一般为2～3 周。赛前加大负荷训练中最重要的是训练负荷量与负荷强度以及训练内容、训练手段的安排。通常以控制训练负荷量和提高训练负荷强度为主，并主要采用专项训练内容和手段。绝不能出现盲目加大负荷量和强度，而使运动员出现过度疲劳的现象。

利用大负荷刺激后的“减量训练”，促使机能出现超量恢复。一般情况下，在大负荷刺激后的恢复阶段，运动员体内被消耗的能源物质含量不仅能恢复到原有水平，在一段时间内甚至出现超过原有水平的情况。教练员可以利用超量恢复这一规律来进行竞技状态的调控。由于运动员接受不同的训练内容和不同训练负荷后，达到超量恢复的时间不同，因此通过科学的设计，使运动员机体各个方面在加大负荷后的超量恢复阶段都能在同一时间内出现，这对于运动员以最佳竞技状态参加比赛，创造优异成绩十分重要。

（2）依据生物节律进行调控

前文提到，生物节律周期性地影响人体机能能力的外部表现特征。人体最佳竞技状态的形成和发展的规律不仅与训练、比赛等外部因素有关，而且与外界的自然节奏和内在的生物因素（生物节律）有关。研究发现，当外界环境发生变化时，人们生物节律的外部表现就会发生相应的改变，即生物节律具有可变性。根据人体各竞技能力的生物节律的变化规律和比赛时间节奏的同步与非同步对应关系，合理地安排赛前训练，使运动员的训练和比赛节奏与自身的生物节律相吻合，也是最佳竞技状态调控的一个十分重要的方面。因此，在赛前训练中，在依据重大比赛的日程合理调控训练负荷与训练内容手段的同时，适当地多安排一些与比赛时间节奏同步的热身赛、对抗赛，有助于运动员自身的各种竞技能力的生物节律变化与重大比赛节奏达到一致，以最佳竞技状态投入比赛。

（3）依据运动员心理和精神状态进行调控

随着现代比赛竞争激烈程度的提高，人们越来越认识到赛前心理和精神调控对运动员形成最佳竞技状态具有重要意义。赛前心理和精神状态的调控建立在平时一般心理训练基础之上，两者相互衔接，缺一不可。赛前心理调控的主要任务是，明确比赛任务和要求，激发运动员良好的比赛动机，使其形成最佳情绪状态，消除赛前过度紧张或盲目自信等不良心理表现，树立必胜信心，培养勇于承受压力和迎战困难等良好的竞争心理状态。

赛前心理调控的主要方法：①采取一系列赛前战术心理模拟训练法等，增强运动员的自信心和比赛欲望；②采用一系列转移性的心理调节方法，如尽量避免运动员接触有关大赛的信息，不要过多地给运动员施加成绩和名次压力，以及让运动员参加一些轻松的与比赛无关的娱乐活动，消除运动员过度紧张的情绪；③在临赛前可采用一些有助于情绪控制和心理调控的训练方法或自我暗示、想象、集中注意力、认知训练等方法，保证运动员以积极稳定的心理状态投入比赛。

第二节　年度训练中的大周期安排特点

高水平运动员通常以年度作为组织运动训练过程的基本单位。在一个完整的年度训练计划中，教练员需要将运动员的训练、比赛、休息等各种工作有序地加以安排，保证各项工作能彼此协同，力争在有限的训练时间内全面发展运动员的竞技能力，使其形成良好的竞技状态，进而在不同种类比赛中创造较佳的运动成绩。

教练员在充分注意年度训练在运动员长期发展中的地位的基础上，根据运动员上一年度的具体发展情况（现实状态诊断），结合后期的发展需求，主要针对运动员本年度的竞技日程和竞技状态提高与发展规律来制订年度训练计划。

年度训练中大周期安排主要应考虑以下因素：①参赛的目的和次数以及具体时间；②运动员最佳竞技状态出现的时间；③训练负荷量和强度的变化及其对竞技状态的影响；④主要训练手段的搭配和安排的时序；⑤恢复的措施和时机等。

一、单周期

年度训练安排中所包含的大周期数量，是反映年度训练周期结构类型的主要内容。将全年训练按一个完整的大周期来组织实施，称为年度单周期安排。年度单周期训练计划中只有一个比赛阶段（或称比赛期），因此运动员全年的训练安排只为一次比赛或比赛阶段内的一组重大比赛做准备，以使运动员在比赛期达到最佳竞技状态。

（一）单周期负荷安排特点

准备期的训练负荷量呈现逐步递进（图 11–2），达到该年度训练的最高峰，负荷强度同样由低到高逐步变化，但增加幅度低于负荷量。无论是体能还是技能，训练效应的产生与保持都要经历一定时间内重复给予负荷，由量变达到质变，因此在准备期主要通过提高负荷量以加大对运动员机体的刺激，最大限度地促进运动员生理与心理适应。

比赛期的负荷变化表现为负荷强度呈阶梯式上升，负荷量下降。运动员机体疲劳后的恢复、训练适应的保持或提高，以及最佳竞技状态的形成，都依赖于赛前训练频率、训练强度和量的合理安排。比赛期负荷强度的增加有利于较高水平地动员各系统，保持准备期的痕迹效应，进一步强化形态——功能适应，同时负荷量的减少使运动员生理和心理疲劳水平降低，神经–肌肉系统得到休整，力求赛前逐步达到最佳竞技状态。

恢复期的负荷量与负荷强度均大幅降低，其目的是消除机体在准备期与比赛期的疲劳积累，可在恢复期增加一些有氧训练，以加速机体的恢复。

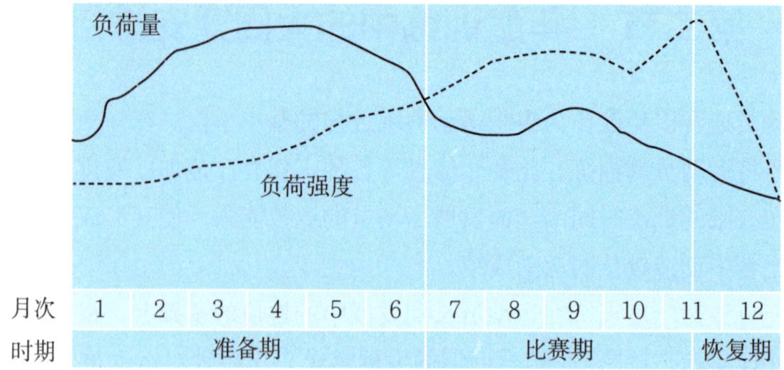

图11-2 年度单周期训练负荷安排模型

马特维也夫年度单周期训练负荷安排模型描绘了一个大的宏观周期。然而，随着比赛日程开始改变，这种单周期方法被扩展为2个和后来的多个大周期，这种扩展提供了比赛增加的频率和全年分布的可能。

（二）单周期安排适用项群和运动员水平

1. 项群

（1）技战能主导类集体对抗性项群

在所有项群中，比赛期是最长的，赛期内运动员（队）的比赛频度也是最高的，年度第一次竞赛与上年度比赛期之间有个较长的时间间隔，但是，这一间隔的持续时间短于年度比赛期。这说明，集体对抗性项群年度周期模式可采用单周期模式，且准备期时间短于比赛期。

（2）体能主导类项群

各年度训练安排中，依不同参赛目的，可采用单周期模式，亦可采用多周期模式。对于田径、游泳、举重等项目，运动员必须通过系统的计划安排才能保持一段时间的最佳的竞技状态，采用单周期的训练安排，通常有利于该类项目运动员在年度最重要的比赛中创造理想的运动成绩。

2. 运动员水平

（1）初学者和青少年运动员

年度单周期训练安排中较长的准备期允许教练员和运动员有足够的时间集中精力对运动员技能和体能进行细致、全面的训练，从而为其成长打下坚实的体能和技能基础。

（2）高水平运动员

应用实例

单周期安排

年度单周期训练安排有利于运动员聚焦奥运会、世锦赛等重大比赛的备战，做好充分的专项能力储备与赛前控制，降低一般比赛对竞技状态的干扰，从而在比赛期获得最佳竞技状态，创造优异成绩。

3. 应用实例

中国女子马拉松优秀运动员周春秀、朱晓琳为了全力备战北京奥运会，她们全年采用单周期的安排。

二、双周期

全年训练按两个完整的大周期组织实施，称为双周期安排。双周期共包含两个准备期、两个比赛期和一个或两个恢复期。在现代竞技训练中，双周期安排是一种较为常用的年度训练安排模式。许多项目的运动员可用两三个月的时间做准备，使总体竞技能力或竞技能力的某一个方面发生明显的改变；并在一个半月至两个月的时间内，参加一系列的比赛，把所获得的竞技能力集中到专项所需要的能力上，逐步从心理、生理及技能、体能等方面培养最佳的竞技状态，在适宜的主客观条件下，把已具有的竞技能力充分地表现出来；再加上半个月至一个月的恢复时期，总共5～7个月的时间完成一个大周期的训练过程。因此，一年可安排两个训练大周期。

（一）双周期负荷安排特点

双周期从结构上由两个较短的单周期连接组成，中间以一个减负荷和准备阶段作为衔接。在两个单周期的训练安排中，第一个单周期的准备时间与训练量高于第二准备期，在我国运动队，通常第一个大周期，即春夏大周期的准备期较长，可达4～5个月；第二个大周期，即夏秋大周期的准备期常常只有一个半月左右。通常第一比赛期所形成的竞赛水平稍低于第二比赛期，竞技状态在第二比赛期达到峰值。

第一个周期的负荷特点表现为准备期负荷量不断上升，负荷强度略低于负荷量的增长，并在比赛期逐渐提高强度，降低训练量。其负荷变化特点与单周期中的准备期相似。

第二个周期的准备期较短，负荷量在准备期前期加大，在准备期后半段转变为少量高强度的负荷组合。在比赛期始终保持较高的负荷强度，负荷量降低，这样的负荷变化降低了运动员准备期的心理负荷，并快速发展与调整运动员竞技状态，使其在第二个比赛期达到峰值。

在比赛期后衔接的一或两个恢复期内，负荷安排的突出特点是降低强度，可根据运动员的具体情况进行少量的训练，对运动员的恢复进行积极调节（图11–3）。

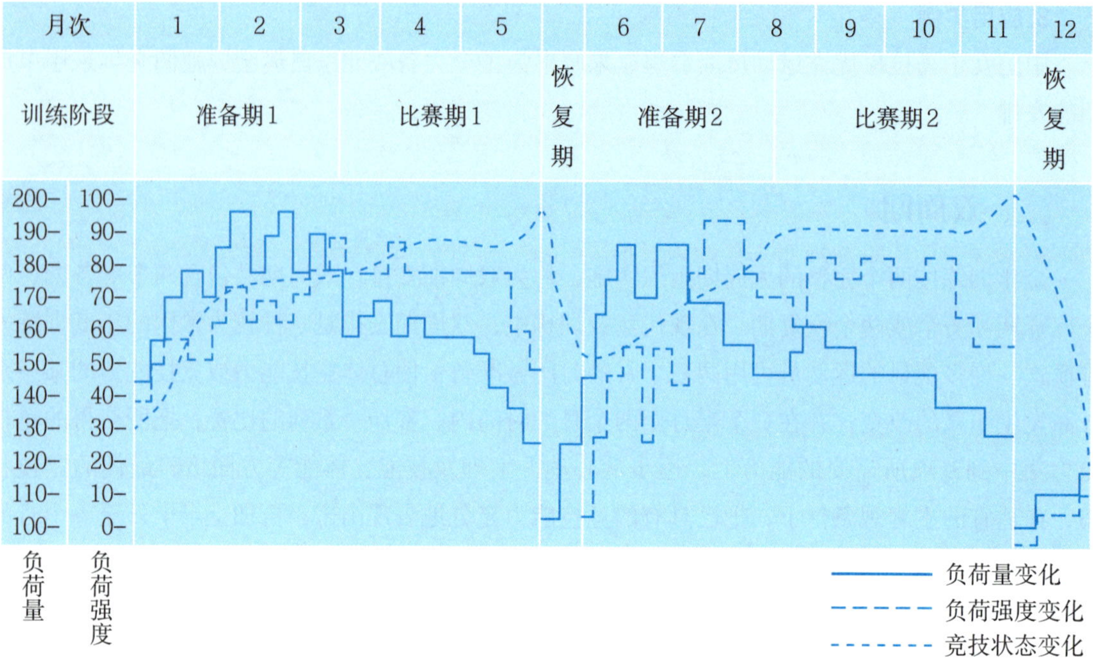

图11-3　年度双周期训练负荷安排模型

注：译改自图德·O. 邦帕*Periodization——theory and methodology of training*（1999）。

（二）双周期适用项群和运动员水平

1. 项群

技能主导类表现难美性项群、技心能主导类表现准确性项群、技战能主导类格斗对抗性项群、技战能主导类个人隔网对抗性项群以及体能主导类各项群运动员训练安排中，可根据不同参赛目的与赛事安排，采用双周期模式。通过两次准备期调控运动员在一个年度出现两次最佳竞技状态。

例如，体能主导类项群运动员竞赛日程主要分布在2～3个比赛期内，第一比赛期为室内比赛期，运动员参赛次数较少，年度比赛主要集中在第二或第三个比赛期即室外比赛期；年度第一比赛期与上年度最后一个比赛期有较长的时间间隔；年度内比赛期之间的时间间隔，速度性项群最短，其次是力量性项群，耐力性项群最长。比赛期内每次比赛平均赛间间隔时间同样是速度性项群最短，力量性项群次之，耐力性项群最长。这提示我们，体能主导类各项群第一大周期的准备期时间较长，第一比赛期持续时间较短。第二大周期速度性项群的准备期较短，比赛期较长，比赛期内比赛频度较高。其次是力量性项群。耐力性项群的准备期最长，比赛期最短，比赛期比赛频度最低。

技战能主导类格斗对抗性项群与难美及准确性项群在年度竞赛日程的分布上有相似之处，所不同的是，格斗对抗性项群运动员年度参赛次数更少，比赛期或比赛间的间隔时间更长，更适合采用准备期长、比赛期短的年度单周期或双周期模式。

2. 运动员水平

处于竞技提高阶段的运动员可适当选择双周期作为年度训练模式，一年内出现两次比赛期的训练安排满足了参加较多比赛的需要，同时较长的准备期有利于该阶段运动员发展专项能力。在实际训练安排中，可适当延长第一准备期的长度，使运动员有充足的时间进行专项基础训练。

应用实例

双周期安排

3. 应用实例

我国优秀跳高运动员张树峰，在他备战2009年全运会的训练过程中，教练员针对全运会预赛和决赛的日程，采用了出现2次最佳竞技状态的双周期安排。

三、多周期

将年度训练分为3个及以上大周期组织的过程，称为多周期训练安排。实施多周期安排的基本条件是，运动员能在2～4个月的时间内，有效地提高或保持竞技能力，并形成良好的竞技状态，把提高或保持的竞技能力在比赛中充分表现出来，转化为运动成绩。这就要求有更为科学的训练方法、更为有效的恢复手段及更为理想的比赛条件，否则达不到理想的总体效果。

年度训练采用多周期训练计划模式，通常把年度最重要的比赛安排在最后一个大周期。在全年多个准备期中，第一个准备期持续时间相对最长，因为，在这一阶段所打下的体能基础将影响到以后的两个周期。而且，在第一个准备期，训练的负荷量可以达到最高，与后面几个准备期相比，第一准备期中负荷量的增加显得尤其重要。

（一）多周期负荷安排特点

在多周期训练计划中，每个周期的训练强度曲线与年度单周期训练计划中的强度曲线相似。在比赛前均出现赛前减量阶段，量和强度曲线均有下降，与全年最重要的比赛相对应，教练员大多将竞技状态的最高峰安排在与当年最重要比赛相对应的周期中。

多周期训练安排中恢复期的主要特征是：调整负荷量与负荷强度，变换训练内容，不安排无氧训练，积极消除生理及心理疲劳，为下一训练周期做准备（图11–4）。

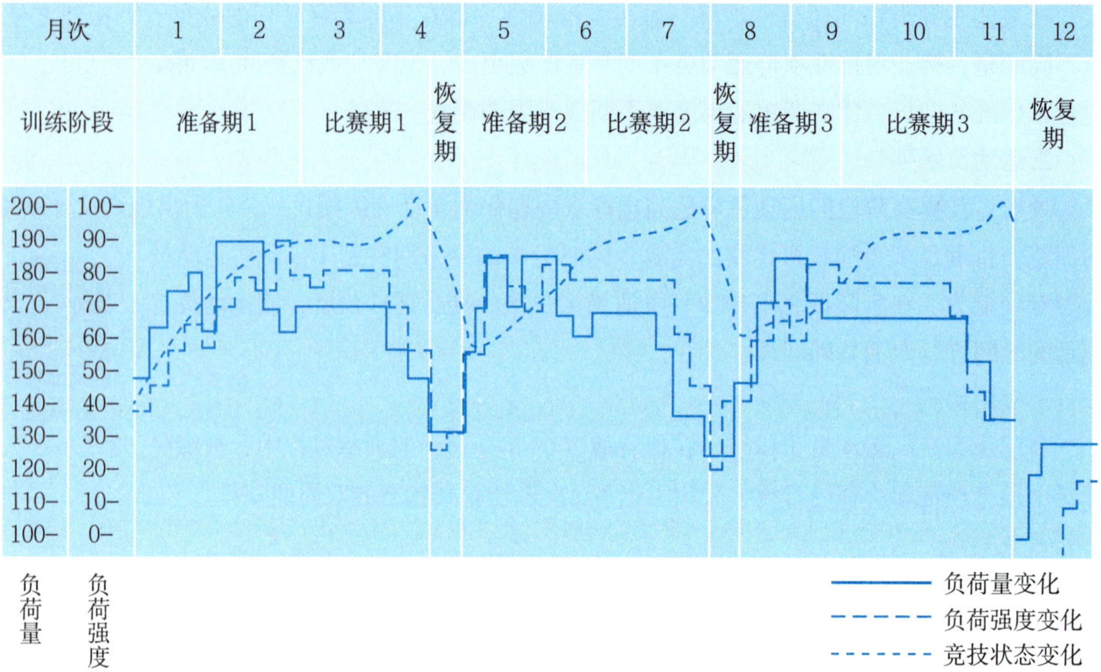

图11-4　年度3周期训练负荷安排模型

注：译改自图德·O. 邦帕*Periodization——theory and methodology of training*（1999）。

（二）多周期适用项群和运动员水平

1. 项群

（1）技战能主导类个人隔网对抗性项群

由于比赛频繁，该项群多采用多周期训练安排。由于年度比赛过多，且比赛间隔时间短，不利于运动员恢复，因此，在年度周期中，大周期数量可以增多，持续时间适当缩短，宜多采用微缩大周期的形式，构成全年度多周期模式。

（2）技心能主导类项群

该项群最佳竞技状态的保持与发展，与运动员的心理负荷及技能状态形成与发展的规律有极大关系。因此采用多周期训练安排，适当增加比赛次数，缩短周期时间，不但有利于丰富运动员的比赛经验，而且对训练也是一种良性刺激。

（3）体能主导类速度性项群

该项群亦可采用多周期模式，有助于运动员在年度多次比赛中获得良好的竞技表现。

（4）技能主导类表现难美性项群

该项群主要是运动员的技能状态决定着其竞技状态总的变化，体能状态在每次比赛中消耗不是太大，恢复起来相对较快，通过专项比赛与训练也可以使体能状态得以较好的保持。因此，该项群年度周期模式存在着向多周期发展的可能性。

2. 运动员水平

处于最佳竞技阶段和高水平竞技保持阶段的运动员，可选择年度三周期或多周期的训练计划模式。一方面，竞赛是训练活动的杠杆，有助于提高运动员的心理调适能力与稳定性；另一方面，该阶段运动员已具备了坚实的专项基础能力和比赛经验，足以支撑他们在全年训练和比赛中多次表现出良好的竞技状态。

应用实例

多周期安排

3. 应用实例

我国优秀女子撑竿跳运动员李玲为在2019年取得世界田径锦标赛参赛资格和2020年东京奥运会比赛资格，将2018—2019年度训练围绕2019年参赛计划进行安排。由于2019年比赛任务较多，因此将全年训练和比赛分为4个周期。

四、均衡型安排全年训练负荷

均衡型安排全年训练负荷的代表人物是苏联功勋教练员、功勋运动员邦达尔丘克（Bondarchuk），他曾经培养出一些世界级的优秀链球运动员，于是以此提出了“均衡型安排全年训练负荷”方案。

这一方案的特点是，运动员训练负荷量和训练负荷强度同步地以一定的份额和节奏渐进提升，至预定的高度后，维持已经达到的负荷量和负荷强度水平，同样维持训练程度的水平（图11–5）。这种安排全年不需要分期，运动员在任意时间都维持着较佳的竞技状态，都可以参加比赛并获得较高的运动成绩。

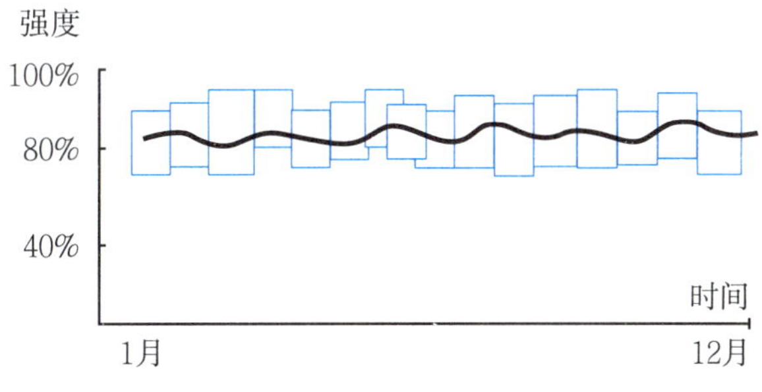

图11–5　年度均衡安排负荷模型

注：参考马海峰、吴瑛《基于“竞技状态”的中国特色运动训练过程安排理论》（2022）整理。

（一）均衡型负荷安排特点

这种全年均衡安排训练负荷具有一定的优势：①可以较长时间保持高水平竞技状态（但不是最佳竞技状态），并保证全年10个月中顺利参赛的可能性；②训练安排比较简单，只需采用较高的负荷强度结合专项的训练手段，不要求复杂的负荷动态和较多的方法手段变化。俄罗斯体育科学院的米哈依罗夫（Mikhailov）曾经以高水平自行车运动员为样本，研究均衡型安排全年训练负荷的成功案例。但是，普拉托诺夫以同样的样本和时间节点为对象进行研究，发现正是由于这些运动员意图在全年度的所有比赛中都创造优异成绩，因此他们在上半年比赛中状态较佳，而下半年的重大比赛中却频频受挫，由此而证实全年均衡型安排训练负荷方案所存在的缺陷，即除了受伤的风险提高之外，由于参赛次数较多，年度重大比赛中获得最高成绩的概率降低。

这一缺陷表明，我国在以“奥运争光”为主要目标、以备战世界锦标赛和奥运会为主要战略的训练过程中，采用全年均衡型安排训练负荷方案是不适宜的，因为这会使我国运动员在参加重大比赛中达到最佳竞技状态、获得本周期中最好成绩的概率大大降低（5%～15%），而且会导致高水平运动员受伤，甚至过早退役。

（二）均衡型安排适用项群和运动员水平

1. 项群

均衡型安排主要适合于体能主导类速度性和快速力量型项群及技战能主导类对抗性项群的项目。

2. 运动员水平

处于最佳竞技阶段和高水平竞技保持阶段的高水平运动员，为了参加全年较多场次的职业比赛和商业性比赛，可以以这种方式安排训练和比赛。

应用实例

均衡型安排

3. 应用实例

中国优秀田径运动员刘翔在2004年获得奥运会金牌后，由于种种原因未按原定周期计划进行调整，在训练中淡化了大周期，强化与细化小周期，频繁参加各类比赛。

第三节 大周期训练计划的基本构成模式

大周期通常是指一个完整的、有计划的、系统的，为达到最佳竞技状态、完成一次或一组重要比赛做准备的训练过程。大周期训练计划为了遵循竞技状态的提高、保持和下降的客观规律，分别组织实施准备期、比赛期和恢复期等训练阶段及与各阶段目标任务对应的中周期、小周期及课时计划。

一、大周期时间的确定

大周期阶段的划分首先取决于全年中有没有重大比赛，或把某一次、某几次比赛作为重大比赛。其次，针对重大比赛，根据发展最佳竞技状态的规律性，计算形成最佳竞技状态必需的时间，从而初步确定划分训练大周期的方案。再次，若是有两次以上的重大比赛，那么从时间上要考虑有无可能为每一次重大比赛都单独设置训练大周期。若是有可能，可单独设置训练大周期；若是没有可能，则需要在同一个训练大周期的比赛期中专门设置一个过渡性中周期，用于短时间“保存（维持）”已获得的最佳竞技状态。最后，对于其他重要性程度一般的比赛，应将其有机地组合到运动训练过程中作为强化、检验训练过程的手段。在这些比赛前无须做专门的准备，仅仅将其作为一堂高强度的训练课。

通过以上步骤，就能够划分训练大周期。其时间的确定通常采用“倒数时”充填式方法，以主要比赛日期为标定点，向回程方向依次确定主要比赛阶段和比赛时期，以及完整的训练周期。

（一）确定主要比赛日期

比赛日期是由竞赛日程予以确定的。重大国际比赛如奥运会常常在比赛前一年就确定了竞赛日程，以便于运动员有计划地组织训练过程。

（二）确定主要比赛阶段

主要比赛阶段是围绕着主要比赛日来确定的。在常规大周期中，主要比赛阶段持续4～6周，在主要比赛日后约一周结束。将主要比赛日安排在主要比赛阶段的结尾是不正确的，这是因为若训练控制稍有不慎，极易出现参加比赛时运动员的最佳竞技状态已经错过的情况。

（三）确定比赛时期

在主要比赛阶段之前加上一个历时4～6周的热身比赛阶段，再与主要比赛阶段相合并，就组成了比赛时期，总时间为8～12周，其间要注意安排必要的热身赛。

（四）确定整个大周期

一个完整的训练大周期由比赛时期前6～12周准备时间、比赛时期后2～4周恢复时间以及比赛时期共同组成，训练大周期的总时间为14～32周，即3.5～7.5个月。

二、大周期训练计划要点

（一）准备期

尽管不同项目的运动员在不同训练阶段的训练计划有着鲜明的个体特点，但从训练计划的总体上看，又都具有许多共同的基本特征。无论采用单周期、双周期、三周期，还是更多的周期；无论是针对备战重大综合性运动会，还是仅仅针对参加国内联赛的大周期来说，第一大周期准备期的持续时间过短（短于2～3个月）均是不适宜的，因为如果在这一准备期中未打好基础，就会影响运动员在全年比赛中达到的竞技状态水平和保持的时间。

1. 训练任务与时间

与运动员最佳竞技状态发展过程的第一阶段相对应，准备期训练的基本任务就是提高运动员的竞技能力水平，并培养和促进运动员最佳竞技状态的形成。

准备期训练的第一个目标是提高运动员的竞技能力水平。通过有计划的训练，促进运动员体能、技能、战术能力、心理能力以及运动智能各方面竞技能力的发展。

由于运动员专项竞技能力结构的发展遵循层次性的规律，其发展和提高必须由低到高、由一般到专项、由局部到整体逐步实现。因此，在准备期，运动员应着重发展基础性的能力水平，消除短板，以便为比赛中创造优异成绩准备良好条件。

在体能方面，在准备期需以强化有氧能力为主的健康水平、改善运动员动作模式和最大力量为主要内容，应有效地发展身体主要生理系统的功能，依序逐步提升生理适应能力。

在技能方面，不同项目对训练的重点有不同的要求。在单一动作结构项目的运动员中，应力求改进基本技术，尤其是影响比赛成绩的关键技术环节，如跳高运动员改变助跑距离、射箭运动员缩短撒放时间等。同时，准备期可安排较为充分的时间打破原有动力定型，应对运动员在训练中出现的不规范、不合理动作进行纠正性练习，如中长跑运动员纠正八字脚、跨栏运动员过栏架时控制臂摆动不到位等。针对多元动作结构项目的运动员，在准备期应在进一步熟练和完善基本技术的基础上力求发展新的技术，其中，体操、艺术体操、跳水和技巧等表现难美性的项目对技术创新的要求更高。因此，这些项目的运动员常常把技术动作的创新作为准备期开始时的主要任务。对于格斗对抗性和隔网对抗性项目来说，技术的改进、新技术的掌握和熟练，都对比赛胜负起着重要作用。因此，这些项目的运动员在准备期非常重视新技术的掌握，如乒乓球的发球和接发球技术等。同场对抗的集体项目中，在准备期首先要着眼于熟练掌握战术配合所需的技术基础，然后由个人技术训练逐步过渡到两三人的配合战术训练，再逐步过渡到全队的整体战术训练。

在一个大周期中，准备期的时间通常是最长的。因此，为了更好地组织训练过程，人们一般把准备期进一步划分为两个或更多的训练阶段，如一般准备期和专项准备期，每个子阶段都有目标，子阶段的目标均指向年度训练计划的总目标。在准备期将要结束时，训练的专项化程度越高，训练的整体性也就越强。

准备期训练的第二个目标是逐渐培养和发展运动员的竞技状态。至准备期结束时，运动员的竞技状态应已较佳，主要表现在准备期前期所提高的基础竞技能力开始向专项需要的方向转化和集中。此时可参加少量比赛，以促进竞技状态的进一步发展。

一般来说，为了实现上述两个目标，准备期的时间不应少于1.5～2个月。全年单周期的准备期可长达5～6个月。双周期安排中，每个训练大周期的准备期又不同，在我国通常第一个大周期的准备期较长，可达4～5个月；第二个大周期的准备期较短，只有一个半月左右。

过长的准备期会加大运动员的心理负荷。经过长时间的单调、枯燥的训练而见不到训练的成效，会降低运动员的兴趣；而且，运动员在训练中所获得的基础竞技能力不能即时转化为专项竞技能力，从而影响获得更高的训练效益。但如果准备期的时间过短，训练负荷给予运动员有机体的刺激不足以引起有效的变化，进入比赛时期后，即使在适宜的比赛条件下充分表现出已有的竞技能力，也只是保持原有的水平而已。

2. 训练方法手段和负荷

准备期的体能训练以持续训练法和间歇训练法为主，这两种训练方法的特点是负荷量较大，负荷强度较小。

准备期的技战术训练，多以分解法为主，有时间进行纠正性练习、基础运动模式练习、神经-反馈刺激练习等。由于拥有较充足的时间，在破坏了原有的动力定型之后，依然可以达到重建动作功能、优化动作模式的效果。运动员应首先着力于改进或完善技术中主要存在的问题，然后在这一基础上逐步向完善技术过渡。

同理，在战术训练中，为了掌握和发展新的战术配合，运动员要安排相应的时间进行个人技术训练，以便为配合战术训练做好准备。从战术活动的整体来看，这种预先进行的个人技术训练也是一种分解练习。这种分解练习主要安排在准备期进行。

（二）比赛期

1. 训练任务与时间

比赛期的训练任务包括：发展运动员的专项竞技能力，培养运动员最佳竞技状态并使运动员在比赛中充分发挥这两个方面。

在准备期训练的基础上，进入比赛期后运动员的第一个任务应努力发展专项的竞技能力。各项目的运动员此时此刻都应把对自己竞技能力影响最大、表现最集中的方面置于训练的首位，把最主要的精力用于发展这些能力上去。例如，中长跑运动员的专项耐力、手球队的集体战术配合、乒乓球运动员在实战中发挥技术特长的能力、体操运动员完整套路练习的一次成功率等。

比赛时期训练的第二个任务，也是最重要的任务，就是做好充分准备，激发最佳竞技状态并参加比赛，最大限度地发挥自己的已有水平，创造优异的运动成绩，达成全年预定的训练目标。

为了保证训练任务的完成，比赛期的时间一般也不应短于一个半月。运动员要在准备期训练的基础上进一步发展专项竞技能力，特别是要在重要比赛中创造优异的成绩，则必须经历一定数量的比赛，才有可能抓住利于激发出最佳竞技状态的机遇，充分发挥自己的竞技水平。而最佳竞技状态受着许许多多可控的、半可控的和不可控因素的影响。因此，即使运动员的训练程度状态十分理想，希望在一次比赛中就提高成绩或打破纪录，其成功的概率也不是百分之百的。

重大比赛，特别是奥运会、世界锦标赛和世界杯，运动员比赛的成败有着重要的社会意义和深远的影响。因此，教练员和运动员都全力以赴，在掌握可控因素的基础上，尽最大的努力减少半可控因素及不可控因素的影响，以期取得比赛的成功。

2.训练方法手段和负荷

比赛期发展体能主要采用重复法，发展技能主要采用完整法，并较多地采用比赛法，以便综合地发展与竞赛密切相关的体能、技能、战术能力、心理能力和运动智能。同时，仍要根据需要适当地运用间歇训练法及分解训练法。

延续时间较长的比赛期中，运动员在连续参加了大量比赛的情况下，要特别注意组织好赛间训练。体能主导类运动项目赛间训练的主要任务，在于对运动员的竞技状态进行积极的调节，使运动员从上一组比赛或上一次比赛的疲劳状态下恢复过来，重新聚集力量，以理想的体能状态投入新的比赛。同时，对上一次或上一组比赛中所发现的问题进行分析，利用短暂的赛间间歇，力求在短时间内能使局部的问题得到有效的改善，获得新的训练效应。

从计划的安排上要注意做到以下几点：

其一，安排好负荷的节奏，使体能状态在比赛时期处于超量恢复阶段。

其二，技战术的掌握达到高度熟练和自动化，但又不因过多的专项技战术练习导致中枢神经系统对专项技术动作的超限抑制和重复泛化。

其三，通过适当的热身赛和其他适应性比赛，激发运动员的竞赛欲望，而又不因过多的比赛引起运动员的厌烦，甚至对比赛的恐惧。

其四，采用各种措施（包括训练方面、社会方面、宣传方面等）激励运动员的进取动机，但又要避免造成过高的激活状态。应使运动员保持适宜的兴奋性水平，以求既能最大限度地动员机体潜力，高水平地参加比赛，又能保持高度的自控能力，有效地排除内外消极因素的干扰。

比赛期负荷强度大而负荷量较小。负荷的变化主要表现在以下几方面。

其一，对于可客观测量的体能主导类项群（田径、游泳、举重、速滑等），训练的速度、高度、远度、负重量增加，而重复次数、训练的时间则明显减少。

其二，对于将多种动作组成固定的套路去参加比赛，并力求获得较高评分的技能主导类表现难美性项群（体操、武术套路、跳水、花样游泳、艺术体操、技巧、蹦床等），成套练习的比例增加，而单个动作的练习数量则大大减少。

其三，对于以对手身体为攻击目标的一对一技战能主导类格斗性项群，实战练习的比例增加，而无对手的个人练习的比例减少。

其四，在个人能力的基础上依靠密切配合而表现出来的集体竞技能力决定胜负的同场对抗性项群（篮球、排球、足球、冰球、曲棍球、手球）训练中，两三人的配合训练、全队配合训练和实战训练的比重增加，个人技术练习的比重较少。

其五，心理稳定性对比赛有重要影响的技能主导类表现准确性项群（射击、射箭）训练中，实射的比例增加，对运动员造成巨大心理负荷的训练和比赛增多，而各种空枪预习、白靶射击等训练则大大减少。

（三）恢复期

1.训练任务与时间

运动员在几个月的紧张训练和比赛中，无论心理还是生理上都长期处于高度动员状态，而这种状态是不可能无休止地持续下去的。有机体的保护性机制会提出进行休整调节的强烈要求。训练大周期的恢复时期或称过渡时期，就是为满足这一要求而组织实施的训练阶段。

恢复手段可分为自然恢复和积极恢复两种。恢复时期所要求的不是单纯的休息或睡眠式的自然恢复，而是保持一定训练活动的积极恢复。通过负荷内容、量度、组织形式及训练环境的改变，达到从心理上和生理上消除疲劳的目的。

恢复时期的另一项重要任务，是认真总结全年训练的经验与教训，并制订下一周期的训练计划。

恢复时期的时间与训练大周期的长短有着密切的联系。单周期训练安排中的恢复时期，应持续1～1.5个月。双周期训练安排中的每一个周期的恢复时期，应持续2～3周。

2.训练方法手段和负荷

为了达到恢复的目的，在恢复时期宜以游戏法、变换法为主进行训练。这些练习能较大提高运动员的兴趣，运动员在新的环境以新的组织形式完成新的内容和练习，其中枢神经系统会得到良好的调节，同时又能保持一定的体能水平。

恢复时期训练负荷的突出特点是要降低练习强度，可以根据运动员的具体情况保持一定的训练量。因此，在训练中多采用持续训练法，如慢速越野跑、较长时间的球类运动、自行车远行及划船等。

第四节 中周期训练计划的分类与特点

训练大周期由若干个训练中周期组成，中周期由若干个小周期组成，而小周期则由若干个训练日和训练课组成。中周期既是一个相对独立的周期，也是大周期与不同小周期训练的一个重要中间环节。

中周期持续时间为3～6周，一般为4周。按中周期来安排训练过程，可使训练过程在符合训练时期或者阶段主要任务的前提下更加系统化，保证负荷的最佳动态变化，使各种训练方法合理搭配，教育学作用因素与恢复措施相适应，从而前后统一地发展各种素质和能力。

一、不同类别的中周期安排

（一）中周期类型与不同安排特点

中周期可以分为导入中周期、基础中周期、检查中周期、赛前中周期和比赛中周期5种。

1. 导入中周期

导入中周期的主要任务是逐步引导运动员有效地完成专门的训练，完成一般和全面的体能训练任务，提高各种耐力系统的能力；并采用一定数量的专项训练练习，选择性地完善快速力量素质和柔韧性素质，达到较佳的竞技状态水平。

2. 基础中周期

在基础中周期进行以提高运动员竞技能力为主的训练，发展机体功能性、身体素质和代谢供能能力，提高技战术和心理能力。其训练特点是手段多样化、训练量与强度大，广泛地采用大负荷训练课。

3. 检查中周期

在检查中周期，整合运动员在以前的训练中获得的能力，即进行整体的训练，以帮助运动员适应比赛活动的特点。在这段时间，训练过程的特点是广泛地采用最类似于比赛动作的专项练习和供能方式，以及战术和心理训练。

4. 赛前中周期

赛前中周期用于消除运动员在训练过程中表现出的一些小的缺点，提高其技术能力，激发其最佳竞技状态的出现。为此，在赛前中周期中心理训练和战术训练占有特殊的位置。依据运动员临近赛前中周期的状态，训练要完成赛前减量的任务，可能主要安排适合于进一步提高专项训练水平的负荷小周期，或者促进恢复过程的减轻负荷的小周期，防止过度疲劳的发生。

5. 比赛中周期

比赛中周期的数量和结构取决于运动项目特征、运动装备、专业等级和训练程度等方面的特点。相应的比赛，比如在周期性运动项目中，一般包括2～3个月的比赛时期。在这段时间内，通常安排2～3个比赛中周期。在球类等其他项目中，相应的比赛时期很长（高水平运动员的参赛期可达10个月），在此时段可安排6～8个比赛中周期，一般是与其他类型的中周期交替安排。

（二）中周期训练安排中的小周期构成

不同的中周期类型，从所在中周期的任务出发，在运动员训练中可采用不同的小周期和手段：包括保证可持续性的大负荷训练小周期、提高训练程度个别方面的训练小周期、整合训练小周期，以及为在大负荷小周期之后的恢复训练小周期。那种同时完成专项训练任务的小周期也被广为采用。各种小周期的总负荷可在很宽的范围内波动。这取决于所采用大负荷训练课的数量和运动员机体在负荷后的恢复过程，包括小周期之后或者训练课后几小时甚至几昼夜的恢复情况。后继小周期可能在负荷后已恢复的情况下进行，也可能在出现疲劳的情况下进行。

应当注意，现代高水平运动员的训练，尤其是在与耐力表现有关的比赛项目中，在最大负荷的训练阶段各小周期的负荷使疲劳逐渐加深。这就要最大限度地动员机体机能系统的能力，对运动员的心理也提出了更高的要求。但是在几个小周期之后（其中每个小周期都由于前个小周期引起疲劳加深）才会出现严重的影响，这时必须安排降低负荷的小周期，以使运动员的机能能力得到恢复，从而保证有效进行适应过程。如果对此忽视，就会不可避免地导致身体和神经系统的过度疲劳。

但是，这种每个小周期性的负荷逐次积累的中周期，只有高水平和训练有素的运动员在多年训练中的最佳竞技阶段和竞技保持阶段才能采用。在青少年运动员多年训练的最初阶段，这种负荷方式是禁用的。这个阶段的中周期应当采用总负荷不同的各种小周期相交替，以使当前的带有大负荷或次大总负荷的小周期，能在前次负荷之后运动员机能能力恢复的条件下进行。选择小周期的类型、它们的总负荷及搭配特点也取决于中周期的类型（表11–4、表11–5）以及运动专项的特点。

表11–4　多年训练不同阶段基础中周期内小周期（星期）的负荷累积和组合

多年训练阶段	小周期（类型级负荷累积）			
	小周期1	小周期2	小周期3	小周期4
基础训练阶段	诱导的中等负荷（不安排大负荷训练）	强化的大负荷（2次大负荷训练课）	强化的较大负荷（1次大负荷训练课）	恢复的小负荷
专项提高阶段	诱导的中等负荷（1次大负荷训练课）	强化的大负荷（3次大负荷训练课）	强化的较大负荷（2次大负荷训练课）	恢复的小负荷
最佳竞技阶段	强化的大负荷（4次大负荷训练课）	强化的大负荷（3次大负荷训练课）	强化的大负荷（6次大负荷训练课）	恢复的小负荷

资料来源：普拉托诺夫. 奥林匹克运动员训练的理论与方法[M]. 黄签名，张江南，郭鹏程，等译. 天津：天津大学出版社，2014.

表11–5　不同阶段中周期内小周期（星期）负荷累积和组合（适用于高水平运动员训练）

周期类型	小周期（类型级负荷累积）			
	小周期1	小周期2	小周期3	小周期4
诱导型	诱导型中等负荷（没有安排大负荷训练课）	诱导型中等负荷（1次大负荷训练课）	强化型较大负荷（3次大负荷训练课）	恢复型小负荷
基础型	强化型较大负荷（4次大负荷训练课）	强化型较大负荷（3次大负荷训练课）	强化型较大负荷（5次大负荷训练课）	恢复型小负荷
测验准备型	强化型较大负荷（5次大负荷训练课）	恢复型小负荷	强化型较大负荷（5次大负荷训练课）	恢复型小负荷

续表

周期类型	小周期（类型级负荷累积）			
	小周期1	小周期2	小周期3	小周期4
赛前型	强化型较大负荷（4次大负荷训练课）	强化型较大负荷（2次大负荷训练课）	诱导型中等负荷（1次大负荷训练课）	恢复型小负荷
比赛型	诱导型中等负荷（1次大负荷训练课）	比赛型训练负荷小，比赛的负荷取决于比赛的水平和安排	恢复型小负荷	比赛型训练负荷小，比赛的负荷取决于比赛的水平和安排

资料来源：普拉托诺夫. 奥林匹克运动员训练的理论与方法[M]. 黄签名，张江南，郭鹏程，等译. 天津：天津大学出版社，2014.

近年来的经验表明，在中周期内大负荷训练阶段与相应的恢复阶段之间必须严格协调配合。同时，应当考虑这种阶段的延续时间及其中每一小周期的负荷量度：如果在突击小周期的负荷量度越高，那么在恢复小周期的负荷量度就越低；如果大负荷阶段越长，那么实施恢复的时段也应越长。在一个中周期安排2～3个强度特别大的小周期的情况下，安排一个恢复小周期，对于运动员机体充分地恢复和有效地适应往往是不够的。这种恢复小周期可安排2次，甚至在运动员准备比赛时可安排3次。这样中周期的时间可能延至5～6周。

在技战能主导类同场对抗的球类项目中，中周期安排也有其特点。其比赛时期的跨度可达8～10个月，既要安排结构很规范的比赛中周期，也要安排把基础训练、检查训练、赛前训练和比赛等中周期任务集于一身的综合性中周期。在紧张的比赛活动中，安排的是纯粹的比赛中周期。有时一周会安排2～3场正式比赛，同时每周小周期的任务与内容都排他性地服从于面临比赛的直接准备，并要保证赛后的恢复。在比赛较少的阶段，中周期内各个小周期都具有复合的性质，既有对比赛的直接准备，也有赛后的恢复、解决技战术和心理训练等方面的问题。

雅科甫列夫（Yakovlev）实验计划了短距离游泳运动员的赛前中周期训练内容，安排了4个小周期：休克型、恢复－维持型、冲击型、恢复型，每个小周期持续7天。赛前专项训练的重要方面是按周和日分配负荷（量和强度），以及选择降低负荷的模式（图11–6）。正是在赛前中周期中完成了专项训练和速度的主要部分，才决定了最终的成绩。选择赛前降低负荷的模式对于安排赛前中周期是十分现实的问题。波浪型降低负荷替代了以往实践中使用的平稳型降低负荷的方式。

赛前训练第1小周期的内容主要是在大强度和次最大强度区间内的专项训练，在整个小周期中，这一方向指导着大部分负荷量的安排。针对提高速度力量性耐力和非乳酸无氧能量保障系统的供能量进行基本训练。雅科甫列夫等认为，要在恢复运动员功能可能性的背景下实施各个带大负荷量的小周期。为了避免运动员身体和心理的过度疲劳，在比赛开始前，在带大负荷量的小周期之后必须有一个“卸负荷”（恢复型）的小周期。

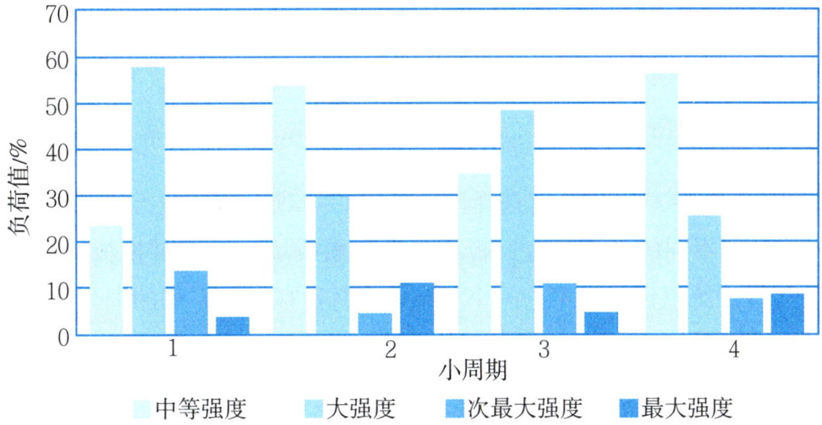

图11-6　游泳运动员在赛前中周期中各强度区间的负荷值

二、板块学说和中周期安排

（一）板块学说的起源与发展

“板块”一词首先出现于维尔霍山斯基的《训练过程的程序化和安排》一书中。在高水平运动员的训练中，应当在一个阶段中集中使用单方向负荷作用于发展某一方面能力，并在循序的各个阶段中依次发展各方面能力，而不赞成平行地使用各种不同方向负荷去解决一系列任务。集中使用某单一方向负荷的阶段即称为“板块”，如最先也最多使用的力量负荷板块，以及后来的专项身体训练的支持性板块、集中专项身体训练的专项负荷板块。有时，板块既指优势性负荷方向，如专项身体训练负荷、速度性和技术训练负荷、比赛负荷；也指训练阶段，如基础阶段、专项阶段和主要比赛阶段。

板块训练理论的核心在于对运动员关键身体能力的集中刺激与深度发展，强调竞技训练的集中效应。训练过程根据运动员能力发展的适应性变化来安排，通过训练课的重点刺激实现运动员机体适应性水平的提高，由此实现竞技能力的持续发展。但应强调，板块系统仅针对高水平运动员而设计。

板块训练理论遵循以下原则：

①生物学成分优先原则。该原则特别强调在遵循机体对紧张肌肉活动的适应规律性基础上安排训练。

②专项身体训练优先原则。该原则特别强调在某些训练阶段中集中使用单一方向负荷的专项训练手段。

③技能优先原则。该原则强调提高运动员的速度并在比赛条件下有效利用它。

④负荷叠加原则。该原则要求遵循前一负荷的适应痕迹循序地施加强度更高和

更专项化的训练作用。这样，前一负荷为随后负荷对机体更有效地作用提供了形态功能基础的保障；后一负荷则在更高的强度水平上解决自己的特殊任务，并进一步发展机体的适应成果。

板块训练理论着重在3～4周内有选择性地确定1～2项素质或能力加以集中训练，使其得到突出性发展。根据不同的训练任务，板块分为积累板块（A）、转换板块（B）和实现板块（C）。3种板块组合训练以比赛结束为一个完整的训练阶段，一系列的训练阶段组成一个周期（图11–7）。

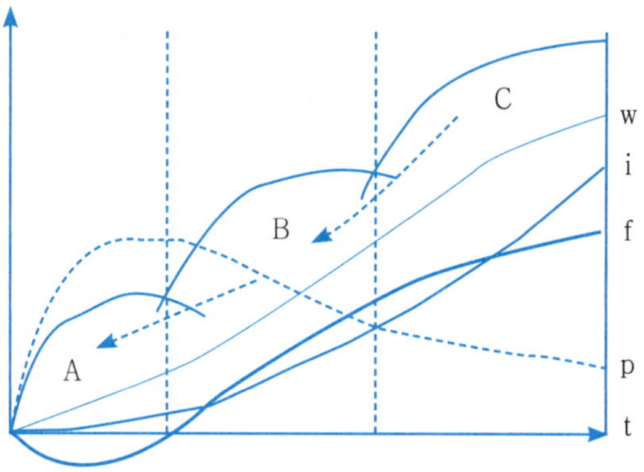

A、B和C—负荷板块；w—机体工作的外部强度；i—训练负荷强度；
f—机体的功能状态；p—训练负荷总量；t—训练时间。

图11–7　训练板块系统的原则性模式

图11–8更清楚地表达了板块类型和数量及中周期的关系，其中准备期可以由若干目标不同（集中负荷解决同一目标）的积累板块（A）和转换板块（B）构成，以实现板块（C）参加比赛。

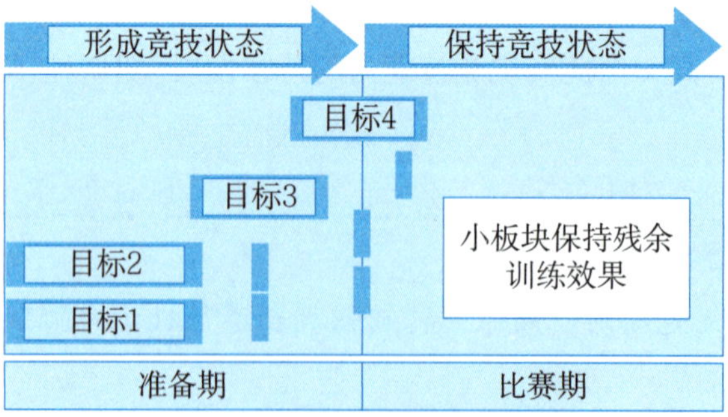

积累（A）	转换（B）	实现（C）
集中负荷	正常训练	竞技状态

图11–8　伊苏林（Issurin）基本板块模型

（二）板块周期是中周期安排的一种类型

高水平运动员在加强定向竞技能力训练中，可以在特定时段采用板块模式安排训练。板块结构也逐渐融入年度训练的周期安排之中，成为可供运动员选择运用的训练结构模式之一。哈夫（Haff）博士指出，板块周期是一种最优化的训练分期模式安排训练顺序的方法，接近于训练分期理论的中周期。中周期应该具体到包括每周的训练和每天的训练，必须经过精心设计才能保证质量。因此，哈夫博士提出，一个中周期板块训练的能力是建立在前一个充分打好基础板块之上而逐渐发展的，板块和板块之间有一个合理顺序。由此可见，板块设计理念的实质是训练分期理论中的中周期训练的特殊深化和发展（表11–6）。

其中，积累板块（A）注重大负荷量、低强度的一般训练；转换板块（B）是高强度、低量的专项训练；实现板块（C）是减负荷的比赛准备训练。积累板块中，板块理论注重特定子能力的发展，而且加强对起到调节和辅助作用的能力的训练。例如，在特定有氧耐力训练任务下加入无氧乳酸能力、力量耐力和最大力量的训练；在发展糖酵解能力的同时，加入无氧力量耐力和有氧恢复练习等。同时，板块理论针对性强，即练习与专项紧密相关的素质或能力，使其在适宜强度、连续刺激下发展，并结合专项转化训练。

表 11–6 板块和中周期的特征比较

分类	文献中别名	持续时间	特征
积累中周期		1 ~ 6周	①大训练量和训练负荷 ②具备最长训练痕迹效应 ③疲劳水平最高 ④提高一般健康水平 ⑤为下一阶段板块打基础
积累板块（A）	集中板块、负荷板块、发展板块、一般板块	12 ~ 30天	①训练量大而强度小 ②训练基本动作和技术能力 ③主要发展有氧能力、肌肉耐力、最大力量、一般协调性等
转化中周期		2 ~ 4周	①强化积累期的训练 ②产生相对较短的训练痕迹效应 ③提高训练准备的质量 ④高强度训练可能导致疲劳积累
转化板块（B）	常规板块、竞赛板块、强化板块、专项板块	12 ~ 25天 最理想3周	①适宜的负荷训练，注重专项化和训练强度 ②高强度训练几乎未充分恢复，导致疲劳积累
实现中周期		8 ~ 14天	①减小训练负荷 ②继续提高训练准备质量 ③促进恢复 ④提高竞技水平 ⑤整合前2个板块的训练痕迹效应

续表

分类	文献中别名	持续时间	特征
实现板块（C）	高峰板块、减量板块、恢复板块、竞赛板块	8～14天	①减量上强度，消除疲劳促进恢复，注重比赛能力的准备 ②整合前2个板块的能力，综合准备 ③主要发展最大速度和快速能力，为最终的专项做准备等

中周期和板块周期除了积累期的持续时间分别为1～6周和12～30天有一定差异外，另两个持续时间一致，尤其是实现期阶段减量完全一致。两者的训练趋势也一致：积累期大负荷量的一般训练，为后期打下基础；转化期主要是大强度专项化训练，疲劳积累加大；实现期减小负荷促进恢复，整合前两个板块的后效应，提高比赛准备质量。因此，就某种程度而言，板块周期是训练分期理论中一种较优化的中周期模式，而赛前中周期更类似于板块周期。两者在设计思路和训练目的上有一个共同点就是：提高赛前训练质量，调整运动员适时出现最佳竞技状态。

两者的不同之处在于：运动分期理论中的中周期强调通过一体化方式，有逻辑地、系统地、有序地组织运动训练各要素，以使运动员适时出现最佳竞技状态；板块周期则强调高度专项化集中安排训练负荷。

以中周期为基本结构的板块分期训练模式对赛前减量训练理论的研究和发展具有重要影响，其赖以为基础的痕迹效应同样也是调控运动员赛前竞技状态的重要依据，它的积累、转换、实现以及核心训练课和微型板块等训练单元在操作层面上为赛前训练注入了新的内容。板块理论根据生物适应原理，集中时间突出发展1～2项与专项紧密相关的能力，并且穿插一些起辅助、促进作用的其他能力训练，紧密结合专项的训练，能较好地促进高水平运动员竞技能力的提高。面对当今频繁的体育赛事，运动员应有选择、有目的地参赛，做到“以赛带练”“以赛促练”；在保证全年训练安排的条件下，板块训练可以作为中周期安排的一种类型穿插在大周期训练安排中，成为发展运动员特定竞技子能力的手段。

◎ 思考题

1. 谈谈为什么将训练大周期划分为准备期、比赛期和恢复期。

2. 对竞技状态定义两种不同的观点，谈谈你的看法。

3. 结合一个运动专项，谈谈如何调控运动员的最佳竞技状态。

4. 以举国体制为特点的我国竞技体育运动训练过程，在安排年度训练计划时，应重点注意哪些问题？

5. 对处于基础训练阶段和专项提高阶段的青少年运动员，在安排年度训练计划时，适合大量采用板块中周期安排吗？为什么？

第十一章
主要参考文献

第十二章

周课运动训练计划的制订与实施

本章导读

本章分两节，第一节全面系统讲授了周训练计划是如何制订与实施的，第二节讲授了课训练计划应该如何制订、组织。周课训练计划作为落实年度训练计划和阶段训练任务的操作性方案，是运动员日常训练活动的主要依据。第一节介绍了不同类型周训练计划的使用要求；不同类型周训练计划的内容、方法手段；各种类型周训练计划的任务，周训练计划的结构以及周训练计划负荷安排的要点；并以案例的形式对基本训练周、赛前训练周、比赛周、恢复周以及康复训练周的计划内容进行了说明。第二节介绍了不同类型课的任务、特点及要求，详细说明了课计划中准备部分、基本部分、结束部分的内容及要求，并对课计划负荷安排进行了阐述。需要说明的是，本章介绍了一些成功的、仍然行之有效的经典案例，同时介绍了伤病以及存在伤病风险的运动员如何安排训练的案例。

本章学习目标

1. 全面理解制订周训练计划的必要性、重要性。

2. 理解不同类型训练计划与全年训练计划的关系，能够清晰回答各类周训练计划的任务。

3. 理解各类周训练计划的特点，能够掌握制订各类周训练计划的步骤；清晰训练计划的内容，能够根据人体各种能力形成规律、恢复规律以及运动项目对能力要求、竞赛的特点制订训练计划。

4. 能够运用所学的知识分析所制订训练计划的科学性、针对性。

5. 能够根据训练中遇到的问题科学、合理地调整训练计划。

第一节 周训练计划的制订与实施

早期，欧洲一些国家开始明确规定，每7天之中安排一天为休息日，称为星期日。像人类社会的各种活动一样，作为一个基本的时间单位“星期”也在运动训练中被广泛使用。从生物适应的角度讲，人通过长期的自然选择，逐渐形成了与环境适应的生理和心理状态，即人类有机体以7天为一个单位形成了自身运动的节奏。例如，作为有机体内许多生化过程重要调节器的肾上腺皮质激素，其分泌水平在7天内有着精确的、周期性的变化。

周训练是组织训练活动极为重要的基本单位。运动训练周期学说中的“小周期”也基本上持续一周时间。但是，为了在不同情况下更好地准备和参加比赛，有时在赛前训练和两次比赛之间的训练中，会对一周训练的时间跨度做出必要的调整，时间在4～10天，或表示为7±3天。

一、周训练计划的构成要素

在训练实践中，教练员根据训练对象全年训练计划的要求、运动员的训练任务，有计划、有目的地组织小周期训练过程，并结合运动队或运动员的实际情况确定周训练计划的类型及任务、结构，确定具体的训练方法、手段和负荷。

（一）周训练计划的类型

运动训练学者对周训练计划做过多种分类。鲍艾尔斯费尔特（Bauersfeld）和施洛特（Schlote）将周训练划分为准备小周期、基础负荷小周期、提高成绩小周期和积极性休息小周期；安东诺夫（Antonov）和阿罗赛耶夫（Arosyev）将小周期划分成基础小周期和调整小周期；马特维也夫将小周期划分成基础小周期和补充小周期，然后进一步把前者又分为训练小周期和竞赛小周期，把后者分为竞赛准备小周期和恢复小周期。进入21世纪后，随着运动训练科学化程度的不断提高，人们对训练的认识越来越全面、准确、深刻，表现在训练的专业化程度不断提高，在基础训练小周期中出现了针对受伤可能风险和功能缺陷的一般准备补充小周期和针对运动员急性伤病出现时的急性伤病训练小周期（图12-1）。

随着训练的科学程度和训练专业化程度的不断提高，实践对训练要求的精细化程度也越来越高。最明显的问题是运动员受伤后如何训练？有这样一些不同的案例：美国职业篮球运动员2017年选秀状元富尔茨（Fultz）膝关节损伤14个月后于2022年重返美职篮赛场，但被严格限制上场时间。乒乓球运动员刘诗雯东京奥运会前肘关节手术后，经过康复治疗、纠正性训练、功能性训练、指向性训练几个阶段科学安排，其竞技能力基本恢复到高水平。有些高水平的运动员受伤后，顾虑恢复的时间、效果等因素采用保守的方法应对伤后恢复，而影响到比赛能力的恢复。有些运动员受伤后，只是针对病痛安排训练，而没有在对造成伤病的原因进行系统评估的基础上，全面、系统地进行具有针对性的纠正训练或功能训练，而急于进行专项训练，结果可能产生重复性伤病（没有进行纠正训练）或产生新的伤病（没有进行功能恢复训练），致使竞技能力不能恢复到受伤前的状态，甚至运动生涯结束。还有许多运动员忽略针对伤病调整训练内容计划，进而影响运动员训练计划及整体训练目标的达成。研究显示，现代训练中，运动员伤病后的训练安排和预防伤病的功能训练安排已成为保证运动员高水平训练和延长运动生涯的重要内容。

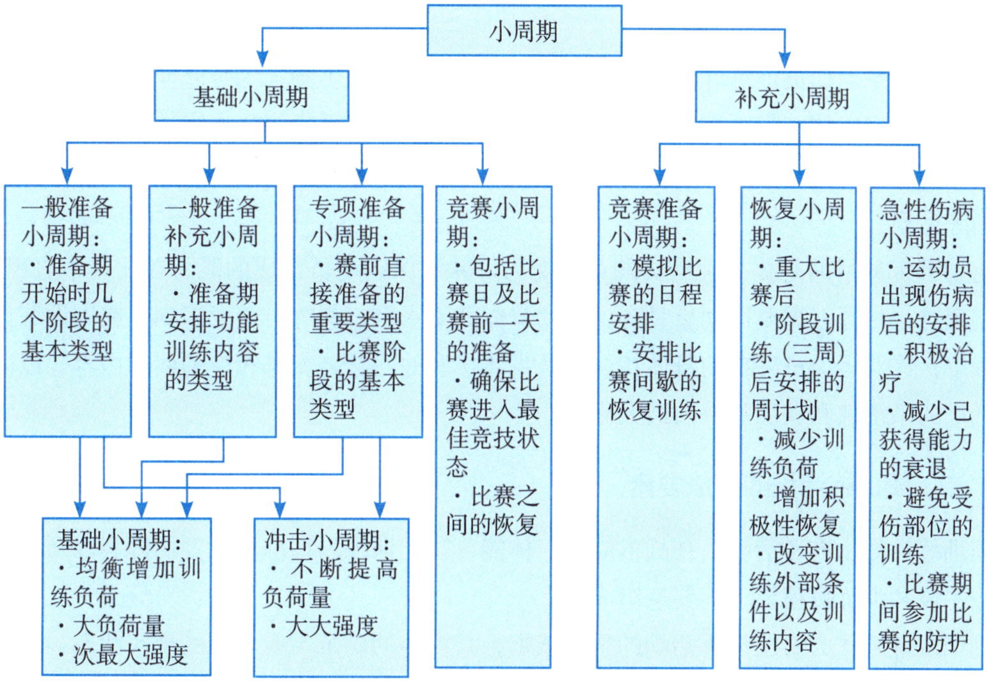

图12-1　小周期的类型及其特征

注：依据田麦久等主编《运动训练学》，人民体育出版社，2012年版改编。

世界著名体能训练、康复性训练专家迈克·鲍伊尔给出了准备期小周期一周4次的力量训练方案（表12-1）。从表中可以看到，周训练计划中围绕传统基础力量内容，增加了包括核心（髋关节）、上肢、下肢动力链的功能训练内容，这一安排的目的是消除和降低运动员可能发生的伤病风险。

表12-1　准备期力量训练内容

第1天	第2天	第3天	第4天
爆发性/奥林匹克举 抗伸展核心训练	配对组： 水平推举 上肢灵活性训练	爆发性/奥林匹克举 抗伸展核心训练	配对组： 上斜推举 上肢灵活性
配对组： 髋关节主导 垂直拉	配对组： 垂直推举 上肢灵活性/稳定性	配对组： 髋关节主导 垂直拉	配对组： 水平推举 髋关节灵活性

续表

第1天	第2天	第3天	第4天
三组式： 膝关节主导 水平拉 抗旋转核心	三组式： 核心杂项 抗旋转核心 负重行走	三组式： 膝关节主导 水平拉 抗旋转核心	三组式： 核心杂项 抗旋转核心 负重行走

资料来源：鲍伊尔. 体育运动中的功能性训练：第2版[M]. 张丹玥，王雄，译. 北京：人民邮电出版社，2017.

现代高水平运动员训练计划的制订是以项目的主教练为主导，综合体能、康复专家以及机能评估的结果完成的。需要特别注意的是，主教练员应高度重视康复专家提出的训练建议，将康复训练内容纳入周、课训练计划之中整体设计，并针对急性伤病进行风险评估，及时调整整体的训练计划。

运动训练的目的是提高运动员的竞技能力，并确保运动员形成的能力在比赛中表现出来。为了实现这一目标就需要运动员具有良好的身体健康水平。教练员应意识到，在周训练计划制订过程中，针对运动员存在的身体功能以及身体伤病的问题需安排相应的训练内容，以确保运动员训练的系统性和训练效果的最大化。

（二）周训练计划的构成要素

周训练计划由准备活动、技战术能力、体能、智能训练、训练后恢复的内容以及相应的训练方法手段和训练负荷要求等要素组成。

周训练计划作为实施训练活动的重要依据，其内容的确定与运动员的现实状态、运动训练的阶段密切相关。其中，体能师负责提出速度、力量、耐力等素质的训练建议和计划；康复师负责提出运动员动作控制（运动中关节稳定性和动力链）和伤病风险存在的问题及解决方案，也就是负责运动员训练中疼痛和可能出现损伤问题的训练安排；主教练则负责选择和确定整体训练计划的内容和安排（表12-2）。

表12-2　制订运动训练计划参与专家情况

类别	目的	诊断内容	制订计划涉及专家
运动训练计划	提高运动成绩； 提高竞技能力（运动能力）	体能、技战术、心理+功能评估	主教练+体能师+技战术分析专家+生理生化专家+运动康复师
康复训练计划	采用有效手段促进运动员伤病的积极恢复； 尽量减少各种能力的损失	避免手术后粘连等术后综合征； 消除炎症； 进行非伤病部位力量等素质的训练	主教练+运动康复师
功能训练计划	提高运动表现并降低受伤的风险	功能测试： 动作表现评价	主教练+体能师+运动康复师

每个项目训练负荷的确定均有自己的计算方式，有的用距离表示，有的用训练时间表示，有的用重量表示，有的用完成动作的数量表示，但可以发现，各个运动项目训练的负荷量已经趋于稳定（表12–3）。

表12–3 不同运动项目1975—2000年训练量的变化

项目	训练量	1975年	1985年	2000年
体操（女子）	每周基本训练/次	3 450	6 000	5 000 ~ 6 100
	每周常规训练/次	86	86	150
赛艇（女子）	每年训练距离/km	4 500	6 800	6 500 ~ 7 000
击剑	每年训练时间/h	980	1 150	1 100 ~ 1 200
足球	每年训练时间/h	460	560	500 ~ 600
游泳（100 m）	每年训练时间/h	980	1 070	1 000 ~ 1 040
拳击	每年训练时间/h	960	1 040	1 000 ~ 1 100

资料来源：邦帕，布齐凯利. 周期训练理论与方法：第6版[M]. 曹晓东，黎涌明，杨东汉，等译. 北京：人民邮电出版社，2019.

（三）周训练计划的任务

根据训练任务及内容的不同，将周训练安排分为基本训练周、赛前训练周、比赛周、赛间训练周、恢复训练周以及功能训练周6种基本类型（表12–4）。为适应不同任务而制订的各种相应的周训练计划，也表现出明显不同的负荷变化特点。但同时运动员伤病的频繁发生越来越干扰到训练的系统性。虽然伤病的发生原因是多方面的，但其中运动员伤病的风险和伤病后的功能训练已经逐渐被高水平教练员纳入日常训练中。但从理论上如何看待功能训练、如何安排功能训练并没有进行科学回答，致使教练员难以在实际制订训练计划时系统、科学地安排相关内容。

表12–4 不同训练类型周训练计划及其主要任务

周型	主要训练任务
基本训练周	通过特定的程序和反复练习使运动员掌握和熟练专项技战术，以及通过负荷的改变引起新的生物适应现象，提高运动员的多种竞技能力
赛前训练周	使运动员的机体适应比赛的要求和条件，把各种竞技能力集中到专项竞技中去
比赛周	为运动员在各方面培养理想的竞技状态做直接的准备和最后的调整，并参加比赛，力求实现预期的目标
赛间训练周	消除比赛后生理、心理上的疲劳，促进机体的恢复，进行针对性的技战术训练，完成紧接而来的比赛任务
恢复训练周	消除运动员生理和心理上的疲劳，促进超量恢复的出现，激发运动员强烈的训练动机，使其准备投入新的训练
功能训练周	促进运动伤病的恢复，改善运动员动作功能障碍，降低运动员受伤的风险

注：依据田麦久等主编《运动训练学》（人民体育出版社，2012），补充编制。

（四）周训练计划的结构

制订周训练计划的一个重要问题是安排多少次课。周训练课安排的次数与运动员的水平和年龄密切相关，通常刚开始接触项目训练的青少年周训练安排3～4次课（表12-5），这种安排的目的是学习基本技术、开始接触基本身体素质的训练，更重要的是培养初学者的兴趣。随着水平和年龄的提高，周训练的次数逐渐增加到每周5～6次课。

表12-5　每周训练3次的初学者训练安排

时间	周一	周二	周三	周四	周五	周六	周日
上午	—	—	—	—	—	—	—
下午	训练	—	训练	—	训练	—	—

国际网球联合会根据众多网球强国高水平少年儿童运动员培养信息资料，对包括不同年龄段的少年儿童运动员在无比赛期间每周网球技术训练时数、体能训练时数以及每周训练的总时数提出了指导性的要求。由表12-6可见，在低年龄组别中（6～12岁），大量的训练时间花在了体能训练上。例如，费德勒（Federer）、克里斯特尔斯（Clijsters）、海宁（Henin）等网坛的顶尖运动员在10～12岁时，每周进行5～6h的体能训练。从中可知，初学者每周3次课就能够完成训练任务，而随着年龄的增长，少年儿童训练的时间只有通过每周训练的课次增加才能完成。

表12-6　运动员训练内容安排　单位：h

年龄范围	技术训练时数	体能训练时数	训练总时数
6～8岁	1.5	2.5	4
9～10岁	4.5	4.5	9
11～12岁	6	5	11
13～15岁	12	8	20
16～18岁	15～20	8	23～28

表12-7是北京市中学生标枪冠军运动员下午放学后时间的训练安排，每天的训练时间在2.5～3h。该计划针对标枪项目技术的复杂性每天均安排了技术或专项投。同时，该计划十分注意运动员全面身体素质的提高。在这种训练安排下，所训练的学生获得了全国中学生男女冠军。

表12-7　北京中学生标枪冠军运动员周训练安排计划

时间	周一	周二	周三	周四	周五	周六	周日
上午	—	—	—	—	—	—	休息
下午	专项投 专项力量 跳跃练习	技术 大力量 速度	技术模仿训练 跳跃练习	技术 小力量	专项投 速度	技术 大力量 球类活动	

表12-8 是8～10岁组运动员周训练计划。该计划每周安排了4次训练课，只安排了1堂身体素质课，充分考虑了游泳项目少年儿童水感和水平的提高需要通过大量游泳距离的积累实现。

表12-8　北京市东城区学校8～10岁组运动员周训练计划

日期	周一	周二下午 4:30—6:30	周三下午 4:30—6:30	周四	周五下午 4:30—6:30	周六	周日上午 8:30—11:30
训练内容	休息	（共4 500 m） ①20×50 m自由泳 ②10×100 m自由泳 ③10×50 m蛙泳 ④10×50 m蝶泳 ⑤10×100 m仰泳 ⑥5×100 m自由泳	（共4 500 m） ①30×50 m自由泳 ②10×100 m自由泳 ③10×100 m蛙泳 ④14×50 m自由泳 ⑤6×50 m蛙泳	休息	（共3 500 m） ①8×100 m自由泳 ②1×100 m蝶泳 ③1×100 m仰泳 ④1×100 m蛙泳 ⑤5×100 m蝶泳单臂+5×100 m蝶泳 ⑥5×100 m仰泳单臂、5×100 m仰泳 ⑦4×50 m蝶泳 ⑧4×50 m仰泳	①六项全身身体素质 ②5 000 m耐力跑	（共4 400 m） ①（200 m蝶泳+200 m仰泳+200 m蛙泳+200 m自由泳）×2组 ②（100 m蝶泳+100 m仰泳+100 m蛙泳+100 m自由泳）×3组 ③（50 m蝶泳+50 m仰泳+50 m蛙泳+50 m自由泳）×2 ④400 m主项×3

对于高水平运动员，周训练结构通常采用2/3/4+1结构，即周训练安排采用练2次课休息半天、练3次课休息半天、练4次课休息一天半的方式安排，体能主导类项目常采用此类安排。另外，也常采用3+1结构（练3单元、休1单元）、5+1结构（练5单元、休1单元）的安排。每周训练课次将达到8～9次或12～13次。周中会安排小运动量课让运动员身体有时间恢复，而周末的完整休息日可以让运动员身体和心理得到较充分的恢复。此种方式适合高水平运动员以及学生运动员假期的训练安排。需要注意的是，学生运动员采用这种类型的训练安排时要格外慎重，防止出现机体疲劳（表12-9至表12-11）。

表12-9　2/3/4+1结构周训练计划

时间	周一	周二	周三	周四	周五	周六	周日
上午	训练	—	训练	—	训练	训练	—
下午	训练	训练	训练	训练	训练	—	—

表12-10　3+1结构周训练计划

时间	周一	周二	周三	周四	周五	周六	周日
上午	训练	训练	训练	训练	训练	训练	—
下午	训练	—	训练	—	训练	—	—

表12-11　5+1结构周训练计划

时间	周一	周二	周三	周四	周五	周六	周日
上午	训练	训练	训练	训练	训练	训练	—
下午	训练	训练	—	训练	训练	—	—

二、基本训练周的计划与组织

（一）基本训练周计划的主要任务

基本训练周的任务，是通过特定的程序和反复练习使运动员学会和熟练掌握专项技战术，通过负荷的改变引起新的生物适应现象，以获得多种竞技能力的提高。体能主导类项目基本训练周又分为加量周和加强度周。技战能主导类项目基本训练周则分为基本技术训练周和完整技战术训练周。在需要给运动员机体以强烈刺激时，还可组织实施不同特点的强化训练周。

在全年训练中，基本训练周被采用得最多。在准备时期，基本训练周是最主要的训练周型。

（二）基本训练周训练内容的结构特点

决定周训练计划内容结构的主要依据，是实现训练目标的需要和不同负荷后机体的反应及恢复状况。前者决定着应该把哪些内容列入训练计划之中，后者则决定着这些内容应该怎样组合在一起。

从能量恢复的角度讲，在一次负荷后的超量恢复阶段再次施予负荷，可以获得最为理想的训练效果。有关研究表明，在一次特定的负荷之后，运动员需经过48～72h体能才能得到有效恢复。但是，在优秀运动员的训练实践中，并不会在一次大负荷训练之后去完全休息两三天再进行下一次训练，而是每天坚持训练。大多数优秀运动员常常每日训练两次，并取得了出色的训练成果。这主要应归功于周训练过程中不同内容及不同负荷的交替安排。

1. 周训练计划中不同内容的交替安排

由于各种训练内容对机体不同生理系统和心理过程提出的要求不同，因此，在接受了某一内容的负荷之后，机体不同的生理系统及心理过程的反应是不同的，其所需要的恢复时间也不相同。也就是说，在一次训练后，人体有些系统会产生深度的疲劳，而另一些系统则只产生中度的或轻度的疲劳。各个系统的恢复过程也呈现出异时性的特征。因此，我们有必要，也有可能在一周中的不同训练日交替安排不同的训练内容。

人体运动时依赖磷酸原、糖酵解和有氧这3个系统分别提供完成肌肉工作所需要的能量，负荷下肌肉收缩时人体3个供能系统的参与是非同步的。瑞典学者在前人研究的基础上，创建肌肉收缩时3个能量释放系统的水力学模型时谈道，在大多数情况下，只有一个或两个系统同时发生作用。至于要以哪一个系统供给的能量为主来还原三磷酸腺苷，则取决于练习的强度及其持续时间。研究表明，不同的训练内容要求不同的供能系统参与运动。在各种运动中，3个供能系统参与工作的水平也是不同的。例如，耐力性练习以有氧供能为主。邦帕等研究显示，在10 000 m跑中有氧供能达97%。而速度性练习却恰恰相反，在100 m跑中无氧代谢供能占97%，其中，磷酸原供能占53%，糖酵解供能占44%。速度耐力性的练习则对糖酵解供能的依赖性较大，在200 m和400 m跑中分别占45%和50%（表12-12）。篮球比赛中，3个供能系统的供能比例为磷酸原供能（80%），糖酵解供能（10%），有氧供能（10%）。

表12-12 部分运动项目能量代谢比例

运动项目	项目或专项位置	磷酸原/%	糖酵解/%	有氧/%
射箭		0	0	100
田径	100 m	53	44	3
	200 m	26	45	29
	400 m	12	50	38
	800 m	6	33	61
	1 500 m	0	20	80
	5 000 m	0	12.5	87.5
	10 000 m	0	3	97
	马拉松	0	0	100
	跳跃	90	10	0
	投掷	90	10	0
棒球		80	15	5
篮球		80	10	10
冬季两项		0	5	95
皮划艇	C_1：1 000 m	25	35	40
	C_2：1 000 m	20	55	25
	C_1，C_2：10 000 m	5	10	85
自行车追逐赛	200 m场地赛	98	2	0
	4 000 m追逐赛	20	50	30
足球	守门员	80	20	0
	后卫	60	20	20
	前锋	80	20	0
	边路	80	20	0
速度滑冰	500 m	95	5	0
	1 500 m	30	60	10
	5 000 m	10	40	50
	10 000 m	5	15	80

续表

运动项目	项目或专项位置	磷酸原/%	糖酵解/%	有氧/%
游泳	50 m	95	5	0
	100 m	80	15	5
	200 m	30	65	5
	400 m	20	40	40
	800 m	10	30	60
	1 500 m	10	20	70
网球		70	20	10
排球		90	10	0
水球		30	40	30
摔跤		45	55	0

资料来源：邦帕，布齐凯利. 周期训练理论与方法：第6版[M]. 曹晓东，黎涌明，杨东汉，等译. 北京：人民邮电出版社，2019.

例如，在制订足球和橄榄球这些项目训练计划时，教练员应考虑运动员在队伍中的专项位置以及高水平队伍比赛场上的运动行为表现。通常情况下，足球项目中前卫跑动的距离约为12 000 m，后卫约为10 000 m，前锋约为10 500 m，跑动距离会对每个足球运动员产生不同的影响。在足球比赛中，以无氧供能系统为主的高强度的活动，累计总共只有7 min左右，运动员在比赛中通常有19次持续2 s左右的冲刺，除此之外的其他一些活动则主要依赖有氧系统的供能。

任何一种负荷，不论是什么性质的，不论其主要供能特点如何，对运动员机体的影响都是全面的。耐力训练对运动员的无氧代谢能力会造成一定的影响，典型的速度训练对运动员的有氧代谢能力同样也会产生一定的影响。

普拉托诺夫的研究表明，运动员在参与不同性质的训练中，3个供能系统都不同程度地参与工作，并出现不同程度的疲劳（图12-2）。运动员在承受速度性负荷时，机体的磷酸原供能系统消耗最大，恢复最慢，无氧能力（无氧乳酸供能系统）次之，有氧能力（有氧供能系统）消耗最少，恢复也最快。而在承受无氧负荷时，糖酵解供能系统消耗最大，恢复最慢；同样地，在承受有氧负荷时，则有氧供能系统的消耗最大，恢复最慢（表12-13）。显然，3种供能系统与相对应的3种运动能力，在负荷后恢复的过程是非同步的。与负荷的主要性质相应的运动能力恢复得最慢，需要2～3天才能获得充分恢复；但其他运动能力则可以在短得多的时间内获得充分的恢复。这就使得我们可以在一次负荷的次日，接着安排另一种性质的负荷。而2～3天之后，当运动员与前一次主要负荷相应的运动能力处于基本恢复状态时，则可以再次安排同一性质的负荷，可在负荷之后6～12h安排有氧负荷，或在24h之后安排糖酵解供能负荷。

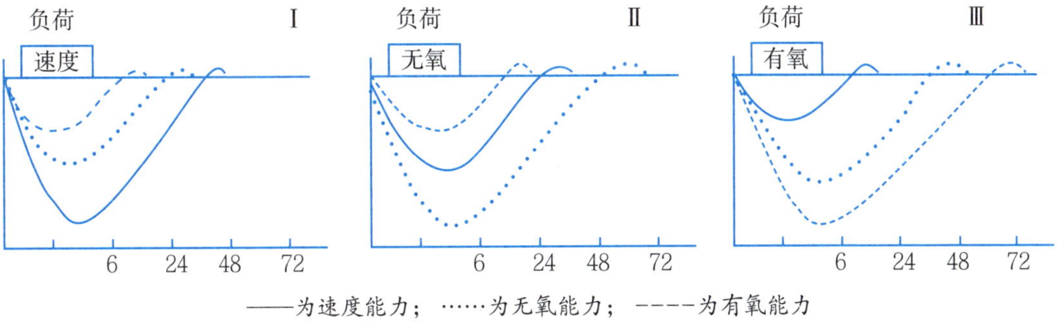

图 12-2　不同代谢特点的大负荷课后，3个供能系统的恢复时间

表12-13　不同性质大负荷训练后各种能力超量恢复所需时间　　单位：h

负荷的主要性质	磷酸原供能能力	糖酵解供能能力	有氧供能能力
磷酸原供能负荷	48	24	6 ~ 12
糖酵解供能负荷	24	48 ~ 72	6 ~ 12
有氧供能负荷	6	24 ~ 48	72

不同的训练内容，对人体各生理系统的要求也不同，如技术训练要求中枢神经系统与骨骼肌肉系统的高度协调性，耐力训练则给予呼吸与心血管系统高度的负荷。

不同的训练内容要求不同的肌群或肌群相同，但以不同的工作方式提供运动的主要动力。例如，跑、跳主要由下肢伸肌群完成，卧推、引体向上主要由上肢肌群完成，跑跳时伸腿肌群以远侧支撑完成收缩工作，骑自行车时则是以近侧支撑完成收缩工作。

不同的训练内容对运动员施予不同的心理负荷。例如，技术训练时要求运动员全神贯注、高度集中，而郊外的轻松越野跑或球类运动则可使运动员精神放松。

不同目的的训练，如以发展素质、技术及战术等不同竞技能力为目的的训练，对运动员机体状态的要求不同。例如，运动员只有在神经系统处于适度兴奋状态、肌肉感觉良好的情况下，才能有效地掌握精细、准确的运动技巧。运动员必须体力充沛，才能有效地发展最大力量和最大速度等运动素质。而为了发展运动员的耐力素质、培养其顽强意志以及使其在疲劳状态下保持技术稳定的能力，理想的训练时机是其略感疲劳时，如此可获得理想的训练效果。篮球运动则要求运动员具有较高的体能储备，以确保运动员能够在整场比赛中有效控制篮球。因此，投篮训练往往安排在训练课的后半段，且要求每天都进行投篮练习。我们在周训练计划中安排不同训练内容之间的顺序时必须考虑这些特点。表12-14列举了与不同机能状态相适应的训练任务。

在周训练计划中交替安排不同的训练内容，既能够使运动员所需要的各种竞技能力得到全面综合的发展，又可避免负荷过于集中而导致训练过度。

表12-14 与不同机能状态相适应的训练任务

发展竞技能力类型	机能状态		
	充分恢复后	局部疲劳时	非常疲劳时
素质	最大速度 最大力量 快速力量	速度耐力 一般耐力 力量耐力	一般耐力 力量耐力
协调 技术 战术	协调能力 精细技巧 战术配合	辅助技术 战术配合	—
心理品质	判断 反应	自控能力	顽强拼搏的 意志品质

2. 周训练计划中训练内容交替安排的项群特点

不同项群的训练内容有着各自鲜明的特点，同样也反映在周训练计划中不同内容的交替安排上。

体能主导类项群运动项目训练内容的交替，主要体现在各种素质和技术训练的安排中。我国女子标枪国家队2022年11月1日至11月6日基本训练周的训练计划共安排了9次课，其中专项技术训练安排2次课；投掷各类器械的专项能力训练安排2次课；大力量训练安排2次课；躯干力量为主的力量综合训练安排2次课；速度、弹跳能力为主的训练安排1次课。研究发现，教练员极为重视有氧能力和柔韧性训练，此类训练通常安排在早操时段。可以很明显地看到体能主导类快速力量项目训练中不同内容交替安排的特点（表12-15）。

表12-15 中国女子标枪优秀运动员周训练计划

（2022年10月31日—11月6日）

时间	训练内容		
	早上	上午	下午
周一	—	①专门性准备活动 ②原地投枪 ③半程投枪 ④全程投枪 ⑤技术点评、总结	休息

续表

时间	训练内容		
	早上	上午	下午
周二	—	①动态拉伸 ②躯干核心肌群激活 ③弹力带肩关外旋 ④W、Y、T练习 ⑤4/4 全程曲臂拉 ⑥高翻 ⑦颈后挺 ⑧卧推 ⑨卧拉 ⑩循环小肌群力量	①强化核心练习 ②改善身体灵活性练习 ③恢复再生治疗
周三	早操	休息调整	①专门性准备活动 ②原地投枪 ③半程投枪 ④全程投枪 ⑤技术点评、总结
周四	—	①强化核心练习 ②有氧训练 ③改善身体灵活性练习 ④恢复再生治疗	①双手投球 ②单手投球 ③技术点评、总结 ④专项技术模仿
周五	早操	休息调整	①跑、跳专门性练习 ②栏架灵活性练习 ③栏架跑跳练习 ④30 ~ 60 m加速跑 ⑤立定跳、三级跳、单腿三级跳 ⑥60 m放松跑
周六	—	①双手投球 ②单手投球 ③技术点评、总结	①动态拉伸 ②核心肌群激活 ③各种抛球 ④抓举 ⑤深蹲 ⑥硬拉 ⑦跳箱
周日	早操	休息调整	休息调整

注：由郭庆仙提供。

在技能主导类表现性项群运动员的训练中，技术训练占有突出的地位，几乎每天都要安排技术训练。这时要注意根据不同项目的特点安排身体素质训练，在技术训练内容的安排上应根据项目的特点适当地交替安排。例如，单板滑雪大跳台和坡面障碍技巧国家集训队周训练安排（表12-16）中，考虑到项目的特点，每天上午安排技术训练内容，同时考虑到身体素质发展的需要，安排了4次专项力量素质训练。

表12-16　单板滑雪大跳台和坡面障碍技巧中国国家集训队周训练安排

（2020年10月28日—2021年1月3日）

时间	训练内容		
	上午	中午	下午
周一	雪上专项训练： 18跳台、气泡训练、道具训练	午餐/休息	体能训练： ①循环训练（平衡球空蹲=单腿蹲+静蹲20 s=2 min）×5组 ②负重左右跳箱20次 ×5组 ③负重俯卧撑20次 ×5组 ④负重铁板桥2 min×5组 ⑤平板支撑2 min×5组 拉伸放松：20 min
周二	雪上专项训练： 18跳台、气泡训练、道具训练	午餐/休息	测试： ①深蹲 ②卧推 ③垂直纵跳 ④腹肌耐力 ⑤背肌耐力 ⑥坐位体前屈 ⑦单脚闭眼平衡 拉伸放松：20 min
周三	雪上专项训练： 18跳台、气泡训练、道具训练	午餐/休息	休息调整
周四	雪上专项训练： 18跳台、气泡训练、道具训练	午餐/休息	体能训练： ①（负重空蹲+箭步蹲+侧蹲）10次/4组 ②负重单腿绳梯50次 ×4组 ③弹力带踝关节训练30次 ×4组 ④强化手腕训练30次 ×4组 ⑤负重核心训练（平板支撑3个动作+侧卧静力3个动作+腹肌静力3个动作+臀桥3个动作+背肌2个动作+膝关节静蹲1 min）3组 拉伸放松：20 min

续表

时间	训练内容		
	上午	中午	下午
周五	雪上专项训练： 18跳台、气泡训练、 道具训练	午餐/休息	体能训练： ①（后半蹲100%×5次+静蹲）10次 ×5组 ②（负重跪姿跳箱+转体）10次 ×5组 ③卧推30 ~ 70 kg×5组 ④负重引体向上15次 ×5组 ⑤负重腰肌30次 ×30 s×5组 ⑥踩滚筒走平衡感训练10 m×4组 拉伸放松：20 min
周六	雪上专项训练： 18跳台、气泡训练、 道具训练	午餐/休息	休息调整
周日	休息调整	午餐	休息调整

注：由中国自由式滑雪空中技巧队提供（2021）。

在此需要注意的是，由多个单项组成的竞技体操的安排应考虑各个项目的合理搭配。例如，应考虑以悬垂为主的项目和以支撑为主的项目的交替。通常一个训练日的训练内容都是由两个支撑项目、一个悬垂项目和一个下肢项目组成。这样安排可使每个项目在一周内都保证3次以上的训练，而又避免了局部负荷过密过重的现象。田径及其他全能项目运动员的训练安排，也有类似的特点。

技战能主导类对抗性项群的训练安排对运动员的体能、技能、战术能力都给予了高度的重视。在一周的训练之中，几乎每天都安排了体能与技战术训练，但每次训练的内容却在不断变化，从而使运动员在心理和生理上都能在持续不断的紧张训练中得到必要的调节和恢复。中国国家羽毛球男单组备战东京奥运会基本训练周的训练计划给我们提供了可资借鉴的实例：在一周的训练中，每天有不同的技能、体能的训练内容，同时还安排两次早操分别进行基本技术和下肢静力、拉伸训练（表12-17）。

表12-17　中国国家羽毛球队男单组周训练计划

2020年12月7日— 2020年12月13日

时间	训练内容			
	早上	上午	下午	晚上
周一		腰腹、上肢力量 与女单合练 专项拉伸：20 min	双打技术 战术线路 特长技术	

续表

时间	训练内容			
	早上	上午	下午	晚上
周二		基本线路 二一式线路 特长技术	爬山体能训练	
周三	6：45早操 基本技术	休息	基本线路 二一式线路 下肢基础力量 整理运动：20 min	19：30补基本技术
周四		专项快速力量 技术多球 整理运动	双打技术对抗 （与女单合练） 特长技术	补基本技术
周五		多球 力量或补缺技术	休息	
周六	6：45早操 静力，拉伸	休息	对抗训练 场地冲跑 基本技术 整理运动：20 min	18：45战术线路
周日		休息	休息	

注：由中国羽毛球队提供。

（三）基本训练周负荷的结构特点

1.基本训练周的课次安排

对于不同年龄运动员，周训练课次的安排有所区别。儿童在基础训练阶段初期，每周训练3～4次即可。随着运动员年龄的增长及竞技水平的提高，特别是运动员承受负荷能力的提高，周训练次数与课训练时间都有所增加。

课次的增加，起初总是从增加训练的日数开始的，由每周2～3个训练日增加到6～7个，每天1次训练；以后再将一周中某些训练日的训练次数增为2次，使周训练课次达到8～10次；最后基本上做到每日2次训练，即每周训练12～14次。个别运动员，如耐力跑运动员，在特定阶段也可以每日训练3次，周的总训练次数可达18～20次。训练课的时间一般为2～3h。如果每天只练1次，则可适当增加训练时间。

每日安排2次课时，通常以一次为基本课，另一次为补充课。基本课一般安排提高主导竞技能力，以体能或技战术训练为主，而补充课则可安排比较广泛的训练内容。基本课的训练内容，负荷一般为大或中。以国家女子举重队张旺丽2021年基本训练周计划为例（表12-18），由于举重项目属固定动作发挥最大力量的运动项目，因此训练主要是围绕如何提高运动员的专项能力展开。为此，教练员为运动员安排了周二、周四、周六上午为专项的训练，其他时间安排了专项素质训练，总体安排围绕专项技术展开，中国举重队在东京奥运会上取得了举重项目在历届奥运会比赛中最好的成绩。

表12-18　中国国家女子举重队张旺丽周训练计划
（2021年3月8日—3月13日）

时间	训练内容		
	早上	上午	下午
周一	7点起床	休息	①高抓85～95 kg/8组×2次 ②宽速拉135～145 kg/8组×3次 ③倒立推5组×8次 ④单臂拉3组×20次 ⑤吊腹肌3组×15次
周二		①抓举支撑95～110 kg/8组×3次 ②颈后推45 kg/6组×5次 ③体能训练：30 min	①架上挺135～150 kg/8组×5次 ②前蹲155～170 kg/8组×5次 ③高翻95～100 kg/6组×3次 ④膝关节/2组×50次
周三	7点起床	休息	①抓举105～115 kg/8组×2次 ②宽硬拉155～165 kg/8组×3次 ③卧拉75～85 kg/5组×8次 ④单杠5组×10次 ⑤腹肌3组×15次
周四		①直腿抓65～75 kg/8组×2次 ②前半蹲155～175 kg/8组×5次 ③体能训练：30 min	休息
周五	7点起床	休息	①挺举135～145 kg/8组×2次 ②窄硬拉165～175 kg/8组×3次 ③窄提拉35～40 kg/5组×8次 ④背肌5组×10次 ⑤腹肌3组×15次
周六		①垫铃窄上拉155～185 kg/8组×2次 ②体能训练：30 min	①后蹲165～175 kg/8组×3～5次 ②挺支撑165～175 kg/8组×3次 ③双杠5组×10次 ④鞍马5组×10次 ⑤臀推5组×10次

注：依据朱明武改制（2021）。

在现代训练中，提高训练强度是负荷的核心，实践中，常采用分解练习，提高单个动作的强度，以提高运动员神经、肌肉系统的刺激深度。在一周的训练中，应该怎样安排各训练课次的负荷呢？对于青少年运动员来讲，安排2～3次高强度课，既可施加必要的训练刺激，也有利于运动员的生长发育。但对于高水平运动员来讲，基本周每天都应安排大强度训练内容，以促进运动员形态、机能产生良性的生物适应，并不断提高技战术水平，当然要考虑训练的内容要交替、训练刺激的身体器官系统要变换，以保证运动员机能状态得到适时恢复，但应注意的是，总的负荷量应有节奏，确保运动员生理与心理得到调整。

基本周训练负荷的节奏安排与运动项目的比赛特点以及负荷后身体恢复的状态有关。由于项目的特点不同，训练节奏安排也有所区别。对于一天多轮次比赛项目（如跆拳道、击剑、田径等）的运动员，要着力培养在上一次大强度负荷后未完全恢复情况下，再次承受大强度负荷的能力。

高水平击剑运动员的训练则在周一、周三和周五安排了非连续的大强度专项训练，同时在周二、周四、周六安排中等负荷训练，周日休息（表12-19）。虽然跆拳道项目同样安排3次大负荷课，但安排了3个单元的休息课（表12-20）。田径案例显示，周二、周五安排了大强度技术课，另外安排了两次中负荷的课（表12-21）。

表12-19　高水平击剑运动员基本周负荷安排节奏

（2022年3月）

时间	周一	周二	周三	周四	周五	周六	周日
上午	中	中	中	中	小	中	休息
下午	大	中	大	中	大	小	休息

注：参考王海滨《我国优秀击剑运动员备战大赛训练负荷安排研究——花剑运动员王海滨个案分析》（2006）整理。

表12-20　高水平跆拳道运动员基本周负荷安排节奏

（2021年12月）

时间	周一	周二	周三	周四	周五	周六	周日
上午	中	中	小	休息	中	中	休息
下午	大	中	大	小	中	大	休息

注：由贺璐敏提供。

表12-21　亚洲女子撑竿跳纪录保持者李玲周训练负荷要求

（2021年2月7—13日）

项目	周一	周二	周三	周四	周五	周六	周日
高		▲			▲		
中			▲			▲	
低	▲			▲			
休息							▲

注：参考周铁民《田径世界杯女子撑竿跳高冠军李玲赛前训练负荷与竞技状态调控的研究》（2016）整理。

羽毛球、乒乓球、游泳等项目运动员有时要参加多日多项比赛，这需要运动员具有连续承受高强度训练的能力。因此，周训练计划中安排调整训练日不需过多。例如，在东京奥运会前的基本周训练中，中国羽毛球男队单打组采用的是周二上午、周二下午，周三下午，周五上午安排4个大强度课（表12-22），周三上午、周四下午、周六上午，周日安排较小负荷或休息。这种安排就充分考虑了羽毛球项目的竞赛特点。

表12-22　中国国家羽毛球男队单打组周训练负荷要求

（2020年12月7—13日）

时间	周一	周二	周三	周四	周五	周六	周日
早操			小	小			
上午	中	中大	小	中	中大	小	休息
下午	中	大	中大	中	休息	中小	
晚上			小	小			

2.基本训练周负荷的变化

基本训练周训练的目的，主要是提高运动员技战术水平和身体素质，改善运动员身体存在的短板。为此，基本训练周也称为提升小周期。由于大多数训练负荷后的充分恢复都需要24～72h，即1～3天，因此，在训练实践中，常常把一周的训练分为两半。上半周的训练之后，在一周的中间（周三或周四）安排较小的负荷或其他形式的积极性休息作为调整。在下半周的训练中，在负荷的内容及程度上，常常与上半周的某些方面是相似的。这样一种结构，称作周训练计划的负荷两段结构。以2009年中国短道速滑队备战2010年冬奥会基本周训练节奏为例，详见图12-3。

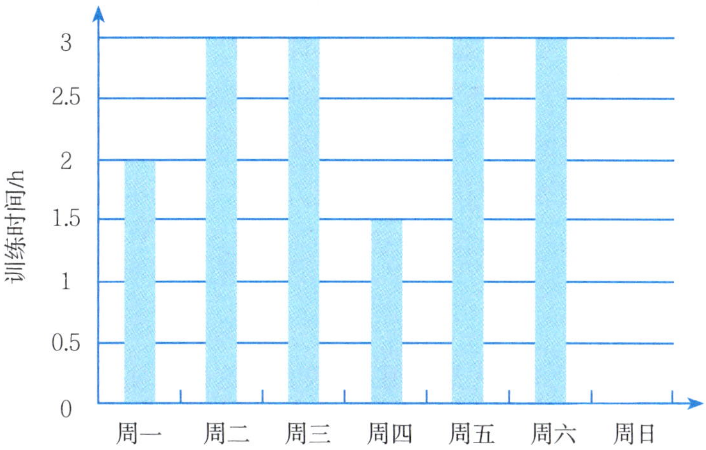

图12-3　2009年中国短道速滑队备战2010年冬季奥运会基本周训练节奏（2009年11月30日—12月6日）

教练员要通过变换运动员所动用的能量系统，安排大力量与专项力量、小肌肉群（包括关节周围肌肉和深层肌肉力量），速度与跳跃，技战术等训练内容以利于运动员身体得到恢复。同时在训练负荷上也要有所变化，避免运动员某项能力或运动员身体某部分过度训练。小周期的实际安排取决于运动员的水平、专项特征以及运动员所处的准备期的子阶段。

表12-19至表12-22列举了一组不同类型项目运动员周训练计划的负荷结构。这里包括属于技战能主导类格斗对抗性项目的击剑、跆拳道，体能主导类的田径、技战能主导类隔网对抗性项目的羽毛球。这些项目的我国优秀运动员在准备参加奥运会的训练实践中，其教练团队大多都制订了具有两段结构特征的周训练计划，有些运动员根据自身竞赛的需要制定了含有一次调整课的训练结构，而且根据各个项目的特点，采取了不同的指标反映负荷的大小。

在连续多个基本训练周的训练过程中，常常通过运动负荷的加大，引起机体更深刻的变化，产生新的生物适应。加大负荷的途径有3条：①增加负荷量，同时负荷强度保持不变或相应地下降。②提高负荷强度，负荷量保持不变或相应地减少。③负荷量和负荷强度都保持不变，通过负荷的累加效应给予机体以更深的刺激。

三、赛前训练周的计划与组织

（一）赛前训练周训练的主要任务

赛前训练是指运动员在参加重大比赛前为创造优异运动成绩所做的专门性训练。通常将赛前训练看成赛前的一个中周期（4~6周）的训练，并通过赛前训练周的安排力求使运动员的机体适应比赛的要求和条件，把长期训练过程中所获得的各个方面的竞技能力集中到专项竞技所需要的方向上去。

要想使运动员获得参加比赛时的良好状态就要做到自动化完成动作。为此，赛前训练应做到设置有限的目标，即训练中要解决的问题要明确、集中，不要太分散、太随意，运动员对自己的训练任务要清晰、熟练，要反复练习、形成条件反射。随机应变是指运动员能够根据比赛中出现的问题做出正确的决策。因此，运动员赛前训练应做到对比赛中可能发生的情况有足够的假设，并有足够的办法解决困难。为此，赛前训练阶段要充分听取别人意见，广泛收集、处理信息。应注意的是，赛前训练不要花费精力于能力控制不了的事情，要清楚地了解到赛前训练周主要用于比赛前的专门训练准备，而准备期期间的比赛前不应做专门准备。

（二）比赛节奏的适应

比赛的赛制很少是一次性的，大都采用系列赛制，这种系列赛制因项目的不同，其节奏也有所差异。有的项目同一运动员一天之内要参加几次比赛；有的项目每隔3~4天比赛一次，比赛期长达2~3个星期。事先准备和适应比赛节奏的方法是在赛前训练阶段采用未来正式比赛的节奏来开展训练。

（三）赛前训练内容

赛前训练阶段的竞赛是一种重要的准备手段，因各个项目运动成绩影响因素的结构不同，故其重要性有所区别。总的来讲，这一阶段的竞赛是完成训练任务的必不可少的手段，但其性质应是检查性和练习性比赛，主要用于检验影响运动成绩的因素的水平，巩固技战术能力，提高综合竞赛能力，以及适应未来的竞赛节奏。具体讲，体能训练以保持长期训练已获得的体能水平为目的。技术训练的分解练习比例减少，完整练习的比例增大。应以稳定性、成功率为基本要求。一般不再学习新动作或改变运动员已形成和巩固了的技术动作。战术训练应以发挥自己优势为核心。个人项目应以完成个人战术为主；集体项目应以小组战术、全队战术为主，而个人战术比例适当减小。赛前战术训练应针对比赛中的主要对手采用实战方式展开训练。

对于多数运动项目来说，赛前训练周的训练课次一般略少于基本训练周，训练的时间相对缩短，训练内容围绕比赛的需求安排。其训练的主要目的是通过各种训练安排保持运动员已获得的能力，并确保运动员比赛时身体、心理处于适宜的比赛状态。例如，中国著名游泳教练员朱志根为汪顺东京奥运会200 m混合泳赛前安排了一个大负荷训练周（表12–23），7天中有3天每日训练2次，一周安排8次训练课。由于比赛是安排在接近中午的时间，因此，训练安排在上午9点～10点半，训练内容为水上专项技术，并连续安排了4天，下午的安排以积极性调整为主。需要注意的是，赛前训练安排除了受运动项目特点影响外，每名运动员的赛前训练计划安排在细节上也是有差别的，因此应根据运动员的年龄、水平、状态，甚至习惯来量身定制，以避免同质化问题。

表12–23　我国游泳高水平运动员汪顺东京奥运会赛前训练周计划

时间	训练内容		
	上午	下午	晚上
赛前第六天	出发		
赛前第五天	休息	调整训练（水上放松游）	放松按摩
赛前第四天	8：30—9：00 30 min陆上热身（泡沫轴激活5 min，核心与纠正性训练10 min，弹力带肩部、下肢稳定性及力量10 min，动作整合及神经激活5 min） 9：00—10：30 水上专项技术训练	3：40—4：00 陆上热身（以动态拉伸、动作整合及神经激活为主） 4：00—5：30 水上专项技术训练	7：00—8：00 放松按摩
赛前第三天	8：30—9：00 30 min陆上热身（泡沫轴激活5 min，核心与纠正性训练10 min，弹力带肩部、下肢稳定性及力量10 min，动作整合及神经激活5 min） 9：00—10：30 水上专项技术训练	休息	7：00—8：00 放松按摩
赛前第二天	8：30—9：00 30 min陆上热身（泡沫轴激活5 min，核心与纠正性训练10 min，弹力带肩部、下肢稳定性及力量10 min，动作整合及神经激活5 min） 9：00—10：30 水上专项技术训练	休息或水上放松游	7：00—8：00 放松按摩

续表

时间	训练内容		
	上午	下午	晚上
赛前第一天	8：30—9：00 30 min陆上热身（泡沫轴激活5 min，核心与纠正性训练10 min，弹力带肩部、下肢稳定性及力量10 min，动作整合及神经激活5 min） 9：00—10：30 水上专项技术训练	休息或水上放松游	7:：00—8：00 放松按摩
周比赛日	8：30出发去往比赛场馆 9：00到达比赛场馆 9:：00—9：15 换衣服，上洗手间，各种物品整理 9：15—9：45 陆上热身（与日常一致） 9：45—10：25 泳池水上热身（放松游+短距离冲刺+出发） 10：25—10：40 起水，更换比赛服装，补充营养 10：40—11：10 按摩放松，自我调节，保暖 11：10前往检录，排队 11：30正式比赛		

注：依据朱志根提供的训练计划（2021）改制。

（四）训练课负荷的控制

在负荷上要加强比赛性负荷（参加热身赛，增加训练中的比赛性因素或比赛性、对抗性训练内容）。由于比赛主要是比“强度”，因此越临近比赛越要突出强度，选择强度类的训练内容方法和手段，如模拟训练法、变换训练法、比赛心理训练法和比赛法等训练方法。

大赛前训练课采用大负荷高强度强化训练，负荷以大负荷强度、中等负荷量为主；训练课的负荷量与负荷强度的变化虽有高低起伏，但负荷量的总体水平应始终保持在较高水平上，以给予运动员机体强化应激训练的刺激，打破机体原有的平衡状态。通过对运动员的情绪表现、体力变化、动作成功率、饮食、睡眠及言语的观察等判断运动员承受负荷的极限能力和水平，酌情对负荷做出调整。

运动员在这一阶段应该避免参加追求好成绩的比赛。因为追求成绩的比赛会破坏运动员对主要比赛高潮的心理调适和动员，以及干扰这一阶段训练的计划性。通常，各种训练手段的负荷达到最大值的时间为：一般训练手段在赛前4～6周，专项训练手段在赛前3～4周；另外，专项负荷强度在赛前1～2周达到最大。

在大负荷强化训练之后，必须紧接着给予运动员充分的综合性的恢复，以产生最佳的恢复效果，为形成最佳竞技状态打下良好的基础。赛前训练必须突出负荷与恢复的节奏性，要有明显的跳跃性，要敢于上强度，也要敢于调整，这是机体恢复和产生最佳竞技状态的必要条件。

四、比赛周训练的计划与组织

（一）比赛周训练的主要任务

比赛周的任务是为运动员在各方面培养最佳竞技状态做直接的准备和最后的调整，力求在比赛中创造优异成绩。

比赛周一般是以比赛日为最后一天，倒计一个星期予以计算的。有些项目一次比赛只延续1～2天，如田径、游泳、举重等；也有些项目的比赛会延续3～4天，甚至2～3周。比赛时间的长短对比赛前一周的训练有着很大的影响，但训练的基本任务都是做好最后的调整，以使运动员成功地参加比赛。

在准备期，有时运动员参加一些训练性比赛完全不要求专门准备，只是在正常的训练过程中安排比赛而已。这种情况下的训练，可不作为比赛周的训练看待。而具有检查作用的比赛，特别是力求达成训练目标的比赛，要求运动员全力以赴做好准备，则需要按比赛周训练的特点予以专门的安排。

（二）比赛周训练内容和负荷结构的特点

1.超量恢复的集合安排

由于不同内容、不同负荷的训练后，达到超量恢复所需的时间不同，又为了在比赛中表现出高度的竞技水平而要求运动员竞技能力处于最佳状态，因此，必须通过科学的设计，使各方面负荷后的超量恢复阶段都在同一时段内出现。这对于运动员顺利参加比赛，创造优异的成绩是非常重要的。

例如，根据不同训练负荷后完全恢复所需的时间不同，应把无氧代谢训练、速度训练、力量训练、高强度专项训练等，安排在赛前3～5天的训练中，而把模拟比赛性的训练安排在赛前1～3天进行，使运动员无论从生理上还是心理上都处最佳的竞技状态，并确保运动员多种竞技能力的变化曲线的最高点交汇于比赛日。图12-4提出了一个比赛周超量恢复集合安排的一般模式。

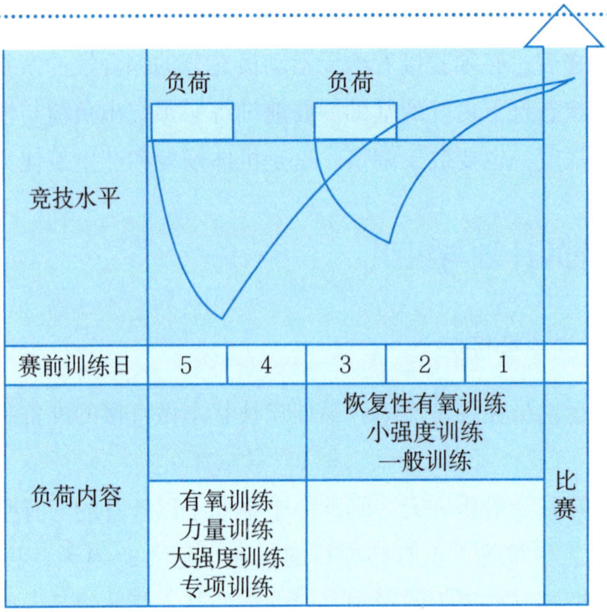

图12-4 比赛周超量恢复集合安排模式

（资料来源：依田麦久《负荷原则与训练计划》，1986年版改制。）

仍以中国著名游泳教练员朱志根为汪顺东京奥运会200 m混合泳制订的赛前训练计划为例，训练内容为水上专项技术，并连续安排了4天，下午的安排以积极性调整为主。需要注意的是，赛前训练安排除了受运动项目自身特点影响外，每名运动员赛前训练计划安排在细节上是有差别的，这其中受运动员的年龄、水平、状态，甚至习惯的影响，要避免同质化。

2.连续比赛周安排的特点

在对抗性球类项目的重大比赛中，运动员常常要连续参加多场比赛，这就要求教练员根据比赛日程的安排制订相应的比赛周训练计划。林丹作为一个划时代的羽毛球运动员，2000年进入国家队，2002年19岁首次登上世界羽毛球排名第一的位置，到2020年37岁宣布退役，其多年系统的训练让其长期保持在世界顶尖水平。根据林丹的自身特点，形成了一套科学的训练计划。表12-24是林丹2019年参加马来西亚公开赛前训练计划，其安排的基本特点是，赛前第1天安排了1次全身肌肉训练；赛前第2、3天下午安排了高强度的模拟比赛；赛前第4天上午安排了力量和灵活性训练，下午休息，晚上安排了模拟比赛；赛前第5天下午进行了技术训练；赛前第6天，是唯一一次一天两练的安排，上午安排了力量训练，下午安排了移动训练。

这个计划中有许多值得思考的点：①比赛前第1天安排了一天全身力量训练课，这一点是林丹长期摸索出来的适合其自身的安排；②赛前连续安排3次模拟比赛课，其中1次安排在晚上，这一点符合羽毛球项目的特点，有利于运动员提高比赛意识；③赛前的训练中还安排了基本技术、速度、移动、下肢力量、灵活性等的训练，这一点显示林丹与教练员非常注意对各方面能力的刺激训练。不难看出，林丹的赛前安排全面、目的明确、针对性强，并根据自身特点安排训练节奏。从这个案例可以看出赛前的安排既要满足项目的要求，也要根据运动员的实际选择、设计训练计划。

表12-24　羽毛球高水平运动员林丹连续比赛的周训练计划（2019年）

时间	训练内容		
	上午	下午	晚上
周一	①准备活动：肌肉松解+拉伸 ②上肢力量训练（固定模式）+下肢肌肉动态准备拉伸 ③专项步伐训练 a.左右交替摸标志桶（3 m）6组10次（9.20 ~ 11.20 s） b.左右交替摸标志桶（2 m）4组10次 ④速度能力训练（强调落地支撑时间和踝关节的弹性） 加速跑4组 ×35 m（4.2 ~ 4.4 s）	①准备活动：肌肉松解+拉伸（30 ~ 45 min） ②技术准备活动（15 min） a.单边线路2组 ×20 min b.全场40 min c.杀上网6组 ×12 min	
周二		①准备活动： a.手法按摩60 min b.足球热身30 min ②技术训练 a.专项技术热身20 min b.多球训练 40 min	
周三	①准备活动：肌肉松解+拉伸 手法按摩15 min ②下肢力量训练（固定模式）+下肢肌肉静力拉伸 ③灵敏训练 a.4组 × 纵向-向前 b.4组 × 纵向-向后 c.4组 × 横向移动		①准备活动：肌肉松解+拉伸 ②手法按摩10 min ③足球热身15 min ④专项技术热身15 min ⑤对抗比赛（11 分制）60 min
周四		①准备活动：肌肉松解+拉伸 ②手法按摩10 min ③足球热身15 min ④专项技术热身15 min ⑤对抗比赛（11 分制）140 min	

续表

时间	训练内容		
	上午	下午	晚上
周五		①准备活动：肌肉松解+拉伸 ②手法按摩20 min ③足球热身15 min ④专项技术热身15 min ⑤对抗比赛（11分制）60 min ⑥全身肌肉按摩60 min	
周六	①核心力量训练30 min ②全身肌肉练习60 min		
周日	比赛	比赛	比赛

（三）比赛前的准备活动

准备活动的目的是使运动员从心理、生理上做好比赛的准备，有效减少伤病的发生，确保比赛中发挥出自己的训练水平。每次准备活动的时间应为30～50 min，使心率控制在120～140次/min，准备活动应在比赛前15 min开始减量，在赛前5～10 min做一二节轻微的伸展体操。

综上所述，比赛周负荷的安排全部要围绕着使机体在比赛日处于最佳状态来进行。负荷的组合方式也是多种多样的，需依运动项目特点、运动员个人特点及赛前的状态而定。一般来说，总的负荷水平不高。在比赛日之前，通常需降低训练强度或保持一定的训练强度。负荷量在大多数情况下亦应减少或保持，只在某些特定的条件下，如间断训练后恢复训练的过程中参加比赛时才可适当地加量。

五、赛间训练周的计划与组织

（一）赛间训练周训练的主要任务

赛间训练周主要是在比赛与比赛的间隔时间（通常为3～10天）进行的训练。赛间训练周的任务是消除此前比赛后生理、心理上的疲劳，促进机体的恢复，进行针对性的技战术训练，迎接下一次比赛任务。也就是说，赛间训练周的训练是为了确保运动员参加一次比赛后，在短时间里尽快恢复体能，进行针对性的技战术训练，为下次比赛做好准备。

（二）赛间训练周训练内容和负荷结构的特点

赛间训练周训练内容和负荷结构的主要特点是应根据比赛的特点安排训练内容、确定训练负荷。通常两次比赛间隔短于3天时，训练的内容要丰富多样，负荷小、练习次数少，尤其是力量训练和供能系统训练强度与量都要小。而对间隔大于3天的训练应采用3天为一个小周期的模式：内容上第一天应安排积极性恢复的练习（如慢跑或球类运动等）与对下次比赛对手录像进行分析或其他业务学习；第二天安排中等负荷、练习次数10次左右、每种练习不超过2组的全身力量训练内容；第三天进行针对性技战术训练。

赛季期间一般不对动作技术进行改造，以免破坏动作的自动化。如果间隔超过6天可以在比赛后的第4天安排一次高强度、中等量的力量课。另外，应将本体感受器和柔韧性训练贯穿在这个训练过程之中，这样可以最大限度降低运动员受伤的可能性。

在此需要注意的是，对于像篮球、足球等赛季漫长、比赛多的运动项目，一定要对运动员机能水平与健康水平进行监控，同时密切关注运动员的动机状况，为训练内容的选择提供依据。

赛间训练周负荷变化的基本特点是根据间歇时间的长短进行调整：负荷强度中等或大，负荷量小或中等。对于集体项目中非主力队员或年轻队员，应将比赛作为训练的一部分来看待，以确保这部分运动员训练的系统性与竞技能力的进一步提高。

必须指出的是，负荷的强度若得不到提高，便起不到赛前诱导的作用。同时，要注意避免负荷强度和负荷量的同步增加。在大多数情况下，负荷强度与负荷量的同步增加会导致运动器官局部的过度负荷，造成运动创伤的出现，或者导致运动员机体整体性的过度疲劳。在赛间训练实践中，常常发生由于负荷强度与负荷量过大而造成运动员过度训练的情况。

比赛活动对运动员身体的刺激较大，而赛间训练强度的提高容易造成疲劳感的进一步加剧，因此要注意安排好训练负荷的节奏。恢复性的小负荷课次，从基本训练周的1/4增加至1/2，并要注意加强恢复措施，以保证运动员能更好地完成赛前训练任务。

六、恢复周训练的计划与组织

（一）恢复周训练的主要任务

恢复周的任务是通过降低训练负荷以及采取各种恢复措施，消除运动员生理上和心理上的疲劳，以求尽快地实现能量物质的再生，促进超量恢复的出现。

恢复周的安排也应根据专项运动及负荷的特点、运动员个人特点和训练的具体情况而定。在连续较长时间的大负荷训练之后，或大量激烈、紧张的比赛之后，应安排恢复周，以便于比较集中、比较充分地使运动员在心理上和生理上得到恢复。

（二）恢复周训练内容及负荷结构的特点

在许多运动项目中，较为普遍地采用两个大负荷训练周之后安排一个恢复周这样的负荷节奏形式。曾训练出富克斯（Fuchs）、费尔克（Felke）等多名女子标枪世界纪录创造者的民主德国著名标枪教练员卡尔·海尔曼（Karl Hellmann）所设计的全年训练过程中周训练负荷节奏，形象地显示了这种“练二调一”式的安排（图12–5）。

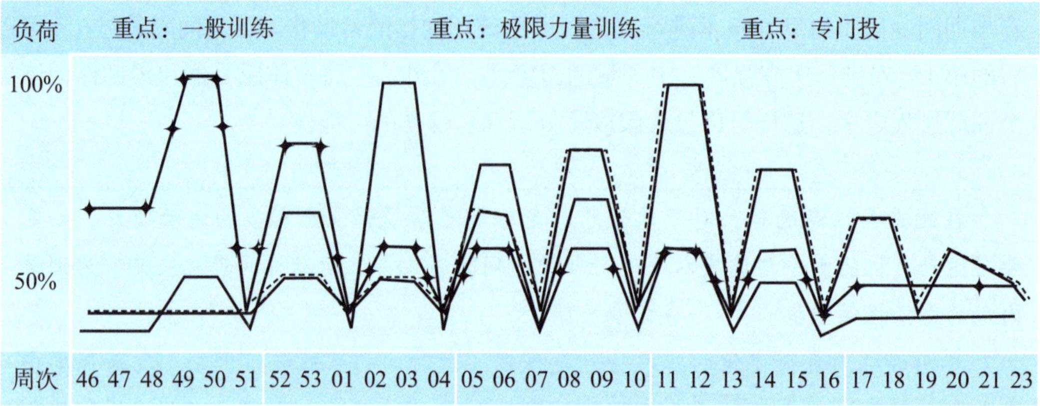

图12–5　优秀女子标枪选手“练二调一”周节奏

（资料来源：米勒，海尔曼．短跑、标枪训练最新介绍[M]．田麦久，徐小蓉，赵俊，等译．南京：江苏省体育科学学会，1958.）

为了实现恢复周训练的主要目标，要求其训练内容广泛而灵活。应多选择以下内容：①一般性的身体练习。例如，非专项的球类活动、游泳、各种非竞技性的健身体操等。②带有游戏性的练习等。

恢复周的负荷安排多采用降低强度、负荷量安排更为灵活的方式。恢复周通常大大降低负荷强度、负荷量，或者适当保持一定的水平。如果比赛周负荷量很小，也可以在恢复周中适当地增加负荷量。

第二节　训练课的计划与组织

训练课是运动训练活动最基本的组织形式，教练员制订的任何计划都需要通过一次次训练课的组织予以贯彻实施。运动员竞技能力的提高正是一次次训练课效益积累的结果。因此，训练课的质量直接关系训练过程的进行及运动水平的提高。

训练课的计划包括训练课内容的选择与安排、课的结构组成、训练手段与方法的实施程序、训练负荷的大小及恢复手段等方面。

一、训练课的不同类型及要求

根据训练课的主要任务和内容，可以把训练课分为不同的类型。构成运动员总体竞技能力的体能、技能、战术能力、心理能力、运动智能都需要在具体的训练课中培养。大多数训练课都以某一种或两种能力的培养作为重点安排训练，还有一些训练课则综合发展多种竞技能力。要提高训练课的质量，必须根据每种类型的训练课自身的特点和要求去组织进行。

（一）训练课的种类和特点

1. 身体训练课

身体训练课中主要安排身体素质训练的内容。其主要特点是，通过多种多样的训练方法和手段，发展运动员的一般和专项运动素质，提高和保持身体训练水平。在大多数情况下，这类课的负荷较大。身体训练课常安排在大周期中的准备期第一阶段内。这类训练课除用作提高和巩固运动员身体训练水平外，其他训练时期内有时也用作调节运动员训练负荷节奏。

2. 技战术训练课

技战术训练课中主要进行各类技术与战术的训练，以及各种为专项技战术训练服务的辅助性练习。其主要特点是目的明确、内容训练手段与方法较为集中。训练负荷视课的目的及在训练过程中所处的位置而定。

3. 综合训练课

运动训练过程中综合训练课占有一定的比重。在这类课中，根据运动员发展多种竞技能力的需要，运用包含身体训练、技术、战术、心理及智能等紧密结合实战需要的综合性训练方法与手段进行训练。

4. 测验、检查和比赛的课

测验、检查和比赛的课的任务是对运动员的训练效果进行检查，课的内容、测试的手段则根据计划中的要求予以安排。这类课的负荷量可能较小，但一般来说负荷强度较大或者很大。在某些时候，这种负荷对运动员身体的刺激相当强烈。

（二）不同任务训练课的要求

1. 身体训练课的要求

身体训练课的主要任务是发展各种运动素质、提高运动员体能。要注意安排好不同素质训练的先后顺序及训练的负荷。

一次课中常常会安排两种以上运动素质的训练。正确安排好练习顺序有助于提高训练的效果。一般来说，快速力量练习、速度练习应安排在课的前半部分进行，以保证练习的质量，保证取得理想的效果，当运动员感到有些疲劳时，可安排发展耐力素质或力量耐力素质的练习。

负荷量度的把握和训练节奏的安排对身体训练课的效果有着重要的影响。随着运动员身体训练水平的提高，应逐步加大训练的负荷，以给运动员机体更为深刻的刺激，由此引起运动员体能更为明显的适应性变化。但在训练时一定要注意训练负荷并不是越大越好，超过运动员所能承受的限度，就会引致劣变性反应。因此，要注意把握好负荷的度，安排好不同课次训练负荷的节奏。

2. 技战术训练课的要求

技战术训练课的基本任务是学习、掌握和熟练专项运动技术和战术，提高技战术质量，及时纠正技战术错误，二人及集体项目运动员要加强协调配合，提高团队竞技能力。要注意安排好技战术训练程序，选择有效的技战术训练手段。

大量的技战术教学与训练都将分解法与完整法结合运用。在进行分解教学与训练时，要注意科学地安排练习的程序，以使得运动员能有序、渐进地掌握比赛所需要的技术和战术。

技战术训练手段众多。教练员在制订课训练计划时，应依据结合实战、效果明显、组织方便、激发兴趣等原则，选择适用于运动员的训练手段。中国乒乓球队为不同技术类型的运动员设计了不同的技战术课训练方案（表12–25）。

表12–25　中国乒乓球队技战术训练课

（安排课时：130min）

技战术类型	训练内容	时间×组数
攻对攻	对攻	10 min × 1
	2/3台走位攻	15 min × 2
	攻防转换	15 min × 2
	发球抢攻	15 min × 2
	个人计划	15 min × 2
攻对削	稳拉稳削	15 min × 1
	拉冲吊综合	15 min × 1
	发球抢攻	15 min × 2
	削中反攻综合	15 min × 1
	搓攻	15 min × 1
	个人计划	15 min × 1
削对削	对攻	10 min × 1
	稳拉稳削	15 min × 2
	搓攻综合	15 min × 2
	发抢攻	15 min × 2
	个人计划（或12板计时）	15 min × 2

注：摘引自蔡振华、陆元盛提供的2000年封闭训练计划。

3. 综合训练课的要求

综合训练课的任务是全面地或综合地发展运动员所需要的专项竞技能力。安排综合训练课时要注意不同训练内容的合理组合。通常在一次综合训练课中，先进行技战术训练，后安排运动素质的训练。

还要注意负荷的合理分配，以便运动员能依次完成全部训练内容，达到预期的训练目的。

4. 测验、检查和比赛课的要求

训练过程中的测验、检查和比赛是检查训练成果的手段。要注意采用符合计划要求的测验、检查的练习、手段及方式、方法，以便准确、客观地反映运动员的训练状态。

另外，测验、检查和比赛课应根据比赛的目的进行安排，但赛前应该按照正式比赛的要求进行安排，以确保运动员能够排除一切干扰，全身心投入比赛。显然，利用测验、检查和比赛课检查训练的效果，为重要比赛做好准备是十分重要的。其中，在比赛课中按照比赛的要求制定程序化参赛方案十分必要。

案例1：中国射击队围绕奥运会比赛制定的程序化参赛方案。

应用实例

气步枪参赛方案

案例2：中国运动员徐嘉余参加东京奥运会男子100 m仰泳比赛前的安排。比赛时间为19时。赛前安排的具体内容应根据比赛具体情况以及运动员的赛前状态和习惯做有针对的细节调整。但从整体上讲，赛前安排与世界各国高水平游泳运动员的赛前安排内容与程序是一致的。

应用实例

徐嘉余100 m仰泳赛前安排

从准备过程看，游泳与射击两个项目对运动员机能、技术、心理的要求不同，游泳项目通过各种热身练习提高器官系统的机能水平、熟练动作以及充分做好比赛过程的准备；射击项目则是让运动员的动作指向稳定，心情进入良好状态，保持适度兴奋。

二、训练课的结构

训练课的结构是指训练课的各组成部分及其进行的顺序。一般训练课通常依次由准备部分、基本部分和结束部分3个部分组成。

（一）准备部分

准备部分的任务是使运动员调整心理状态，调动各种生理机能，准备承受基本部分训练负荷及完成所安排的训练内容，以获得理想的训练效益。

运动员肌肉开始活动，有机体各种调节系统、自主神经系统和执行系统所固有的活动逐渐积极地动员起来，身体各系统逐步进入运动状态。不同系统动员的速度是不同的，一些指标（心率、呼吸量）达到稳定的水平较快，而另一些指标（每分血循环量、需氧量）则比较慢。优秀运动员的准备活动可以较快地完成动员过程。

准备活动可分为一般性准备活动和专门性准备活动两个部分。

一般性准备活动的主要任务是全面调动有机体的各个器官和系统，提高这些器官、系统的活动性。此时，有机体各器官、系统从日常生活状态开始逐步活跃起来。通常，一般性准备活动以有氧性活动开始，逐步提高工作强度，可使心率达到

130 ~ 140次/min。一般性准备活动所采用的练习较广泛，所用时间也因人、因基本部分内容而异，通常采用慢跑和徒手操，或其他强度较缓的练习。

专门性准备活动可结合基本部分所安排的内容设计，也可采用专项基本练习。专门性准备活动的任务是直接为基本部分的内容服务，使机体适应特定的训练要求，并从技术上做好必要的准备，以保证基本部分主要内容的良好完成。虽然专门性准备活动仅仅是预备性的，但为了适应将要进行的工作并获得较好的训练效果，工作强度有时可接近于基本部分主要内容的要求。

（二）基本部分

基本部分安排训练课的主要训练内容。基本部分的结构和持续时间依项目不同而异，即使是同一项目的训练，在不同的训练时期内，这种差别有时也是很大的。造成这种现象的主要原因在于每次训练课都必须纳入训练过程的计划，必须使每次课的训练效果能承上启下，使前次课的效果得以延续，本课的效果得到累积。课的内容、练习手段和负荷等各项指标必须符合训练过程的发展趋势，这就必须根据运动员训练水平发展的需要而决定本课基本部分的训练安排。单一内容训练课与综合内容训练课的基本部分有着各自不同的组织特点。

1. 单一内容训练课的基本部分

单一内容训练课基本部分的特点是：内容单一、任务明确、时间集中。它适于完成需时较多的训练任务，如基本技术训练、各种运动素质的训练等，也可施加较大的训练负荷，以促进运动员有机体产生深刻的生物学改造（图12-6）。

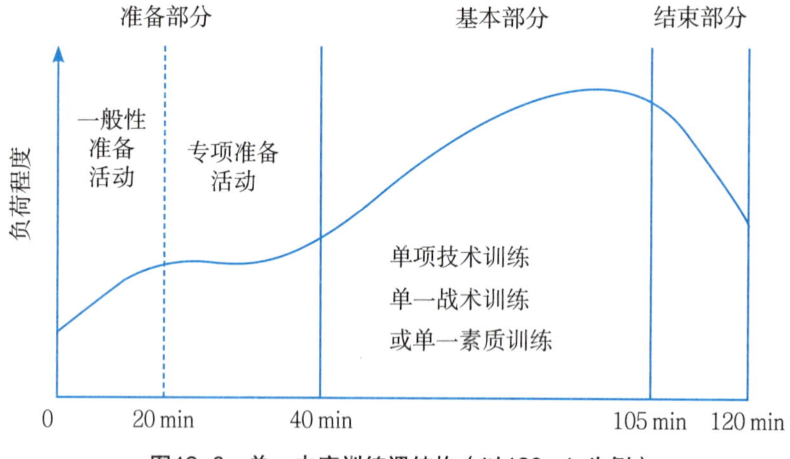

图12-6 单一内容训练课结构（以120 min为例）

（资料来源：田麦久. 论运动训练过程[M]. 成都：四川教育出版社，1988.）

这类课在耐力性项目的训练安排中较为常见。例如，公路自行车运动员的训练课常常以单一内容进行，一次训练课的总时间最长可达10 h左右。为备战1990年北京亚运会，中国自行车队公路组一次训练课的最大骑行量为284 km，用时10 h。这样安排既提高了运动员的专项比赛能力（公路比赛距离可长达300 km以上），也锻炼了运动员的心理承受能力，符合专项比赛的要求。

在技能与技战能主导类的项目中，如一次课中采用单一训练内容，常会出现身体局部疲劳，影响运动员神经系统的兴奋程度。因此，在安排一次课时应采用多种形式、不同的练习密度和间歇，以适时调整运动员的体力状态，保证训练获得良好的效果。例如，在我国优秀乒乓球运动员的技术训练课中，经常根据各个打法不同的选手，改变练习的方式。在安排攻球练习时，先采用一对一的对攻，再用多球练习，其后再练习双人对攻等。此时练习内容不变，但由于形式改变，增强了练习的兴趣性，运动员练习的积极性得到提高，降低了神经系统的疲劳程度，也使练习更加符合比赛的要求。

2. 综合内容训练课的基本部分

由于综合内容训练课由各种内容的练习组成，基本部分的变化较为丰富。因此，这类训练课基本部分的安排较为复杂。组织这类课的基本部分时应该考虑以下几方面。

（1）各种内容练习之间的顺序

各种训练内容对运动员所产生的刺激会在运动员的有机体留下相应的痕迹，这种痕迹产生的后效作用对后续训练内容的影响可能是良好的，也可能不是良好的。例如，通常在基本部分开始安排速度练习，后续训练内容安排耐力训练，往往会产生较为良好的作用。反之则可能产生不良的后果。

一般来说，应将要求神经系统较为兴奋、能量供应充沛的练习安排在前面，将容易产生疲劳或需要产生疲劳的练习安排在后面；将技术性强的练习安排在前面，素质练习安排在后面；将对其他练习产生良好影响的练习放在前面，不产生影响或有不良影响的练习放在后面。

（2）改变训练内容时必须做适应性的专项准备活动

如在综合内容的训练课基本部分中安排相互联系不紧密的内容，那么在更换内容时应做一些专项性的准备活动。例如，体操运动员吊环练习结束后换跳马练习，那么应在跳马练习前活动一下下肢关节，做一些跑跳的练习，并活动一下腕关节，做几次推手练习，然后再进入正式的跳马练习。

（3）注意不同训练内容负荷的累积效应

综合内容的训练课基本部分虽然安排的训练内容不同，但有机体接受的负荷性质可能是一样的，这时就应考虑：如练习产生的负荷作用于有机体的同一系统，有机体的这一系统可能因负荷的累积而受到较为深刻的刺激。例如，篮球运动员的训练课中，先安排快速双人沿边线跑

动传接球 ×40次，再安排25 m×20次冲刺练习，虽然这些练习形式不同，但其实都是无氧系统参与工作，这两组练习的负荷效果重叠在一起，就使该系统承受了很大的负荷。

在对负荷性质进行判别的基础上，应考虑产生负荷的练习作用于有机体的何种机能系统。应尽量安排不同的机能系统交替进行工作。

（4）同一机能系统负荷的波浪形变化

安排作用于同一机能系统的练习时，负荷应有波浪形的变化。例如，在基本部分安排作用于同一机能系统的练习时，为使该系统有适时的休整，应采用间歇、改变练习密度等方式，使负荷产生波浪形的变化。

综合课的负荷曲线根据内容的多少可能出现几次高峰，在换项的间隙中处于波谷。 图12-7是一次120 min的技术加素质综合训练课的结构示例。这种类型的综合课在体操、艺术体操、武术套路、举重及田径全能运动员的训练中被广泛应用。

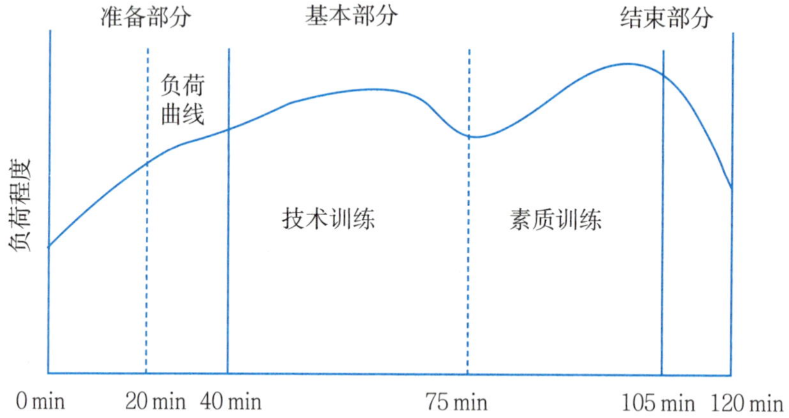

图12-7　综合训练课结构示例

（资料来源：田麦久. 论运动训练过程[M]. 成都：四川教育出版社，1988.）

（三）结束部分

各种训练课结束部分的任务主要是消除训练课基本部分所造成的心理、生理上的紧张状态。现代运动训练把恢复作为训练的组成成分。当然，作为训练课的结束部分并不可能完全消除因紧张训练工作所带来的疲劳，训练课的结束也就意味着运动员有机体全面恢复过程的开始。因此，有组织地进行课的结束部分对恢复过程的积极进行有着重要的作用。

三、训练课的负荷量

确定训练课负荷的量度是安排组织好课训练过程的重要工作。这里，首先要明确负荷的属性，进而对负荷的量度做出等级划分。

（一）明确负荷属性是度量负荷大小的重要前提

训练过程中安排一定量度的负荷是为了完成某一种训练任务。安排训练的负荷并不是单纯地追求负荷的数量，而是要为达到某一目的而服务。

训练负荷与客观世界中所有的事物一样，有其自身的属性。训练负荷具有结构属性、机能属性、个体属性和专项属性。

1. 训练负荷的结构属性

训练负荷量度的确定应该服从于训练任务的完成。课的训练任务决定着应该安排何种量度的训练负荷。教练员不应追求负荷量度的高绝对值，能够保证训练任务完成的负荷量度就是适宜的负荷量度。每一堂课在不同时间跨度的训练过程结构中都占有自己适当的位置，明确了训练课及负荷安排的结构属性，如此合理安排负荷量度就有了明确的依据。

2. 训练负荷的机能属性

任何训练负荷都作用于不同的机能系统，而各个机能系统在一定的时间段内对于训练负荷具有一定的承受能力，但不可能承受无限度的负荷。某一机能系统在一定时间段内所能承受的最大值应是我们训练安排中的最大负荷。过度或极度地超越这一最大负荷的界限必然会产生非正常的生理现象，甚至导致严重的病理变化。

3. 训练负荷的个体属性

对每个运动员而言，适宜的训练负荷是各不相同的，这一个体属性是安排训练课负荷量度时必须予以考虑的重要因素。只有针对个体的特点、个体所能承受的能力安排训练课的负荷，才能使训练过程顺利进行，使运动员健康地参加训练，不断提高其竞技运动水平。

4. 训练负荷的专项属性

每个运动专项都有着自身独特的规律，对于本项目优秀运动员所必须承受的训练负荷也都有着不同的要求，在安排运动员训练课负荷量度时必须认真考虑这些特点。

综上所述，在确定训练课的负荷量度时，必须考虑如下几点：①训练课所要完成的任务的需要；②运动员个体所能承受负荷的水平；③完成训练课任务时，运动员有机体的主导机能系统所能承受负荷的水平；④运动专项的特定需要。

（二）训练课负荷量度等级的划分

1. 依主要训练手段的最大训练量确定训练课负荷量度的大小等级

在一次预定时间界限的训练课中，主要训练手段的最大训练量可作为大负荷训练课的判定标准，大负荷训练量的50%～80%为中等负荷，50%以下为小负荷。

例如，在2h的训练课中，运动员用极限强度跑100 m，即保证处于磷酸肌酸供能的范围内的100 m跑，其最大可能是跑20次，那么这20次就是这个运动员一堂课中发展速度能力的大负荷。与其相应的10 ~ 16次为中负荷，10次以下为小负荷。

2. 根据训练课后恢复的状态确定训练课负荷量度的大小等级

有机体在训练负荷刺激下产生疲劳，负荷越大，疲劳越深，需要恢复的时间也就越长。据此，可从恢复时间的长短推断出负荷的大小。恢复时间短，则负荷小；恢复时间越长，则负荷越大。

比较同一时间长度的训练课结束后，有机体疲劳后恢复时间的长短，即可判断训练课负荷的大、小等级。例如，俄国学者对周期性项目运动健将的跟踪检测表明，各种性质的大负荷课后，需要经过2 ~ 3天的恢复过程。由此，可以以大负荷课中完成的量作为上限标准，划分出不同等级负荷的训练课：

大负荷课：运动员达到原来水平的恢复时间为2 ~ 3天。

较大负荷课：恢复时间为大负荷课的1/2，即1 ~ 1.5天，负荷量比大负荷课中的量少25% ~ 30%。

中等负荷课：恢复时间通常为10 ~ 12h，负荷量为大负荷课的50% ~ 80%。

小负荷课：恢复时间为几十分钟或几个小时，负荷量为大负荷课量的20% ~ 25%。

◎ 思考题

1. 基本训练周的任务及负荷安排特点是什么？
2. 赛前训练周的任务及负荷安排特点是什么？
3. 比赛训练周的任务及负荷安排特点是什么？
4. 赛间训练周的任务及负荷安排特点是什么？
5. 课训练计划的类型有哪些？
6. 简述课训练计划的结构。

第十二章
主要参考文献

第十三章

运动训练组织的项群与专项特点

本章导读

本章撰写的目的，旨在将之前章节中对一般训练理论的论述具体化至项群和专项层面，在提高读者对项群与专项认知的同时，助其将一般训练理论认知转化为训练实践理念。本章内容主要包括项群训练理论概述、运动训练组织的项群特点、运动训练组织的专项特点3部分内容。其中，第一节“项群训练理论概述”，包含了按决定运动员竞技能力主导因素、运动项目动作结构、运动项目比赛成绩评定方式3种主要的运动项目分类体系。项群训练理论创立的价值既有重要科学意义，也有着广泛的实践应用领域。项群训练理论的前沿动向体现在项目群类划分的新发展以及向项群理论的多学科拓展。采用按决定运动员竞技能力主导因素的运动项目分类体系，第二节“运动训练组织的项群特点”重点论述了9个项群的竞技特点、运动员竞技能力特点以及训练特点。第三节“运动训练组织的专项特点”中，一方面，提出了竞赛规则、能量代谢、技术动作、战术策略、心智需要5个运动专项特点的识别维度；另一方面，给出了辨识运动项目的专项特点，厘清一般训练与专项训练的关系，明确专项能力的引领作用，设定适宜的专项训练负荷，制订靶向的专项训练计划5个专项训练组织的基本要求。

本章学习目标

1. 明确主要的运动项目分类体系及项群训练的理论与实践价值。

2. 了解运动项目分类的最新成果以及“项群理论”的发展方向。

3. 基本掌握不同项群的竞技特点、运动员竞技能力特点以及训练特点，可以辨析上述特点的群间差异。

4. 掌握项目专项特点的识别维度，能够利用识别维度辨析专项特点的项间差异。
5. 能够提炼出所从事专项的运动训练组织要点，并尝试在训练实践中应用。

第一节 项群训练理论概述

一、运动项目的主要分类体系

人们在论述或研究众多竞技运动项目共同规律的过程中强烈地感到，在许多方面常常难以，甚至不能将不同项目所具有的多种风格和特点简单地做出单一的概括和归纳，这就需要依照某一标准将项目划归为不同类属，分别对竞技项目的选材、训练、参赛规律及实施进行分群阐述。

分类是在比较的基础上，依据研究对象间的相同点和差异点，把对象区分为不同群类或不同等级系统的一种逻辑方法。科学的分类不但有助于确定研究的对象，还能为科学研究创造必要的条件，同时具有科学预见的作用。在分类过程中，需要通过比较，找出事物的共同点和差异点，根据共同点将事物划归为较大的群类，再根据差异点将事物区分为较小的类和等级系统。

分类必须遵循一定的规则，即按照物质运动形式的区别和固有次序来区分和排列事物。科学的分类必须遵循同一标准、层级分明、子项不相容和子项之和等于母项这4项重要的原则。

对众多的竞技运动项目予以科学分类，是构筑项群体系、进行项群训练理论研究的重要先决条件。按不同标准建立的项目分类体系，各有其适用范围和理论与实践价值。

（一）按决定运动员竞技能力的主导因素分类

运动训练活动的具体任务是发展和提高运动员的竞技能力，继而通过在运动竞赛中的发挥和表达，将竞技能力转化为运动成绩。可以说，竞技能力的提高和发展始终位于运动训练活动的中心。按决定运动员竞技能力的主导因素分类，可以反映各运动项目对于运动员竞技能力的不同要求，便于对运动训练活动进行更为准确的分析与控制。

知识回顾

表1-4 按竞技能力的主导因素对竞技项目的分类

以运动项目所需竞技能力的主导因素为一级分类标准，可将运动项目分为体能主导、技能主导、技心能主导、技战能主导4大类。继而，以两种能力的主要表现形式为二级分类标准，又将体能主导类项目分为快速力量性项目、速度性项目与耐力性项目3个亚类，将技战能主导类项目分为隔网对抗性、同场对抗性、格斗对抗性和轮换攻防对抗性4个亚类。详细内容见第一章第二节表1-4。

体能主导类快速力量性亚类包括跳跃、投掷、举重和跳跃滑雪4组项目，速度类亚类包括陆上、水上、冰上各种场地短距离竞速项目，耐力性亚类包括陆上、水上、冰上各种场地中长距离竞速和超长距离竞速项目。技能主导类表现难美性项目，主要表现运动员完成专项高难动作和展示体育美的能力。技心能主导类表现准确性项目，主要表现运动员准确完成专项技术动作的能力。技战能主导类对抗性项目，要求运动员在直接“攻防关系”的对抗条件下，表现其运动技术、战术水平的能力。

（二）按运动项目的动作结构分类

每一个竞技项目都有着自己特定的运动技术，熟练地掌握先进的运动技术是发展竞技能力、争取优异成绩的重要途径。按运动项目的动作结构分类，可以反映项目运动形式的特点，对运动项目技术工作分析和技术训练有很高的实用价值，同时有利于对不同项目不同对抗形式的特点进行系统分析。因此，我们选择运动项目的动作结构作为另一个重要的分类标准。

依照运动项目动作结构的思想内核，首先把所有的竞技项目划分为单一动作结构、多元动作结构及多项组合结构3大类，然后以各类动作的组合形式为二级分类标准，将单一动作结构类再分为非周期性、周期性及混合性3个亚类，将多元动作结构类再分为固定组合和变异组合2个亚类，将多项组合结构类再分为同属多项组合和异属多项组合2个亚类。具体分类详见第一章第二节表1–5。

知识回顾

表1–5 按动作结构对竞技运动项目的分类

单一动作结构类的混合性亚类兼有周期性与非周期性的特点。各种跳跃及标枪的助跑为周期性动作，而最后的跳跃及掷枪则为非周期性动作。

多元动作结构类中，固定组合亚类项目要求运动员在比赛中完整地再现训练中千百次重复练习的动作组合，而变异组合亚项目运动员则要在比赛中根据对手所采取的技战术情况，将平素训练中所掌握的技战术“元件”即时地组合成相应的技术动作或战术配合。

多项组合结构中，有些多项比赛的各个单项属同一个运动大项，如体操全能、田径女子七项全能等，称为同属多项组合；而有些多项比赛的单项分属不同的运动大项，则称为异属多项组合，如近代五项、冬季两项等。

（三）按运动项目比赛成绩的评定方法分类

运动训练的效果必须通过运动竞赛，表现为运动成绩，才能够获得和体现出其社会价值。按运动项目成绩的评定方法分类，可以反映各个项目运动成绩结构的一般规律，对于训练实践和成绩提高均有实际的指导意义。据此，我们也选择运动成绩的评定方法作为竞技项目分类的第三个标准。

按照运动项目比赛成绩的评定方法，可将众多竞技项目分为测量类、评分类、命中类、得分类及制胜类五大类。详细内容见第一章第二节表1–6。

知识回顾

表1–6 按运动成绩评定方法对运动项目的分类

测量类项目的运动成绩可由对高度、远度、重量或通过一定距离所需时间的测量予以确定。评分类项目比赛中，裁判员按特定的规则和评分办法，对运动员所完成的动作质量给予评分。命中类中的无防型项目（射击等）由在没有防守的情况下，命中某一目标的次数多少而决定比赛的成绩；设防型项目运动员则必须突破对方的防守命中特定目标而力求取胜。得分类项目均按局（盘）进行比赛，一方得分达到规定数目时即为获胜，得分的途径既有本方运动员进攻命中，也包括对方的失误送分。制胜类决定成绩的方法比较特殊，它既包括在格斗中命中对手而得分的因素，又包含着制服对手直接获胜的因素。例如，拳击中将对手击倒，在规定时间中不能起身而获胜，柔道中的一本获胜等；而在没有出现绝对胜利的情况时，则仍需按命中得分的情况判别胜负。

以上3个分类体系从不同的角度描绘了竞技运动项目总体的内部结构。由于3个体系的分类标准之间有着密切的相互联系，因此，各个体系中所划分的项群之间也很自然地存在着一定的对应关系（表13-1）。

表13-1　竞技运动项目主要分类体系的对应关系

标准	竞技能力的主导因素		动作结构特点	成绩评定方法
项群划分	体能主导类	快速力量性	单一动作结构周期性 单一动作结构非周期性	测量类
		速度性	单一动作结构周期性	测量类
		耐力性	单一动作结构周期性	测量类
	技心能主导类	表现准确性	单一动作结构周期性	测量类
	技能主导类	表现难美性	固定组合多元动作结构	评分类
	技战能主导类	同场对抗性	变异组合多元动作结构	命中类
		隔网对抗性	变异组合多元动作结构	得分类
		格斗对抗性	变异组合多元动作结构	制胜/命中类
		轮换攻防对抗性	变异组合多元动作结构	命中/得分类

例如，技心能主导类表现难美性项目都属固定组合多元动作结构，又都是通过由裁判员给分的方式而评定其运动成绩高低的。体能主导类耐力性项目都属周期性单一动作结构，又都通过准确的计时判定其运动成绩。因此，在组织训练活动的过程中，我们可以其中一个体系为主，划分不同的项群，进行相应的研究。

考虑到一切运动训练活动都必须围绕着运动员竞技能力的发展予以科学的规划和组织实施，我们从中选择了决定竞技能力的主导因素作为首要的分类标准，将以奥运会项目为主的众多竞技项目分为9个项群，进而对各项群的训练理论进行专门的研究。

按竞技能力的主导因素、按运动项目的动作结构以及按照运动成绩的评定方法这3种分类标准对竞技运动项目进行分类具有极高的实用性，但并非仅有这3种分类方法，如前所述，按不同标准可以为竞技运动项目建立许许多多分类体系。人们可以根据自己工作和研究的需要，依专门确定的标准进行竞技运动项目的分类，进而开展自己的工作和研究。

二、项群训练理论的科学意义与实践应用

（一）项群训练理论的科学意义

1.鲜明地概括了同一项群不同项目的共同规律

以项群为基本单位去认识和概括同类属竞技项目的共同特点，既能获得远大于一个单项运动实践的视野，在一个较高的层次上把握几个或几十个运动单项共同的训练规律，又不会因受到其他类属项目不同特点的约束，而使得一个项群的共有规律无法显现出来。

在各项群专题研究中，都在不同项群的构成、竞赛及训练等多个方面揭示了单一项群独有的许多基本特点。例如，不同项群在运动员主导竞技能力和竞赛规则方面均具有明显的共性。因此，赛后疲劳消除、比赛间隔竞技状态保持、赛前针对性准备3个方面同样展现出群类特征（表13-2）。

表13-2　不同项群赛间训练的基本特征

项群	赛制和赛程	赛间训练基本要求
快速力量性	赛事集中、赛点固定、间隔很短	负荷强度偏大、负荷量较小，注意力高度集中，心态相对稳定
速度耐力性	单赛次持续1 ~ 8 min，赛事重复、赛点固定	预赛和复赛后负荷量度均不大，以积极清除体内堆积乳酸，放松各个肌群，接力或多人项目进行配合训练
长时间耐力	单赛次持续6 ~ 30 min甚至数小时，双或单轮次，赛点固定	双轮次项目若间隔一天，可完全休息或做不超过1h的放松性练习；若间隔两天或更长，则适当安排中小负荷强度的恢复性或诱导性练习
表现难美性	某些隔天进行、某些每天1场、某些一天2场，赛点固定	负荷强度较高但时间不长，复习和强化关键技术、预感比赛顺序体验，获得比赛环境时空感知等
表现准确性	射击预赛和决赛间隔较短，射箭各赛次隔天比赛	以心理训练为主，射击赛后以心理调节为主，射箭项目兼顾心理调整和体能训练
隔网对抗性	循环、淘汰或混合赛制，通常每天一赛，赛点基本固定	训练负荷量和强度均不大，以轻技术训练或战术应变训练为主
同场对抗性	循环、淘汰或混合赛制，赛间间隔较长，赛点有时不固定	训练时间不大但质量较高，主要安排关键技术、局部战术、针对战术为主
格斗对抗性	淘汰或循环赛制，“跆摔柔剑”一天多赛，拳击每天一赛	重点是运动智能，其中，“跆摔柔剑”项目赛后即刻进行身体休息和头脑训练；拳击项目通过录像进行思维训练

资料来源：胡亦海.战役性赛事期间恢复与训练的基本特点[J].中国体育教练员，2016，24（2）：9-12.

2.加强了运动训练理论与实践的关系

运动训练理论的创立与发展与专项运动训练实践紧密相关，它是在诸多专项训练理论的基础上归纳、综合、概括形成的。由于一般训练理论无论是在理论阐述、科学释义、特点概括

的学科层面，还是训练内容、训练方法、训练负荷、组织安排的架构层面，都必须兼顾不同专项，而项目的专项差异使得一般训练理论难以涵盖所有项目的共同规律，由此衍生地加大了其与单个运动项目训练实践之间的距离。例如，适用于诸多项目的持续训练法和间歇训练法，对技能主导类体操、技巧，技心能主导类射击、射箭项目来说便很少采用。又如，集体球类项目的战术配合训练，与田径、游泳、举重等个人项目几乎毫不相干。

项群训练理论概括覆盖面的收缩和覆盖项目的相似，必然使得抽象出来的理论更能准确地反映同群项目训练实践的内在规律，由此也更便于对训练实践实施有效指导。例如，对几乎所有周期性耐力项目运动员来说，都有多个比赛项目和更多的比赛距离，从而构成了运动员的多种竞速能力。田麦久研究了运动员的主项和翼项，即多种竞速能力之间的关系，其成果成功地应用于运动员现实状态的诊断、翼项最高训练强度的确定以及运动成绩的预测等诸多方面。再如，不同训练内容有着特定的负荷强度，训练负荷强度分布（TID）建立了负荷量与负荷强度之间的联系。陈亮研究了竞速类项目在运动员竞技水平、年度训练阶段、训练负荷统计方法等维度的区别与规律，该成果有助于检验训练计划制订的适宜程度，并避免过度训练或训练不足。

3. 实现了训练学理论原有两个层次之间的有机过渡

项群训练理论与一般训练理论、专项训练理论一起组成了3个层次的运动训练学理论体系。项群训练学理论以项群为基本单位，去认识和概括同一类属竞技项目运动训练的共同特点，获得了远远大于单一竞技运动项目训练实践的视野，使一组竞技运动项目共同的训练规律清晰地显现出来。

项群训练理论的提出和建立，在一般训练理论和专项训练理论之间架起了连接的桥梁（图13-1）。它既是一般训练理论的延伸，又是专项训练理论的拓展，把运动训练理论体系中原有的两个理论层次紧密地连接起来。因此，项群训练理论这一新的层次的建立，使得运动训练理论的内容更加丰富，体系更加完整，并且更有力地推动训练实践的发展。

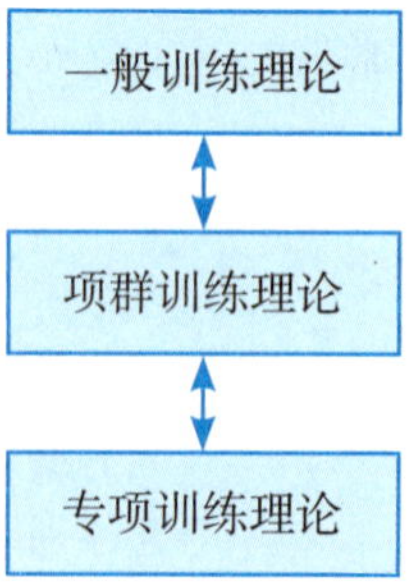

图13-1　运动训练理论体系的3个层次

例如，就战术训练而言，依照一般性战术的概念与体系结构，整合专项比赛需要的具体战术，提出不同项群的战术训练内容要求（表13-3），既保持了从一般到项群的递进衔接，又丰富了战术训练的理论体系。

表13-3　3个理论层次战术研究内容的比较

理论层次		战术研究内容
一般训练理论		战术，战术思想，战术意识，战术能力，战术行为，战术训练的基本概念、原则、方法
项群训练理论	体能主导类耐力性项群	同道竞速中的领先与跟随，体力分配，队友配合，战术选择
	体能主导类快速力量性项群	试跳、试掷、试举的力量分配，高度、重量的选择
	体能主导类速度性项群	不同赛次的体力分配，注意力导向
	技能主导类表现难美性项群	成套动作的布局及编排，出场顺序的排定，临赛时试器材动作的选定与练习
	技能主导类表现准确性项群	比赛时间的分配，不同环境的心理导向
	技能主导类隔网对抗性项群	制胜对策的确定，临场指挥及战术变化，阵容的确定或出阵的排序
	技能主导类同场对抗性项群	制胜对策的确定，阵容的排定，临场指挥及战术变化
	技能主导类格斗对抗性项群	制胜对策的制定，临场指挥及战术变化
专项训练理论		专项比赛需要的具体战术

资料来源：田麦久. 项群训练理论[M]. 北京：人民体育出版社，1998.

（二）项群训练理论的实践应用

1. 项群训练理论与竞技体育发展战略的制定

对于一个国家或地区来说，在制定其竞技体育发展战略的工作中，项群训练理论可给予战略制定者以有益的帮助。对现有不同水平级的运动项目进行对应的项群分析，能够从宏观上把握众多运动项目发展的状况，便于从社会学、地理学、遗传学、训练学等不同角度科学地分析造成各类项目发展水平高低不一的原因。

在20世纪80年代，我国依竞技能力主导因素对奥运会、亚运会项目等级配置和项群归属进行了划分，分别归入“优势项群”“发展项群”和“开发项群”，为参赛策略的制定提供了科学的依据。2000年悉尼奥运会前夕，田麦久以项群分析为基本依据，提出了“优势项目群”的标准，即“某一国家在奥运会中获取奖牌数量占其累积百分比大于70%的运动项目群”，进而提出，应按各项群和项目的竞技特征合理配置发展资源。

2. 项群训练理论与竞技运动项目的宏观管理

有序性是系统的重要特征之一。项群的划分和项群体系的建立使得竞技项目这一巨大群体的内部结构更加有序，为运动训练组织机构的领导者和管理人员实施更为有效的宏观管理提供了新的可能。例如，各级体育局都对运动项目实施分组管理，如果将各管理者分管的运动项目尽可能与项群的划分保持一致，则会更加有利于管理工作与训练组织的协调一致，提高管理效益。

3. 对同群项目训练规律的探讨和揭示

与原有的两层次训练理论体系相比，项群训练理论体系这一中间层次的建立，揭示了众多竞技运动项目的集束性特征，为研究、把握具有共同特点的项目群体内部的训练规律提供了极为重要的先决条件。具体表现在以下方面。

其一，在一般训练理论中，通常难以关注和揭示出混同于所有项目之中的一组项目的训练规律，而通过项群训练理论的研究则可以更好地予以把握。

其二，以一个项目的训练实践活动为基础建立起来的专项训练理论，不可能做出具有更为普遍适用性的提炼和概括，而项群训练理论的研究在这一点上则具有明显的优势。

其三，由于运动项目发展的多样性以及某些运动大项（如田径）的综合性特点，如果只以历史形成的运动项目为单位去认识运动训练的规律，必然会受到极大的局限。田径中的投掷与举重的力量训练有许多共同之处，而所有中长距离的走、跑项目的训练均与中长距离的游泳、速度滑冰、自行车、划船等周期性耐力项目的训练遵循着同一规律。这些简单的例子表明，项群训练理论体系的建立将会在很大程度上使进行跨项的规律性探索和研究成为可能。

4. 项群训练理论与竞技人才的流动

运动员选材近年来受到教练员和体育科学家的高度重视。在运动训练中，有许多运动员是从邻项中选拔过来的。特别是当一个新兴的运动项目开始建立时，这种现象更为突出。项群训练理论的研究和应用将会使人们在科学理论的指导下促进竞技人才的合理流动。

5. 项群训练理论与运动训练方法的移植、创新与发展

任何一个竞技运动项目的发展过程都不可能处于完全闭锁式的状态，在与外界的信息交流中，很自然地会从其他项目吸收对自己适用的理论、技术和方法；同时，也不断地把自己科学的理论、精湛的技巧及有效的方法传输给其他项目，这种信息的交流主要发生在同项群内不同的项目之间。

与现有优势项目隶属于同一项群但暂时落后的项目，可以较为方便地借鉴同项群中先进项目成功的训练经验，而可能比其他项群的落后项目更快地得到发展和提高，从而实现向优势项目的行列中转移。近年来，我国与竞技体操、跳水等优势项目属一个项群的艺术体操、花样游泳项目的竞技水平的迅速提升即有力地证明了这一点。

三、项群训练理论的发展

（一）项目群类划分的新发展

以竞技能力主导因素、动作结构特点、成绩评定方法为标准建构的3类运动项目划分体系，综合刻画了运动项目的多重属性。以竞技能力主导因素为基础的项群分类，成为后续研究较为通用的准则，但随着人们认知的深化，仍可组建新的复合型项群。例如，将技战能主导类进一步细分为集体对抗性和个体对抗性项群，增加体技能主导类项群等。

从生物学角度审视运动项目，可以更为细致地展现运动特征的微观层面。例如，冯炜权

（1989）依据比赛中运动员的能量供应特点，从生物化学的角度将运动项目分为磷酸原代谢类型、磷酸原代谢－糖无氧代谢类型、糖无氧代谢类型、糖无氧代谢—有氧代谢类型4种类型。美国学者奥斯特比（Ostby）根据VO_2max和最大肌力强度（MCV）的比例关系提出了9分类体系（图13–2），这种分类将以往关注运动形态、运动结构和运动能力等宏观显性特征，转为从生理生化的微观隐性角度进行分类，对于了解运动项目的机能特征和负荷性质具有启示意义。

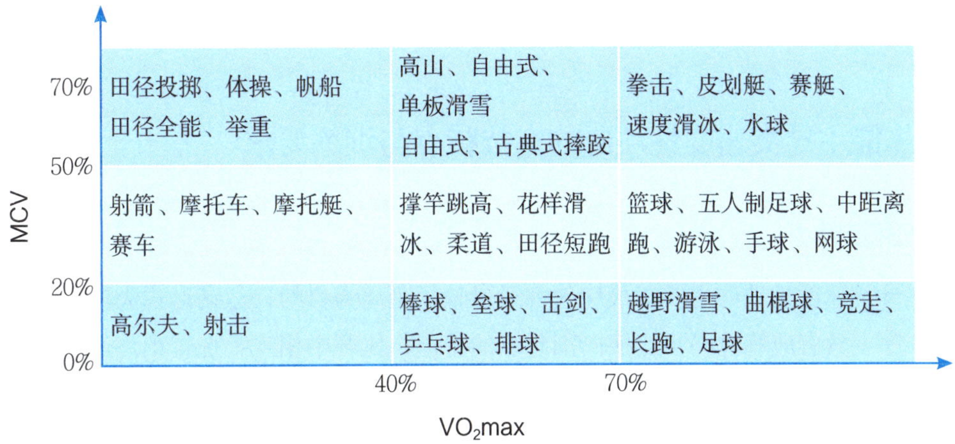

图13–2　依据运动时最大摄氧量和最大肌力强度的项目分类

（资料来源：余银，胡亦海. 运动训练学[M]. 北京：高等教育出版社，2019.）

（二）项群训练理论向项群理论的拓展

项群认知与项目分类在体育运动中具有普适性。“项群”认知适用于运动训练领域，将运动项目依照特定研究视角加以分类，进而分群研究和论述，这已得到诸多体育学科的普遍认可。项群训练理论从一个学科概念发展成为在宏大的体育学领域中得到普遍应用的科学概念，既促进着运动项目理论的丰富与完善，也促进着项群训练理论的深度发展，还促进着体育学各学科之间联系的加强。

在竞技体育学领域，鉴于其发掘、培养、表现竞技能力的学科目标，运动员选材、竞技参赛、竞技体育管理等学科多在运动员竞技能力主导因素的项群框架内强化自己的研究论域。例如，全国体育院校通用教材《运动员选材理论与实践》（蔡睿、张一民，2013）中，论述了“不同项群科学选材的特点与要求”；熊焰在其题为《运动员竞技能力的参赛变异及其成因与对策》的博士论文中（2005），对不同项群运动员参赛变异的发生概率和变异幅度的不同表现特征进行了比较，分别给予了清晰的描述。

“项群”认知的产生，为体育学其他领域研究的开展提供了一种思维模式，有些学科沿用了项群训练理论的项目分类，有些学科也根据自己学科的特点和研究工作的需要，构建了独特的分类体系。例如，体育社会学领域的学者对群众主要参与的运动项目进行了分类，并探讨了各类型项目与不同人群性别、年龄、职业等因素的对应关系，以利于提出相应的群众体育发展策略。体育生物科学领域的学者依据不同项目运动中的能量消耗、疲劳、损伤的类型，研制了营养补充和运动康复的特异方式。体育教学领域的学者依据学生项目技能习得规律和情感作用，论述了同群项目的教学目标、教学方法、教学评价等的共性规律。

第二节　运动训练组织的项群特点

一、体能主导类速度性项群的竞技特点与训练要求

（一）竞技特点

体能主导类速度性项群主要以最快速度通过较短距离为目的，运动形式为典型的周期性变化；竞赛次序上具有应答性同步、横向同起点的特点，比赛中相互干扰较小。运动员需要克服自身体重以及人或器械与外部物体（地面、冰面、水面）接触面的摩擦力而向前高速度位移，动作频率、动作幅度、起动速度是决定运动成绩的关键。能量代谢以磷酸原为主，糖酵解为辅；生理机能的特点表现为神经过程灵活性高，转换速度快，快肌纤维比例高。

（二）运动员竞技能力特点

1. 体能特点

运动员身材多为高大健硕，体脂比例较小，肌肉发达且清晰，四肢较长，臀肌上收，髋关节较窄，腰背腹部结实有力。身体机能具有良好的磷酸原及磷酸原与糖酵解混合供能能力。为实现高平均速度，运动员需具备出色的反应速度、动作速度、移动速度、爆发力、快速力量、协调能力、动作节奏感和平衡能力。

2. 技术和战术能力特点

运动员动作规范标准、科学合理，动作熟练，达到技术使用自动化，强调高强度运动中的技术规范性、动作稳定性、各环节协调性，同时要求运动员把握项目的核心要领，如短跑重点要求以腰腹部为中枢、以摆带蹬、蹬摆结合技术。异道项目运动员多采用全程高速比赛策略，同道项目运动员需具备计划执行性与临场发挥和应对的有机结合能力。

3. 心理能力和运动智能特点

心理能力表现为运动员反应快、思维敏捷、行动果断，这需要坚强的意志品质、高度集中的注意力以及较高的文化素养。除专项技能和一般智能外，自行车、皮划艇、游泳、滑冰项目运动员应具备相应的运动力学知识、流体力学知识等。

（三）训练特点

1. 体能训练特点

形态训练可采用大负荷强度、小负荷量的肌肉“内协调”训练和中大负荷强度、适中负荷量的肌纤维增粗训练。机能训练采用短时间、高强度练习提升磷酸原供能能力，稍长时间、大强度练习提升运动员磷酸原与糖酵解混合供能能力，长于专项距离的练习提升糖酵解供能能力。身体素质训练强调负荷强度、控制负荷量，并注重身体素质对称训练，争取左右、前后肌群的均衡。此外，非跑步项目运动员需安排陆上模拟练习和一般身体素质练习。

2. 技能和战术能力训练特点

技术训练注重动作规范性、合理性、稳定性以及全程动作节奏的连贯性。例如，短跑项目的蹬摆结合技术及下肢动作连贯技术；游泳项目的四肢配合及动作/呼吸结合技术；划船项目的人桨合一与船水合一技术；自行车项目的弯道骑行与适时超越技术；滑冰项目中的直道加速与弯道滑行技术。战术训练针对比赛多轮次的要求，做好体力分配适应性训练。根据不同单项的竞技特征，同道和异道竞速项目分别开展相应的个人参赛战术和多人参赛配合战术训练。

3. 心理能力与运动智能的训练特点

要注重培养运动员心理调节能力和坚强的意志品质，以及速度感、节奏感和高度集中注意力的能力。另外，不断提高运动员的思想和文化水平，帮助其树立正确的价值观和安排科学的训练，这对他们处理比赛中的各种突发情况具有重要作用。

二、体能主导类耐力性项群的竞技特点与训练组织

（一）竞技特点

体能主导类耐力性项群主要包括用时较长的中长、长、超长距离的跑、走、游、滑、划、驾等项目，其成绩由计时评定，相对客观；技术动作为周期性单一动作结构或多元变异结构；竞技过程既有分道竞速，也有同道竞先。运动员需要克服自身体重以及人或器械与外部物体（地面、冰面、水面）接触面的摩擦力而向前位移，动作频率、动作幅度、维持运动持久的能力是决定其运动成绩的关键；能量代谢复杂，无氧和有氧的比例随项目不同存在差异。

（二）运动员竞技能力特点

1. 体能特点

运动员身体形态整体表现为身材精壮健硕、身高中上、体形匀称、肌肉线条清晰、四肢较长、臀肌上收、髋关节较窄、腰背腹部结实有力、体脂比例小。身体机能表现出良好的有氧以及有氧与无氧混合的供能能力，具备强大的心肺功能和最大摄氧能力，神经过程稳定性高，心肺功能强，慢肌纤维比例高。身体素质方面，具备长时间、较高速度、持续性的途中专项有氧

耐力，较强的比赛冲刺能力，疲劳状态下各肌群的放松与协调能力，人体与器械之间良好的融合能力。

2. 技术和战术能力特点

技术能力表现为自动化、节省化、经济化。其中，竞走项目注重高速行走中的技术规范性；冰雪项目需要运动员熟练适应运动介质；水上项目需要做到人桨合一、船水合一，桨频、桨距、桨力有机结合；多人项目在用力协调性、大小均衡性、张弛的默契性等方面有较高要求。战术特点与赛制和比赛用时有关。其中，多轮次比赛项目需合理分配各轮次体力，中距离项目宜采取快速占据有利位置，途中高速，强力冲刺；长距离项目依照运动员自身特点采用跟随或领行战术；异道竞速项目多执行既定战术，同道竞赛项目则需根据比赛进程适当调整。

3. 心理能力和运动智能特点

心理能力表现为运动员具有高度发展的心理耐力，能够以超强的耐心忍受生理和心理的极度疲劳，最大限度地动员体能、心能的潜力，以及意志坚定、争胜愿望强烈和清醒的判断力。运动智能应聚合多学科知识，对专项核心技术进行科学的探究和界定，让运动员反复揣摩和训练并形成动作自动化。

（三）训练特点

1. 体能训练特点

形态训练应同时结合促进身体强壮、减少脂肪、塑造体形，机能训练重在提升有氧能力以及磷酸原与糖酵解混合供能能力，身体素质训练着重培养有氧耐力、速度耐力、力量耐力及多肌群协调能力。此外，高原训练、陆上训练、水中训练也是素质练习的有效手段。

2. 技术和战术能力训练特点

技术训练重在动作的规范性、合理性、稳定性、实效性与经济性相结合的训练，加强针对性技术训练与技术风格的培养，形成技术动作自动化和经济化；注重项目特殊技术训练，如游泳的转体技术，自行车的弯道骑行与适时超越技术，滑冰的直道加速与弯道滑行技术等。战术训练可根据单项需要进行个人或配合战术训练。例如，同道个人项目运动员应掌握在领先、跟随、超越、被阻挡、被包夹等情况下的应对方法。

3. 心理能力和运动智能的训练特点

心理训练应在心理教育和放松训练的基础上进行，同时要进行相关认知训练，通过积极的自我谈话，克服消极思维和训练单调感，调动运动员的积极性和主动性；安排意志训练，利用外界恶劣条件和人为设置的一些障碍，让运动员在克服各种内外部困难中提高战胜自我的信心与能力。运动智能应聚合多学科知识，对专项核心技术进行科学的探究和界定，让运动员了解项目本质与制胜特征。

三、体能主导类快速力量性项群的竞技特点与训练组织

（一）竞技特点

体能主导类快速力量性项群主要以追求远度、高度和重量的最高成绩为目的；运动形式为非周期性/混合性单一动作结构；成绩评定方法用距离/长度/重量来衡量，相对客观；竞技比赛过程依次进行，相互干扰较小。这些特点决定了项群运动中能量代谢以磷酸原代谢形式为主，肌肉活动强度大，神经过程强度高，运动员需要具备快速发挥力量的能力，并在连续多次极限运动时功率输出大且稳定。

（二）运动员竞技能力特点

1. 体能特点

体能主导类快速力量性项群运动员形态表现多样。其中，跳跃运动员身材匀称、修长，投掷运动员身材较高大，身体呈“桶”形，举重运动员体格健壮、骨骼粗大、四肢较短、手指长、肩髋关节灵活。身体机能方面，肌肉中的三磷酸腺苷和磷酸肌酸储量大，三磷酸腺苷再合成能力强；神经系统灵活性强，强度大，兴奋过程占优势；本体感觉清晰、准确；肌肉合成能力强，睾酮值较高。运动素质方面，最大力量和快速力量突出。

2. 技术和战术能力特点

要求运动员技术动作稳定、准确，具有高度的可控性；技术动作实效性和经济性较高，以便在有限比赛次数中表现出高水平；技术特点与身体形态和体能发展相统一，且具有鲜明的技术个性。针对该项群次第性的竞赛规则，运动员需在“以我为主，兼顾对手，保证成功率”的指导思想下，具备通过自己的表现干扰对手，善于捕捉有利时机的战术能力。

3. 心理能力和运动智能特点

运动员专项感知觉高度灵敏清晰，自信、顽强，并具有强烈的征服欲、性格的独立性和自我开发性以及情绪状态的高度自控性等。运动智能具备对技术动作的理解、分析、判断能力，掌握一定的解剖学、生物力学等相关学科知识。

（三）训练特点

1. 体能训练特点

在功能性、一般和专项体能测试、诊断和评估的基础上，确立适宜技术特点的体能发展策略。依照力量素质表现原理和发展规律，依次安排基础力量训练、肌肉增大训练、改善神经调节训练、爆发力训练、爆发力耐力训练等。

2. 技术和战术能力训练特点

技术训练方面，一是注意技术动作完成的稳定性和成功率；二是狠抓发力前的准备以及最后用力阶段的训练；三是在高强度甚至是极限强度下，提高技术的运用能力。战术训练应树立

“以我为主”的指导思想，日常尤其是赛前专项训练力争提高成功率，并表现出高强度，以利于比赛中争取有利位置，赢得整个比赛的主动。

3. 心理能力和运动智能训练特点

面对常见的担心失误、对手领先或超水平发挥时慌乱、领先后放松警惕等心理问题，应制定运动员参赛心理预案。重视念动训练，用以改善运动员的运动直觉，要求注意力集中于技术环节、轨迹和动作节奏。在模拟训练中发展“短时间内安静和迅速兴奋的能力”，培养运动员的抗干扰能力。

四、技能主导类表现难美性项群的竞技特点与训练组织

（一）竞技特点

技能主导类表现难美性项群主要是以动作质量、动作难度、艺术表现作为评价比赛成绩的依据，其成绩评定方法为评分类，裁判员主观性相对较大；运动员的技术动作为赛前演练精熟的多元固定组合；竞技过程按抽签或预赛排序依次进行，相互干扰较小；运动员身体形态、动作姿态、动作难度和完成质量是决定运动成绩的关键；该项群动作形式多种多样，三维空间定位准确，动作速度、爆发力、协调性等是重要的身体素质要素；生理机能强调心肺功能、呼吸方式等。此外，艺术表现力、乐感、美感等均是运动员特有的专项能力。

（二）运动员竞技能力特点

1. 体能特点

运动员具备优美的体态，动作敏捷而灵巧，神经过程均衡性和灵活性较高，视、听、触觉及本体感觉准确、灵敏。身体素质发展全面，除力量、速度、耐力外，柔韧性、灵敏、协调同样是体能评价的重要指标，且时空感知觉突出。

2. 技术能力特点

技能主要表现为时空判断准确，身体姿态控制能力强，能够熟练掌握各种专门器械以及与同伴协调配合，能够通过娴熟的成套组合将音乐、动作和自我情感完美地结合。单个动作的掌握要求准确、熟练，高度自动化且成功率高，具备“一次成功展示”的把握。战术运用主要体现在动作编排上的扬长避短，强调成套创编的艺术性；动作布局上注重技术完成规格，确保难度动作的稳定性和成套成功率；比赛期间可根据对手发挥情况，适时改变参赛动作难度。

3. 心理能力与运动智能特点

感知觉敏感度水平高，注意力集中且持久，善于自我调节，具备丰富的想象力、创造力和果敢精神，典雅的艺术修养同时善于思考、记忆、分析和判断动作技术的完美程度，具备极强的自我纠错能力。

（三）训练特点

1. 体能训练特点

注重采用非专项的运动项目练习促进健康水平，同时十分注重专项身体素质训练。例如，在进行一定的长跑、短跑、游泳、球类练习的基础上，采用在技术结构上近似于基本运动技能的动作和能提高运动素质水平的专门动作作为专项素质训练的手段。

2. 技术和战术训练特点

技术训练占据很大比例，主要包括基本动作和高难动作的训练。其中，基本动作贯穿于运动员多年训练和年度训练的全过程，且内容要选准、选精和照顾全面；高难动作的教学过程更加精细并分阶段依次实施；规定性动作具有较强实效性，应尽快掌握，自选动作要注重扬长避短。艺术表现力训练多以舞蹈训练为主来培养形体表现力，音乐伴奏项目可以通过伴随音乐的即兴表演和小品表演来培养动作节奏感和表演能力。

3. 心理能力和运动智能训练特点

心理训练主要目的是调节运动员心理状态，可从基础的放松训练入手，提高情绪调控能力；进行想象训练，想象正确的或成功的动作过程来增强自信心。运动智能训练安排脱敏训练，形成正确的动作技能；在动作技能自动化基础上，安排模拟训练和应激控制训练，提高比赛适应能力。

五、技心能主导类表现准确性项群的竞技特点与训练组织

（一）竞技特点

技心能主导类表现准确性项群成绩评定便于测量计算，相对客观公正；技术动作为周期性单一动作结构，并要求保持稳定；比赛间接次第进行，相互间干扰较小，运动员竞技水平主要取决于自身所具有的竞技能力及发挥程度。运动员技术动作的稳定性、灵活性是决定运动成绩的基础条件，心理品质则是决定比赛成绩的重要因素。能量代谢主要以有氧代谢为主。此外，器材精准程度的不断提高、竞赛规则的变化也对运动成绩具有较大影响。

（二）运动员竞技能力特点

1. 体能特点

技心能主导类表现准确性项群对运动员身体形态没有明显的特殊要求，但存在单项间的区别，如步枪运动员要求臂展等于或略超过身高；手枪运动员要求臂展稍小、手大指长；射箭运动员要求臂展比身高略大，手大指长。运动员一般机能和素质要求不高，专项素质要求包括肌肉的静力性耐力、专注及视觉耐力、平衡能力和稳定性、协调能力、本体感觉能力等。

2. 技术和战术能力特点

技心能主导类表现准确性项群对运动员的技术要求可概括为“固姿要稳，瞄靶要准，击发、撒放要稳”，具体表现为。①稳定性。器械晃动的幅度和一定晃动幅度内的稳定时间。②瞄准。视力集中在瞄准基线上，建立瞄准区的概念。③击发和撒放。正确的技术动作是在固姿动作稳、瞄得比较准时适时、自然地发射。战术能力与运动员心理和技术状况密切联系，赛中战术应用表现为：重视每次发射动作的规范性，掌握好一组弹、箭的发射节奏，灵活掌握完整的全程比赛节奏。

3. 心理能力和运动智能特点

技心能主导类表现准确性项群对运动员注意力集中与稳定、自我控制、感知觉和运动表现再现能力有着较高的要求，且要求运动员具备良好的稳定性、有恒性、独立性、自律性等个性心理特征，以及独立作战及应变能力的运动智能。此外，要求运动员注意力集中且稳定，比赛中能排除各种干扰，避免注意力偏移；自我控制能力强，面对长时间比赛的复杂信息源不激动、不急躁；具备良好的空间、时间、运动和专项的感知觉。

（三）训练特点

1. 体能训练特点

体能训练采用多种距离的跑、游等练习发展速度和耐力；采用多信号刺激练习提高反应能力；采用负重抗阻练习提高上肢、腰腹为主的静力性和动力性力量耐力；采用徒手或多器械体操练习及球类运动发展柔韧性、灵活性和协调能力。

2. 技术和战术能力训练特点

技术和战术能力训练注重基本功训练，如射击的稳定功、击发功、运枪功，射箭的稳定功、撒放功、举开功，在此基础上组织和安排空射和实射练习。战术训练目的是掌握风天射击/射箭的特点和规律，提高抗干扰能力和应变能力，主要包括加强决赛对抗能力的训练、各种复杂条件下的训练。

3. 心理能力和运动智能训练特点

心理能力和运动智能训练侧重心理品质和心理自控能力的提高。一般心理训练的内容包括培养运动员意志品质，提高竞技心理素质和调节、控制能力，特别是通过念动训练发展正确的运动表象再现能力。赛前训练内容包括做好心理定向工作、抓好意象练习等。

六、技战能主导类同场对抗性项群的竞技特点与训练组织

（一）竞技特点

在同场对抗性项群竞赛中，双方在限制场地内直接攻防，利用多人配合，使球体命中特定区域，在有限时间内取得更多的得分。竞技特点表现为：成绩评定方法由计算命中次数而定；

动作结构难以和训练中保持一致，需要根据赛场情况灵活选用甚至创新技术动作；双方队员有直接的身体接触，身体对抗较为激烈。上述特点要求运动员依据现实需要，通过相互配合，在较长时间间断性变化、精准、对抗中完成技术动作。

（二）运动员竞技能力特点

1. 体能特点

运动员身体强壮、肌肉细长且富有弹性、脂肪层薄、臀部肌肉紧缩上收，踝关节维度小、跟腱清晰、足弓高。运动员具有良好的呼吸系统功能和血液循环功能，以保证在长时间比赛中的身体能力储备。该项群要求运动员具备全面的身体素质，包括力量、速度、灵敏与柔韧性、专项耐力和速度耐力等。

2. 技术和战术能力特点

技战术能力在该项群各项目运动员的竞技能力中均起到决定性的作用。要求运动员技术全面又有特长，且掌握专项位置技术；技术娴熟、准确而实用。战术特征表现为战术方法、比赛阵型和比赛意识的有机结合，整体攻防战术的协调发展，个人、组合与全队战术的协调发展。

3. 心理能力和运动智能特点

该项群运动员的心理特点主要包括敏锐的球感，发展良好的情绪、注意力和意志品质等。由于运动员比赛中需要表现出观察记忆能力、抽象思维能力及独立创造性地解决各种技战术问题的能力，因此需要具备把握项目发展前沿、常规战术理论体系、比赛积累经验的运动智能特征。

（三）训练特点

1. 体能训练特点

应针对该项群运动员位置分工的不同安排体能训练，要处理好全队与个体间的关系；依照供能特点，加强一般耐力基础上的中高强度的速度耐力训练；依照不确定间歇和变异动作的特点，设计专项技战术体能的内容和比例。

2. 技术能力训练特点

首先，加强实战技术的训练，培养运动员对抗状态下的技术运用能力。其次，提高位置技术的能力，位置技术应体现不同位置队员的技术需求和结构方式。再次，强化组合技术训练，一方面注重技术的系统连贯和有序发展，另一方面尽可能地接近真实比赛情景安排训练内容。

3. 战术能力训练特点

整体考虑并根据不同对手、场地、天气、比赛态势、时间等比赛要素安排针对性训练。处理好个人战术、小组战术与集体战术之间的有效衔接和能效叠加；在强化固定战术配合的基础上，创新各种小组攻防战术；根据球队技术能力确立适合的阵型和战术风格。

4. 心理能力和运动智能训练特点

将心理训练与体能、技能、战术能力训练结合起来，要通过注意集中训练，引导运动员全身心投入，并在技术训练中发展专门运动知觉，即球感，在战术训练中发展战术意识；在体能训练和对抗性训练中培养运动员意志品质；定期安排拓展训练，培养运动员的团队精神。

七、技战能主导类隔网对抗性项群的竞技特点与训练组织

（一）竞技特点

隔网对抗性项群的竞技形式有多人、双人和个人对抗，双方力求将球体落在规定区域，相比对手先达到规定分值。其竞技特点为：成绩评定采用得分制，任何进攻和防守均有可能得分或失分；技术动作依据需要灵活多变；对抗过程中双方隔网而立，不发生直接的身体接触，弹跳力、灵活的步伐和移动速度等是主要的专项素质，无氧代谢是主要的供能形式；以及依据对手特点，通过个人攻防或团队配合，较长时间精准地完成技术动作。

（二）运动员竞技能力特点

1. 体能特点

运动员具有身体健壮、肌肉细长并且富有弹性、脂肪层薄、臀部肌肉紧缩上收，以及踝关节围度小、跟腱清晰、足弓高等形态学特征。身体机能表现为适应高强度间歇性运动的心肺系统代谢功能。运动素质要求具备较高的上肢快速力量、下肢爆发力、躯干稳定性及力量耐力，如排球要求运动员身材高大、臂长、手大。

2. 技术能力特点

技术整体表现既有攻击性，又有准确性。除高度发展的进攻技术本身外，还需具备急起、急停、快速变向的步伐，以及可体现战术意图的多变发球、预判和回球能力，以及伺机进攻，变被动为主动的接发球能力。乒、羽、网双人要求优势组合、密切协作；排球要求团队协调一致，灵活多变，紧密配合。

3. 战术能力特点

战术整体表现为形式、时间、空间、位置、力量、速度、落点和线路等要素的变化与组合，具体包括“奇”与“相对快”；限制对手和不受对手限制；由全面技术和灵活调整凸显战术有效性。

4. 心理能力和运动智能特征

要求运动员具备敢斗意识和自我控制能力；良好的时空知觉、反应速度和集中注意力能力；坚定的意志品质、高度的关注能力、高昂的比赛欲望、独立作战和配合的协调能力；同时要灵活善变，以应对和处理场上各种复杂情况。

（三）训练特点

1. 体能、技术与战术训练特点

针对技战能主导类隔网对抗性项群的竞技特点，训练过程一方面要综合发展一般身体能力和基本技术，避免明显的能力缺陷；另一方面要充分考虑各项目的特点组织实施，针对步伐移动、击球发力等技术要求进行专门化的训练，确保比赛中有长时间稳定的技术发挥，同时有利于绝招的使用。与同场对抗性项群类似，训练负荷依据不同训练内容而定。技术训练中，要突出“发球、接发球”的技术地位；高度重视“精细技术”的训练；进攻性技术和防守性技术同步训练；技术训练应有明确的战术场景。依项目的不同特点，有针对性地发展个人战术、组合战术、团队战术。

2. 心理能力和运动智能训练特点

应在放松训练的基础上，通过心理教育调动运动员心理训练的积极性和主动性；进行认知训练，培养运动员通过自我谈话调控情绪能力。在模拟训练中，加强运动直觉和预判能力的培养，让运动员在克服困难中磨炼意志品质，不断提高运动员的自信心。

八、技战能主导类格斗对抗性项群的竞技特点与训练组织

（一）竞技特点

该项群运动员以对方身体作为攻击对象，要求在规定时间内更多命中对方有效部位或首先使对方有效部位着地。其竞技特点为：成绩评定方法为命中类或制胜类；技术动作依据赛场实际灵活多变；身体接触十分频繁，对抗强度很大。上述特点要求运动员能量代谢以无氧为主，肌肉活动强度较大，具备性情勇敢、自控力强、抗击打、抗扭摔能力强等特点，并要求具有爆发力强、四肢动作速度快等专项素质。

（二）运动员竞技能力特点

1. 体能特点

身体形态上要求运动员具有较高的身材和较长的四肢，身高与体重保持恰当比例。身体机能上要求内脏器官的抗震性能好、适应能力强、触觉较强、痛觉减退，前庭分析器稳定性较高。身体素质上要求全面发展，速度、力量、耐力水平均较高。

2. 技术和战术能力特点

该项群的技术包括主动进攻、防守、防守还击三部分，具有主动性、全面性、重点性、连续性和实用性。战术特征方面，主要采用因人而异、先发制人、真假结合、引诱和借力、消耗战和游击战，以及反边线战术等战术思维和战术技巧。

3. 心理能力和运动智能特点

运动员的心理特征主要表现在对阵时的敢斗性、坚毅性和对待抽签机遇的稳定心态等。在运动智能方面，要求运动员具有较高的文化水平，良好的理解能力、记忆力和分析判断能力等。

（三）训练特点

1. 体能训练特点

一般身体素质训练常采用短距离冲刺跑发展移动速度，中长距离跑发展有氧耐力，体操技巧训练、球类运动培养灵敏，抗阻训练发展最大力量和快速力量。专项身体素质训练根据各自所要求的重点素质和技术特长着重安排，具有较强的专项性和个体性。

2. 技术和战术训练特点

技术训练内容包括基本动作、基本功、进攻、防守和反攻的各种方法以及连贯技术，训练方法依据专项特点，采用整体法和分解法、限制法和诱导法以及配对实战训练。战术训练包括进攻、防守和反攻战术训练，依据运动员竞技水平的不同和年度训练的阶段性特点，分别采用假想敌训练、配对训练及实战训练等方法提高运动员的战术能力。

3. 心理能力和运动智能训练特点

通过反应时训练发展运动员大脑做出快速和准确决定的能力，提高运动员运动感知觉和预判能力；有意安排困难情景，培养运动员勇敢、顽强、果断的意志品质；通过模拟对抗演练提高运动员比赛实战能力，使运动员获得比赛经验并掌握应对策略。

九、技战能主导类轮换攻防对抗性项群的竞技特点与训练组织

（一）竞技特点

轮换攻防对抗项群的竞技双方在限制场地内轮换攻防，使球体命中特定区域，有限次数/分值内得分高者获胜。其竞技特点为：成绩评定方法为命中类；技术动作依据比赛需要多元变异；与赛双方同场对抗，较少或不存在身体接触，比赛无时间限制。上述特点要求运动员具备较强的有氧和无氧代谢转换能力，磷酸原爆发式供能能力，以及长时间间断性选球和击球以及抛接球能力。

（二）运动员竞技能力特点

1. 体能特点

台球、冰壶项目对运动员身材无特殊要求，但要求运动员神经系统具有高度的稳定性。棒垒板球投手、一垒运动员身材高大、手长、脚长，二垒和游击手注重敏捷性，身材以中等为佳；要求运动员上肢肌群具有快速动员神经支配的能力，如跑垒时的快速起动能力，以及完成

接球、传球、触杀动作的敏捷性和协调性。

2. 技术和战术能力特点

技术能力包括：①选球能力。棒垒板球运动员在准备击打对方投手投来的球时，需瞬间确定是否击打；台球、冰壶运动员需选择得当的击打目标。②击打能力。为直接得分或创造得分态势提供机会。③棒垒板球运动员跑垒能力。以利在攻击中顺利得分，并减少无谓的出局。

战术能力包括：①棒垒板球运动员战术执行的时机和击球员与跑垒员的默契，比赛状况、球的方位、窥视守备位置等。②冰壶运动员各次投壶的设点、占位、多个榴石的布位，多次投壶的协作等。③台球运动员进攻和防守的抉择，选球击打次序的排定等。

3. 心理能力及运动智能特点

该项群要求运动员具备的心理能力主要包括良好的球感、稳定的情绪、较高的注意力和坚定的意志品质。运动智能因素主要表现在观察记忆能力、抽象思维能力和独立地创造性地解决各种技战术问题的能力。

（三）训练特点

1. 体能训练特点

运动员需加强肌力和快速动作的训练，并实现肌肉力量、爆发力、速度与敏捷、协调、柔韧性的协同。

2. 技术和战术能力训练

技术训练主要体现在选球能力、击球能力、击球准确性等方面，运动员需要在不断重复的投球和击球练习中提高投球、击球的准确性。集体竞技的棒垒板球和冰壶战术配合训练主要关注打击和跑垒，具体包括：正确领会和执行教练员制定的既定战术；赛前准备扬长避短，压制对方特点；以我为主，避免外界干扰等方面。

3. 心理能力和运动智能训练特点

通过注意集中训练发展运动员的注意稳定能力，在攻防对抗中强化运动员的意志品质，在模拟训练中不断提升运动员逆境下情绪控制能力，同时在拓展训练中加强团队精神培养。

第三节　运动训练组织的专项特点

一、运动专项特点的识别要点

专项训练是为了提高专项竞技能力而进行的训练。专项化训练包含了体能、解剖、生理、技术、战术、心理、智能特征等多个方面的专项性，是一个复杂的、多变的训练过程的反映。

（一）竞赛规则

竞赛规则是为了避免运动竞赛中人为因素和客观因素的影响，使所有参赛运动员在条件确定的情况下进行公平竞赛，对竞赛中所采用的战术、器械和行为等做出的限制和规定。在不同项目的规则条目中，对场地、器材、着装、裁判员数量与职责等的规定相对客观和稳定，而成绩评定、决定名次的方法、对违例和犯规判罚则属于限制性或判别性因素。

竞赛规则具有制约功能。一方面，它规定了运动员的技术、战术等参赛规范，以及竞赛过程中的行为准则，违反规定将受到警告或处罚；另一方面，它又体现在对项目比赛进程进行的限制，只有在比赛时间、距离、动作等要素做出约束的情况下，才能对比赛成绩和胜负做出判定（表13-4）。从竞技需要的角度出发，教练员制订的日常训练计划和赛前专门准备必须依照竞赛规则进行，运动员的赛中表现只有符合竞赛规则的基本要求，才能在竞赛中加以运用并得到承认。

表13-4　各项群竞赛规则的基本限制因素与判别因素

项群大类	项群亚类	小类	限制因素	判别因素
体能主导类	快速力量性	竞高	—	高度或通过次数
		竞远（跳跃）	起跳点	距离
		竞远（投掷）	标定点	距离
		竞重	动作规格	重量
	速度性		距离	时间
	耐力性			
技能主导类	表现难美性		动作库动作	分数（难度、完成、表现）
技心能主导类	表现准确性		击发次数	总命中环数
技战能主导类	隔网对抗性		局数+分数	分数
	同场对抗性		时间	分数
	格斗对抗性		时间或分数	分数
	轮换攻防对抗性		分数	分数

（二）能量代谢

能量代谢为人体运动提供能量来源。竞技运动的能量代谢情况因竞赛规则的不同和变化而存在差异。在人体运动过程中，磷酸原系统、糖酵解系统和有氧氧化系统三大能量供应系统是共同参与提供能量的。不同的运动方式，各类能量供应的比例存在差异。不同项目的竞赛规则，决定了比赛时间以及整体性或阶段性的运动强度，由此能量代谢特征也会存在或多或少的差异。因此，对运动项目能量供应特征的认识与把握，为训练安排在多大程度上属于专项化训练的范畴提供评判标准。

对于周期性动作结构的竞速类项目而言，运动员需要在比赛中以最高平均速度通过规定距离，距离与用时的对应关系决定了三大能量供应系统参与的比例结构。例如，高水平运动员完成田径100 m比赛用时约为10 s，其能量供应主要采用磷酸原系统参与供能；男子400 m比赛，世界级运动员44 s左右即可完赛，其能量供应是磷酸原系统和糖酵解系统共同参与的无氧供能占据主导；马拉松运动员完成全程需要2h多，其能量供应主要动用有氧氧化系统（图13–3）。

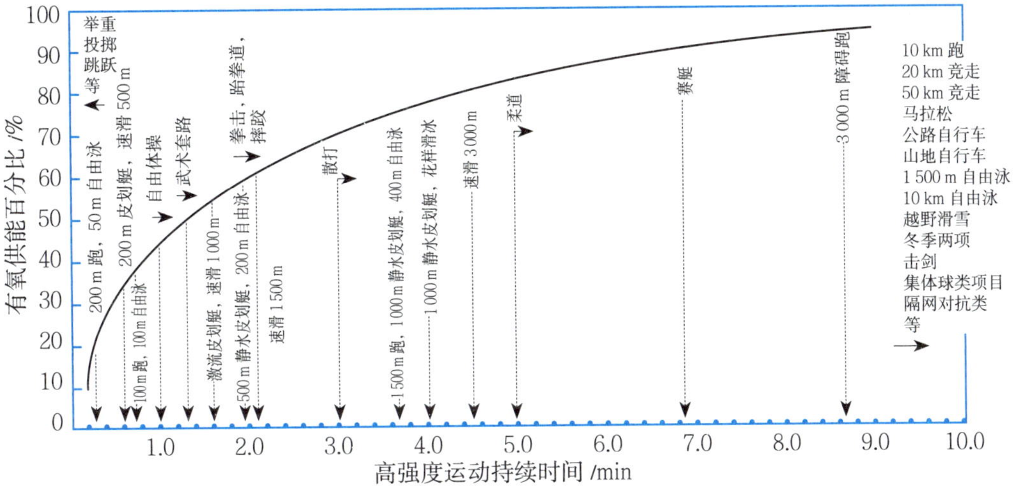

图13–3　不同竞技运动的有氧供能比例

（资料来源：黎涌明，毛承. 竞技体育项目的专项供能比例——亟待纠正的错误[J]. 体育科学，2014，34（10）：93–97.）

对于非持续运动类项目，其比赛过程存在强度变化和运动间断，若除去轮次间或局间间歇，快速力量性项目几乎全部采用磷酸原供能；同场对抗性和隔网对抗性项目每局比赛用时长于10 min左右，有氧供能比例超过90%；体操自由操、格斗对抗性项目的单局比赛的有氧供能占比为50%～60%。

（三）技术动作

技术是完成动作的方法，不同运动项目的外显特征便是有着差异性极大的技术动作。除技能主导类表现难美性项群的竞赛规则对技术动作做出明确规定外，其余项目和项群的技术动作均是依据竞赛规则的限制性因素进行的。然而，对项目专项特征的理解不能停留在外在形式，而必须深入神经与肌肉的内在用力水平。运动技术使用的外在特征反映着运动的结果，造成这种结果的原因主要在于机体的运动系统和能量供应系统，肌肉在神经支配下的收缩，以及收缩过程中对能量的需求（图13–4）。

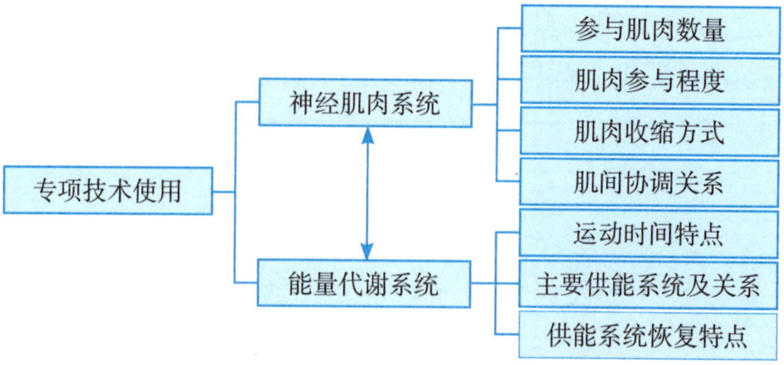

图13-4　影响专项技术动作使用效果的因素

在训练实践中，只有深入了解神经肌肉系统的工作情况，才可能选择正确且有效的训练方法与手段，只有充分理解运动过程中能量代谢的运行规律，才能设定出适宜的和利于比赛的技术训练负荷。

（四）战术策略

战术是完成比赛的策略，专项化的表现之一是运动员依据竞赛规则的限制性和判别性因素，建构起符合比赛条件的固定性与程序性应对。专项化训练的战术配合往往是基于相对固定的程序性配合执行，尤其是对于集体项目而言，每名运动员的程序化战术配合过程均体现相对稳定的角色定位。无论是进攻战术配合还是防守战术配合，固定人员的合理搭配都有助于执行既定的程序化战术安排，并提升相互之间的默契程度。

战术专项化的另一表现，是在既定战术被迫终止后的审时起变、察因应变、择优引变、出奇制变。运动项目的竞赛规则既决定了比赛战术的复杂性，也决定了临赛应对方式的多样性。战术结构与战术运用环境中的可控或易控因素通常作为战术变化的要点，进而成为改变参赛方态势对比和比赛走势的关键。例如，同为隔网对抗性项目，羽毛球单打强调空间和球速的运用，排球注重网上优势的争夺，在面对不利局面时，依据制胜规律可制定出针对性的战术应对方案（表13–5）。

表13–5　羽毛球单打和排球比赛由“落”势转为“涨”势的战术应对方案举例

局次	阶段	羽毛球	排球
基本局	开局	加快节奏变化；加强发球抢攻	加强拦网，组织快球；进攻队员调整扣球策略
	结尾	将对手控制在网前，主动出击	加强核心球员进攻；加大发球破攻力度
赛点局	开局	杀吊结合调动对手；控制网前	加强拦网，组织快球
	结尾	突出每个竞技单元的变化	加强核心球员进攻；加强拦网
决胜局	开局	放慢比赛节奏	放慢比赛节奏，换人调整
	结尾	加强对每个竞技单元的控制	加强拦网

资料来源：陈亮. 对抗性项群比赛中竞技表现的阶段性“涨落”现象[D]. 苏州：苏州大学，2013.

（五）心智需要

不同专项的高水平运动员具有相对一致的心理特征和气质类型，且在常年的专项训练中不断强化，使之更加满足专项竞技的需要。就临场比赛而言，不同类型项目的最佳唤醒水平存在较大差异（图13-5）。隔网对抗性项目中，出界和回球落网均计为失分，技术使用中更需要精细控制，因此要求运动员具备适宜的赛前唤醒水平。同场对抗性项目的得分需要克服对方的干扰，将球投射入特定区域。若要表现出优异的竞技状态，则不宜具备过高的唤醒水平，特别是同一项目的运动员任务不同时（如足球的前锋和守门员），达到比赛最佳竞技状态所需要的紧张程度也不同。格斗对抗性项目以对方身体为攻击对象，对快速力量、力量耐力、速度等素质要求较高，因此赛前和赛中的唤醒水平需要较高才利于创造佳绩。

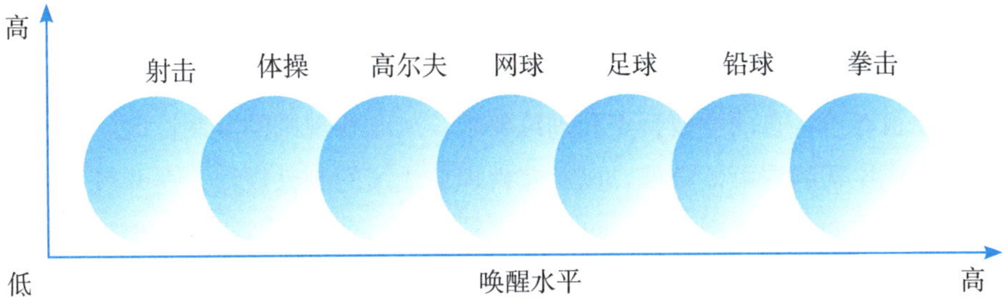

图13-5 不同体育项目的最佳唤醒水平参考点

（资料来源：马启伟. 体育心理学[M]. 北京：高等教育出版社，1996.）

此外，专项竞技比赛要素的复杂性和竞技过程的多变性，使得运动员面对不同对手、不同场景、不同竞技阶段也会产生特异性的心理波动，而比赛心理过程波动性与稳定性，也是判断运动员专项化训练的心理适应标准之一。下面以足球比赛中主要失球时段的心理学分析为例，具体内容如表13-6所示。

表13-6 足球比赛中主要失球时段的心理学分析

时段	原因	描述
上下半场前15 min	热身损耗	上下半时开始阶段，运动员技能出现暂时性下降，技战术发挥受限，失误增多导致失球
	注意力分散	足球比赛用时较长，且换人较少，对运动员的注意力要求较高；瞬间的注意力分散就可能导致致命失误
	缺乏自信心	不相信本队实力，缩手缩脚，无谓失误后，更加怀疑队友和自己实力，影响技战术发挥
	竞赛情绪状态	比赛规格和面临的任务会使运动员产生过高或过低的参赛动机，引发情绪的不稳定

续表

时段	原因	描述
上下半场后15 min	意志品质薄弱	比赛结束阶段，体能下降，此时若意志出现松动，会被对手抓住机会快速打垮
	判断失误和注意分散	长时间比赛后，身体和精神疲劳导致对场上形势判断失误
	竞赛情绪状态	面对不同的比赛对手和比分，运动员会产生“听天由命”“想赢怕输”“胜局已定”等情绪

资料来源：陈易章，侯会生，李凤桥，等. 足球比赛中失球时间特征的心理学分析[J]. 北京体育大学学报，2005（7）：905-907.

二、专项运动训练组织的基本要求

（一）辨识运动项目的专项特点

不同竞技项目有着各自的竞技特点和训练要求，从竞赛规则的限制性因素和判别性因素出发，准确识别完成比赛的约束性条件，以及获得理想成绩的制胜规律，是开展专项训练的基础与前提。例如，举重的竞赛规则规定，挺举的完整动作包含了提铃至胸、预蹲上挺两个技术环节，为举起更大重量的杠铃，运动员需要从准备姿势开始，把握伸膝提铃、引膝提铃、下蹲接铃、上挺发力、下蹲支撑等各个时段髋、膝关节的幅度与伸展角速度的变化，使之与杠铃的阶段性移动用时和速度协同匹配，并且使杠铃重心和人体重心在叠直线上保持稳定的间距。

（二）厘清一般与专项训练的关系

科学训练的基础性原理之一是运动训练应该实现一般训练与专项训练的统一，这一关系源于竞技专项化与运动员全面发展之间的辩证认识。一方面，运动员的机体和能力是统一的整体，部分能力的发展不能完全脱离其他能力单独存在，为了最大限度地发展专项能力，必须提高运动员机体功能性的整体水平。另一方面，运动员各能力之间的相互作用可能是积极的，也可能是消极的，为提高专项运动成绩进行的某一运动项目的专门化练习，可以使运动员竞技能力发展直接指向专项比赛需要。

进行一般训练时，可采用多种多样的非专项的身体练习，用于促进运动员的身体健康、提高身体机能和全面发展运动素质。专项训练则集中表现为采用专项运动的练习手段，即与运动员所从事专项运动相似的练习，可以使人体在形态和机能方面对该运动项目的特殊要求产生适应。这种适应不仅限于生理方面，也包含了技术、战术以及心理等方面的改变。

一般训练和专项训练的比例具有项目差异，这是由项目主导子能力的发展规律，以及主导能力与其他子能力之间的关系决定的。例如，长跑专项训练几乎全部采用专项运动本身；跳高专项练习的比例仅占40%左右，其余练习用于发展下肢最大力量和爆发力。

一般训练和专项训练的比例具有年龄和竞技水平差异。儿童青少年时期，训练重点是基本的运动能力、多项技术和心理品质，很少进行专项训练，至基础训练后期专项训练的比例通常也不超过15%。进入专项提高阶段后，以之前的全面发展为基础，专项内容的比例结构发生明显改变，专项训练比例逐步增加，一般训练比例则大幅降低。度过最佳竞技阶段后，虽然要继续保证专项训练的主导地位，但也要适当增加一般和辅助训练的比例，用以延缓运动员机体能力的下降幅度（图13-6）。

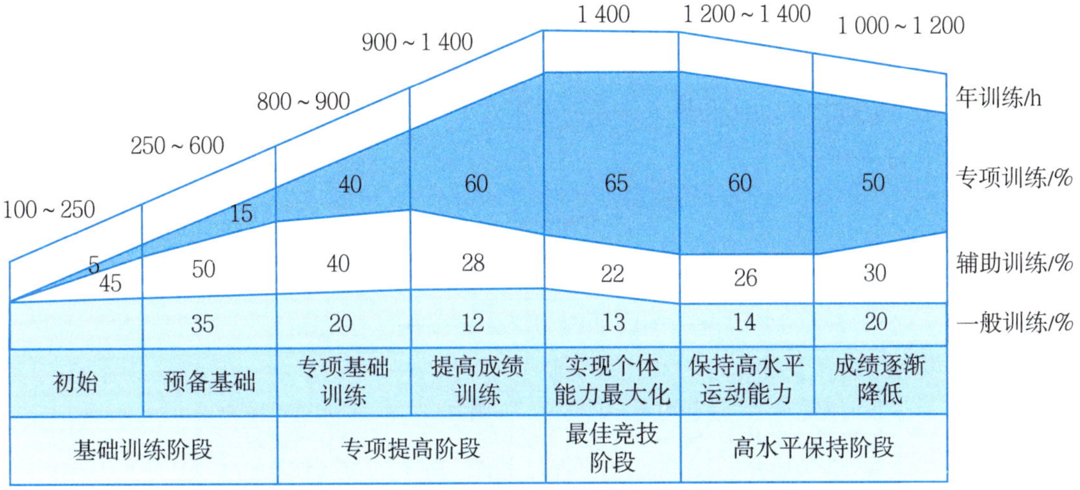

图13-6　多年训练过程训练内容与负荷的变化

（资料来源：马特维也夫.竞技运动理论[M].姚颂平，译.哈尔滨：黑龙江科学技术出版社，2005.）

（三）明确专项能力的引领作用

专项能力是相对于一般能力提出的，一般能力是运动员全面和基础的能力，而专项能力则是与比赛专项有着密切关系的运动能力，它是运动员进行专项运动的直接动力，是区别不同专项和竞技水平的显著指标。把握运动员专项能力既是确立训练内容的核心，也是选择训练方法、设定训练负荷、制订训练计划的依据。

未经系统训练的人或非专项的运动员也许同样具备很好的身体素质，但是他们在特定专项的比赛中难以取得好成绩，其原因在于他们所拥有的素质不是专项能力，不能满足专项运动竞技的需要。例如，摔跤和举重运动员均身形魁梧且力量素质突出，然而通过杠铃卧推最大次数的测试发现，摔跤运动员从90%负荷强度至低负荷的最大次数开始，便明显多于举重运动员（图13-7），这是由摔跤和举重运动员在力量耐力和快速力量上分别具有明显的优势所致。

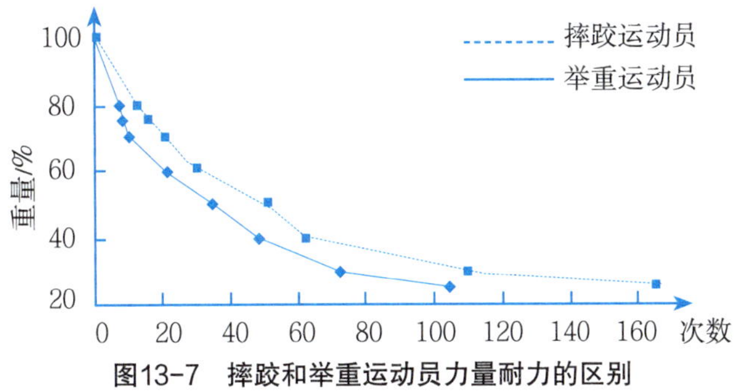

图13-7　摔跤和举重运动员力量耐力的区别

（资料来源：陈小平.竞技运动训练实践发展的理论思考[M].北京：北京体育大学出版社，2008.）

专项能力是运动员在竞赛规则的范围内，从事专项运动过程中参与运动器官和系统表现出的综合能力。需要明确的是，专项能力不是专项体能、技能、战术能力、心理能力和运动智能的简单相加，训练中也不能完全平行分别培养，正确的做法是以竞技能力主导因素为核心，有主有次，以主带次。对于体能主导类项目，专项技术是专项体能发挥的手段，技战术的适宜程度应以是否满足运动员生物力学结构，是否符合机能和素质水平作为判定标准。对于技能主导类项目，各种不同的身体素质依据专项需求组合成专项技术的“平台”，体能水平适宜程度的判定标准应为是否促进技术动作和战术体系的运用效果。以篮球运动员专项力量为例，分析其结构组成，如图13-8所示。

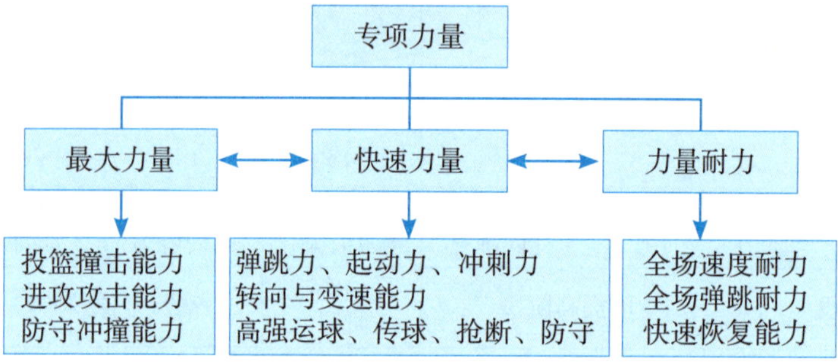

图13-8　篮球运动员专项力量结构

（四）设定适宜的专项训练负荷

在提高竞技能力和培养竞技状态的过程中，适宜训练负荷的设定起到关键性的作用。对于不同专项而言，运动员的竞技能力，不论是形态、机能、素质，还是技术和战术表现，都可以通过训练负荷下发生的生物学、心理学、社会学适应予以改造。

专项训练负荷的设定以有利于促进专项能力的发展为依据，并主要关注竞技能力主导因素的发展规律。体能主导类快速力量性项目为提高肌肉功率，依据最大募集、最大冲动、最大同步的原则，需要分阶段递次设置肌肉增大、改善神经调节、提高爆发力的训练负荷。不同距离的竞速类项目中，技术动作均具周期性特征，但不同强度的训练负荷却存在较大差异。表13-7分析了挪威和瑞典越野滑雪冬奥会冠军的年度训练计划中负荷比例的具体内容。

表13-7　挪威和瑞典越野滑雪冬奥会冠军年度训练负荷比例

项目	长距离	短距离
年训练量	800 ~ 900h	750 ~ 850h
有氧耐力训练比例	85%	75% ~ 80%
低强度耐力训练（60% ~ 80%HRmax）课次	300 ~ 350	300
中等强度耐力训练（80% ~ 90%HRmax）课次	30 ~ 40	25 ~ 30
高强度耐力训练（>90%HRmax）课次	60 ~ 70	50 ~ 60
无氧乳酸训练课次	5 ~ 15	15 ~ 25
每周速度训练课次	1×（2 ~ 3组）	1 ~ 2×（2 ~ 3组）
每周力量训练课次	1 ~ 2	2

续表

项目	长距离	短距离
专项训练（滑雪、滚轴滑雪、撑杆跑）	400 ~ 500h	400 ~ 500h

资料来源：SANDBAKK Ø, HOLMBERG H C. A reappraisal of success factors for olympic cross-country skiing[J]. International Journal of Sports Physiology and Performance，2013，9（1）：117-121.

异属多项组合类项目的训练能更好地反映训练负荷的专项差异性。与跳台滑雪和越野滑雪专项运动员相比，北欧两项运动员的身体机能和单项成绩均显著较低，因此训练既需要关注两种专项技术，又需要实现爆发力和耐力的平衡。从训练比例分配来看（表13-8），北欧两项运动员在跳台滑雪训练部分与专项运动员较为类似，但在越野滑雪训练部分的滑雪训练比例高，滑雪技巧比例低，其目的在于通过高强度的滑雪训练降低耐力训练对力量素质的不利影响。

表13-8　高水平北欧两项、越野滑雪、跳台滑雪运动员年度训练比例

<table>
<tr><th colspan="3" rowspan="2">项目</th><th colspan="2">北欧两项</th><th colspan="2">越野滑雪</th><th colspan="2">跳台滑雪</th></tr>
<tr><th>时间/h</th><th>课次</th><th>时间/h</th><th>课次</th><th>时间/h</th><th>课次</th></tr>
<tr><td rowspan="10">越野滑雪训练</td><td colspan="2">耐力训练</td><td>498（88%）</td><td>303（80%）</td><td>723（91%）</td><td>413（84%）</td><td></td><td></td></tr>
<tr><td rowspan="3">耐力训练强度分布</td><td><81% HRmax</td><td>435（87%）</td><td>206（68%）</td><td>646（90%）</td><td>304（74%）</td><td></td><td></td></tr>
<tr><td>81% ~ 87% HRmax</td><td>24（5%）</td><td>35（12%）</td><td>31（4%）</td><td>44（11%）</td><td></td><td></td></tr>
<tr><td>>87% HRmax</td><td>39（8%）</td><td>62（20%）</td><td>46（6%）</td><td>65（16%）</td><td></td><td></td></tr>
<tr><td rowspan="4">耐力训练方式</td><td>跑步</td><td>177（37%）</td><td>108（34%）</td><td>198（27%）</td><td>136（31%）</td><td></td><td></td></tr>
<tr><td>滑冰</td><td>256（51%）</td><td>152（48%）</td><td>247（33%）</td><td>142（33%）</td><td></td><td></td></tr>
<tr><td>古典滑雪</td><td>36（6%）</td><td>42（13%）</td><td>248（34%）</td><td>135（31%）</td><td></td><td></td></tr>
<tr><td>其他</td><td>38（6%）</td><td>18（6%）</td><td>43（6%）</td><td>23（5%）</td><td></td><td></td></tr>
<tr><td colspan="2">速度训练</td><td>9（1%）</td><td>43（—）</td><td>13（2%）</td><td>64（—）</td><td></td><td></td></tr>
<tr><td colspan="2">力量训练</td><td>62（8%）</td><td>51（13%）</td><td>58（7%）</td><td>60（12%）</td><td></td><td></td></tr>
</table>

续表

项目		北欧两项		越野滑雪		跳台滑雪	
		时间/h	课次	时间/h	课次	时间/h	课次
跳台滑雪训练	核心稳定训练	21（8%）	38（15%）			51（7%）	81（15%）
	非专项跳跃训练	37（14%）	37（14%）			64（8%）	64（12%）
	爆发力训练	52（19%）	74（28%）			153（20%）	125（23%）
	陆地技术训练	33（12%）	40（15%）			121（15%）	133（25%）
	跳台滑雪专项训练	124（46%）	71（27%）			393（50%）	131（25%）

资料来源：SANDBAKK Ø, HEGGE A M, LOSNEGARD T, et al. The physiological capacity of the world's highest ranked female cross-country skiers[J]. Medicine & Science in Sports & Exercise，2016，48（6）：1091-1100.

（五）制订靶向的专项训练计划

运动训练计划是对于未来的训练过程预先做出的理论设计，体现着运动训练活动中的基本决策。不同专项训练计划的制订需要同时把握项目的专项特征和赛事特征，前者决定了如何将运动员竞技能力纳入系统的培养体系中，后者规定着运动训练的多年和年度行为目标。

在依照竞技能力主导因素划分的项群体系中，项目的专项特征具有同群共性，与此同时，同群内项目的赛事制度也具有某些相似性，如足球、篮球、冰球、橄榄球均开展了竞赛期长达数月的国内职业联赛；网球、羽毛球、乒乓球等隔网对抗性项目多采用分站式的赛会制。现代竞技赛事体系下，年度训练计划也呈现出显著的项群特征，表现为周期安排、时间结构、训练内容、训练负荷等训练学要素的相同或近似（表13-9）。

表13-9　高水平运动员年度周期的项群特征

项群		周期安排	时间结构	训练内容	训练负荷
体能主导类	速度性	单、双、多周期	第一大周期准备期较长，竞赛期较短；第二大周期相反	由一般或基础性训练过渡到专项训练，再过渡到比赛性练习，继而参加训练性比赛、一般性比赛和重大比赛	无氧强度为主，负荷量与强度波动较小
	耐力性	同上	同上		有氧和混氧比例较大，负荷量度波浪形变化，波动幅度较大
	快速力量性	同上	同上		无氧强度为主，负荷量与强度波动较小

续表

项群		周期安排	时间结构	训练内容	训练负荷
技战能主导类	集体球类	单周期+微缩大周期或中周期	准备期短，竞赛期很长	由一般或基础性训练过渡到专项训练，再过渡到比赛性练习，继而参加训练性比赛、一般性比赛和重大比赛	既要承受大量无氧、有氧、混氧负荷，又要承受心理负荷
	隔网对抗（除排球）	双周期或多周期	第一大周期准备期较长，各大周期总时间较短		同上
	格斗对抗	同上	同上		同上
技能主导类	表现难美性	同上	同上		无氧强度为主，负荷量与强度波动较小
技心能主导类	表现准确性	同上	同上		心理负荷较大，身体负荷存在项目差异

注：参考郑晓鸿《高水平运动员年度周期的项群特征》（2003）整理。

◎ 思考题

1. 简述运动项目的主要分类体系。

2. 简述不同项群运动员竞技能力特点及各子能力的训练特点。

3. 结合自己所从事的运动项目，论述所在项群的竞技特点、运动员竞技能力特点以及训练特点。

4. 利用运动专项识别维度，分析自己所从事项目的专项特点。

5. 依据专项运动训练组织的基本要求，分析自己所从事项目的运动训练要点。

第十三章
主要参考文献